U0529328

中国技术哲学与STS论丛（第四辑）
Chinese Philosophy of Technology and STS Research Series

丛书主编：陈凡　朱春艳

文化与科技的融合创新研究

基于文化科技哲学视角

陈　凡　文成伟◎主编

中国社会科学出版社

图书在版编目（CIP）数据

文化与科技的融合创新研究：基于文化科技哲学视角／陈凡，文成伟主编．—北京：中国社会科学出版社，2022.12（2024.4 重印）

（中国技术哲学与 STS 论丛／陈凡，朱春艳主编）

ISBN 978-7-5227-0821-8

Ⅰ.①文⋯　Ⅱ.①陈⋯②文⋯　Ⅲ.①社会主义—文化事业—建设—研究—中国　Ⅳ.①G12

中国版本图书馆 CIP 数据核字（2022）第 171273 号

出 版 人	赵剑英
责任编辑	冯春凤
责任校对	张爱华
责任印制	张雪娇

出　　版	中国社会科学出版社
社　　址	北京鼓楼西大街甲 158 号
邮　　编	100720
网　　址	http://www.csspw.cn
发 行 部	010-84083685
门 市 部	010-84029450
经　　销	新华书店及其他书店
印刷装订	北京君升印刷有限公司
版　　次	2022 年 12 月第 1 版
印　　次	2024 年 4 月第 2 次印刷
开　　本	710×1000　1/16
印　　张	21.75
插　　页	2
字　　数	313 千字
定　　价	128.00 元

凡购买中国社会科学出版社图书，如有质量问题请与本社营销中心联系调换
电话：010-84083683
版权所有　侵权必究

《中国技术哲学与STS论丛》
编委会

主　　编　陈　凡　朱春艳
编委会　（以姓氏笔画为序）
　　　　　文成伟　王　健　包国光　田鹏颖
　　　　　孙　雷　刘玉劲　吕松涛　朱春艳
　　　　　陈　凡　陈红兵　陈　佳　程海东

总　序

哲学是人类的最高智慧，它历经沧桑岁月却依然万古常新，永葆其生命与价值。在当下，哲学更具有无可取代的地位。

技术是人利用自然最古老的方式，技术改变了自然的存在状态。当技术这种作用方式引起人与自然关系的嬗变程度，达到人们不能立即做出全面、正确的反应时，对技术的哲学思考就纳入了学术研究的领域。特别是一些新兴的技术新领域，如生态技术、信息技术、人工智能、多媒体、医疗技术、基因工程等出现，技术的本质、技术作用自然的深刻性，都是传统技术所没有揭示的，技术带来的社会问题和伦理冲突，只有通过哲学的思考，才能让人类明白至善、至真、至美的理想如何统一。

现代西方技术哲学的历史可以追溯到100多年以前的欧洲大陆（主要是德国和法国）。德国人 E. 卡普（Ernst Kapp）的《技术哲学纲要》（1877）和法国人 A. 埃斯比纳斯（Alfred Espinas）的《技术起源》（1897）是现代西方技术哲学生成的标志。国外的技术哲学研究经过100多年的发展，如今正在由单一性向多元性方法论逐渐转变；正在寻求与传统哲学的结合，重新建构技术哲学动力的根基；正在进行工程主义与人文主义的整合，将工程传统中的专业性与技术的文化形式或文化惯例的考察相结合；正在着重于技术伦理、技术价值的研究，出现了一种应用于实践的倾向——即技术哲学的经验转向。

与技术哲学相关的另一个较为实证的研究领域就是科学技术与社会（Science Technology and Society）。随着技术科学化之后，技术给人类社会带来了根本性变化，以信息技术和生命科学等为先导的20世纪科技革命的迅猛发展，深刻地改变了人类的生产方式、管理方式、生活方式和思维方式。科学技术对社会的积极作用迅速显现。与此同时，科学技术对社会的负面影响也空前突出。鉴于科学对社会的影响价值也需要正确地加以评估，社会对科学技术的影响也成为认识科学技术的重要方面，促使STS这门研究科学、技术与社会相互关系的规律及其应用，并涉及多学科、多领域的综合性新兴学科逐渐蓬勃发展起来。

早在20世纪60年代，美国就兴起了以科学技术与社会（STS）之间的关系为对象的交叉学科研究运动。这一运动包括各种各样的研究方案和研究计划。20世纪80年代末，在其他国家，特别是加拿大、英国、荷兰、德国和日本，这项研究运动也都以各种形式积极地开展着，获得了广泛的社会认可。90年代以后，它又获得了蓬勃发展。目前STS研究的全球化，出现了多元化与整合化并存的特征。欧洲学者强调STS理论研究和欧洲特色（爱丁堡学派的技术的社会形成理论，欧洲科学技术研究协会）；美国STS的理论导向（学科派，高教会派）和实践导向（交叉学科派，低教会派）各自发展，侧重点不断变化；日本强调吸收世界各国的STS成果以及STS研究浓厚的技术色彩（日本STS网络，日本STS学会）；STS研究的全球化和多元化，必然伴随着对STS的系统整合，在关注对科学技术与生态环境和人类可持续发展的关系的研究；关注技术，特别是高技术与经济社会的关系；关注对科学技术与人文（如价值观念、伦理道德、审美情感、心理活动、语言符号等）之间关系的研究都与技术哲学的研究热点不谋而合。

中国的技术哲学和STS研究虽然起步都较晚，但随着中国科学技术的快速发展，在经济上迅速崛起，学术氛围的宽容，不仅大量的实践问题涌现，促进了技术哲学和STS研究，也由于国力的增强，技术哲学和STS研究也得到了国家和社会各界的越来越多的支持。

东北大学科学技术哲学研究中心的前身是技术与社会研究所。早在20世纪80年代初，在陈昌曙教授和远德玉教授的倡导下，东北大学就将技术哲学和 STS 研究作为重要的研究方向。经过二十多年的积累，形成了东北学派的研究特色。2004 年成为教育部"985 工程"科技与社会（STS）哲学社会科学创新基地，2007 年被批准为国家重点学科。东北大学的技术哲学和 STS 研究主要是以理论研究的突破创新体现水平，以应用研究的扎实有效体现特色。

《中国技术哲学与 STS 研究论丛》（以下简称《论丛》）是东北大学科学技术哲学研究中心和"科技与社会（STS）"哲学社会科学创新基地以及国内一些专家学者的最新研究专著的汇集，涉及科技哲学和 STS 等多学科领域，其宗旨和目的在于探求科学技术与社会之间的相互影响和相互作用的机制和规律，进一步繁荣中国的哲学社会科学。《论丛》由国内和校内资深的教授、学者共同参与，奉献长期研究所得，计划每期出版五本，以书会友，分享思想。

《论丛》的出版必将促进我国技术哲学和 STS 学术研究的繁荣。出版技术哲学和 STS 研究论丛，就是要汇聚国内外的有关思想理论观点，造成百花齐放、百家争鸣的学术氛围，扩大社会影响，提高国内的技术哲学和 STS 研究水平。总之，《论丛》将有力地促进中国技术哲学与 STS 研究的进一步深入发展。

《论丛》的出版必将为国内外技术哲学和 STS 学者提供一个交流平台。《论丛》在国内广泛地征集技术哲学和 STS 研究的最新成果，为感兴趣的国内外各界人士提供一个广泛的论坛平台，加强相互间的交流与合作，共同推进技术哲学和 STS 的理论研究与实践。

《论丛》的出版还必将对我国科教兴国战略、可持续发展战略和创新型国家建设战略的实施起着强有力的推动作用。能否正确地认识和处理科学、技术与社会及其之间的关系，是科教兴国战略、可持续发展战略和创新型国家建设战略能否顺利实施的关键所在。技术哲学和 STS 研究涉及科学、技术与公共政策，环境、生态、能源、人口等全球问题和 STS 教育等各方面问题的哲学思考与实践反思。《论丛》的出版，使学术成果能迅速扩散，必然会推动科教兴国战略、可持续发展战略和创新型国家建设战略的实施。

中国是历史悠久的文明古国，无论是人类科技发展史还是哲学史，都有中国人写上的浓重一笔。现在有人称，"如果目前中国还不能输出她的价值观，中国还不是一个大国。"学术研究，特别是哲学研究，是形成价值观的重要部分，愿当代的中国学术才俊能在此起步，通过点点滴滴的扎实努力，为中国能在世界思想史上再书写辉煌篇章而作出贡献。

最后，感谢《论丛》作者的辛勤工作和编委会的积极支持，感谢中国社会科学出版社为《论丛》的出版所作的努力和奉献。

陈　凡　罗玲玲
2008年5月于沈阳南湖

General Preface

Philosophy is the greatest wisdom of human beings, which always keeps its spirit young and keeps green forever although it has experienced great changes that time has brought to it. At present, philosophy is still taking the indispensable position.

Technology represents the oldest way of humans making use of the nature and has changed the existing status of the nature. When the functioning method of technology has induced transmutation of the relationship between humans and the nature to the extent that humans can not make overall and correct response, philosophical reflection on technology will then fall into academic research field. Like the appearance of new technological fields, especially that of ecotechnology, information technology, artificial intelligence, multimedia, medical technology and genetic engineering and so on, the nature of technology and the profoundness of technology acting on the nature are what have not been revealed by traditional technology. The social problems and ethical conflicts that technology has brought about have not been able to make human beings understand how the ideals of becoming the true, the good and the beautiful are united without depending on philosophical pondering.

Modern western technological philosophy history can date back to over 100 years ago European continent (mainly Germany and France). German Ernst Kapp's Essentials of Technological Philosophy (1877) and French Alfred Espinas' The Origin of Technology (1897) represent the emergence of modern western technological philosophy. After one hundred year's development, overseas research on technological philosophy is now transforming from uni-methodology to multi-methodology; is now seeking for merger with traditional philosophy to reconstruct the foundation of technological philosophy impetus; is now conducting the integration of engineering into humanity to join traditional specialty of engineering with cultural forms or routines of technology; is now focusing on research on technological ethnics and technological values, resulting in an application trend——that is, empiric-direction change of technological philosophy.

Another authentic proof-based research field that is relevant to technological philosophy is science technology and society. With technology becoming scientific, it has brought about fundamental changes to human society, and the rapid development of science technology in the 20th century has deeply changed the modes of production, measures of administration, lifestyles and thinking patterns, with information technology and life technology and so on in the lead. The positive impacts of science technology on the society reveal themselves rapidly. Meanwhile, the negative impacts of it are unprecedented pushy. As the effects of science on the society need evaluating in the correct way, and the effects of the society on science technology has also become an important aspect in understanding science technology, the research science of STS, the laws and application of the relationship between technology and the society, some newly developed disciplines concerning multi-disciplines and multi-fields are flourishing.

As early as 1960s, a cross-disciplinary research campaign targeting at the relationship between science technology and the society (STS) was launched in the United States. This campaign involved a variety of research schemes and research plans. In the late 1980s, in other countries especially such as Canada, the UK, the Netherlands, Germany and Japan, this research campaign was actively on in one form or another, and approved across the society. After 1990s, it further flourished. At present, the globalization of STS research has becoming typical of the co-existence of multiplicity and integration. The European scholars stress theoretical STS research with European characteristics (i. e. Edingburg version of thought, namely technology-being-formed-by-the-society theory, Science Technology Research Association of Europe); STS research guidelines of the United States (version of disciplines and version of Higher Education Association) and practice guidelines (cross-discipline version and version of Lower Education Association.) have developed respectively and their focuses are continuously variable. Japan focuses on taking in STS achievements of countries world-wide as well as clear technological characteristic of STS research (Japanese STS network and Japanese STS Association); the globalization and the multiplicity of STS research are bound to be accompanied by the integration of STS system and by the concern of research on the relationship between science technology, ecological environment and human sustainable development; attention is paid to the relationship between the highly-developed technology and the economic society; the concern of research on the relationship between science technology and humanity (such as the values, ethnic virtues, aesthetic feelings, psychological behaviors and language signs, etc.) happens to coincide with the research focus of technological philosophy.

Chinese technological philosophy research and STS research have risen rapidly to economic prominence with the fast development of Chinese science technology; the tolerance of academic atmosphere has prompted the high emergence of practical issues and meanwhile the development of technological philosophy research and STS research; more and more support of technological philosophy research and STS research is coming from the nation as well as all walks of life in the society with the national power strengthened.

The predecessor of Science Technological Philosophy Study Center of Northeastern University is Technological and Social Study Institute of the university. Northeastern University taking technological philosophy research and STS research as an important research direction dates back to the advocacy of Professor Chen Chang-shu and Professor Yuan De-yu in 1980s. The research characteristics of Northeastern version has been formed after over 20 years' research work. The center has become an innovation base for social science in STS Field of "985 Engineering" sponsored by the Ministry of Education in 2004 and approved as a key discipline of our country in 2007. Technological philosophy research and STS research of Northeastern University show their high levels mainly through the breakthrough in theoretical research and show their specialty chiefly through the down-to-earth work and high efficiency in application.

Chinese Technological Philosophy Research and STS Research Series (abbreviated to the Series) collects recent research works by some experts across the country as well as from our innovation base and the Research Center concerning multi-disciplines in science technology and STS fields, on purpose to explore the mechanism and laws of the inter-influence and inter-action of science technology on the society, to further flourish Chinese philosophical social science. The Series is the co-work of some expert professors and scholars domestic and abroad whose long-termed devotion promotes the completeness of the manuscript. It has been planned that five volumes are published for each edition, in order to make friends and share ideas with the readers.

The publication of the Series is certain to flourish researches on technological philosophy and STS in our country. It is just to collect relevant theoretical opinions at home and abroad, to develop an academic atmosphere to? let a hundred flowers bloom and new things emerge from the old, to expand its influence in the society, and to increase technological philosophy research and STS levels. In all, the collections will strongly push Chinese technological philosophy research and STS research to develop further.

The publication of the Series is certain to provide technological philosophy and STS researchers at home and abroad with a communicating platform. It widely collects the recent domestic and foreign achievements of technological philosophy research and STS research, serving as a wide forum platform for the people in all walks of life nationwide and worldwide who are interested in the topics, strengthening mutual exchanges and cooperation, pushing forward the theoretical research on technological philosophy and STS together with their application.

The publication of the Series is certain to play a strong pushing role in implementing science-and-education-rejuvenating-China strategies, sustainable-development strategies and building-innovative-country strategies. Whether the relationships between Science, technology and the society can be correctly understood and dealt with is the key as to whether those strategies can be smoothly carried out. Technological philosophy and STS concern philosophical considerations and practical reflections of various issues such as science, technology and public policies, some global issues such as environment, ecology, energy and population, and STS education. The publication of the Series can spread academic accomplishments very quickly so as to push forward the implementation of the strategies mentioned above.

China is an ancient country with a long history, and Chinese people have written a heavy stroke on both human science technology development history and on philosophy history. "If China hasn't put out its values so far, it cannot be referred to as a huge power", somebody comments now. Academic research, in particular philosophical research, is an important part of something that forms values. It is hoped that Chinese academic genius starts off with this to contribute to another brilliant page in the world's ideology history.

Finally, our heart-felt thanks are given to authors of the Series for their handwork, to the editing committee for their active support, and to Chinese Social Science Publishing House for their efforts and devotion to the publication of the Series.

Chen Fan and Luo Ling-ling
on the South Lake of Shenyang City in May, 2008

目 录

绪 言 ……………………………………………………………… (1)

第一章 文化与科技融合的创新文化阐释 ……………………… (13)
第一节 文化的内涵和构成 ……………………………………… (14)
第二节 文化与科技融合的概念及其理论 ……………………… (22)
第三节 文化与科技融合的创新文化解读 ……………………… (42)
第四节 文化与科技融合的创新文化形态、特征及意义 ……… (55)

第二章 马克思主义文化与科技融合的创新文化观 …………… (67)
第一节 文化与科技融合的创新文化观传承发展 ……………… (67)
第二节 马克思主义文化与科技融合的创新文化观概要 ……… (84)
第三节 马克思主义文化与科技融合的创新文化观发展 ……… (101)
第四节 文化和科技融合的创新文化价值 ……………………… (112)

第三章 革命文化与科技融合的继承发扬和创新性发展 ……… (119)
第一节 新时代革命文化的理论阐释 …………………………… (119)
第二节 革命文化与科技融合的继承发扬 ……………………… (133)
第三节 革命文化与科技融合的创新性发展 …………………… (144)

第四章 社会主义先进文化与科技融合的繁荣兴盛和创新性
发展 …………………………………………………………… (150)
第一节 社会主义先进文化的形成与特质 ……………………… (150)

第二节　社会主义先进文化与科技融合的理论阐释 …………（168）
第三节　社会主义先进文化与科技融合的繁荣兴盛
　　　　内容特征 …………………………………………（184）
第四节　社会主义先进文化与科技融合的创新性发展
　　　　内容特征 …………………………………………（196）

第五章　传统文化和科技融合的创造性转化与创新性发展 ………（215）
第一节　传统文化的内涵及其当代价值 ……………………（217）
第二节　传统文化的创造性转化和创新性发展的理论路径 …（233）
第三节　传统文化的创造性转化和创新性发展的实践路径 …（245）

第六章　文化与科技融合视域下我国文化科技创新战略对策 ……（254）
第一节　国外文化科技创新的发展及对策 …………………（254）
第二节　我国文化科技创新的发展与问题 …………………（262）
第三节　文化科技创新的内在机理 …………………………（273）
第四节　增强文化科技自主创新能力建设 …………………（283）
第五节　加快文化科技创新体系建构 ………………………（290）
第六节　文化科技创新的社会支撑平台 ……………………（300）
第七节　新时代我国文化科技创新的战略选择 ……………（310）

参考文献 …………………………………………………………（323）

后　　记 …………………………………………………………（332）

绪　言

在党的第十九大全国代表大会上，习近平总书记指出，坚持社会主义核心价值观体系，"推动中华优秀传统文化创造性转化、创新性发展，继承革命文化，发展社会主义先进文化，不忘本来、吸收外来、面向未来，更好构筑中国精神、中国价值、中国力量，为人民提供精神指引"[①]。在新时代，我国社会主要矛盾已经转化为人民日益增长的美好生活需要和不平衡不充分的发展之间的矛盾。我国社会主要矛盾的新概括，客观上反映了我国社会发展的时代变化，反映了我国社会发展的重要现实。现时代中国特色社会主义文化也面临着建设文化强国的宏伟目标，发展高质量的、丰富的精神文化产品，满足人民群众日益增长的文化生活需求，这是新时代建设"四个自信"的文化强国的重要目标。中国特色社会主义文化与科技融合的创新文化将运用科技手段实现传统文化、革命文化、先进文化的创造性转化、创新性发展，实现科技与文化的高度融合。它一方面是关于新时代社会主义文化本身的创新文化发展，另一方面是关于科技文化融入社会主义文化内涵的创新文化建设。它将以为人民服务、为社会主义服务为宗旨，以社会主义核心价值观为指导，坚持文化与科技深度融合的科学方法，铸就中华文化之魂。

本研究以中国特色社会主义新时代为背景，以建设新时代中国特色社会主义文化强国为目标，以马克思主义为指导，坚守中华文化立场，立足当代中国文化现实，研究中国特色社会主义的优秀传统文化、革命

---

① 习近平：《习近平谈治国理政》第3卷，外文出版社2020年版，第18页。

文化和先进文化与现代科学技术深度融合的创新文化。通过研究中华优秀传统文化、革命文化和社会主义先进文化的创新文化建设，全面阐释中国特色社会主义文化与科技融合的创新文化的理论基础、现实路径、当代价值；挖掘文化与科技融合的新时代马克思主义创新文化观；为培育高度自信和繁荣兴盛的文化，建设文化强国做出理论和实践上的贡献。

本研究主要分为六章。

第一章围绕"文化与科技融合的创新文化阐释"，考察了社会主义文化繁荣兴盛和创新性发展的基本概念和相关理论。遵循历史唯物主义的基本立场，在全球化视野下分析新时代的内涵，阐述了新时代中国特色社会主义文化建设所具有的国际视野和人类命运的情怀。

1. 科技与文化的基本概念以及两者得以融合的前提性

首先，通过对文化在器物、制度以及精神层面内涵的解读，对文化构成的合理性进行了分析。基于新时代的定义以及新时代文化的历史使命，将能够反映文化建设的现实和文化未来发展的历史趋势以及涵盖当下中国文化全貌的中国特色社会主义文化，划分为中国传统文化、中国革命文化和社会主义先进文化三部分。阐释了三种文化的整体性意义和价值。

其次，对文化与科技融合的必然性和必要性进行了前提性分析，论述了文化与科技互相需要、互相促进、互相融合的趋势，并指出此趋势可以促进文化与科技的双向繁荣并使二者的最大潜能得到发挥。据此，对文化与科技融合模式、动力机制、运行机制和功能等方面进行了理论探讨，在实践层面上探索了二者融合的三种形式；从结构功能主义、社会交换论以及系统论等理论对文化与科技的融合机制进行功能上的分析。

最后，探讨了技术创新与创新文化的关系、技术创新的文化形态。通过对创新文化的概念解读，将创新文化界定为创新元素与文化元素在特定情境下的有机结合，通过物质、制度、精神气质促进文化新模式、新形态的社会生成，为技术创新做好理论的铺垫。在技术创新与文化创新的关系上，将科技创新与文化创新放在同一框架审视，指出技术创新是一种创新文化，并在理念、制度以及器物层面探讨了技术创新文化的形态。

2. 文化与科技融合的创新文化的理论和现实基础

从历史唯物主义的视角出发，基于马克思在《资本论》中提出的对人类历史进行时代划分的引导性原则，划分出为手工业时代、机器大工业时代、后工业时代三个经济—技术时代。指出，无论是手工业时代的技术对文化的隶属与服务，还是机器大工业时代的技术对文化的渗透、统治与异化，都无法实现文化与科技的合目的性融合的诉求；而后工业时代文化与技术的关系则构成技术对于文化的创造性转化的可能性。中国特色社会主义实践真正构成了文化与科技融合的创新文化的现实基础，为实现中华优秀传统文化、革命文化以及社会主义先进文化的创造性转化与创新性发展提供了基础和保证，进而才能够建设百家争鸣、百花齐放、繁荣兴盛的中国特色社会主义文化，实现文化自信、文化兴国的目标。

3. 文化与科技融合的创新文化的内容、形态以及本质特征

作为新时代文化与科技融合的创新文化，包括传统文化的现代性改造、中国革命文化的时代性传承以及社会主义先进文化的创新性发展。鉴于技术的信息化、虚拟化与智能化基本形式，可以利用互联网、新媒体、大数据、虚拟现实、人工智能等相关技术手段，弘扬中国特色社会主义文化，使文化发展具有了现实的技术路径。新时代文化与科技融合的创新文化包含三种基本形态，即创新文化的信息化形态、创新文化的虚拟现实形态、创新文化的人工智能形态。这一创新文化的实质是在实现中华民族伟大复兴的战略背景下，实现文化与科技深度融合的时代化的创新形式，将中华优秀传统文化实现创造性转化与创新性发展、革命文化实现继承发扬、社会主义先进文化实现弘扬光大、引领时代，这是实现文化强国的实践之路。其特征是传统的人文价值与科学价值的统一、革命文化与新时代人民性的统一、先进文化与文化自信的统一。中国特色社会主义文化的发展方向，凸显了新时代的文化自信和文化使命。

第二章"马克思主义文化与科技融合的创新文化观"围绕马克思主义创新文化观传承发展进行研究。

1. 文化与科技融合视域下马克思主义创新文化观的传承与发展

马克思与恩格斯通过唯物主义历史观的确立，将文化放到人类的社会、经济、政治发展史中进行研究，紧紧围绕着文化这一核心概念，将人类发展的社会、经济与文化不同方面的融合进行研究。中国共产党人一直在进行以实践为依托的对解放、发展文化生产力为主要目的理论和实践探索，通过不断地吸取实践经验，一步一步地孕育并提出和发展了文化生产力相关的道路与理论方法，在实践上为解放和发展文化生产力起到了引领作用，进一步推动了文化事业的繁荣和发展。

2. 文化与科技融合视域下马克思主义创新文化观主要内容

19世纪是人类社会科学技术飞速发展的时代，在科学技术促进社会生产力快速发展的过程中，马克思、恩格斯发现科技文化对人类社会的发展也起着重要的作用，并形成了基于历史唯物主义的科技文化观。文化在社会中所蕴含的强大作用实质上就是对社会主体的思想重塑，从而再通过思想指导的实践行为来改变其所身处的自然与社会环境。中国共产党为了实现中华民族伟大复兴，人民的幸福与安康，一直着重探索中华民族的文化建设，在实践上注重文化生产力的不断解放和提高。这一方面促进了社会制度的全面发展，另一方面也彰显了中国人民从站起来到富起来和强起来的伟大征程中文化的强大内驱力及其引导的力量。

中西文化关系是两种文明体系之间的关系，是世界上一种重要的文化关系。如果二者关系处理得当，它将增进中西方国家之间的相互了解，增进中西方国家之间的互信，加强中西方国家之间的合作共赢。如果处理不当，就会导致危机和冲突。因此，构建全球化时代的中西文化关系，既是历史发展的必然，也是时代的需要。在这种背景下，民族精神具有重要的价值，而文化自信是民族精神的反映，民族意识、民族习惯、价值追求是民族精神的体现。现在我们走上了中国特色社会主义道路，中华民族就有了更坚定的前进路线，有了更深刻的民族精神。我们一方面要建设高度自信的文化，另一方面也不断加强与其他国家和地区的文化交流互动，在文化差异甚至是冲突中探索彼此可以认同、接受、包容的文化观念，以此构建新时代的文化共同体。

3. 文化与科技融合视域下马克思主义创新文化观当代价值

文化自信是对自身文化的认同，是一个国家最深沉的力量，建立在本民族的文化自觉的基础上，对本民族和国家的文化充满信念感，是强大的精神力量，更是一种价值观自信，这对于保护国家文化安全、建设先进的、具有国际影响力的文化起到至关重要的作用。我们应坚定地培养文化自觉和自信，凝聚文化自信动力，巩固中华文化之根基，将其地位提升至国家战略高度，注重社会主义文化安全和意识形态安全，在这些领域中发挥中国特色社会主义文化重要的引领作用。在文化实践和交流中，弘扬中国精神、建设文化强国。

第三章"革命文化与科技融合的继承发扬和创新性发展"，首先分析了中国革命文化从中国革命历史中来，集中反映在中国革命历史史料之中，因此这一部分依据史料梳理革命文化形成、发展的历史，阐述革命文化的基本内涵、本质与特征及其当代价值。在这一问题上，我们坚持历史唯物主义的立场，既要反对历史虚无主义，也要反对英雄史观。其次，革命文化在革命时期和当代社会有多种多样的表现形态。实证研究表明中国革命文化的当代传承面临一定的现实困境，可以通过革命文化与科技深度融合破解这一难题，为革命文化在新时代的发扬和光大，指明基本原则、现实根据和具体路径。再次，进一步分析了革命文化的具体表现形态，总结物质性与非物质性革命文化的特性，分类阐述继承发扬革命文化的科技创新路径与方法。最后，明确与科技融合的革命文化创新的目标、内容、本质与特征。

1. 革命文化的基本理论

从革命文化内涵与外延两个方面进行了深刻的阐释，即革命文化是指在新民主主义革命时期，由中国共产党及其所领导的革命人民为了适应新民主主义革命需要所创生的以反对帝国主义、封建主义、官僚资本主义为主要任务，以建立使中华民族站起来为目标的物质文化与非物质文化。革命文化体现了中国共产党的政治观、经济观、军事观、社会观、群众观，是新民主主义时期中国共产党领导中国人民走向独立和解放的思想武器和精神力量，它在血雨腥风中淬炼出来。红色文化是革命文化的通俗说法，形象地表现了革命文化的斗争性、抗争性、勇敢与牺牲精神。

革命文化与各个历史阶段的核心目标、主要任务、实践形式紧密相连，主要形成了建党时期以"五四精神""红船精神"为核心的建党文化，土地革命时期以井冈山精神、苏区精神、长征精神、延安精神为核心的党建文化，抗日战争时期以抗击日本侵略者为主要任务的抗联文化、解放战争时期以西柏坡精神为核心的立国文化。

2. 革命文化的当代价值

十九大报告中特别强调革命文化对新时代增强文化自信的重要意义。作为党和人民在抗击帝国主义侵略、反对封建势力压迫、争取民族独立和人民民主的伟大斗争中孕育的精神与传统，传承了中华优秀传统文化的基因，是激励全党全国各族人民奋勇前进的强大精神力量，革命文化是中国共产党在新时代带领全国人民进行文化创新，从文化自觉走向文化自信，建设文化强国实现中华民族伟大复兴梦想的精神力量，是党和人民宝贵的精神财富，它在不同的历史时期有着不同的意义。

3. 新时代革命文化与科技融合的必要性

科技为文化的发展提供物质基础。依靠科技创新实现物质性革命文化的再生，革命英雄在虚拟现实技术中获得重现。通过仿真、3D技术、虚拟现实技术还原革命战争时期革命英雄的真实情景，使得革命英雄人物不再仅仅是记忆中的文化符号，而是革命实践中有血有肉的生灵，在虚拟现实中再现了新的活生生的英雄行为和伟大的牺牲精神。另外，革命遗址与遗物在科技支撑中得到有效的保护和传承。通过典型案例调查对辽宁抗联文化遗址进行实地调研，整理抗联遗址保护的情况，发现问题，针对相当一部分的抗联遗址亟待抢救的现状，提出了一方面需要资金、人才的投入，另一方面亟需科技力量和其他手段的介入，使革命遗址得到整体的保护和修缮，这是非常必要的。

依靠科技创新实现非物质性革命文化的传承，尤为必要。为此应当大力加强革命文献数据平台的建设。一方面可以通过数据整理、挖掘现有的文字资料进行创新性开发与利用，满足对革命文化的研究需求，另一方面还可以对大量散于民间的文献资料特别是口头资料进行口述史研究，开展较为系统的整理与编撰，实现革命文化的科学、系统、全面地展现。

4. 新时代革命文化与科技融合的创新文化内涵

新时代革命文化创新的目标是为中国特色社会主义实践提供精神动力与道德支持。革命文化能够坚定理想信念，培养社会主义建设者对党的忠诚意识；通过弘扬革命精神，树立正确的历史观、民族观、国家观、文化观，使之成为红色基因的传承者。科技在革命文化创新中具有传承、讴歌与丰富的作用。二者的融合是人文价值与科学价值的统一；革命文化与新时代的统一。

第四章"社会主义先进文化与科技融合的繁荣兴盛和创新性发展"围绕新时代社会主义先进文化的形成与特质、先进文化与科技融合的内容、形式和途径进行了研究。

1. 社会主义先进文化有一个逐渐形成的历史过程

新中国伊始，毛泽东提出"百花齐放，百家争鸣"的文化发展方针，改革开放时期，邓小平提出社会主义精神文明建设的指导思想，江泽民提出社会主义文化建设的纲领，胡锦涛提出的"社会主义核心价值观"及"和谐文化"思想，习近平指出："发展中国特色社会主义文化，就是以马克思主义为指导，坚守中华文化立场，立足当代中国现实，结合当今时代条件，发展面向现代化、面向世界、面向未来的，民族的科学的大众的社会主义文化，推动社会主义精神文明和物质文明协调发展。"[1] 这是对新时代中国社会主义先进文化的总规划和设计蓝图，具体指出了新时代社会主义先进文化确立的基础和发展方向。

社会主义先进文化的特质包括：第一，社会主义先进文化必须坚持社会主义制度。第二，社会主义先进文化必须以马克思主义为指导。第三，社会主义先进文化是以"三个面向"为特点。第四，社会主义先进文化是以"民族的、科学的、大众的"为发展方向。社会主义核心价值

---

[1] 习近平：《习近平谈治国理政》第3卷，外文出版社2020年版，第32页。

体系是兴国之魂,是社会主义先进文化的精髓。马克思主义是社会主义先进文化的指导思想,中国特色社会主义共同理想是社会主义先进文化的主题内容,民族精神和时代精神是社会主义先进文化的精神动力,社会主义荣辱观是社会主义先进文化的道德基础。社会主义核心价值体系决定了社会主义先进文化的指导思想、发展方向、根本目的等,从而决定了社会主义先进文化的本质。

2. 社会主义先进文化与科技融合的理论

首先,新时代社会主义先进文化与科技的融合,是指通过将新时代社会主义先进文化中的各类文化元素、内容、形式和服务,与现代科技的原理、理论、方法和手段的有机结合,提升文化产品的价值与品质,形成新的内容、形式、功能与服务,更好地满足人民精神文化需求的创新过程。它具有文化本位性、整体性、创新性、动态性和价值性。其次,新时代社会主义先进文化与科技融合具有内在逻辑。社会主义先进文化与科技融合发端于文化与科技互通共荣的必然性,立足于推动社会主义事业大发展大繁荣的重要性,根植于人类实践活动基础的可行性。再次,社会主义先进文化与科技融合具有扎实的理论基础和现实基础。辩证唯物主义与历史唯物主义是社会主义先进文化与科技融合的理论源泉,实践是社会主义先进文化与科技融合的实现方式,中国特色社会主义思想是社会主义先进文化与科技融合的指导思想。信息技术、网络技术、大数据技术等新科技是文化与科技融合的物质技术动因,文化产业是文化与科技融合的重要功能载体,知识经济是文化与科技融合的时代经济背景。最后,社会主义先进文化与科技融合形成一定的文化形态。思想意识层面融合以"文化+"为核心探索社会主义先进文化与科技创新思想相融合。知识技能层面的融合以"教育+"为根源探索社会主义先进文化与科技相融合。产业产品层面的融合以"信息技术+"为平台探索社会主义先进文化在信息传播中发挥的创新驱动作用。

3. 先进的科技文化是社会主义先进文化的重要内容

先进的科技文化是人们利用科学技术认识世界、改造世界成果中形成的处于领先地位的部分文化,是先进科学技术社会功能的结晶。随着马克思主义中国化的迅猛发展，先进的科技文化成为马克思主义中国化的新元素，是社会主义先进文化的重要内容。先进的科技文化所带来的科学精神，对推动社会主义现代化建设具有重要作用。而社会主义先进文化又进一步涵养了先进的科学技术文化，它与先进的科学技术之间是包含与被包含的关系。总之，在社会主义现代化建设的今天，我们要建设社会主义先进文化，就要重视科学技术的进步，就要加强先进的科技文化建设，运用各种手段推动先进科技文化的发展就是推动社会主义先进文化的建设。

第五章"传统文化与科技融合的创造性转化和创新性发展"围绕中国传统文化的基本特征和当代价值进行了阐述，并从科学技术作用下的中国传统文化的创造性转化和创新性发展两个方面阐述了其实现路径。

1. 中国优秀传统文化的显著特征

中国传统文化在不断发展的过程中，形成百家争鸣的局面，在不断传承中逐渐形成了中国古代传统文化的系统性特征，表现出注重整体性、政治伦理性、实用性以及兼容并蓄性。中国古代文化以人为本，从"天人合一"的精神特质向外散射渗入传统文化中，形成以人为本的初衷，并渐渐显现出其政治伦理性，它以满足人自身需求寻求与自然、社会和自身关系的和谐共生，"天人合一"是处理人与自然关系的重要方式；以家国情怀的意识谋求社会命运共同发展，突出了实用的功利性。

2. 阐释了中国传统文化创造性转化与创新性发展的机理，提出了中国传统文化的创造性转化路径

逆向诠释有助于传统文化内涵的当代理解。逆向诠释的方法将有助于对于传统文化的深入理解，通过从现代视角对传统文化进行诠释，能够深度发掘传统文化中赋有现代价值的内容，并且在逆向解释、深入研究过程中逐渐将其他赋有借鉴价值的内容发掘出来，由此及彼，形成网状交叉性发展，从而将优秀传统文化赋予新的时代内涵或者新形式。

3. 中国传统文化的创新性发展实践路径

首先，创新性发展作为中国传统文化的提升超越，是将其在新时代转化后赋予时代精神内涵并传播出去，是创新性发展的主要发展方向。

中华传统文化的创新主要体现在将现代科技与传统文化的融合上。通过人工智能、AR、VR等先进的数字技术改善传统文化的体验，提升文化消费者参与传播过程的主动性和创造力。其次，优秀传统文化机制创新要注重"承"，就是要从现代人的生活中寻找素材与主题，使传统文化的当代产品符合新时代人的精神需要，营造良好的传统文化创作环境。在文化产业、文化管理等方面要充分给予市场空间，在社会主义价值观的引导下将文化产业运作交给市场，鼓励支持营利性文化产业的发展。

第六章"文化与科技融合的我国文化科技创新战略对策"围绕着文化科技发展战略和对策进行了研究。首先，总结了国外文化科技创新的发展战略，针对我国的现实状况，分析了其中的问题，提出了一系列对策建议。其次，根据科技创新支撑文化产业创新的机理，提出了增强文化科技自主创新能力战略对策，建构文化科技创新体系，文化科技创新的社会支撑平台，新时代文化与科技融合的文化创新战略对策等。

本研究的贡献主要有：中国共产党领导下的社会主义实践，尤其是40多年的改革开放所形成的现实成就，为中华优秀传统文化、中国革命文化和社会主义先进文化的创新性发展和创造性转化创造了前提和条件。与科技融合的中国特色社会主义文化的三大组成部分创造性转化和创新性发展是中华优秀传统文化、革命文化和先进文化的实践路径，可以有效地推动我国文化事业和文化产业的健康发展。将社会主义文化赋予新时代内涵，坚持数字化、信息化、网络化、混合现实化、智能化的文化创意，从而构建中国特色社会主义文化的当代表现形态。

在新时代革命文化转化为"四个意识""两个维护""四个自信"，这是革命文化在新时代的政治立场、原则、纪律上的集中体现，是坚定文化自信的坚强基石。依靠科技创新实现物质性革命文化的再生，革命遗址与遗物得到的保护，革命文化内容实现创造性地转化；依靠科技实现非物质性的革命文化的数字化、智能化、网络化。这一创新文化本质是以科技为引领，在文化创新中形成革命文化的传承、讴歌与丰富；它是革命文化与新时代的统一。

新时代社会主义先进文化与科技的融合，坚持为社会主义制度服务，以马克思主义为指导；它立足于文化推动社会主义事业大发展大繁荣的重要性，根植于人类实践活动基础的可行性。其内涵是指通过将新时代社会主义先进文化中的内容、形式与现代科技有机结合，提升文化产品的价值与品质，更好地满足人民物质文化需求。它具有整体性、创新性、价值性。

针对文化科技创新战略的内在机理，本研究提出了对策性的建议。增强文化科技自主创新能力战略对策：强化文化科技引进消化吸收再创新能力。建构文化科技创新体系战略对策：培育文化产业集群。构建文化科技创新的社会支撑平台战略对策：搭建多层次的创新公共服务平台，促进文化科技创新的文化产业基金。文化创新战略对策选择：明确文化科技创新与国家文化发展战略的关系，如全球化视域中的中国文化科技创新战略，文化科技创新与中华文化"走出去"战略，文化科技创新与构建公共文化服务体系战略。

本研究坚持学理研究与社会实证研究相结合，历史研究、文献研究与社会当下问题的研究紧密结合，形成了历史、现实与中央有关文件精神相结合的研究方法，做到了最及时有效地阐释现实问题，并做出了理论提升和对策建议。本研究实现了以习近平新时代社会主义文化思想为指导，阐释中国特色社会主义文化与科技融合实现创造性转化和创新性发展的创新文化理论和实践路径，为中华民族文化的高度自信、繁荣兴盛的文化强国建设，阐明了中国特色社会主义文化与科技融合的创新文化建设方案。这为推进马克思主义理论中国化、时代化、大众化，建设具有强大凝聚力和引领力的社会主义意识形态，使全体人民在理想信念、价值理念、道德观念上团结一致，确立高度的文化自信，做出了理论上的贡献。

本研究是基于现代科学技术的高速发展及其对社会文化精神生活的影响而开展的文化与科技哲学的交叉研究。现代科学技术的发展对社会物质生活和精神生活的改变呈现加速趋势，它带动前沿性的交叉学科进一步的发展融合，科学技术的文化以及文化的科学技术哲学研究成为当下的显学。文化科技哲学的出现与发展是学科交叉与融合的产物。探讨文化与科技融合的创新文化的哲学问题，并积极把这一理论研究与中国社会发展的历史进程相结合、与中华历史传统相结合、与中国共产党领导中国人民争取民族独立的革命斗争、与社会主义现代化建设相结合，更加紧密地与中国新时代的社会主义现代化强国目标建设相结合。这一研究实现了学科交叉的增长点——文化科技哲学，也实现了文化真正地与科技实践相结合，本书即是对文化科技哲学：文化与科技融合的创新文化研究的有益探讨。

第一章

文化与科技融合的创新文化阐释

中国特色社会主义文化与科技融合的创新文化研究将运用科技手段实现传统文化、革命文化、先进文化的创造性转化、创新性发展，它是关于新时代社会主义文化本身的创新文化研究。它以为人民服务、为社会主义服务为宗旨，以社会主义核心价值观为指导，坚持百花齐放、百家争鸣的方针，坚持文化与科技深度融合的科学方法，铸就中华文化自信和文化精华。

习近平指出"在继续推动发展的基础上，着力解决好发展不平衡不充分问题，大力提升发展质量和效益，更好满足人民在经济、政治、文化、社会、生态等方面日益增长的需要，更好推动人的全面发展、社会全面进步"[1]，这表明，在目前的文化建设上，同经济、生态等领域一样存在着文化发展不平衡不充分的问题。中华文化面临着满足人民日益增长的精神文化需求的时代任务，担负着中华民族文化的高度自信、繁荣兴盛的建设任务，"文化是一个国家、一个民族的灵魂。文化兴国运兴，文化强民族强"[2]。为了实现中华文化的高度自信和繁荣发展，有必要进行中国特色社会主义文化的创新文化建设，走与科技相融合的创新道路，面向现代化、面向世界、面向未来建设文化强国，实现中国特色社会主义文化高度自信，满足人民群众日益增长的文化需求，丰富人民精神生活，推动人的全面发展，促进社会和谐全面进

---

[1] 习近平：《习近平谈治国理政》第3卷，外文出版社2020年版，第9页。
[2] 习近平：《习近平谈治国理政》第3卷，外文出版社2020年版，第32页。

步。这对于建设社会主义文化强国、实现中华民族伟大复兴具有重大的历史意义和现实意义。

第一节 文化的内涵和构成

文化本身具有复杂性，使文化概念的界定众说纷纭。时至今日，对于文化的研究已经不能再局限于某一学科，而呈现出跨学科的特征。1952年美国人类学家A. L. 克拉伯（Alfred Kroeber）和K. 克拉克洪（Clyde Kluckhohn）的《文化概念与定义的批评性讨论》统计了从1871年到1951年这80年间对于文化的定义，共有164种。1965年，法国心理学家A. 莫尔斯又对文化的定义进行统计，有250余种之多。及至2002年，我国哲学家季羡林在《为什么要弘扬中国传统文化?》一文中指出全世界对于文化的定义数量已经达到了500个以上。对于文化的如此多的定义，在一定层次上反映出了文化研究的空前繁荣。

中国在党的十九大之后进入了新时代，社会的主要矛盾发生转变。在这一形势下，新时代中国特色的社会主义文化从理论高度凝练出了方向明确、内容全面、时代特征鲜明和中国特色突出的文化内涵，既延续了传统文化内涵、彰显了革命斗争精神和先进文化的引领性，也创新性地指明了中国特色社会主义文化的主体构成部分；既体现了文化的传承，也体现了时代特征和中国特色。

一 文化的内涵阐释

（一）文化的内涵解读

对于文化及其相关问题的研究一直以来都是学术界的热点。对于文化概念的界定基本可以分为广义与狭义两种。广义的文化研究指的是The Study of Culture，是用众多传统的理论方法来针对文化这一特定对象进行的研究；而狭义的文化研究，即Cultural Studies，则主要是以英国伯明翰大学当代文化研究中心为代表，它把文化定义为一种整体的生活方式。

从中世纪开始有了物质文化和精神文化的区分，但这种区分还不够明显。到了启蒙运动时期，文化同人类的理性发展联系起来，用以区别原始的蒙昧状态。德国法学家普芬多夫首次提出"文化"是一个独立概念，指出文化是人的活动所创造的东西及有赖于人和社会生活而存在的东西的总和。伏尔泰指出文化是一个不断向前发展、使人得到完善社会生活的物质要素和精神要素的统一。康德指出，文化是有理性的实体为了一定的目的而进行的能力之创造。德国学者皮格亨从学科建立的范式提出"文化科学"的概念，提倡系统、全面研究文化，建立专门学科。

西方学术界对于文化的专题性研究起源于19世纪中后期，主要是从文化人类学、文化哲学的角度来切入，对于文化的研究由此开始偏重于将文化看成是人类精神现象。他们梳理了文化的起源，试图界定文化的本质，在此基础上归纳了文化的诸多模式。比较重要的研究者[①]，人类学方面有英国人类学家泰勒（Edward Burnett Tylor）、摩尔根（Lewis Henry Morgan）、马林诺夫斯基（Bronishaw Malinowski），美国人类学家鲁斯·本尼迪克特（Ruth Benedict）；在文化哲学方面则有德国的米切尔·兰德曼（Michael Landman）、舍勒（Max Schler）、卡西尔（Ernst Cassier）等。

古斯塔夫·克莱姆第一个用"文化"代替了"文明"，爱德华·泰勒则首次提出了文化的现代性定义。学者霍尔姆斯（W. H. Holmes）提出了文化人类学（Cultural Anthropology）的概念，区别于从生物学角度研究人的体质人类学。1955年，克罗伯的学生斯图尔德（Steward）发表了《文化变迁理论》（*Theory of Culture Change*），构建起了文化生态学的基本框架。

文化一词的英文是Culture，字源本义为农业、耕种和养殖。伴随人类活动范围的不断扩散，文化所涵盖的内容与形式也越加多元化。伴随人类社会活动进入工业文明乃至后工业文明时代，文化所具备的内涵愈加纷繁复杂。综合学者们的研究成果，我们认为文化是一个过程，一种转变，一

---

① 参见《中国大百科全书·社会学卷》，中国大百科全书出版社1991年版，第409页。

种生活方式、道德规范。知识、信仰、艺术、道德、法律、习俗都是文化的外在表现形式。文化是变迁融合、继替更新过程中的文化。对于文化概念的解读，无法仅仅聚焦于某一点，它有三重内涵向度，即，器物文化、制度文化、精神文化。这是依据文化的形态对文化的类型学划分。现代学者研究也正是依据此，将文化划分为狭义文化与广义文化。其中，"广义文化指人类社会实践过程中所获得的物质、精神的生产能力和创造物质、精神财富的总和，狭义文化则特指精神生产能力和精神产品"①。

综上，可以认为文化的内涵是一个与人类实践活动密切相关的生活方式在时间与空间的结合，个体与社会、内在与外在融合的概念；在时间上，文化的内容获得累积、延续；在空间上文化的向度向多方位社会延展，兼容并包；文化既内在于社会中的个人，又可由社会中的个人向外在扩展、延展，客观独立的存在于单独的社会个体之外，并可以对社会文明进步施加多重向度的影响。

（二）新时代文化的内涵解析

从新时代一词最基本的内涵方面来看，就是指当下政治、经济、文化、社会等各方面的状况发生具有进步意义的重大变化。十九大报告提出中国特色社会主义进入新时代，表明中国社会相比以前的发展状况取得了非常明显的成就，"我国社会主要矛盾已经转化为人民日益增长的美好生活需要和不平衡不充分的发展之间的矛盾"②。在历史维度上，新时代"承前启后、继往开来、在新的历史条件下继续夺取中国特色社会主义伟大胜利"③；在实践维度上，新时代"决胜全面建成小康社会、进而全面建设社会主义现代化强国"④；在世界维度上，新时代"我国日益走近世界舞台中央、不断为人类作出更大贡献"⑤。

十九大报告提出中国特色社会主义的发展进入了新时代，这一论断

---

① 辞海编辑委员会：《辞海》（第六版），上海辞书出版社2009年版，第23—79页。
② 习近平：《习近平谈治国理政》第3卷，外文出版社2020年版，第9页。
③ 习近平：《习近平谈治国理政》第3卷，外文出版社2020年版，第9页。
④ 习近平：《习近平谈治国理政》第3卷，外文出版社2020年版，第9页。
⑤ 习近平：《习近平谈治国理政》第3卷，外文出版社2020年版，第9页。

坚持了马克思主义的历史唯物主义的立场和观点。经过40年改革开放的发展，中国社会的经济、政治、军事、文化等方面有了长足的变化与发展，中国社会的主要矛盾发生了根本性的改变；国际社会也形成了与"二战"以来所确立的政治经济格局不同的发展态势，以后发展中国家为代表的利益格局处于动态的调整中；再加上第四次科学技术革命的到来，形成以科技为链条铸就的世界全球化潮流。在这样的视角下，表明中国的政治、经济、文化的发展离不开人类命运共同体的建设维度。所谓共同体"是指人们在某种共同条件下结成的集体，或是指若干国家行为体、非国家行为体基于共同的利益或价值，在某些特定的领域形成的统一组织或类组织形态，所谓人类命运共同体，主要是指世界各国、各地区在经济、文化、安全等众多领域形成的空前的紧密联系和不可分割、命运相连的状态"[①]。因此，我们遵循历史唯物主义的基本立场，在全球化的背景下分析新时代文化的内涵，将具有中国特色、国际视野和人类命运的情怀。

1. 文化的器物层内涵

文化的器物层与基础设施及衣、食、住、行密切相关，即为满足人类生存和发展需要所创造的物质产品及其所表现的文化特质。从文化的器物层审视新时代文化，新时代文化即为促进物质生活水平提升的精神文化能力及与此相应的文化成果。自改革开放以来，可以说中国社会的物质文明及其所表现的文化特质有了翻天覆地的变化和发展，从站起来到富起来再到全面小康，人民群众的衣食住行等基本物质生活条件获得了极大的改善，并逐渐开始向高水平高质量发展，伴随于此的是人民群众精神文化生活的丰富和繁荣，呈现中华文明的深厚的历史底蕴，蓬勃向上的趋势，开拓未来、攻坚克难、可持续发展的勇气和决心。依托于此，新时代文化发展更加进一步促进了物质文明的发展前进。如，"中国制造2025"规划其本质是工业信息化的智能化，实现从制造业大国向制

---

① 王公龙、韩旭：《人类命运共同体思想的四重维度探析》，《上海行政学院学报》2016年第3期。

造业强国转变的目标，力争用 10 年时间，迈入制造强国行列；2035 年，我国制造业整体达到世界制造强国阵营中等水平；新中国成立 100 年时，制造业大国地位更加巩固，综合实力进入世界制造强国前列。这里面彰显的奋斗精神，彰显了中国特色社会主义文化的砥砺前行、奋勇开拓的精神。人民越加富裕，国家越加富强。百姓的自信心明显增强。

以"一带一路"倡议为例，在基础的衣食住行、国计民生方面，为构建人类命运共同体贡献了中国力量。它的建设延展了新时代文化呈现的时空范围。"一带一路"是"丝绸之路经济带"和"21 世纪海上丝绸之路"的简称，是依托于中国古代丝绸之路所确立的传统文化在新时代的呈现。在"一带一路"的构建、发展过程中，通过借用古代丝绸之路的历史文化符号，依托于古代丝绸之路的文化底蕴，积极建立同沿线周边国家、地区的经济合作伙伴关系。在这一过程中，一个政治互信、经济融合、文化包容的利益共同体、命运共同体和责任共同体正在获得建构，这也充分体现了中华民族的责任担当。

2. 文化的制度层内涵

人类社会的制度由相关的社会规范构成，其形成过程为制度化过程，其形式是社会关系的定型化。宏观制度层面，社会制度可定义为：基于人类基本社会需要，在特定社会结构中及特定历史阶段形成的具有稳定性、普遍性规范体系。历史与实践都充分说明，中国特色社会主义制度具有无可替代的制度优势，它是包括人民代表大会制度这一根本政治制度，中国共产党领导的多党合作和政治协商制度、民族区域自治制度以及基层群众自治制度等构成的基本政治制度，中国特色社会主义法律体系，公有制为主体、多种所有制经济共同发展的基本经济制度，以及建立在根本政治制度、基本政治制度、基本经济制度基础上的经济体制、政治体制、文化体制、社会体制等各项具体制度。这样一种制度所表现的新时代文化特征，是与坚持党的领导，走中国特色社会主义道路，以人民为中心，民主集中制等方面的制度文化高度一致。在宏观的制度文化层面，正是与中国特色社会主义制度相依托，新时代文化的制度内涵也正是依托于此获得呈现。

中观的社会制度可表述为人类社会行为的规矩与准则。凝视其社会形成过程，可见中观层面的制度是人类在特定时期为维持共同生活需要，依托于特定社会互动过程而形成。中观层面的社会制度可以是约定俗成，也可以是共同制定的明文规定。新时代文化在中观社会规范层面，不断完善社会治理体系和提高社会现代化的治理能力，这是与社会主义法治建设相依托，强调法治文化和德治文化，坚持依法治国与以德治国相结合，这同样凸显了中国新时代制度文化的特色。

3. 文化的精神层内涵

文化的精神内涵包括习俗、艺术、信仰、心态等文化特质，是在人民的艰苦劳动、社会创造过程中形成的基于社会历史实践的非物质性文化。它所形成的具有中华民族特色的文化各具特色，呈现丰富多彩的面貌。作为精神层面的新时代文化高度凝练地集中表达体现在十九大报告中，十九大报告第一次明确地阐述了我国新时代中国特色社会主义文化的基本内容、历史地位以及建设的基本方略。传统优秀文化、革命文化、社会主义先进文化中所蕴含的卓越精神就是来源于中华民族悠久的历史、长期的艰苦卓绝的革命斗争和矢志不渝、开拓进取的改革开放的群众性实践。依托于此，其内涵在新时代也将获得新的传承与开拓。依托于新时代文化建设平台，中国特色的社会主义文化在社会未来的发展中也将发挥越来越重要的作用，人们在物质生活水平不断被满足的基础上也更加注重自己的内在精神的丰富，注重内在的精神食粮，不断提升自身精神文化需求的水平，个体的自由和发展获得了前所未有的机遇。

新时代文化的精神层面繁荣丰富，人民内心愉悦情感丰富。新时代依托于传统优秀文化、革命文化、社会主义先进文化正在为世界精神文化繁荣发展贡献中国力量，人类命运共同体的伟大实践在提供物质文化的同时也将新时代的精神文化向世界传递。中国特色的社会主义文化在走向世界的过程中，与其他地区的文化相互借鉴，取其精华、去其糟粕；在文化融合与兼容并蓄的发展进程中，其精神内涵也将获得更进一步的充盈，人民也将因此获得更强烈的文化满足与文化自信。

二 新时代中国特色社会主义文化的主要构成

从新时代内涵的角度以及新时代文化的历史使命的视角来看，中国特色社会主义文化由中国传统文化、中国革命文化和社会主义先进文化三部分构成，它反映了文化建设的现实和文化未来发展的历史趋势，并涵盖中国特色社会主义文化的全貌。

（一）传统优秀文化

关于中国优秀传统文化的概念，学术界有多种定义，总结起来有三种维度。首先，时间和内容维度："中国优秀传统文化就是中华民族1840年以前创造的、并能够经过现代意义上的创造性转换而服务于中国现代化建设的文化。"[①] 其次，价值维度："质言之，所谓中国优秀传统文化，就是中华民族长期发展过程中形成的、有着积极的历史作用、至今具有重要价值的思想文化。"[②] 最后，传承维度："中国优秀传统文化是指那些经过了实践检验、时间检验和社会择优继承检验而保留下来并能传之久远的文化。"[③]

习近平总书记指出："深入挖掘中华优秀传统文化的讲仁爱、重民本、守诚信、崇正义、尚和合、求大同的时代价值，使中华优秀传统文化成为涵养社会主义核心价值观的重要源泉。"[④] 这六点揭示了中国优秀传统文化的核心内涵。中国优秀传统文化的主要内容随实践的变化而发展。对于中国传统文化的探讨是一个老话题，诸多学者对此都有过相关的讨论，研究的深度也不断加深。今天人们不再用二元对立的思维方式处理传统与现代关系。因此，对待传统文化的态度，应走否定之否定的道路，中国才能够更好地实现传统文化的现代化。

（二）革命文化

中国经过近百年的发展，革命文化已经形成了相对稳定的概念，构

---

① 张岱年、方克立主编：《中国文化概论》，北京师范大学出版社2004年版，第1页。
② 张岱年、方克立主编：《中国文化概论》，北京师范大学出版社2004年版，第3页。
③ 王学伟：《试论中国优秀传统文化的科学内涵》，《海南师范大学学报》（社会科学版）2014年第6期。
④ 习近平：《习近平谈治国理政》第1卷，外文出版社2014年版，第164页。

建起同整个社会政治、经济、文化、科技等诸多方面的交错融合体系。学界一般将中国革命文化从历史的视角予以定义，即，"中国人民在长期的革命实践中逐渐形成的、以马克思主义为指导的、反映中国革命现实、凝聚共产党人和革命群众独特思想和精神风貌的文化，它不但是中国革命时代的先进文化，也是中国目前多元文化格局中重要一元"①。

传统革命文化"是中国共产党人的世界观、政治观、革命观、价值观和群众观在中国革命文化中内在的本质体现，是中国共产党领导人民军队和人民大众，在新民主主义革命中创造的特有的革命文化形态，是马克思主义中国化的重大文化成果"②，这也是中国革命文化的内涵的重要体现。革命文化是中国共产党的党性与革命性和人民性的高度统一。

在传统文化的内涵基础之上，新时代也对革命文化提出了全新的要求，对革命文化的理解阐释、推陈出新已经成为每一位社会成员应该关心和加以思考的重要问题。因此，研究如何在以经济建设为中心的历史背景下，继续坚持核心理念不动摇，如何将其与先进的科技、文化融合，以构建起全新的、以美好生活为目标的革命文化产业是一项重要的文化建设任务。

（三）社会主义先进文化

社会主义先进文化是中国传统文化之精华部分的再升华，是对中国文化的继承，也是对中国文化的批判性汲取，是融入了现代科学民主精神和借鉴了其他民族优秀文化的卓越优秀文化。社会主义先进文化面向现代化、面向世界、面向科学、面向大众。十九大将社会主义先进文化明确列入中国特色社会主义文化发展大局中，赋予其新的内涵特征和时代意义。

关于社会主义先进文化的研究，从 2002 年开始有大量涌现，研究主题涉及社会主义先进文化的含义、特征、发展动力、理论基础、哲学意

---

① 徐利兰：《论中国"革命文化"的内容和特点》，《广东省社会主义学院学报》2003 年第 3 期。

② 李康平：《中国革命文化基本理论问题研究》，《马克思主义研究》2015 年第 7 期。

蕴、功能、地位和意义等。然而，对会主义先进文化仍有待进一步研究。无论是对其本质特征的探究，还是辩证关系的考察，抑或意义影响探析，甚至如何发展社会主义先进文化等这些研究还不够深入。面对这一主题，从文化本位的立场，全面阐释新时代社会主义先进文化与科技融合问题，探察新时代社会主义先进文化繁荣兴盛和创新性发展是一项重要的文化建设任务。

第二节 文化与科技融合的概念及其理论

文化与科技作为社会结构的重要组成要素，在社会变迁的发展过程中始终发挥重要的作用。文化发展需要科技的支撑，科技发展同样也需要文化推动。一个可以确认的社会事实，是文化与科技的融合能够促进文化与科技最大潜能的发挥。它不仅是实现国家繁荣富强的有效保证，也定将促进道路自信、理论自信、制度自信、文化自信。

一 文化与科技融合的内涵

文化与科技的融合具有相互促进作用。哲学家舍勒（1970）从文化哲学视角考察技术的起源，对技术的价值进行定位，认为文化和技术是相互作用的，呼吁精神和技术的平衡发展。如何界定文化与科技融合的概念？可尝试从文化与科技融合的机制与向度对之加以界定。本研究认为，文化和科技融合是文化和科学与技术融合一体、创新衍生的过程。这一过程包括科技在文化领域的创新应用，也包括科技领域的文化输入与建设。

因此，可将文化与科技融合定义为文化与科技依据自身的属性，在特定的社会情境的动力机制下相互整合的创新发展过程。从狭义的视角看，"文化与科技融合"是将科技注入传统的文化产业之中，推动文化产业升级换代，指的是"文化的科技化"；而广义上的文化与科技融合，是将文化创意与科技创新作为两种要素资源结合起来，成为一种双向融合的跨界概念，即"促进文化与科技融合，推动传统文化科技相关产业升级，发展新型文化业态"①。

二 文化的科技要素

文化与科技具有辩证统一的关系，文化与科技融合的创新发展同时促进文化与科技的双向繁荣。文化中有技术，技术中有文化。考察文化的科技要素，其前提是肯定科学技术是一种文化。人类学家、文化哲学家、技术哲学家的研究都说明了这一点。其中，埃吕尔（1960）、李克特（1985）都把技术看成是"一种文化现象"或者是"一种文化过程"。通过审视文化与科技的社会实践过程，可见文化的科技要素集中表现为"科技加速了文化成果的转化。科学技术在文化场域中的应用，丰富了文化的传播手段和表达方式，使得文化的原创力、传播力、感染力都得到前所未有的增强，极大地促进了文化的发展和繁荣"②。事实表明，科技的发展促成了文化领域的革命性变化。在国家科技政策的大力倡导下，现代科学技术逐渐应用到社会文化的方方面面，文化产业、文化产品、精神文化获得前所未有的发展。在科学技术的推动下，文化产业的发展获得加速、文化产品的升级换代时间缩短、城市精神文化的传播力度大大提升。

三 科技的文化因素

科学技术是人类智慧的结晶，某种程度上科技本身就是文化的产物。文化本身凝练、孕育出科学技术。哲学家从不同角度阐释论证了这一观点，德国技术哲学家海德格尔从技术角度认为，"文化的本质就是技术展现的过程和结果"，"文化具有技术的性质"。文化的科学技术推动，主要体现为科技中的文化要素、精神力量与创新氛围的营造。此种精神力量和创新氛围能够引领科技进步，因此，精神文化推动科学技术进步的作用不可忽视。在相关研究中，文化本位的科技研究者就强调，必须从

---

① 于平、李凤亮主编：《文化与科技创新发展报告（2013）》，社会科学文献出版社2013年版。

② 钟荣丙：《文化科技一体化发展的实现途径研究》，《科技进步与对策》2012年第9期。

我国文化发展与管理格局出发，应通过多重社会途径、机制将诸多文化元素同科学技术原理、实践创新结合，提升文化产品的科技内涵、科技品质，扩展科技传播形式，进而使文化在新时代、新情境、新环境中发挥最大的作用，使社会公众对于物质文化的需要获得满足，使其能够更好地服务于人民群众。

四 文化与科技融合的基础

文化与科技融合以文化与科学技术一体化为根基。科技为文化提供现代化载体，文化作为科学技术的灵魂为科学技术指引发展方向。因此，"文化与科技正向的耦合，相互促进相互发展构成了同心同向的文明积累机制，文化需要科技的支撑、驱动和提升，科技需要文化的促进与融合"。文化与科技相互渗透促进文化与科技各自的内在元素的增加，这为文化与科技的融合提供了互通互融的内在联结纽带。文化与科技同为人类文明的累积与人类智慧的结晶，文化与科技自始至终都保持互融互进的协同发展关系。

文化与科技相互需求、相互推动。科学发展形成卓越的科技文化，此种科技文化为文化有机体所需要，文化有机体因此发展壮大。科技文化的时代性与创新性、科学性与预见性也为文化提供了发展的动力。同时，传统文化、革命文化、先进文化作为时代精神的精华凝结，是民族自信、国家强盛的有力支撑，科学技术发展正是需要此种动力支撑。因此，在先进文化的规约指引下，科技不仅能够创造了一个物质的世界，更能够使物质世界发展成为一个富强、民主、文明的和谐世界。

五 文化与科技融合的历史与逻辑进程

广义上的"文化"指"所有社会意义的关联总和"①，在这个意义上，无论是手工业时代"半艺术性"②的灵巧熟稔的技艺，还是机器大

---

① [德]莱克维茨：《独异性社会》，巩婕译，社会科学文献出版社2019年版，第55页。
② 《马克思恩格斯文集》第5卷，人民出版社2009年版，第439页。

工业时代的程式化、组织化、标准化的普适性逻辑与形式理性（作为现代社会知识秩序与意义体系的主导性的构成要素），都可以说成是"文化的"。狭义上的"文化"则指"社会中被赋予特殊'质量'的那些单元"，具有功能性作用之外的"价值"和"情感力量"①。广义上的"技术"首先是指一种技艺，一种展现某物或者生产某物的技艺。人类一切行为皆含有和"技艺"有关的因素，话语、诗歌、绘画、劳动无不包含才能，无不包含对某物的展现与生产。在这个意义上，"人类行为即技术"②，一切文化性的事物皆可以说同时也是"技术的"。狭义上的"技术"则指那些只是被特定群体所掌握的特殊技艺，尤其指物质生活领域制造或生产的技艺，能够"赋予物质一种新的形式"③。在"新时代文化与科技融合的创新文化"这一议题中，我们皆是在上述狭义意义上使用文化与技术概念。

技术史即是人类史，这是马克思唯物史观的论断。在《德意志意识形态》中，马克思摒弃了他在《1844年经济学哲学手稿》中从人道主义视角出发对人的类本质的规定（人是"自由的有意识的活动"④），不再从"处在某种虚幻的离群索居和固定不变状态中的人"⑤ 出发，而是从"现实的个人"⑥、从"处在现实的、可以通过经验观察到的、在一定条件下进行的发展过程中的人"⑦ 出发，去考察"人是什么"的问题。由此得出的第一个也是最重要的结论是，对于人类来说，"一当人开始生产自己的生活资料"，"同时间接地生产着自己的物质生活本身"的时候，"人本身就开始把自己和动物区别开来"⑧。换句话说，真正使人成其为人的是，人不仅如同动物那样从自然中攫取给定的生活资料，人同时还

---

① ［德］莱克维茨：《独异性社会》，巩婕译，社会科学文献出版社2019年版，第55页。
② ［法］贝尔纳·斯蒂格勒：《技术与时间》第1卷，裴程译，译林出版社2019年版，第101页。
③ ［法］贝尔纳·斯蒂格勒：《技术与时间》第1卷，裴程译，译林出版社2019年版，第101页。
④ 《马克思恩格斯文集》第1卷，人民出版社2009年版，第163页。
⑤ 《马克思恩格斯文集》第1卷，人民出版社2009年版，第525页。
⑥ 《马克思恩格斯文集》第1卷，人民出版社2009年版，第519页。
⑦ 《马克思恩格斯文集》第1卷，人民出版社2009年版，第525页。
⑧ 《马克思恩格斯文集》第1卷，人民出版社2009年版，第519页。

对自己所需的生活资料进行生产和再生产,从而创造了自己赖以为生的整个物质生活。正是在这个意义上,马克思进一步指认出,对于现实的个人来说,"这种生产方式……是这些个人的一定的活动方式,是他们表现自己生命的一定方式、他们的一定的生活方式。个人怎样表现自己的生命,他们自己就是怎样。因此,他们是什么样的,这同他们的生产是一致的——既和他们生产什么一致,又和他们怎样生产一致。因而,个人是什么样的,这取决于他们进行生产的物质条件"①。

正是在这样的理论前提下,马克思在《资本论》中指出了建立一门"批判的技术史"的必要性:"达尔文注意到自然的技术史,即注意到在动植物的生活中作为生产工具的动植物器官是怎样形成的。社会人的生产器官的形成史,即每一个特殊社会组织的物质基础的形成史,难道不值得同样注意吗?……如维科所说的那样,人类史同自然史的区别在于,人类史是我们自己创造的,而自然史不是我们自己创造的。技术学会揭示出人对自然的能动关系,人的生活的直接生产过程,以及人的社会生活条件和由此产生的精神观念的直接生产过程。"② 显然,在马克思的语境中,对人是什么以及人类生活的揭示,首先需要诉诸对人类的生产活动、生产方式以及借以进行生产的生产资料、物质条件的揭示,因此也就必然要诉诸对技术的历史的揭示,而宗教、道德、审美等精神观念形态或文化形态恰恰是衍生性的,奠基于人类生产活动、生产方式、生产关系、生产资料的变迁之中。这样的论断在马克思《关于费尔巴哈的提纲》以及之后的论著中时常出现。比如,在《哲学的贫困》中,马克思指出:"手工磨产生的是封建主为首的社会,蒸汽磨产生的是工业资本家为首的社会。"③ 在《政治经济学批判》导言中,马克思则这样写道:"成为希腊人的幻想的基础、从而成为希腊艺术的基础的那种对自然的观点和对社会关系的观点,能够同走锭精纺机、铁道、机车和电报并存吗?……任何神话都是用想象和借助想象以征服自然力,支配自然力,

---

① 《马克思恩格斯全集》第1卷,人民出版社2009年版,第520页。
② 《马克思恩格斯全集》第5卷,人民出版社2009年版,第429页。
③ 《马克思恩格斯全集》第1卷,人民出版社2009年版,第602页。

把自然力加以形象化;因而,随着这些自然力实际上被支配,神话也就消失了……阿基里斯能够同火药和铅弹并存吗?或者,《伊利亚特》能够同活字盘甚至印刷机并存吗?随着印刷机的出现,歌谣、传说和诗神缪斯岂不是必然要绝迹,因而史诗的必要条件岂不是要消失吗?"[1] 这都表明,马克思清楚地看到了技术史与文化史之间动态发展着的平行关系:"人们按照自己的生产方式建立相应的社会关系,正是这些人又按照自己的社会关系创造了相应的原理、观念和范畴。所以,这些观念、范畴也同它们所表现的关系一样,不是永恒的。它们是历史的、暂时的产物。生产力的增长、社会关系的破坏、观念的形成都是不断运动的。"[2]

由是,为了探讨科学技术与文化的融合,我们首先就需要从历史唯物主义的视角出发,在理论基础层面上阐明,特定的技术时代与特定的文化类型之间相互作用的方式是什么,相互影响的模式是怎样的。正如让·拉德利尔在《理性的力量》一书中所指出的那样:"如果从某种角度看,作为一种特殊的表现系统的科学和作为一种特殊的行为系统的技术组成文化的一个部分,那么从另一个角度看,它们又脱离文化,构成完全独立的系统。它们和文化系统相互影响,并与之对立,正如普遍与特殊的对立,抽象与具体的对立,构造和现成的对立,未知与经验的对立,体制和生存的对立。正因为如此,考察科学技术和文化之间相互影响的模式就变得非常紧要,尤其是要考察科学技术将如何影响文化的未来:或者逐步地造成文化的解体,或者建立新的文化形式。"[3] 只有对技术与文化之间相互作用的可能模式作出澄清之后,我们才能够基于当代技术的新特点、新趋向,来探讨当代新兴技术与新时代文化之间的可能关系,以及运用新兴技术对新时代文化进行创造性发扬与创新性发展的可能性问题。

马克思在《资本论》中提出了对人类历史进行时代划分的引导性

---

[1] 《马克思恩格斯全集》第12卷,人民出版社2006年版,第761—762页。
[2] 《马克思恩格斯全集》第1卷,人民出版社2009年版,第603页。
[3] 转引自[法]贝尔纳·斯蒂格勒《技术与时间》第1卷,裴程译,译林出版社2019年版,第17页。

原则:"各种经济时代的区别,不在于生产什么,而在于怎样生产,用什么劳动资料生产。"① 基于此,我们大致划分出手工业时代、机器大工业时代、后工业时代三个经济—技术时代,并考察相应的文化类型及其特征。

(一)手工业时代的工具使用与文化

基于手工业时代生产劳动形式产生的是技术经验,成为使用的技术文化。亚里士多德在《物理学》中区分了自然物和技术物。在亚里士多德看来,"凡存在的事物有的是由于自然而存在,有的则是由于别的原因而存在",其中,"一切自然事物都明显地在自身内有一个运动和静止的根源",反之,技术物则并不内在地拥有"制作它自己的根源",其根源"存在于该事物以外的别的事物内"②。可见,不同于自然物,技术物存在的动因和根据不在于自身,而在于外部,在于运用技术制作技术物的人。由此,技术作为实现人的需要和目的的中介,是在"手段"和"工具"的范畴中得到思考和界定的。这一从"手段"和"工具"范畴出发对于技术的界定支配了手工业时代人们对于技术以及技术物的理解,与手工业时代相应的文化类型被著名的媒介环境学学者尼尔·波斯曼称作"工具使用文化",意指技术以及技术物作为服务于文化的工具被使用。在波斯曼看来,"直到17世纪,世界上所有的文化全都是工具使用文化"③。

在工具使用的文化中,技术一方面是被贬低的,不具有自身的目的性,被柏拉图和亚里士多德称作"低贱的机械技艺"。高贵的自由人不从事技术生产,只从事那些因其本身被追求的事物,如审美、求知、德行、善等,只有奴隶才因从事生产,而需要钻营技术。另一方面,技术在与文化的具体关系中处在隶属和服务的地位。技术物的发明除了服务于物质生活中的各种生产需要之外,还服务于艺术、宗教、政治、历史

---

① [德]马克思:《资本论》,中国社会科学出版社1983年版,第168页。
② [古希腊]亚里士多德:《物理学》,张竹明译,商务印书馆2019年版,第30—31页。
③ [美]尼尔·波斯曼:《技术垄断:文化向技术投降》,何道宽译,中信出版社2019年版,第23页。

叙事。宏伟的教堂、庄严的宫殿、精美的雕塑与壁画、祭祀仪式中的道具，既是技术物，同时又在其对特定文化叙事或文化场域的建构中具有了文化属性。在欧洲中世纪文明中，技术发明以及技术物的目的在于服务于神学与形而上学的秩序，因为是上帝这一创造者赋予了人类生活以意义与存在的根据。在技术面前，宗教、政治以及文化的需要具有绝对的主导地位。技术工具"不会妨碍人们去相信自己的传统和上帝，不会妨碍他们相信自己的政治、教育方法或社会组织的合法性"，而且，"这些信仰还指引着工具的发明，限制工具的用途"①。

可见，在工具使用文化中，技术自身不具有独立自主性，技术不仅不侵害"它们即将进入的文化的尊严和完整"，而且反过来"受到社会体制或宗教体制的管束"②。技术向宗教文化投降。

（二）机器大工业时代的技术与文化

尽管哥白尼、开普勒、伽利略、牛顿为技术统治时代的到来铺平了道路，但他们在观念上仍然属于工具使用文化时代，依然信守他们自己时代的神学。如波特曼所说，"他们寻求自然界的数学规律，说到底这是一种宗教追求"③。对自然界内在的数学规律的发现恰恰证明了上帝是一位伟大的宇宙设计者。真正在观念上开启了技术统治时代的人是英国伟大的经验论者弗朗西斯·培根。培根发现了科学技术促进人类幸福的进步力量，从而推动了功利主义的知识观的建立。培根发现，技术的发明与人类的生活条件的改善之间有着最为直接的关系。他格外强调技术的实用性，其最根本的目的不在于服务一套神学与形而上学秩序，而在于在物质生活的改善中切实"推动人类的幸福"。在《新工具》中，培根写道："印刷术改变了文学，火药改变了战争，磁针改变了航海。由此而产生了无数的变化；在此，没有一个帝国、一个教派、一颗星球对人类

---

① ［美］尼尔·波斯曼：《技术垄断：文化向技术投降》，何道宽译，中信出版社2019年版，第23页。
② ［美］尼尔·波斯曼：《技术垄断：文化向技术投降》，何道宽译，中信出版社2019年版，第23—24页。
③ ［美］尼尔·波斯曼：《技术垄断：文化向技术投降》，何道宽译，中信出版社2019年版，第35页。

事务施加的力量和影响，堪与这些变化一比高低。"① 当培根揭示出科学知识是人类进步和力量的源泉时，技术统治时代的大幕便徐徐拉开了。人们开始相信，人类世界与人类福祉的造物主不再是上帝，而是科学知识与技术装置。

从工具使用文化向技术统治文化转移的物质基础在于，主导性的劳动资料从手工业工具转化为机器。在技术统治文化时代，工具使用文化时代的小规模、个体化、熟巧化的手工生产转向了大规模、协同化、标准化的机器生产。在马克思看来，工具与机器的本质差别不在于体量、复杂性、效果、效率、动力来源的差异，而在于机器颠倒了工具使用文化中人与技术的关系。在传统的独立作坊中，工匠通过使用工具制造产品，将自身的时间、汗水倾注到个别化的生产过程之中。最终的成品是工匠生命的外化，是工匠个体的经验与熟巧技艺的结晶，因而具有"半艺术性"。工匠在这一生产过程中发现了自身的能动性，实现了自身生命的个别化，将自身认同为主体，而工具则处在隶属性位置上。在规模更大，工种更多，生产力更发达的工场手工业中，以分工为基础，掌握不同专业技能的工人们协同合作。尽管在工场手工业中，工人们完成的是特定分工中的局部性工作，而非独立作坊中更具整体性的工作，但因为分工基于的是工人个体所专长的技能，因此同样存在高度技巧性的劳动，工具仍然未能取缔工人的独立性与自主性。但到了18世纪末，机械工厂不仅代替了"独立的手工业企业"，也代替了"以分工为基础的工场手工业"②。机器，或者更准确地说，机器体系成为机器大工业生产的物质基础。"机器体系"并非单个的机器，也非各个工作单元中成套的机器装置，而是指涉一种高度自动化和连续运转的有组织的生产体系，这种连续的、有组织的生产体系是一套流程工业自动化系统，往往由均匀稳定的动力机构、传动机构以及复杂的工作机相互连接而成。"每一台局部机器依次把原料供给下一

---

① 转引自［美］尼尔·波斯曼《技术垄断：文化向技术投降》，何道宽译，中信出版社2019年版，第38页。

② 《马克思恩格斯全集》第47卷，人民出版社2006年版，第519页。

台，由于所有局部机器都同时动作，产品就不断地处于自己形成过程的各个阶段，不断地从一个生产阶段转到另一个生产阶段。在工场手工业中，局部工人的直接协作，在各个特殊工人小组之间造成一定的比例数，同样，在有组织的机器体系中，各局部机器之间不断地交接工作，也在各局部机器的数目、规模和速度之间造成一定的比例。结合工作机现在成了各种单个工作机和各组工作机的有组织的体系。结合工作机所完成的整个过程越是连续不断，即原料从整个过程的最初阶段转到最后阶段的中断越少，从而，原料越是不靠人的手而靠机构本身从一个生产阶段传送到另一个生产阶段，结合工作机就越完善。如果说，在工场手工业中，各特殊过程的分离是一个由分工本身得出的原则，那么相反地，在发达的工厂中，起支配作用的是各特殊过程的连续性。"① 这样的机器体系运转越是连续、越是自动、越是完善，独立作坊以及工场手工业中那些具备专业手工技能的工人就越是不被需要，机械工厂中的工人的地位就越发边缘，越发落入从属性的地位。马克思对此有着敏锐的洞察："操纵机器的工人所完成的这些动作的特点，是它们的被动性，它们对机器本身的作业和运动的适应性，对机器的从属性。这种被动性的专业化，即专业化本身的消灭，是机器劳动的特点……因此，这是十足简单的劳动，其特点是单调、乏味和从属于机器；这是死板的劳动，要求个人的完全服从……在这里，工人对自己劳动的最后的自我满足消失了，在这里，由于这种劳动本身乏味而使人十分淡漠。"②

实际上，人的身心很不善于进行整齐划一的运动和高度重复的连续运动，但大机器工业时代的工人恰恰又需要顺从于机器的有规律的、标准化的运作和生产节奏。尤尔在《工厂哲学》一书中便指出，"自动工厂的主要困难在于建立必要的纪律，以便使人们抛弃无规则的劳动习惯，使他们和大自动机的始终如一的规则性协调一致"③。当机器大工业生产

---

① 《马克思恩格斯全集》第5卷，人民出版社2009年版，第437页。
② 《马克思恩格斯全集》第47卷，人民出版社2006年版，第525页。
③ 转引自《马克思恩格斯全集》第5卷，人民出版社2009年版，第488页。

在物质生产活动中迅速占据主导性地位的时候，人与自然、人与人的关系便逐渐隶属于机器大工业生产本身的需要，从而不得不经历了一种深度的理性化转型——"行为、生产、物品、主体和知识都经历着系统性的、持续不断的理性化"①。由此，18世纪晚期以来的"现代"核心特征表现为一种全部社会实践体系的系统性的理性化进程。这种理性化以工具理性、功能理性、形式理性、普适性逻辑为主要特征，推动了社会生活的各个单元实现"规范化、程式化和通用化"②。

在人与技术的关系中，由于人的活的生命变成了死的机器的仆人，人的活的生命的时间不得不隶属于机器的有规律的、连续的、机械的时间，人的感性不得不在机器的冷冰冰的理性面前让步，于是发生了人的异化："单个的工人被迫把他的劳动力作为一种功能与他的整个人的个性分离开来，并作为商品、作为纯粹外在的东西而客观地表现出来，这样就会激发他的抽象而空洞的主体性奋起反抗。"③ 18世纪之后盛行的怀旧思潮便是身处技术统治文化时代的人们对于工具使用文化时代的乡愁："工具使用文化的思想世界批判技术统治文化的语言、非人性、分割性和异化倾向。"④

相应的，机器大工业时代的技术与文化之间同样发生了一种紧张的对立。在机器大工业时代，技术的首要目的不再是服务于文化层面的要求与导向，而是在资本的驱动下，以工具理性、功能理性、形式理性为指引，无限扩大着生产力的提高，不断改善着人们的物质生活条件。由于机器大工业时代的技术遵循一套标准化、普适化、通用化的逻辑，遵循形式理性、工具理性与功能理性，由此抹消了存在者之存在的原初处境、生成历史与感性经验；而文化，恰恰是历史性和处境化的，具有内在的深度和独特性，关乎于感性触动与情感体验，需要由活生生的人在

---

① ［德］莱克维茨：《独异性社会》，巩婕译，社会科学文献出版社2019年版，第22页。
② ［德］莱克维茨：《独异性社会》，巩婕译，社会科学文献出版社2019年版，第19页。
③ ［德］哈贝马斯：《交往行为理论》（第一卷），曹卫东译，上海人民出版社2018年版，第457页。
④ ［美］尼尔·波斯曼：《技术垄断：文化向技术投降》，何道宽译，中信出版社2019年版，第50页。

实际性的生活世界当下中去浸淫、领会与阐释。由此，文化一方面主观地把"把技术归于非人性的范畴，并因此与之抗争"①，另一方面，机器大工业时代的文化也深深受到标准化、普适化、通用化的逻辑的渗透与异化，从而出现了以大规模生产和消费为基础的大众文化。大众文化的参与者是工业时代的消费主体，他们追求的不是自身独特的生活方式与生活风格的实现，而是对标着一种流行的标准，追求过上一种模式化的中产生活，所消费和享用的文化产品也都是工业社会中生产出的"标准化的客体"②。非常显然，机器大工业时代的技术逻辑不仅难以与具有历史性、民族性、地域性、情境性的文化逻辑相互融合，甚至会反过来损害与减弱社会的文化进程。

显然，无论是手工业时代的技术对文化的隶属与服务，还是机器大工业时代的技术对文化的渗透、统治与异化，都无法实现新时代文化与科技的融合的诉求。但在科技的发展已经使得人类社会进入后工业时代、知识经济、创意经济越发重要的今天，文化与科技的关系也开始具有了新的可能性。后工业时代文化与技术的崭新关系恰恰构成了科学技术对于文化的创造性转化与创新性发展的可能性，构成了新时代文化与科技融合的创新文化的现实基础。

（三）文化与技术融合的创新文化的现实基础

中国特色社会主义进入新时代，社会主要矛盾发生转化，从"人民日益增长的物质文化需要同落后的社会生产之间的矛盾"转化为"人民日益增长的美好生活需要和不平衡不充分的发展之间的矛盾"。对美好生活的渴望、对共同富裕的期待、对绿色生态的呼唤、对精神文明的追求、对人类命运共同体的构建，这些皆是新时代发展观的题中应有之义。落实到文化领域，必须要面对如何用新时代中国特色社会主义文化思想去满足人民群众日益增长的文化需要和精神需求，不断增强中国人民自身的文化认同、文化归属、文化自信。习近平总书记指出，新时代中国特

---

① ［法］贝尔纳·斯蒂格勒：《技术与时间》第 1 卷，裴程译，译林出版社 2019 年版，第 24 页。

② ［德］莱克维茨：《独异性社会》，巩婕译，社会科学文献出版社 2019 年版，第 73 页。

色社会主义文化由中华优秀传统文化、革命文化和社会主义先进文化三个部分组成。传统文化源自于中华民族五千年文明历史的孕育，革命文化和社会主义先进文化熔铸于中国共产党领导下的中国革命、社会主义建设、改革开放等伟大实践。所谓新时代文化与科技融合的创新文化，便是通过与现代科学技术的深度融合，实现中华优秀传统文化、革命文化以及社会主义先进文化的创造性发扬与创新性发展，从而建设百家争鸣、百花齐放、繁荣兴盛的中国特色社会主义文化，实现文化自信、文化兴国。

实现这一目标的现实基础在于新兴科学技术是否能够与新时代文化进行深度融合，不仅不损害文化的独特性、感染性与内在深度，同时还能深化文化的独特性、感染性与内在深度。法国20世纪著名技术哲学家西蒙东指出，"当前文化的特征是把技术归于非人性的范畴，并因此与之抗争"[1]。西蒙东对这种"把人和机器相对立的文化"做出了批判，呼吁人们"重新认识文化和技术的关系"，"思考一种人和技术的新型关系"[2]。显然，西蒙东的这一批评针对的便是机器大工业时代技术对人与文化的异化导致的人对于机器的对立情绪的理解。而晚近以来的新兴科学技术的发展为人与技术的新型关系提供了可能性。莱克维茨指出，"自20世纪80年代起，社会的技术和科技架构发生了工业化以来从未有过的根本转变，位于中心地带的，是计算机算法、媒体形式的数字化以及基于互联网的社交网络三者的相互作用"[3]。机器大工业时代的工业技术与形式理性在迫使整个社会实践网络机械化和标准化，后工业时代的数字技术则为主体、客体、集体、时间、空间的独异化提供了可能空间，为各社会单元的文化化提供了可能条件。

以数字技术、数字经济为主导的后工业时代的技术物不单纯是科技

---

[1] [法] 贝尔纳·斯蒂格勒：《技术与时间》第1卷，裴程译，译林出版社2019年版，第24页。
[2] [法] 贝尔纳·斯蒂格勒：《技术与时间》第1卷，裴程译，译林出版社2019年版，第24页。
[3] [德] 莱克维茨：《独异性社会》，巩婕译，社会科学文献出版社2019年版，第167页。

产品，同时也是文化产品。文化的特点体现在"交往行动"，特定族群中的人通过共同存在、相互交往而构成了具有自身群体特色的意义世界的关联指引网络；而以"计算机算法、媒体形式的数字化以及基于互联网的社交网络"共同构建起的数字世界恰恰在技术上实现了人与人的交往的多样性与丰富性。因此，后工业时代的技术不仅不像大机器工业时代的工业技术那样使得一切文化扁平化，而且还参与推动着各种文化交往单元自发的组建。每一个人，作为移动终端的用户，既是数字网络中生产和流通的信息的接收者，从各式各样的文字、图片、影像中获得信息、知识与情感体验，同时也是数字网络世界中的参与者与文化信息、产品的生产者，不断用自己的日常体验、想象和创造力为数字网络中的文化世界添砖加瓦。正是在这个意义上，莱克维茨指出，"科技作为晚现代社会的引领者，其核心不再是机器生产、能源开发和功能性货品，而是广泛的、席卷了日常生活的各种文化形质的生产，这些文化形质带有叙事、审美、设计、乐趣、道德—伦理方面的质量，由文字、图片、视频、影片、日常话语和游戏组成。因而现代科技有史以来第一次从根本上变成了文化机器"[1]。新兴科技围绕"文化形质的生产、流通和接受来运转"[2]，成为了文化机器。

在新兴科学技术高速发展的现今社会，高科技产品极大地改变着人类的社会生产实践方式，深刻地重塑着人们的生活方式和交往模式，进而也使得社会生活呈现出自发性、社区性和多元化发展的新态势。在今天，我们能够深刻感受到"技术的强大动力在我们时代的舞台上造成的巨变引来了一系列的反应"[3]。根据亚里士多德，技术的动因、根据和目的不在于技术自身，而在于发明和使用技术的人。于是，技术便在"工具"和"手段"这样的范畴中被思考和理解。然而，现代科学技术已经不再能够单纯从工具和手段范畴去理解，原因在于，现代科学技术对于

---

[1] ［德］莱克维茨：《独异性社会》，巩婕译，社会科学文献出版社2019年版，第168页。
[2] ［德］莱克维茨：《独异性社会》，巩婕译，社会科学文献出版社2019年版，第169页。
[3] ［法］贝尔纳·斯蒂格勒：《技术与时间》第1卷，裴程译，译林出版社2019年版，第1页。

人类社会生活已然形成了一种整体性的组织与架构，乃至于在本体论的层面上直接参与塑造和构成人类理解世界、理解自身、理解他人的基本方式，直接参与塑造和构成人类与世界、自身、他人打交道的基本方式。正是在这个意义上，现代科学技术不再是单纯的工具和手段，而是成为一种相对独立的自组织系统，成为对于当代人类社会生活来说具有基础性和构成性的意识形态之一。于是，在尝试构建新时代文化与科技融合的创新文化理论时，既需要思考如何有效地利用种种现代科技手段对新时代文化进行创造性的表达与创新性的发展，同时也需要思考现代科技本身所衍生出的文化形态与新时代文化理念之间的相互渗透、融合以及可能的冲突问题。

就前者而言，新时代文化与科技的融合，就是在现代科学技术的运用中，将新时代文化诸要素的发扬和彰显作为目的，将互联网、人工智能、大数据处理、虚拟现实、新媒体等现代科学技术作为手段，让科学技术服务于新时代文化建设，不断激发文化传承者和创造者的创新意识和创新思维，突破传统表现手法的局限，为文化的新兴与多元化的表达提供强大的技术支持，创造富有中国特色的文化标识、文化品牌、文化气象，从而增强新时代文化的创造力、表现力、感染力和凝聚力，进而使得新时代文化能够更加广泛和更具效率地深入人民群众的文化生活中去，使人民群众的文化生活得到正确的、健康的引领和发展。

就后者而言，创新文化的构建既离不开对新型科技成果的正确认识，同时也离不开在新时代文化与科技的融合过程中，将新时代文化的构建、发扬和发展作为基本原则和核心任务，去指导和引领现代科学技术对于新时代文化的创造性表达和创新性发展。现代科学技术深刻重塑了人类社会的生活方式、交往模式，深度介入和重塑着人的身体、意识、行为、情感、伦理。如微信、自媒体、部落格对人的交往模式的全新构建，人类增强技术、基因编辑技术对人类生命本身的革新，基于大数据处理和人工智能技术的精准推送对人所接收到的信息和产品的智能筛选和调控，虚拟现实、浸入式技术对人的感知、情感模式带来的革新，运动手环、智能手表等可穿戴设备对于我们的身体所进行的量化记录与精确调控，指纹识别、DNA 识别、面部识别技术对于个体身份和行为的精准定位与监控,等等。这些现代技术革命固然为人类生活带来极大的便利,但同时也引发了大量的伦理疑难、信仰缺失、价值观无序化的问题,改变着我们对人之为人的理解,对共同体生活的设想。因此,在新时代文化与科技融合的创新文化的构建中,既需要始终如一地保持文化面向新兴科技的开放性,同时又需要自觉地对现代科学技术衍生出的新兴文化形态和存在样态进行一种有目的、有指向、有序化的文化指引,既保持中华优秀传统文化在当代社会的传承与发展,同时也保证新兴文化形态在新时代文化思想的引领下兼容并蓄,繁荣发展。

新时代文化与科技融合的创新文化,应以文化的信息化、虚拟化与智能化转化为基本形式,利用互联网、新媒体、大数据、虚拟现实、人工智能等相关技术手段,制作并传播相关的文化产品。相应的,新时代文化与科技融合的创新文化形态,应包含三个基本形态,即创新文化的信息化形态,创新文化的虚拟现实形态,创新文化的人工智能形态。然而,无论是何种形态,都需要基于对中国传统文化、中国革命文化与社会主义先进文化的深刻理解和思考来构思设计,其创新性既体现在集成和衔接环节中,同时又体现在延续、发展和改造的环节中,即需要以中国传统文化的现代性改造、中国革命文化的时代性传承、社会主义先进文化的开放性发展为内容和指向。新时代文化与科技融合的创新文化本质是以新时代文化理念为引领、以新兴科学技术为助推剂的创新文化,重视科技在创新文化形成中的作用,不仅要传承传统、讴歌社会主义伟大理想,也要丰富社会主义文化内容,让新时代文化与科技融合下的创新文化为人民群众所接受,提升国民文化素质,丰富与滋养人民群众的精神生活,塑造人民群众的文化认同、文化归属、文化自信。因此新时代文化与科技融合的创新文化的特征就是人文价值与科学价值的统一,革命文化与新时代的统一,先进文化与自信文化的统一,民族精神的塑造与文化兴国的统一。

总之,探究新时代文化与科技融合的创新文化,旨在为中华优秀传统文化、革命文化、社会主义先进文化与现代科学技术的融合在方法论上指明方向。中国特色社会主义文化的建设发展，不应无视现代新兴科技对于人类生活的深刻重塑，也不应轻视现代新兴科技的广泛应用所带来的文化效应、所引发出的文化现象、所创造出的崭新的文化生态。由于当代科技日新月异的发展，人类社会已然进入了一个"加速社会"，我们对于自身所处生活世界的理解已然跟不上新兴科技对于人类生活的切实改变。相对于科技本身的加速发展，我们对科技及其现实效应的理解和把握往往具有一定的滞后性。哪些新兴技术手段有助于生动地表达和创造性地发展新时代文化的诸要素？新时代文化与新兴科技的相互渗透表现在哪里？又存在哪些潜在的冲突？如何借助现代技术手段提供更多能够切实丰富人民群众精神文化生活的文化精品？这些皆是不得不思考的问题。正是在这样的背景下，我们认为，加快推进新时代文化与科技融合的创新文化的理论研究，具有重要的理论意义和现实意义，也需要厘清相应的理论基础与现实基础。

六 文化与科技融合的模式

（一）理论层面的融合模式

文化使科技魅力获得显现，科技使文化内涵获得充盈。依据文化与科技要素扩散的向度，将文化与科技融合模式区分为单向融合与双向融入。所谓单向融合，是指单从文化的角度抑或单从技术的角度考察他者对自身的充盈，而不将其反向作用包含其中。即，将科技融入文化，科技因此作为内在要素使科技文化产生。或将文化注入科技，文化因此作为内在要素使科学技术获得新的社会建构。而文化与科技的双向互动模式，即为在系统论的视角下，实现文化与科技的双向共赢。即，通过文化与科技的整合使"1+1>2"的科技文化元素增益成为可能。使文化与科技两个看似相互独立、互不关联的子系统产生超越自身的单独作用，使二者的关系更为立体、全面、客观。对此，一个重要的特征需要予以关注：文化与科技的双向互动模式主要聚焦文化与科技"相互作用力"，一方增益必然促进另一方的增益。单向影响机制只考虑文化与科技的一方，因此单向度考察文化与科技的影响必然招致相应的批判，而双向度的文化与科技融合模式分析必然要经过单向度的文化与科技融合机制考察。也只有在此基础之上，才能够将文化与科技置于系统观的认识论系统中予以分析研究。

（二）融合模式的实践诠释

文化与科技融合的研究需要建立一个实践层面的解释框架，即为其在实践层面做出顶层设计。在实践中考察文化与科技融合形式，可将其归结为三类。第一，文化与科技的融合促成传统技术产业、文化产业的迭代更新。2019新型冠状病毒核酸检测试剂最初需要多天才能获得结果，其结果的准确率也有待提升。然而，在短短的几个月时间内，在强大文化责任担当信念的支撑与科技力量提升的催动下，新型冠状病毒核酸检测试剂获得快速更新换代，最新检测科技可一小时出结果，其检验的准确率大大获得提升。人民的文化自信、科技自信因此获得提升。第二，依托于高技术、高文化内涵的科技，文化行业的创新成为可能。第三，将文化的元素创新应用于科技产品，促成科技产业的内涵提升。即，"文化搭台，科技唱戏"，依托于中华民族文化底蕴，使科技产业的创新产品中可以融入传统文化的文化元素、文化内涵、文化精神，大大提升科技产品的内在文化价值，大大提高科技产品的附加价值。如由优必选公司联合腾讯公司推出的悟空机器人，借用"悟空"这一文化符号，使将人工智能科技与传统文化融合、使创新实力获得提升，使产品拥有了除科技带来的使用价值外，也可让产品使用者获得相应的附加文化体验。

七　文化与科技融合的机制

探寻社会运行的机制，意味着对社会运行本质的探寻。把握机制，意味着对超越社会事实表面的内在逻辑把握。机制，又称"机理"，最初用于指称机器的构造原理。现代社会科学研究将"机制"这一概念社会化，用于描述事物发展变化的内部机能、功效。

（一）文化与科技融合的动力机制与运行机制

动力机制（Dynamic Mechanism）亦被称为激励机制，在不同学科中有不同的定义和解释。如哲学家亚里士多德认为，"动力因"即"那个使被动者运动的事物，引起变化者变化的事物"。所谓动力机制，即社会系统与诸社会子系统间规律性的互动整合。将动力机制引入文化与科技融合的系统框架下，文化与科技融合的动力机制即为在相应社会、技术因素的驱动下，文化与科技活动主体自觉从事科技创新活动，使科技与文化相融合进而形成新的技术产品、实现产业升级发展的技术与文化整合机制。

一般而言，文化与科技融合的动力机制包含两个层面。一方面，物质动力机制为科技与文化融合提供直接动力目标。物质动力机制满足的是科技、文化活动主体的基础性的生理与安全需求，满足科技、文化活动主体对于衣食住行的生存需求。另一方面，精神层面的动力机制则是对科技与文化创新主体的社交需求、尊重需求和自我实现的高层次需求。体现为科技与文化创新主体对于建设社会主义文化及实现科技强国的崇高的信仰与崇高追求。

文化与科技融合的运行机制（Operation Mechanism）则更加关注文化与科技融合的运作体系。社会运行机制是为使社会系统规律运动成为可能的原理及其整合形式。就文化与科技融合的运行机制而言，一方面，文化系统与科技系统各为社会系统的子系统，各有各自的运行机制。另一方面，文化子系统与科技子系统又能够在具体的社会情境中互动而促成二者之间的耦合。此种子系统间系统互动耦合的发生学机制即为文化与科技融合的运行机制。

现有研究分别关注文化与科技的各自运行机制，文化哲学、文化社会学、科技哲学与科技社会学都对二者有各自的独立研究。然而，文化与科技在社会实践中的共同促进关系需要研究者对科技与文化二者间耦合关系的持续聚焦。此种聚焦一方面要关注耦合关系内在的机理，另一方面也要关注二者社会运行。文化与科技融合是一个多方面社会主体共同协作的社会过程，因此构建和谐的文化与科技融合的运行机制需要政府、企业、社会、个人的合力执行。政府提供政策支持，企业在政府的支持下展开科技文化创新。其结果也必然是科技文化价值深入人心，人民福祉增进，企业竞争力和企业的影响力增强。

(二) 理论社会学视野下的文化与科技融合机制

结构功能视野下文化与科技融合机制是基于结构功能主义的观点，它主要关注于对社会系统的制度性结构的功能分析。该理论由"社会有机体论和早期功能主义发展而来，主张用功能分析方法认识和说明整个社会体系和社会制度之间的关系"[①]。早期代表人物孔德为结构功能研究提供了结构理论基本的分析框架，进而，社会达尔文主义代表人物斯宾塞，在结构理论研究范式的基础上为结构主义添加了功能概念。最后，结构功能主义经由帕森斯走向成熟，帕森斯将社会"系统化"，强调社会系统若要延续，需要 A-G-I-L 图式。

美国当代社会学家默顿提出社会选择概念，并重视社会文化对个体和群体的影响，进而为结构功能理论与社会结合提供了主观向度。其中，"显功能和潜功能"，"正功能和负功能"，是默顿在结构—功能研究中所运用的最为重要的概念分析框架。结构功能主义为科技与文化融合的机制分析提供了较好的框架。尤其是当社会总体容量愈加庞大，社会运行的耦合机制愈加复杂的社会发展趋势下，结构功能主义的理论优越性更加显现。

社会交换论视野下的文化与科技融合机制不同于结构功能主义的结构—系统分析机制，它主张从微观考察系统元素之间的互动整合机制。即对社会互动机制、形式、本质、关系进行系统解析。其中，萌芽阶段的社会交换理论家主要注重对于社会交换的模式的探讨。后续霍曼斯等人的社会交换论从外在的结构转向内在的实证内容的探讨。如，霍曼斯把交换的内容拓展为"尊重、社会赞许、服务、友爱、服从、威望和情感等非物质因素"[②]。在这一点上，社会交换论不同于经济学的理性人假设。

黄国光的研究指出，在社会交换过程中，人情、面子等因素也可以作为交换的资源。而在具体的文化与科技融合的具体情境中，尤其是在

---

① 邓伟志：《社会学辞典》，上海辞书出版社 2009 年版，第 69 页。
② George C. Homans, *Social Behavior: Its Elementary Forms*, New York: Harcourt, Brace, and World, 1961: 16-39.

中国社会这样的以差序格局为基础的社会结构中，人情、面子等因素对文化与科技融合机制有着重要影响。因此，交换论对于微观层面上的文化与科技融合机制的探讨具有借鉴作用。文化与科技同是人类社会的两种资源，而两种资源的流动动力机制将影响二者的融合模式，因此社会交换论为如何从微观层面、社会互动层面促进文化与科技融合，并对有效控制、管理文化与科技融合提供了一整套的理论框架。

（三）系统论视野下的文化与科技融合机制

"笛卡尔在《方法论》中指出现代实验科学是把社会存在的复杂现象分解成部分的过程"①。现代普通系统论研究则"成为一个专门的研究领域，其涵盖范围也不断扩大，现代系统论研究是研究系统的科学、数学系统理论"②。曾国屏、魏宏森以"系统论的基本规律与结构功能的相关规律、信息反馈规律、涨落有序规律、竞争协同规律、演化规律，概括出了系统存在的状态和演化过程中存在的普遍联系"③ 系统论作为一种有效的分析框架与分析思维，将文化与科技引入系统论的分析框架下能够揭示出文化与科技融合的内在规律性。"系统的整体功能不等于它的各个组成部分功能的总和，它具有各个组成部分所没有的新功能"④。在系统论的科技与文化融合机制中能够将文化与科技结合起来，将二者的相互作用机制、相互依赖与共生关系，整合到整个社会大系统之中。因此，系统论视野下的文化与科技融合的机制分析能够显现出与"结构—功能"分析框架不同的理论阐释。

第三节 文化与科技融合的创新文化解读

一 创新文化的内涵与文化创新的内涵

一般认为，创新文化由企业文化演变而来。从构词结构上看，"创新

---

① ［美］T. 库恩：《科学革命的结构》，美国：芝加哥大学出版社1962年版。
② ［美］路·冯·贝塔朗菲、王兴成：《普通系统论的历史和现状》，《国外社会科学》1978年第2期。
③ 魏宏森、曾国屏：《系统论的基本规律》，《自然辩证法研究》1995年第4期。
④ 中国科学技术大学：《自然辩证法原理》，湖南教育出版社1984年版，第374页。

文化"由"创新"和"文化"两个词组成的。新制度经济社会学家熊彼特从经济发展的角度对创新的概念做出阐释,在熊彼特看来,创新"意味着以不同的方式把这些原材料和力量组合起来"[1]。对熊彼特而言,所谓创新就是"建立一种新的生产函数"[2];管理学家德鲁克则认为,"不管是对于企业还是变革的领导者,创新不仅仅是愿意接受新的、不同的事物,还需要有意愿和能力来改变现行做法"[3]。总结国内外创新研究成果,可知一般认为创新有如下维度:价值观、激励制度、行为模式、创新氛围、领导行为、自由度、开放性、团队精神、时间观念。

学者对创新文化从多个方面予以定义,博罗安特(Boroant,1992)认为,创新文化就是以一种初始方式,在某一特定时期,为了满足创新思想的数量达到最大化的需要而培育出的一种行为模式。张钢(1996)认为,创新文化是具有长期性、多样化、创造性和风险意识强等特点,并以未来发展为根本导向的文化。对比国内外学者对创新文化的不同定义,本研究认为创新文化即为创新元素与文化元素在特定情境下的有机结合,此种有机结合能够通过物质、制度、精神气质促进新模式、新制度、新技术的社会生成。

与创新文化相对的是文化创新,创新文化研究关注文化本身的属性与内在特征,而文化创新则是对文化实践活动的考察。任何文化都不是一成不变,文化总是在维持一定的相对稳定性的同时,基于内在的文化矛盾发生相应的文化渐变与文化突变,文化的内在矛盾总是推动人类通过文化实践活动实现不同程度的文化创新。"文化是一种复杂的二律背反,它能够吸纳和反映整个社会的矛盾,在文化领域内,既有个人的社会化和个性化的矛盾,也有文化规范性和文化提供给人的自由之间的矛盾,更有在文化传统和在文化机体上发生的创新、自我运动之间的矛

---

[1] [美]约瑟夫·熊彼特:《经济发展理论——对于利润、资本、信贷、利息和经济周期的考察》,何畏、易家祥等译,商务印书馆1990年版,第75—76页。
[2] [美]约瑟夫·熊彼特:《经济发展理论——对于利润、资本、信贷、利息和经济周期的考察》,何畏、易家祥等译,商务印书馆1990年版,第72页。
[3] [美]德鲁克:《21世纪的管理挑战》,刘毓玲译,三联书店2003年版,第95页。

盾。"① 在特定的文化情境下，人类的文化需求与现实的文化状况出现差距时，当人类内在的文化准则与实践不相匹配时，人类就会通过文化实践活动弥补差距，文化创新也就产生了。任何时期的文化都是不完满并充满内在矛盾的，因此，人类的文化创新追求始终促使着人类通过文化创新活动推动人类文明的进步。从原始蒙昧社会的钻木取火，到当今社会的5G技术，人类文化创新的能力不断增强，文化创新活动从未停止。然而，不同于以往社会的是，现在社会的文化创新对于科学技术的依赖，超越于以往的任何时期。

技术创新与创新文化密切相关。斯诺提出两种文化的观点，即"科学文化"与"人文文化"，斯诺的两种文化观打破了长久以来将科技与文化看作两个独立不相关的社会子系统的文化观念。在斯诺看来，科技文化与人文文化同属于文化系统，这为将科技创新与文化创新放在同一框架审视提供了必要的理论基础。一方面，科技的社会化影响日常生活与社会结构的诸多方面。另一方面，大科学、高技术时代的技术活动早已超越了单纯技术系统的技术影响，技术的社会扩散促使技术创新活动成为一种独特的文化现象。

技术创新与创新文化的社会互动使技术创新文化成为可能，一方面，技术创新活动发生于特定社会文化环境，受到社会情境的影响。首先，社会文化大背景对技术创新造成影响，当技术所蕴含的价值观及文化理念与社会总体文化理念相冲突时，一定时期内社会文化会固守传统，使文化创新难以进行。其次，在具有文化冲突的社会环境中，技术创新会有更大的可能发生。文化冲突为技术创新提供了社会需求，这也是技术创新的重要前提。最后，技术创新是技术创新主体在创新价值观影响下的技术创新活动。即，主体的价值观是文化的一部分，它为科学技术创新提供了软环境，在一定程度上影响着科技创新活动的速率与方向。另一方面，技术与文化互相嵌入，技术创新会为文化增添相应的新文化要素。首先，技术创新创造了文化环境，为文化创

---

① 吴克礼：《文化学教程》，上海外语教育出版社2002年版，第54页。

新提供软环境基础。其次,科技创新促进制度文化环境改变,它为技术与文化融合提供政策支持与保证。最后,科技创造了器物文化环境,器物层面的技术人工物为技术与文化创新活动提供了物质基础与平台保证。

而文化创新是文化其中重要的一环,在文化的发展、传承中起着重要的作用。正是因为文化能够创新,所以才能随着时代的变换,不断扩充自己的内容,与时代的发展相辅相成。任何一种文化都是一脉相承、薪火相传的,因而文化创新不是文化血脉的"断裂",而是返本开新、立本开新,在继承的基础上发展;继承是发展的基础,发展是最好的继承[①]。文化的本质就在于创新,"不能创新的文化,可能会喧嚣于一时,但终归会在历史潮流中消失得无影无踪。只有不断创新的文化,才能永葆生机与活力,才能立于历史发展的潮头并引领历史发展潮流"[②]。文化在实践的基础上生成和发展,因而是一个不断创新的过程。

文化创新是指人们在社会实践活动中,在文化的交流和传播过程中,对现有文化的内容、属性、本质规律和发展趋势等,根据不断变化的环境和背景进行系统性和全面性的新概括和新总结。与其他形式的创新活动相比,文化创新是一项更为复杂和艰难的过程,根本原因在于文化直指人心,是对一个人或一个民族独立精神的塑造。文化创新实际上是一个民族独立精神塑造的过程,归根到底是人的灵魂塑造和精神锻铸的过程,因此它涉及社会生活的方方面面[③]。根据唯物史观的理解,文化创新的主要动力来自人们社会实践活动的发展,因而实践发展的状况是影响和制约文化创新的根本因素。有什么样的实践,就有什么样的文化。但必须看到,文化创新也与意识形态有关。以价值观为内核的意识形态居于文化的核心,引领或制约着文化的发展[④]。落后的、与时代发展潮流相悖的价值观及意识形态严重影响和制约着文化创新,而先进的、符

---

① 张三元:《论文化自信与文化创新》,《思想理论教育》2019年第1期。
② 张三元:《论文化自信与文化创新》,《思想理论教育》2019年第1期。
③ 张三元:《论文化自信与文化创新》,《思想理论教育》2019年第1期。
④ 张三元:《论文化自信与文化创新》,《思想理论教育》2019年第1期。

合时代发展潮流的价值观及意识形态则对文化创新起着巨大的牵引作用。

文化创新不是某种文化表现形式的简单改变，而是一系列文化要素的重新组合、加工、生成，文化创新主要包括三个方面的内容：一是对文化观念的创新，二是对文化内容的创新，三是对文化表现形式、传播手段的创新。这些都需要科技的参与，需要科技与文化相融合，文化创新需要经历一个复杂的过程，它体现的是一种系统创新、集成创新的思想。在现实意义上文化创新则表现为伴随着社会发展的动态过程，人的价值观念、思维方式、能力素质、精神风貌等方面不断与时俱进，从而更好地适应新的社会发展要求。

二 新时代创新文化内涵

新时代一词从最基本的内涵来看，就是指历史上政治、经济、文化、社会等各方面的状况发生具有进步意义的重大变化的时期。刘同舫教授认为"新时代"是由"新时期"充分发展的生产力带来的必然结果，换言之，是我国坚持以经济建设为中心，解放生产力的必然结果。而新时代的"新"体现在我国从全面建成小康社会到全面建设社会主义现代化强国，体现在社会主要矛盾的转变；体现在从一部分人先富起来到逐步实现全体人民共同富裕的时代。我国的文化必将面临新的发展。

新时代我国文化是一种中国特色社会主义文化。它是中华民族五千多年文明历史所孕育的中华优秀传统文化，熔铸于党领导人民在革命、建设、改革中创造的革命文化和社会主义先进文化，植根于中国特色社会主义的伟大实践。它是中国共产党和全国各族人民的智慧结晶，彰显着我国独特的文化传统与文化标识，体现着我国强大的文化软实力。在新时代，中国特色社会主义文化同样需要与时俱进的发展，其发展的本质是一种文化的扬弃。为了让中国特色社会主义文化在新时代焕发新的生命力，我们需要坚定不移地进行文化创新，推动文化产业高质量发展，力求生成创新性文化。

习近平总书记指出："创新是一个民族进步的灵魂，是一个国家兴旺发达的不竭动力，也是中华民族最深沉的民族禀赋。在激烈的国际竞争中，惟创新者进，惟创新者强，惟创新者胜。"① 创新并不是全盘否定之前的成果，而是在合理继承遗产的基础上，有创造性地进行改造。文化创新是指人们在社会实践活动中，在文化的交流和传播过程中，对现有文化的内容、属性、本质规律和发展趋势等，根据不断变化的环境和背景进行系统性和全面性的新概括和新总结，其目的是生成创新文化。在新时代和新价值观的驱使下创新方法论也将产生重要变化②。我们要在已有知识和经验的基础上，将洞察力、想象力和科技力量相结合，并形成具体的实施方案、制定行动规则。文化创新要根据新的时代特征和现实要求，对文化体系进行全新的归纳、概括和总结，使其更加富有逻辑性和规律性，并结合科技发展的增长点，给文化体系赋予新思想、新观点、新形式，并融合新技术，实现原有文化的新突破，从而形成全新的文化理论成果与内容体系。所以，文化不是一成不变的东西，而是一种生生不息的力量，文化的力量源泉就在于文化创新。只有牢记中华民族的发展历史和进程，并将新时代的科技发展硕果扎根于中国特色社会主义文化，才能确保中国特色社会主义文化以全新的内容与形式，为国家的文化和科技共同腾飞提供强有力的支撑。

总之，创新文化是一种培育创新的文化，即"有关创新的文化"，它是指与科技创新活动相关的精神的和物质的文化环境。因此，创新文化是一种精神、意识和人文环境。它具有强烈的感召力和影响力，这种力量的作用无疑是积极的，它一方面能够带动经济物质方面的发展，另一方面则倾向于思想精神方面的升华，二者的作用密不可分。

新时代创新文化是根据新时代社会主要矛盾转化的现实基础，为实现我国社会主义强国而做的文化的创造性发展和创新性发展，给文化赋予新形式，实现原有文化的新突破。这一文化建设只有牢记中华民族的发展历史和进程，坚持社会主义道路，"不忘初心、牢记使命"，秉持

---

① 习近平：《在欧美同学会成立100周年庆祝大会上的讲话》，《人民日报》2013年10月2日。
② 金吾伦：《创新型国家的创新文化范式》，《中国美容整形外科杂志》2007年第18卷第6期。

"中国特色社会主义道路自信、理论自信、制度自信、文化自信"的理念，形成文化理论成果，将新时代的科技发展扎根于中国特色社会主义文化，为国家腾飞提供强有力的支撑。

三 创新文化的三个维度

文化与科技融合的创新文化主要是指中国传统文化的现代性改造、中国革命文化的时代性传承和社会主义先进文化的开放性发展。中国传统文化的现代性改造坚持马克思主义为指引，开创中国人民自己的道路，深度挖掘中国传统文化的内涵；我们要坚定不移地完成中国革命文化的时代性传承，使革命文化在新时代得到发扬和光大；进一步促进社会主义先进文化的开放性发展，面向现代化、面向世界、面向未来，使中国特色社会主义的先进文化深深扎根于社会主义现代化强国建设的实践，实现先进文化的可持续发展。新一轮技术革命和文化的发展正在引领文化与科技融合，文化与科技开始主动向对方渗透，呈现出深度融合发展的趋势[①]。尤其是进入21世纪后，基础科学的发展和新兴技术的创新深入地影响人们的生产生活，形成了文化的新动态，影响了文化的创作、生产、传播和消费方式，产生了多元化的创新文化形态。信息化形态、虚拟现实形态和人工智能形态是新时代文化与科技融合的创新文化形态，具有时代性和典型性。

（一）科技创新文化之理念层面

科技创新文化之理念层面是技术创新文化体系的最内层，是技术创新文化的内核，是在技术创新活动中所形成的价值观念、思维方式、道德情操等心理认知和情感要素。其社会作用机制主要有两重维度，一方面，创新文化之理念层面与公众科技认知相接洽，创新文化理念可促进社会公众、社会大众科技创新意识提升，促成一定时期内社会创新行为的改变。另一方面，科技创新文化内部元素的互动与更新，促成了技术

[①] 李凤亮、宗祖盼：《文化与科技融合创新：演进机理与历史语境》，《中国人民大学学报》2016年第4期。

创新文化的发展与完善，进而实现科技创新的良性、有序发展。一般而言，技术创新价值观是科技创新文化之理念内核的集中体现。

主、客体间的需求属性关系，即为价值关系。基于价值关系而形成的意识与态度即为价值观。分为内在价值观与工具价值观，其中内在价值观不计较利益得失，而工具价值观则强调有用性、工具性。技术创新价值观是价值观的重要组成部分，主要指技术创新实践中形成的关于创新价值的意识与态度。基于对基层创新活动的历史考量，可见人类的技术创新价值观经历了人与自然二元对立向人与自然和谐共处的价值观转向。在这一过程中，新时代科技创新的文化理念，诸如安全、公平、公正、以人为本、绿色、可持续发展等价值理念愈加凸显出来。

(二) 技术创新文化之制度层面

广义上的制度是指在一定历史条件下形成的法令、礼俗等规范。如《易·节》中指出，"天地节，而四时成。节以制度，不伤财，不害民。"狭义上的制度，则指强、弱社会规范。如方针、政策，又如习惯、禁忌。在社会层面上，制度是调节社会关系的手段，可促成社会关系稳定性。因此，创新文化的制度层面就是经过博弈、磋商而形成的能够调节需求与被需求关系及形式的稳定的规范体系。文化创新之制度层面至关重要，"一种不能正确表达人们对技术需求信息的制度会成为阻碍技术进步的力量，不同的制度制约着技术的创新，决定不同国家的技术创新能"[1]。对于技术创新文化之制度层面的理解，可从已经形成的技术创新制度规范与技术创新伦理两个层面加以考量。

为保护技术发明成果，调和诸多技术发明主体、技术发明受益人之间利益关系，有效提升技术创新发展水平，消除技术异化的社会风险与技术风险，依据已有经验和不断进行着的技术创新实践，建立规章制度，以实现和保证技术创新活动的良性有效进行，提升技术创新的制度化与组织化程度和效能化水平。技术创新制度与技术创新实践密切相关，同时技术创新制度始终处于演进的状态，并与技术实践情况相调和。如果

---

[1] 陈家琪、王耀德：《创新动力的哲学考察》，《自然辩证法研究》2004年第10期。

无法有效调和则会促成相应的社会冲突的形成。其中，正式制度与非正式制度的调和转换在这一过程中发挥着重要的作用。制度调和价值，价值则关系主体间的伦理调适，因此技术创新伦理作为一种制度形式是技术创新文化之制度层面的内容之一。其重要性机制在于无论基于个人创新活动，还是基于社会团体的创新活动，其创新行为都要受到道德规范的制约。

（三）技术创新文化之器物层面

技术创新文化之器物层面是理念层与制度层的外在显现，即创新文化总会沉淀在技术人工物内，传承与保留下去。技术创新文化之器物层面是技术创新文化的依托，创新产品与工艺流程、创新品牌可以被看作创新文化器物层面的标志。创新产品与工艺流程之重要性在于，通过创新产品以及相应工艺流程，能够使技术创新的文化价值属性有效扩散与发扬。同时，创新产品和工艺流程也承载了工艺设计的模式、思维和造型等文化要素，创新产品和工艺流程能够促进上述文化要素的保留、扩散与传承。最后，创新产品和工艺流程是一定时期文化审美的体现，通过研究与分析社会公众对创新产品和工艺流程的态度，可以考察一定时期社会公众对科技创新的理解与对科技创新文化的接受状态。

相对于具体的器物与流程，技术创新文化品牌则通过一套稳定的文化符号系统传达技术创新文化。帕森斯指出，"文化是充分解决社会生活的规律性、持续性、相对稳定性和可预见性的中心因素，因为它提供了价值、可共享的关于在社会中什么是可欲求的观念以及标准、获得这些事物的可接受的途径，文化也提供语言及其他对社会生活具有重要意义的符号系统"[①]。

四 创新文化的内容

（一）中国传统文化的现代性改造

"现代性"是一个多元化的概念，它能在一定程度上反映历时性人

---

① 转引自阿雷恩·鲍尔德温《文化研究导论》，陶东风译，高等教育出版社2004年版，第27页。

类社会中经济的、政治的、文化的概念。在当今社会，文化改造离不开对"文化的现代性"议题的讨论。在信息全球化的今天，在文化现代性改造问题上基本达成共识，即在中西两种文化的对话、选择与批判的总体框架下，探求中西文化兼容、融合的可能性，这也是文化现代性的重要表征之一①。进入21世纪，高新科技的广泛应用催生了文化生产、传播、消费及管理方式的深刻变革。既给文化行业带来了前所未有的强大动力和广阔空间，同时也提出了严峻的挑战。因此，我们在研讨中国传统文化现代性改造的问题时，我们一方面要关注中国传统文化与现代科技的融合，又要重视中国传统文化与西方意识形态的关系。

中国传统文化的现代性改造必须在坚持马克思主义指引和党的领导的基础上寻求属于人民自己的道路。为此，我们首先要深度挖掘中国传统文化的内涵，让中国传统文化与先进的科学技术相互融合、相互促进，形成具有生命力和传承力的创新文化。其次，马克思主义哲学中的"实践观"是马克思主义哲学的重要成果之一。马克思在《德意志意识形态》著作中，扬弃黑格尔的劳动观，提出了"实践观"。马克思主义认为，交往是人类最根本的实践，交往实践是使人之区别于动物的一种本质属性，它使世界得以普遍联系，并推动了人类历史的发展。它前瞻性地把握了在当代全球普遍交往发展过程中变化的主脉②。基于马克思的"交往实践观"透视中西方文化融合的宗旨，中国传统文化的发展必将激发出更加鲜活的生命力。最后，我们要包容开放性和学习性心态，转变思维定式，倡导批判性思维，努力探索西方文化元素，但这绝不意味着亦步亦趋，而要从国情和各地区、各行业的实际情况出发，敢于突破和超越，这样才能成功走出一条符合自身实际的创新发展之路③。

---

① 黄建烽：《论交往实践视阈下中国传统文化的现代性转型》，《甘肃社会科学》2015年第5期。
② 《文化部"十三五"时期文化科技创新规划解读》，搜狐网，https://www.sohu.com/a/139088518_528913.
③ 陈晓：《大力推进创新文化建设》，人民网，http://theory.people.com.cn/n1/2018/0321/c40531-29880225.html.

（二）中国革命文化的时代性传承

中国革命文化是中国共产党领导人民在革命、建设、改革的历史中创造的，它是在革命、建设、改革实践中积淀和孕育形成的所有物质文化和精神文化的总和①。中国革命文化是时代性和创新性的统一。要实现中国革命文化的时代性传承，必须把握其三重意涵。首先，中国革命文化是坚定文化自信的坚强基石。其次，中国革命文化是巩固党的执政基础的重要历史资源。最后，中国革命文化能为塑造人民群众精神家园提供现实启示②。在新时代，想要更好展现中国革命文化的力量，就要注重中国革命文化与科技的融合。因为文化与科学本就是人类精神水乳交融、密不可分的整体架构，以人类文明的两极坐标——文化与科技为支点建构起的张力认知框架才能涵盖人的全部需求与价值，是由实践论到方法论、生存论，由科技观到价值观、世界观的全面融合③。由此，文化科技的融合是现实中国革命文化的时代性传承的必要手段。将中国革命文化与现代科技进行合理融合，也是体现其时代性的一种崭新的形式。

中国革命文化的时代性传承具有政治、经济和文化价值，因此我们要坚定不移地完成中国革命文化的时代性传承。而完成中国革命文化的时代性传承要借助于文化与科技融合的创新性发展方案。具体而言，其发展路径包括如下三个方面。首先，学习和保护革命文化，为革命文化的发展提供有利的社会环境。精神是一个民族赖以长久生存的灵魂，尤其是革命精神在中国经历严峻挑战时发挥了重要作用，如红军长征路上"旦夕旦死"的时候坚持尽一切可能扫盲，坚持尽一切可能打一仗总结一仗。正是拥有了这样坚定的革命文化，中华民族才能在历史的洪流中克服重重困难、屹立不倒。因此，革命文化是党在腥风血雨的革命抗争

---

① 曾汉辉：《革命文化传承、创造与发展的若干思考》，中国共产党新闻网，http://dangshi.people.com.cn/n1/2019/1227/c85037-31525256.html。
② 刘晓华：《新时代传承弘扬革命文化的三重意涵》，《光明日报》2018年8月3日。
③ 杨国栋：《大数据与大融合——文化科技融合创新的数据革命》，《文化科技创新发展报告》（2014），社会科学文献出版社2014年版。

中留给我们炎黄子孙的无比宝贵的精神遗产,我们必须要从小学习革命文化,让我们的全部生命在革命文化的浸润中焕发出具有红船精神、井冈山精神、长征精神的生机。其次,保护、修复和利用革命文物,为革命文化可持续利用提供保证。革命文物集中反映了中华民族和中国共产党人的光荣传统和优良作风[①]。革命文物的保护不是口头上的保护,对革命文物的保护必须落到实处,落实到每个人的心中。在2019年3月国务院办公厅印发《关于实施革命文物保护利用工程(2018—2022年)的意见》,其中明确规定了六类重点项目,分别是:百年党史文物保护展示工程、革命文物集中连片保护利用工程、长征文化线路整体保护工程、革命文物主题保护展示工程、革命文物陈列展览精品工程、革命文物宣传传播工程[②]。目前我国已经组建立多处革命文物保护场馆。科技力量在革命文物的保护、修复和利用过程中发挥了重要作用。最后,要发展红色文化创意产业,为革命文化发展提供强劲的市场经济力量。文化创意产业发展的一个重要载体就是文化创意产业集群,文化创意产业集群的发展对产业结构的升级、竞争力的提高、经济的增长有着重要影响[③]。因此,要更好地实现革命文化的当代价值,就要充分利用革命文化的内在价值,发扬光大革命精神,开展伟大斗争并推动其逐渐发展成革命文化创意产业集群,实现中国革命文化的时代性传承。

(三)社会主义先进文化的开放性发展

社会主义先进文化是中国共产党第十九届中央委员会第四次全体会议公报的关键词。具体指以马克思主义、毛泽东思想、邓小平理论、"三个代表"重要思想、科学发展观和习近平新时代中国特色社会主义思想为指导的文化。社会主义先进文化的本质特征是民族的、科学的、大众的文化,面向现代化、面向世界、面向未来的文化,以实践为基础的与

---

① 曾汉辉:《革命文化传承、创造与发展的若干思考》,中国共产党新闻网,http://dangshi.people.com.cn/n1/2019/1227/c85037-31525256.html。

② 中共中央办公厅、国务院办公厅印发《关于实施革命文物保护利用工程(2018—2022年)的意见》,中国政府网,http://www.gov.cn/zhengce/2018-07/29/content_5310268.htm。

③ 王舒:《东北文化创意产业集群发展策略研究》,硕士学位论文,哈尔滨师范大学,2015年。

时俱进的文化①。社会主义先进文化发展过程中具有开放性的重要特征，中国特色社会主义文化作为马克思主义文化理论体系中的重要组成部分，其内在的科学性和开放性决定了它不是僵化不变的，而是可以实现丰富完善的，更是必须得到创新发展的②。基于此，我们要始终秉持一种开放性的思想来发展社会主义先进文化。

为了进一步促进社会主义先进文化的开放性发展，我们要做好以下工作。首先，要坚持在马克思主义的指导下发展社会主义先进文化。回首历史，任何理论都无法凭空产生，而是基于社会实践并在继承原有理论基础上产生的。社会主义先进文化也不例外，它是在继承马克思主义思想基础上，由中国共产党人在实践和探索中不断完善而形成的。所以为了发展新时代中国特色社会主义文化创新，我们必须以马克思主义文化观为内在灵魂与指引，同时不断推进马克思主义中国化进程，建设充满自信的社会主义意识形态。其次，要深刻理解和把握社会主义先进文化的开放性。社会主义先进文化建设，既要继承中华优秀传统文化，又要面向世界，实行对外开放。在此基础上发展社会主义先进文化，要正确处理好社会主义先进文化与西方文化的关系，在兼收并蓄中博采众长，做到以我为主、洋为中用③。再次，要以增强文化自信为关键落脚点。文化自信，是更基础、更广泛、更深厚的自信。一个民族需要强大的物质力量，也需要强大的文化精神力量。文化自信正是这种强有力的精神力量。文化自信是社会主义先进文化开放性发展的催化剂，同时，社会主义先进文化的不断发展又能促进人民的文化自信。发展社会主义先进文化的目的在于充分发挥文化价值，建立文化的自信。只有建立了文化自信，才能加快提升文化软实力，进而更快更好地实现中国梦。最后，还要提高文化工作者的科学素养，加强文化工作者和科学工作者之间的

---

① 杨立新：《先进文化本质特征的时代含义》，《中共天津市委党校学报》2005年第2期。
② 马珂琦：《新时代中国特色社会主义文化创新研究》，博士学位论文，西北大学，2019年。
③ 姜士生：《用社会主义先进文化占领意识形态阵地》，人民网，http：//theory.people.com.cn/n1/2019/0116/c40531-30544561.html.

互动。我们要建设先进的文化也需要一个科学脊梁[①]。因此,有必要让最新的科学技术走进文化工作者的培训课堂,使得文化工作者能更加与时俱进地为文化传播和发展做出贡献。

第四节 文化与科技融合的创新文化形态、特征及意义

在新时代,新一轮的技术革命和文化发展正在引领文化与科技融合步入新的历史阶段,文化与科技开始以主动姿态向对方渗透,呈现出深度融合发展的趋势,基础科学的发展和新兴技术的创新深入地影响人们的生产生活,并影响了文化的创作和传播方式。人们借助科技逐步实现对文学、美术、音乐等传统文化的改造,并产生了多元化的创新文化形态。以下,我们将重点分析具有时代性和典型性的创新文化形态——信息化形态、虚拟现实形态和人工智能形态。

一 创新文化的形态

(一)创新文化的信息化形态

当今时代是一个快速变化、移动互联的信息化时代。早在2013年,文化部就发布了《文化部信息化发展纲要》,并指出了2020年相关文化产业信息化的目标。历经七年的艰苦奋斗,文化产业信息化的目标已经逐渐走向现实世界,成为当前我国创新文化的信息化表现。第一,文化信息化工作全面展开,科学规范的文化信息化管理与运行体系基本建立,综合信息基础设施基本普及,信息技术应用能力显著提升,信息安全保障水平大幅提高,行业信息化建设进入国内先进行列;第二,可持续利用和动态更新的文化信息资源库初步建成,信息资源的整理与开发达到较高水平;第三,以国家文化数据中心为核心的国家、省、市、县四级网络交换、资源共享和业务协同体系基本建立;第四,完成政务、资讯

---

① 董为:《建设中国特色社会主义先进文化的科学脊梁》,北京文化论坛,2011年。

和服务的多平台建设，实现文化行业管理和服务方式的转变，文化信息服务水平大幅提升①。创新文化信息化发展具有重要意义。其表现在解决信息化发展不均衡问题和促进基层文化单位设立专门的信息化机构上，同时，创新文化的信息化发展能打破文化信息孤岛现象，整合文化信息资源，使得人们能高效获取高质量数据。

文化信息化典型案例1：国家公共文化云

全国文化信息资源共享工程无疑是文化领域规模较大的信息化系统。国家公共文化云是一个面向人民的全国文化信息资源共享平台，它主要以国内各省为单位进行文化分类呈现，为人民了解各地文化提供有效的信息化手段。国家公共文化云于2017年11月30日正式开通②。据文化部公共文化司有关负责人介绍，国家公共文化云统筹整合文化共享工程、数字图书馆推广工程、公共电子阅览室建设计划三大文化惠民工程，旨在实现全国各级各类公共文化机构的互联互通，资源和服务的共建共享，打通公共数字文化服务"最后一公里"③。梳理国家公共文化云上的栏目内容，主要有共享直播、视听空间、数图资源、活动预约、场馆导航八类文化信息化资源。国家公共文化云开通已两年多，在这段时间内，该平台不断发展和完善。相信随着创新文化信息化发展的深入，在全国文化信息资源共享工程的领域，也会有越来越多类似国家公共文化云的共享平台，也会有越来越多的技术、内容、产品融入文化领域，进一步实现文化信息化发展。

文化信息化典型案例2：线上博物馆。

博物馆是了解旅游目的地文化、历史、风土人情等最直接最全面的方式场景，加上普遍的免费政策，博物馆成了文化和旅游最早融合的领域之一，国内各地博物馆也就越来越多地受到旅游者的青睐。当

---

① 文化部网站：《文化部关于印发〈文化部信息化发展纲要〉的通知》，http://www.gov.cn/gzdt/2013-09/18/content_2490872.htm。

② 《国家公共文化云正式开通》，人民网—人民日报，http://culture.people.com.cn/n1/2017/1130/c1013-29675970.html。

③ 新华网：《国家公共文化云启动提升基层服务效能》，http://www.xinhuanet.com/2017-11/29/c_1122028683.htm。

前，各个博物馆、科技馆等陆续推出的线上观看和学习系统。游客可以通过网络平台观看博物馆藏品和学习相关文化知识等。线上博物馆是文化信息化的一种新的表现形式。尤其是当前全球受到新冠疫情的影响，人们要尽量减少外出，因此参观线下博物馆变得困难起来。这种危难情况进一步加速了文化的信息化的发展，多个原本只有线下运营的博物馆增加了线上的运营方式，国家博物馆甚至开展了线上课程，方便人们学习和了解博物馆文化。疫情防控期间，国家博物馆在线营造"云看展""云直播"等"云游览模式"，围绕"好展、好课、好文物"三个重点方向，盘活数字资源并深度加工。在线营造"云看展"这一游览博物馆的新模式，通过网络将展览、讲座等具有丰富内涵的文化产品呈现给观众[1]。此举不仅为减少游客聚集、抗击疫情做出了一定贡献，同时也增加了文化与网络技术融合的新形式，进而加速了创新文化的信息化发展。

（二）创新文化的虚拟现实形态

虚拟现实技术（包含增强现实、混合现实，简称 VR）是一种利用电脑生成三维的虚拟空间，为使用者提供视觉、触觉、听觉等感官的模拟，进而达到使人身临其境的效果。该技术集成了计算机仿真技术、计算机图形技术、显示技术、传感技术、人工智能等最新技术[2]。我国工业和信息化部为加快我国虚拟现实产业发展，推动虚拟现实应用创新，培育信息产业新增长点和新动能，曾于 2018 年提出了 VR + 文化的创新融合发展路径："在文化、旅游和文物保护等领域，丰富融合虚拟现实体验的内容供应，推动现有数字内容向虚拟现实内容的移植，满足人民群众文化消费升级需求；发展虚拟现实影视作品和直播内容，鼓励视频平台打造虚拟现实专区，提供虚拟现实视频点播、演唱会、体育赛事、新闻事件直播等服务；打造虚拟电影院、虚拟音乐厅，提供多感官体验模

---

[1] 《国家博物馆线上开课》，人民日报，http：//www.chnmuseum.cn/zx/gbxw/202004/t20200405_212888.shtml.

[2] 蔡璐璐：《浅谈 VR 虚拟现实在我国的现状及发展趋势》，《现代交际》2017 年第 462 （16）期。

式，提升用户体验。建设虚拟现实主题乐园、虚拟现实行业体验馆等，创新文化传播方式；推动虚拟现实在文物古迹复原、文物和艺术品展示、雕塑和立体绘画等文化艺术领域应用，创新艺术创作和表现形式"①。VR+文化的创新融合发展路径的提出对于创新文化的虚拟现实形态的发展和完善具有重要指导意义。

创新文化的虚拟现实形态的典型案例1：故宫文化的虚拟现实形态

2017年6月北京故宫博物院推出虚拟现实体验，让禁宫里的文物和古籍里的文字都活起来②。人民日报评论故宫此举找到了传统文化的"正确打开方式"，这个"正确打开方式"不只是与公众简单互动，而是让传统文化与公众的日常生活变"黏稠"，它帮助传统文化的形态实现了丰富和再造，故宫已经不再只是那个北京城中轴线上72万平方米的皇家院子，它在云端，在数字博物馆里③。例如，故宫借助VR技术手段将《清明上河图》"复活"，参观者在《清明上河图》中乘着"小船"从虹桥下穿过、漫游感受汴梁盛世，走入传世名画。又如，北京故宫博物院推出VR电影，带领公众体验明朝那些事儿：游客坐在转椅上，戴上VR头显，就可以跟随明朝的皇帝朱棣一路前行，穿越宫殿，从星象、礼制、五行等角度聆听修筑的故事。故宫文化与VR的融合让我们看到了一种生动的、新颖的创新文化的虚拟现实形态。

创新文化的虚拟现实形态的典型案例2：非物质文化遗产——湖剧的虚拟现实形态。

湖剧是浙江省湖州市地方传统戏剧，在2011年被列为国家级非物质文化遗产。湖剧反映了明清时的风俗人情，是极具价值的历史文化④。

---

① 《工业和信息化部关于加快推进虚拟现实产业发展的指导意见》，中华人民共和国工业和信息化部，http://www.miit.gov.cn/n1146295/n1652858/n1652930/n3757021/c6559806/content.html.

② 李丽莎、陈丽芳：《虚拟现实技术在地方戏曲传承和传播中的应用》，《数码设计》（上）2018年第000（010）期。

③ 《新浪VR，人民日报：故宫推出VR体验 找到了传统文化的正确打开方式》，http://vr.sina.com.cn/news/js/2017-06-16/doc-ifyhfnqa4341903.shtml.

④ 陈益崇、赵建华、王婷：《VR技术在非物质文化遗产发展传承中的应用——以湖剧为例》，《中国地名》2020年第4期。

因此，我们必须要予以保护和重视。湖剧的虚拟现实形态的演化为湖剧的发展增添新的动力，目前已有湖剧的虚拟现实形态走进课堂、湖剧VR小游戏等湖剧的虚拟现实形态。湖剧的代表作《菰城遗韵》被制作成虚拟现实形态，并将其运用到了浙江省湖州市塘甸小学的教学中，它成为培养湖剧小传承人、传承湖剧文化的一种新路径。

（三）创新文化的智能化形态

人工智能是利用数字计算机或者数字计算机控制的机器模拟、延伸和扩展人的智能，感知环境、获取知识并使用知识获得最佳结果的理论、方法、技术及应用系统[1]。2018年9月17日，习近平同志致信祝贺2018世界人工智能大会开幕时指出，新一代人工智能正在全球范围内蓬勃兴起，为社会经济发展注入了新动能，正在深刻改变人们的生产生活方式，这场变革同时也推动着艺术格局的嬗变，催生出更有生命力的新型艺术形态，面对人工智能蓬勃兴起的人类文化图景，我们需要以更加长远深邃的历史眼光、更加宽广博大的胸怀、更加宏阔开放的参照系，审视艺术发展，注目世界最先进、最前沿领域，向人类精神最深处探寻，筑就新时代文艺高峰[2]。文化产业与人工智能深度融合势在必行。一方面，它使艺术形态更加多元化；另一方面，能够助力文化产业发展。

推进创新文化的人工智能形态发展的手段主要有以下三方面内容。

第一，要推动文化创作的产业变革，引领文化产业创新性和个性化发展。政府应加大研发文化创作等人工智能系统，文化工作者应学习和尝试利用人工智能丰富文化形式，鼓励文化工作者二次创作，提升传统文化创新个性化，越剧《梁祝》无疑是传统文化中的瑰宝，当代艺术家何占豪、余丽拿等人利用人工智能改编《梁祝》，以小提琴协奏曲的方

---

[1]《人工智能标准化白皮书》（2018版），中国电子技术标准化，http：//www.cesi.ac.cn/201801/3545.html.

[2]《习近平致信祝贺2018世界人工智能大会开幕》，国务院公报，http：//www.gov.cn/gongbao/content/2018/content_5335347.htm.

式演奏，实现越剧的二次创作，为我国传统文化宝库增添了新的作品①。由此可见，文化与人工智能融合，既能让传统文化焕发出新的生命力，同时也能深化文化的个性化发展。

第二，加大力度培养文化和人工智能的复合型人才。人工智能的发展和文化的发展都需要人才来推动，但两类单一人才的叠加并不能达到文化和人工智能的复合型人才的效果，也就是说 1 + 1 < 2。因此为了更快更好地推动人工智能融入文化领域，为文化的传承和发展带来新的活力，政府和教育部有必要加强具有交叉学科知识和能力的复合型人才。鼓励大型文化企业与高职院校合作，形成产学研联盟，定向培养服务文化产业的人工智能技术人才来满足现有文化领域从业人员技能再造需求②。

第三，对人工智能与文化的融合秉持开放和包容态度。当前人工智能进行艺术创作已经崭露头角，如2019年中央美院研究生毕业画展中，署名"夏语冰"的多幅绘画作品引起关注。它就是以会写诗闻名并且已经出版诗集的人工智能机器人，据研发人员介绍，该智能机器人在对过往400年艺术史上236位人类画家画作进行学习后，原生绘画创作能力已经具备一定水准③。当下，人工智能绘画、演奏、写作、拍摄等水平日益逼近人类。未来，人工智能必定还会向我们展现更多更好的艺术创作。对于这样的艺术创作，我们应该摒弃人类中心主义，对人工智能创作的创新文化保持开放和包容的态度。

二 文化与科技融合的创新文化特征

文化是人在长久的历史进程中对与自然、与他人、与社会三者关系进行思考所形成的智慧。在以新时代为背景及科技手段主导下形成的创

---

① 舒坤尧：《人工智能在传承创新传统文化中的作用》，人民论坛网 http：//www.rmlt.com.cn/2019/1009/558604.shtml.
② 《推进人工智能与文化产业深度融合》，北京日报，http：//www.qstheory.cn/science/2019-08/19/c_1124892048.htm.
③ 《人工智能让文艺创作面向未来构筑高峰》，中华读书报，http：//epaper.gmw.cn/zhdsb/html/2019-07/10/nw.D110000zhdsb_20190710_4-08.htm?div=-1.

新文化，不可避免地带有二者各自的特征，并在融合之中凝练出自身特有之处。由科技助推所形成的创新文化，厚植于源远流长的传统文化土壤，汲取着革命文化的自强与奋斗，在新时代背景下先进文化中蓬勃绽放。作为社会科学发展历程中思想的迭代，创新文化是人文价值与科学价值的统一；作为历史进程中人民对美好生活的追求，创新文化是革命文化与新时代的统一；作为全球化视野下华夏文明的推陈出新，创新文化是先进文化与文化自信的统一。简而言之，创新文化并不是幸福的科学，而是科学的幸福。

（一）传统文化人文性与科学性的统一

长期的实践交往过程使人类逐步形成特有的基础知识理论体系、伦理道德价值观念，它由两大文化体系构成，即人文文化和科学文化。人文文化筑基于人与社会的关系之中，科学文化形成于人与自然的关系之中。相比而言，尽管人文文化与科学文化的学理研究对象、涉猎专业领域乃至学科应用前景存在一定的差异，但作为核心的人文精神与科学精神，在深层底蕴和价值取向上则互通一致，在人性的最高境界上二者不可分割[1]。由此衍生的科学价值与人文价值密切相连，可谓在一种文化之中，二者缺一不可。科学的旨趣在于探寻世界的奥秘，有益于人类寻求幸福理想的生活，其本质是人类自我认知自我发展的最优方案，这样的前行仍隶属于人文精神的拓展与特殊体现[2]。因此，科技与传统文化、革命文化、先进文化相融合所形成的创新文化，其最本质的特征就是人文价值与科学价值的统一。

（二）革命文化与新时代的统一

中国革命文化是中国共产党人在革命、建设、改革的历史实践中所创造、发展并且创新传承的文化总和，可谓是中国共产党和中华民族最璀璨夺目的精神瑰宝，不仅是传统文化的结晶，而且也是先进文化的直接来源。伟大的精神之所以谓之"伟大"，在于其为实现人民、民族、

---

[1] 张贵书：《教育的人文价值和科学价值》，《杭州》（周刊）2011年第10期。
[2] 李响、刘兵：《面向2035弘扬科学精神：提升科学家的人文教育》，《中国科技论坛》2020年第5期。

国家的伟大梦想持之以恒地积蓄能量。我国发展已走入新的历史方位，中国特色社会主义进入了"全体中华儿女勠力同心、奋力实现中华民族伟大复兴中国梦的时代"。我们比历史上任何时期都更接近实现中华民族伟大复兴的目标，在我们最接近中华民族伟大复兴目标的时刻，中国革命精神的弘扬尤为重要。而中国革命文化力量的展现与中国革命精神的弘扬，则需要以科技筑基，构建出囊括由世界观到方法论，内含价值观、科技观等全面融合的完整框架。科技与时代的融合使中国革命文化与新时代文化彼此汲取营养、密不可分，中国革命文化的时代化是创新文化最具有新时代特征的表达。

在新时代文化与科技融合的过程中，中国革命文化以时代性传承的方式成为创新文化的重要组成部分，以深入研习内容、传承贯彻精神、融入时代发展三种具体形态彰显着中国革命文化的新时代呈现方式。在对中国革命文化内容进行深入研习的过程中，新时代背景下对于马克思主义经典原著文本研究的重视、对于马克思主义理论中国化体系的建设以及对习近平新时代思想的贯彻乃至对整个社会科学学科的鼓励发展，均提供了强大的精神力量，促使中国革命文化及精神焕发出更为耀眼的思想光芒。在对中国革命精神的贯彻与传承过程中，无论是革命战争年代形成的红船精神、井冈山精神、长征精神、延安精神、抗战精神、西柏坡精神；还是社会主义建设时期形成的雷锋精神、焦裕禄精神、大庆精神、铁人精神、北大荒精神、"两弹一星"精神；以及社会主义改革开放时期形成的伟大抗洪精神、抗击非典精神、载人航天精神、青藏铁路精神，这些伟大的中国革命精神都与新时代背景下"自强不息"的奋斗精神一脉相承，为新时代先进文化的孕育与发展奠定着坚实的理论基础。在促使中国革命文化融入时代发展的过程中，中国革命文化已集聚为产业化的形态，红色创意产业则成为市场经济重要的组成部分。当代青年对于革命文化的了解已经不再局限于书本知识的讲解，而是扩散为动漫产业、旅游产业、文创产业等全方位输出的浸润式学习。在新时代高速发展的市场经济之中，红色文化创意产业一方面增加了当代人工作生活之余的趣味性，另一方面凝聚社会共识、紧贴时代需求，为实现伟大梦想提供不竭的精神动力。作为具有激励、鼓舞、凝聚、导向四重功能的时代因子，中国革命文化在新时代背景下熠熠发光。

（三）先进文化与开放性的统一

中国特色社会主义先进文化，是以马克思主义为指导，以实践为基础的、与时俱进的、符合最广大人民群众根本利益的文化，指引着社会发展与未来进步的根本导向①。党的十九届四中全会公报中明确指出，我们要始终不渝地坚守马克思主义在意识形态领域的指导地位，将马克思主义的立场、观点和方法贯彻于日常生活工作之中，并且以社会主义核心价值观引领文化建设制度②。意识形态是文化的精神内核，而文化是意识形态传播和内化的有效载体，因此社会主义先进文化担当着承载和传播社会主义主流意识形态的重要作用。巩固和弘扬中国特色社会主义文化，不仅意味着对我国主流意识形态的坚守与肯定，而且意味着对我国发展与建设方向的执着与精进。新时代文化在科技融合之下，以自信的心态坚守着先进文化之源、先进文化之力以及先进文化之本，先进文化与文化自信的统一是创新文化具有开放性的特征。

习近平总书记指出，中国共产党、中华人民共和国、中华民族是最有理由自信的政党、国家、民族③。这里指的自信不仅仅是物质财富迅速增长所带来的幸福感，应该从更本质的层面解释为文化自信。文化自信是对先进文化的巩固与弘扬，是实现中华民族伟大复兴中国梦的不懈动力，更是凝聚全国各族人民在新时代砥砺奋进的核心力量。首先，科技发展的开放性将民族文化纳入时代浪潮之中，是文化自信之源。在经济全球化与世界一体化的进程之中，各国文明在交流互鉴之中取长补短，中国特色社会主义先进文化作为面向世界、面向大众、

---

① 包心鉴：《中国特色社会主义文化与社会主义核心价值》，《齐鲁学刊》2009年第4期。
② 牛涛：《坚持马克思主义在意识形态领域指导地位的文化路径》，《学校党建与思想教育》2020年第7期。
③ 中共中央宣传部：《习近平总书记重要讲话读本》，人民出版社2014年版，第1—2页。

面向未来的文化,一方面对于他国文化坚持以我为主,洋为中用,另一方面则是积极应对时代课题,对自身进行批判与建设。其次,科技研究的广泛性使国家文化软实力稳步提升,是文化自信之力。"文化作为软实力,归根结底还是靠文化自身的价值。"① 文化的价值不仅源于自身内容主旨,而且依托于传播的手段和媒介。现代媒体技术使文化的宣传手段不同以往,充分运用网络等媒体,借助于国际传播平台,使世界聆听中国声音、采纳中国方案,进而使中国理念上升为国际共识,提升文化软实力。最后,科技手段的多样性使广大人民群众参与先进文化的创造,是文化自信之本。人民群众在劳动实践中见证社会历史的更迭,不仅是物质财富的创造者,也是精神财富的传承者。科技的迅速发展拓宽了广大人民参政议政的渠道、顺畅了民意的传达形式。不同于西方国家的高高在上的"精英文化",中国特色先进文化则是实实在在汇聚民心、聆听民意的人民文化,是在充分尊重人民群众的主体地位和首创精神基础上打造的文化,形成人尽其才、才尽其用的文化建设与发展氛围。

三 文化与科技融合的创新文化的意义

首先,中国特色社会主义文化与现代科学技术的融合建立在科技与文化的统一关系之上:文化可以推动科技的发展,科技也可以作为文化发展的动力。一般情况下,文化与科技的融合指向文化与科技相互作用、相互影响从而形成一体化的状态,是"文化科技化"与"科技文化化"的过程,具体表现为科技对文化的载体支持与文化对科技的内涵提升②。因此我们可以这样归纳文化与科技融合的内涵:文化与科技融合是指在遵循文化和科技各自特点与规律的基础上,将文化和科技可以融合的各

---

① 陈先达:《文化自信中的传统与当代》,北京师范大学出版社2017年版,第211—212页。

② 李凤亮、宗祖盼:《文化与科技融合创新:模式与类型》,《山东大学学报》(哲学社会科学版)2016年第1期。

个层面的元素进行最大限度的互补渗透,形成新的文化业态①。在此基础上其体系旨在促进文化与科技融合,发展新型文化业态,提高文化产业规模化、集约化、专业化水平,其最终目的在于提供更多"丰富人民精神文化生活的文化精品"②,建设文化强国。伴随着社会的发展,社会又对文化与科技融合模式在创新的层面上提出了新要求,创新成为文化科技融合的需求与特征。

其次,创新文化的内涵经历了一个从精英走向大众、从科技模式走向社会大众模式的历史演变过程,而这一过程也是伴随着科技进步与社会发展的互动而展开。系统化探析创新文化的含义可以发现,学界主流观点认为创新文化是一种培育创新的文化,即大致可以凝练为"有关创新的文化",创新文化还具有第二层含义,即"文化的创新"。第一层意思是包括在"创新"这个概念出现后至今为止所形成的所有文化内涵,是我们对创新文化的狭义理解;而第二层意思意味着新时代下文化自身的创造性转化和创新性发展,即具有时代意义的一种新文化。具有双重含义的创新文化具有感召力、影响力的共性特征,与技术创新紧密关联,技术创新体现一个时代的特征,相应带来文化紧跟时代潮流的新变化。

再次,文化与科技融合的创新文化理论为新时代马克思主义创新文化观研究提供了新途径和理论基础,进一步推进马克思主义理论中国化、时代化、大众化。文化与科技融合的创新文化建设立足于建设中国特色社会主义文化强国,实现中华民族伟大复兴视角下中国传统文化、中国革命文化、社会主义先进文化与科技融合的创新文化建设,这对提高我国人民的文化自信、实现社会主义文化繁荣兴盛具有重要意义。将中国特色社会主义文化视为一个实质性的文化整体,创新性地将中国特色社会主义文化与当代科学技术相融合,对于新时代中国特色社会主义文化

---

① 于泽:《文化科技融合的内涵、目标、互动关系探究》,《科技管理研究》2017 年第 1 期。

② 李凤亮、宗祖盼:《文化与科技融合创新:模式与类型》,《山东大学学报》(哲学社会科学版)2016 年第 1 期。

建设具有重要的意义和价值。

最后，在科技力量迅猛发展和极速变革的新时代，实现中国特色社会主义文化与科技融合的创造性转化和创新性发展的创新文化理论建设，是提高中华民族文化的高度自信、建设繁荣兴盛的文化强国的新要求，是建设具有强大凝聚力和引领力的社会主义意识形态的新选择，是使全体人民在理想信念、价值理念、道德观念上紧紧团结在一起，确立高度文化自信的新动力。

第二章

马克思主义文化与科技融合的创新文化观

从马克思主义与西方创新文化观的比较视野来看，新时代中国特色社会主义文化发展方向和科技创新实践路向相结合具有重要价值，二者的结合可以为提高新时代中国文化软实力以及加强中国特色社会主义文化建设提供理论和现实指导。因此，立足于科技与文化的融合对创新文化观进行新时代的全面阐释，梳理文化与科技融合的创新文化观的传承与发展，并澄明其主要内容；通过分析马克思主义对西方文化与科技融合的创新文化的批判，揭示新时代创新文化观的精神实质及实践价值，具有重要的理论意义和现实意义。

第一节 文化与科技融合的创新文化观传承发展

对于我国而言，在强调科技的生产力功能和创新的引领作用的同时，对文化的推动功能也不能忽略。梳理马克思主义文化观的诞生、演进和传承发展，不仅具有逻辑的必要性，而且对今后发挥文化的生产力功效将带来不言而喻的促进作用。

一 文化与科技融合的马克思主义创新文化的形成

马克思与恩格斯的思想中体现出深刻的文化思想理论，而这些文化领域的理论是其历史唯物主义所不可缺少的部分。他们通过唯物主义历史观，将文化的理论放到人类的社会、经济、政治发展史中进行研究，并将社会、经济等不同方面与文化相融合，就文化这一概念的源起、定义及其特点等方面进行了深刻的理论阐述。

（一）文化产生于实践并以培养全面的人为目标

人类在认识、改造世界的过程中离不开物质生产，而其中蕴含的文化作为一种软实力被发掘出来，可以认为生产力的解放与发展是文化不断发展的重要基础。据此，马克思指出："在再生产的行为本身中，不但客观条件改变着，而且生产者也改变着，炼出新的品质，通过生产而发展和改造自身，造成新的力量和新的观念，造成新的交往方式，新的需要和新的语言。"① 从马克思主义思想在文化领域的论述中看，人类文明的发展以及文化的形态演化被归因于人类实践活动。

从马克思主义的思想中得知，文化可以看作人类全部社会联系的统合，充分地体现出人类社会发展的过程中文化的地位以及特点。而反过来看，作为人类文明史上不断发展的文化又直接或间接地为人类社会与人类个体能力的构建与提升带来了不可小觑的力量。由此可见，文化通过将社会整合为一个体系并以此种方式引导社会的发展，实现人类社会文明的进步与发展以及个体的自由而全面的发展。正如马克思强调的："文化是培养社会人的一切属性，并且把他作为具有尽可能丰富的属性和联系的人，因而具有尽可能广泛需要的人生产出来。把他们作为尽可能完整的和所有全面的社会产生产出来。"②

（二）继承人类一切优秀的文化遗产

文化的进步与发展，并非绝对在经济发达以及物质资源优渥的地区发生。在一些经济落后或者物质资源不够丰富的地区、国家同样可能出现进步的文化，马克思认为："经济上落后的国家在哲学上仍然能够演奏第一小提琴：十八世纪的法国对英国来说是如此，后来的德国对英法两国来说也是如此。"③ 这表明文化本身的发展并不与经济发展完全保持一致，文化有其自身的发展规律，它的传承与发展受到经济以外其他因素

---

① 《马克思恩格斯全集》第46卷（上），人民出版社1979年版，第494页。
② 《马克思恩格斯全集》第46卷（上），人民出版社1979年版，第392页。
③ 《马克思恩格斯选集》第4卷，人民出版社1995年版，第486页。

第二章　马克思主义文化与科技融合的创新文化观

的影响和制约，呈现出相对独立的发展过程和阶段。所以，就此而言，文化本身是在继承和发展已有传统基础上的变化。所以，在《德意志意识形态》中，马克思恩格斯在论述文化的生产问题时，强调文化的发展始终"受到他（艺术家）以前的艺术所达到的技术成就——条件的制约"。不仅如此，文化还对社会生产力的发展产生作用，它一方面可以起到推动作用，在一定条件下还可以转化为先进的生产力；另一方面，也可能对社会发展起到阻碍作用，为此，每一时代的社会主体都不断地从社会现实出发对文化进行改造和更新。

在无产阶级看来，必须要高度重视历史当中所留下的东西，努力对我们的文化形式进行深入的把握和深化。马克思恩格斯还认为感性世界"决不是某种开天辟地以来就已存在的、始终一贯的东西，而是工业和社会状况的产物，是历史的产物，是世世代代活动的结果，其中每一代都在前一代所达到的基础上继续发展前一代的工业和交往方式，并随着需要的改变而改变它的社会制度"[1]。总之，没有世界中多种多样的文化，就难以形成今天的社会主义文化。社会主义文化不是如同从天而降般自己独立地生成，它的孕育与发展是建立在对从前出现的文化体系的批判与发展的基础之上的。这种如同马克思主义者对割裂历史的研究方法的反对与批评一样，对一切试图将历史割裂化、虚无化的研究方法，他们都将予以反对与批判。

（三）人民群众对文化的巨大贡献

在马克思和恩格斯的著作中，如《资本论》《政治经济学批判》《1844年经济哲学手稿》《〈黑格尔法哲学批判〉导言》《德意志意识形态》等，都有详细的论述与阐释，人民群众是历史的创造者。历史的主体是广大人民群众，同时人民群众也是最为积极的推动因素，他们的行动直接推动了历史的发展。马克思指出："人在现实上是一切社会关系的总和，从根本上讲人本身对自己来说成为社会的存在物。"[2] 其中人民群

---

[1]《马克思恩格斯全集》第3卷，人民出版社1960年版，第48—49页。
[2]《马克思恩格斯全集》第42卷，人民出版社1979年版，第125页。

众是历史的创造者。文化本身也是由人民群众的实践活动的产物，人民群众不仅推动历史的进步与发展，也在文化逐步繁荣旺盛的过程中起到主导作用。

马克思、恩格斯就人民群众是精神生产力主体的阐释，主要有两点内容。首先，通过阐释"精神生产力"概念，使作为一种非物质的生产力出现在理论研究视野当中，这不仅有助于对机械唯物论的批判，而且在实践当中能够有效地引导文化的进步，以及其作为一种非物质生产力的发展。其次，能够从理论上确立人民群众的文化发展的主人翁意识，这是源于文化恰是来自人民群众的实践活动，同时以人民群众的发展为目标。这从实践上能够为发展文化生产力提供原动力，而这动力恰恰来自于服务于人民。

二 文化与科技融合的中国马克思主义创新文化观继承发展

中国共产党人在新中国成立之初就一直在进行以实践为依托的关于解放、发展文化生产力为主要目的理论研究，在这样的研究当中通过不断地吸取实证性的经验知识，一步一步地孕育并发展了文化生产力相关的理论与方法，在实践上为解放和发展文化生产力带来了不可或缺的引导与助力。

（一）毛泽东关于创新文化的论述

毛泽东指出，中国传统文化需要对封建主义及资本主义这一类极为狭隘的个人主义的文化进行坚决的批判，以构建一种为人民服务的无产阶级的文化为目标。与此同时，毛泽东从根本上牢牢把握住了马克思主义的理论本质，创建一种具有旺盛生命力的实践论，而非一种教条式的死板理论方法。毛泽东针对1927年大革命失败后出现的机械照搬苏联经验的深刻教训，于1928年第一次提出了建立农村革命根据地的战略方针。毛泽东指出，在中心城市发起武装起义或占领中心城市的方法在中国是行不通的。同样，毛泽东对新民主主义文化的概念进行了深刻诠释和卓有成效的解读，他指出"民族的科学的大众的文化，就是人民大众反帝反封建的文化，就是新民主主义的文化，就是

第二章　马克思主义文化与科技融合的创新文化观

中华民族的新文化"[1]。

1. 社会主义文化发展的方向：为人民服务

坚持为人民服务，为社会主义服务的文化导向不仅代表着毛泽东革命思想确立了明确的指向，也代表了中国共产党在文化思想的指导方针上的完善。"为什么人的问题，是根本的问题，原则的问题"[2]，这是《在延安文艺座谈会上的讲话》中对文化问题的首次论述，"我们的文学艺术都是为人民大众首先是为工农兵的，为工农兵而创作，为工农兵所利用的"[3]，"那么，什么是人民大众呢？最广大的人民，占全人口百分之九十以上的人民，是工人、农民和城市小资产阶级。……我们的文艺，应该为着上面说的四种人"[4]。在进行这项工作的方法论上，毛泽东指出："一定要把立足点移过来，一定要在深入工农兵群众，深入实际斗争的过程中，在学习马克思主义和学习实践的过程中，逐渐地移到工农兵这方面来，移到无产阶级这方面来。只有这样，我们才能有真正为工农兵的文艺，真正无产阶级的文艺。"[5] 1949 年 2 月，在给中华全国文学艺术工作者首次代表大会的贺电中，毛泽东也对文化工作的方法进行了指导，他强调"要始终坚持文艺工作为人民服务的根本原则，以文艺工作的广泛发展配合和推动其他文化工作以及教育工作，有效地助力人民的经济恢复和建设工作"[6]。毛泽东认为对生产力以及文化教育的大力推进将是新中国成立之后的首要工作重心，在当时这也为新中国成立后以为人民服务为宗旨的文化发展、经济建设的道路和方向奠定了基础。

2. 实施"百花齐放，百家争鸣"的方针

"百花齐放，百家争鸣"的方针为无产阶级寻找到了同世界其他阶级文化和谐共生的道路，不仅有助于吸收全世界不同文化的优秀之处，同时

---

[1] 《毛泽东选集》第 2 卷，人民出版社 1991 年版，第 708—709 页。
[2] 《毛泽东选集》第 3 卷，人民出版社 1991 年版，第 857 页。
[3] 《毛泽东选集》第 3 卷，人民出版社 1991 年版，第 863 页。
[4] 《毛泽东选集》第 3 卷，人民出版社 1991 年版，第 855 页。
[5] 《毛泽东选集》第 3 卷，人民出版社 1991 年版，第 857 页。
[6] 《给中华全国文学艺术工作者代表大会的贺电》，《在中华全国文学艺术工作者代表大会上的报告》，《中华全国文学艺术工作者代表大会纪念文集》，新华书店 1950 年版，第 15 页。

有助于从多种角度对其他文化进行更多维度的理解，对简单片面的文化发展方法进行了批判。这不仅体现了毛泽东关于文化上思想的进步，也意味着中国共产党正以一种合理的方法道路发展我们国家的文化。在题为《论十大关系》的报告中，对艺术、学术等文化问题也进行了深入的阐述，毛泽东强调："艺术问题上百花齐放，学术问题上百家争鸣，应该成为我们的方针。"① 此后，在1957年，毛泽东又一次提到，"百花齐放，百家争鸣，这是一个基本性的同时也是长期性的方针，不是一个暂时性的方针……这个方针不但是使科学和艺术发展的好方法，而且推而广之，也是我们进行一切工作的好方法。"② 由此，在中国共产党人的努力下，我国艺术、学术等文化领域确立了"百花齐放，百家争鸣"方针。

3. 坚持"古为今用、洋为中用，推陈出新"的文化原则

1942年，毛泽东在《延安平剧院特刊》题词中对戏曲艺术的相关工作给出了重要指导方针："要在批判地继承过去戏曲艺术的基础上，创作出反映新的时代精神和新的人物面貌的作品。"③ 新中国成立以后，毛泽东确定了我们党"百花齐放，推陈出新"的文艺工作的方针政策。自此以后，"推陈出新"就一直作为中国文艺工作的指导性纲领。1964年9月，在给《对中央音乐学院的意见》的回信中，毛泽东提出了"古为今用，洋为中用"的指导性方针。

通过以上的论述可以知道，毛泽东关于文化及其发展思想的相关论述在我们党领导的革命和建设时期，对于推进革命事业的顺利进行，解放和发展社会生产力起到了巨大的实践与理论作用，成为文化生产力这一概念的理论之源，使其成为解放发展生产力的重大推力。其中尤以"百花齐放，百家争鸣"的双百方针最能够概括毛泽东的文化思想，双百方针的内涵在于其作为实践与理论的引导，提倡以其为依据展开文化、艺术上的争辩，以辩证的形式吸收历史上优秀的文化以及艺术的不同优点，这不仅遵循了马克思主义世界观及方法论，即"这种斗争永远不会

---

① 《建国以来毛泽东文稿》第6册，中央文献出版社1992年版，第105页。
② 《毛泽东文集》第7卷，人民出版社1997年版，第278—279页。
③ 《毛泽东选集》第2卷，人民出版社1991年版，第710页。

完结。这是真理发展的规律，当然也是马克思主义发展的规律"①，更是通过推动马克思主义事业的进步与发展来引领社会主义的生产力建设与文化发展的一种指导方针。

(二) 邓小平关于创新文化的继承和丰富

邓小平通过深入分析和研究改革开放初期关于文化建设过程中面对的实践问题和理论关照，并依托于经验研究，提出了"什么是社会主义，怎样建设社会主义"这一社会主义经济、文化建设新阶段的亟待解决的新问题。通过对这一新问题的实践探索和理论追问，逐渐形成了具有时代特征，在更好地促进文化发展的同时有助于进一步解放生产力，同时更是对毛泽东的文化思想进一步的发展。

1992年，邓小平在南方谈话中指出："计划多一点还是市场多一点，不是社会主义与资本主义的本质区别。"他认为"计划经济不等于社会主义，资本主义也有计划；市场经济不等于资本主义，社会主义也有市场。计划和市场都是经济手段。社会主义的本质，是解放生产力，发展生产力，消灭剥削，消除两极分化，最终达到共同富裕"②。邓小平通过对社会主义概念的深刻阐释，回答了社会主义和资本主义之间的本质区别，并且将生产力同生产关系联系在一起对中国的社会主义道路进行了深刻的辨析和诠释，最终得出了生产力发展是实现社会主义共同富裕的动力源泉；此外还成为中国克服当时具体问题和困难的重要途径，成为社会主义初级阶段主要解决现实问题的重要路径和根本出路。

1. 社会主义时期"二为"方向

为回应新中国成立时期文艺"二为"方向的重大问题，邓小平强调："我们现在不继续提文艺从属于政治这样的口号，因为这个口号容易成为对文艺横加干涉的理论根据，长期的实践证明它对文艺的发展利少害多。但是，这当然不是说文艺可以脱离政治。文艺是不可能脱离政治的。任何进步的、革命的文艺工作者都不能不考虑作品的社会影响，不

---

① 《建国以来重要文献选编》第十册，中央文献出版社1994年版，第89—90页。
② 《邓小平文选》第3卷，人民出版社1993年版，第373页。

能不考虑人民的利益、国家的利益、党的利益。培养社会主义新人就是政治……文艺工作对人民特别是青年的思想倾向有很大影响，对社会的安定团结有很大影响。"① 1981年1月，在《中共中央关于当前报刊新闻广播宣传方针的决定》中，明确规定和强调社会主义的艺术与文化工作"一定要坚持为人民服务，为社会主义服务的方向"②。可以认为从这开始，"为人民服务，为社会主义服务"成为坚持和发展、繁荣社会主义文化工作的根本指导方针和策略。"为人民服务，为社会主义服务"作为基本方针体现了中国共产党对文艺和政治之间的关联性的理论阐释，既是科学的又是合乎理性的，在实践当中为社会主义政治、经济、文化的建设指明道路。

2. "科学技术是第一生产力"实现了文化成为生产力的质的飞跃

伴随着改革开放的逐步实现以及世界和平稳步发展，经济建设成为主流，我党也顺利实现了工作重点的新转向，即逐渐构建起了一个社会主义市场经济的发展体系。在这个阶段，科学与技术的发展成为了至关重要的推动力。1975年，邓小平在《中国科学院工作汇报提纲》中，首次提出了"科学技术也是生产力"重要论断。根据马克思的著作，他在一百多年以前就曾提出："机器生产的发展要求我们必须自觉地运用自然科学，并且强调'生产力中心包括科学'。现代科学技术的发展，使科学与生产的关系越来越密切了。科学技术作为生产力，越来越显示出巨大的作用。"③通过对科学技术的深刻认识和重要实践经验的反思，邓小平对马克思主义生产力理论赋予了新的理论生命和新的思想内涵，他强调："马克思说过，科学技术是生产力，事实证明这话讲得很对。依我看，科学技术是第一生产力"。④实现了文化成为生产力的质的飞跃。

3. 知识分子是工人阶级的一部分

有关知识分子相关的讨论，一直以来都是我党发展过程中需要着重

---

① 《邓小平文选》第2卷，人民出版社1994年版，第255页。
② 《三中全会以来重要文献选编》（下），人民出版社1982年版，第687页。
③ 《邓小平文选》第2卷，人民出版社1994年版，第87页。
④ 《邓小平文选》第3卷，人民出版社1993年版，第274页。

解决的议题。邓小平数次指出应当矫正不正确的知识分子政策。他指出要"尊重知识，尊重人才"，1977年8月，邓小平在科学和教育工作座谈会上指出："毛泽东在文化大革命以前的大部分时间里，对科学研究工作、文化教育工作的一系列指示，基本精神是鼓励，是提倡，是估计到我们知识分子中的绝大多数是好的，是为社会主义服务或者愿意为社会主义服务的"。① 邓小平关于新时期社会主义知识分子的重要论述，可以说是从源头上赋予了知识分子和工农阶级的平等身份，使知识分子群体获得了新的生命，有力地打破了思想文化进一步发展的沉重枷锁，同时也体现出其对社会主义文化建设的重大支持，从政治上为知识分子、文艺工作者建设社会主义新文化提供了支持。

（三）江泽民关于创新文化的论述

在21世纪伊始，经济全球一体化、政治多元格局化以及新兴技术的颠覆性创新等诸多问题渐次浮现，由不同国家相互构建起的政治、经济、科技、文化关系逐渐达到了顶峰的程度。同样在文化领域也产生了更多的分支，文化作为综合国力中的组成部分在国际竞争中的重要性越来越重要，国际化背景下不同文化间的融合与冲突在所难免，发展中国家在文化发展过程中难免要面对越来越大的威胁以及新的挑战，文化安全逐渐发展成国家安全问题当中的一个主要部分。江泽民文化思想正是在这种背景之下，提出"中国特色社会主义文化""人才资源是第一资源"等思想。在实践中通过对社会主义的探究，形成了江泽民文化思想的总体路线，概括了文化在建设社会主义的过程中的重要性与历史地位。

1. 探索文化与生产力的融合

从十三届四中全会开始，社会主义建设的实际情况和发展目标都出现了明显的变化，中国共产党开启了对社会主义市场经济的重要探索和实践，从计划经济转向市场经济。江泽民深刻提出，"中国共产党要始终代表中国先进生产力的发展要求，代表中国先进文化的前进方向，代表中国最广大人民的根本利益。这'三个代表'的要求，是根据我们党的

---

① 《邓小平文选》第2卷，人民出版社1994年版，第48页。

性质宗旨和历史经验、现实需要提出的,也是为了在新的时期新的实践中更好地全面落实毛泽东思想、邓小平理论关于党的建设的要求提出来的,是我们党的立党之本、执政之基、力量之源,是我们加强新时期党的建设的基本方针。"① 他把文化发展的进步与繁荣,与象征着先进生产力前进道路的以人民群众的根本利益相结合,从根本上落实了先进文化的发展在社会主义建设过程中的方针路线,明确了发展先进文化对我党加强自身执政力量的重大意义。"三个代表"重要思想指明了文化发展的方向,同时也为中国共产党在社会主义建设的新阶段提出了新的任务目标,即重点完成先进文化及生产力的融合,实现人民群众利益需求的根本所在。在此过程中需要始终坚持党对先进生产力、先进文化的领导,将文化发展同人民利益的实现相结合,这正是中国共产党发展先进文化的根本意义。

2. 建设有中国特色的社会主义文化

坚持马克思主义指导地位,不断建设和发展中国特色社会主义文化,是以江泽民为代表的共产党人推进文化建设重要论述及其思想的重要内容。江泽民强调,在社会主义发展新时期,要始终坚持马克思列宁主义和毛泽东思想为指导方针,它们不仅是党和国家的根基,同时也是社会主义文化建设指导方针,是引领中国文化发展事业的前进方向。

在纪念党的70周年大会上,江泽民提出一个崭新的概念——"中国特色社会主义文化",并且阐明了中国特色社会主义文化纲领,他指出"有中国特色社会主义的经济、政治、文化是有机统一、不可分割的整体"。在2002年5月31日的讲话中,江泽民继续强调,在意识形态领域必须将马列主义、毛泽东思想、邓小平理论确立为党的指导思想,必须通过坚持和学习贯彻"三个代表"重要思想,推动社会主义文化的跃升发展。江泽民关于马克思主义思想的重要地位和目的所做的理论阐释,不仅丰富了党对文化发展的领导需要坚持马克思主义的理论,而且他所提出的三个文明建设发展方针为在实践中开创中国特色社会主义事业新

---

① 江泽民:《论"三个代表"》,人民出版社2002年版,第7页。

局面指明了方向。

3. "文化产业"是文化的物质载体

在社会主义建设生产过程中,文化产业处于重要地位,其引导了文化艺术相关商品的创造、发展、交易等,表现出中国特色社会主义在当代的文化中快速发展。以江泽民为核心的领导集体深刻地阐释了文化建设对解放、发展生产力的重要意义,在《中共中央关于制定国民经济发展第十个五年计划的建议》中,明确指出"完善文化产业政策,加强文化市场建设和管理,推动有关文化产业发展"①。文化产业作为解放、发展生产力当中的重要一环,同样能够带来满足人民群众物质生活需求的产品,而且相对来说更为重要的是能够满足广大群众在精神层面的需求。其体现出的并非简单的市场经济式的社会主义建设模式,而是以马克思主义思想为指导,吸收世界上其他民族的优秀文化,从体制到实践上踏踏实实开展中国特色社会主义精神文明的建设。在实践引导发展文化产业,在市场经济发展之中,体现出所担当的历史使命与文化传承的关怀与考量,从而达到经济发展与文化建设齐头并进的目标。

4. "人才资源是第一资源"和"全面人才观"

教育发展在社会主义建设中具有重要的地位和作用,它一方面能够提升广大劳动者的文化素养,另一方面也能够培养高素质劳动者。教育建设的特点在于时间持续、效果滞后显现、作用范围广等特征。江泽民强调,在进行素质教育的同时要加强思想政治教育建设。他指出:"思想政治素质是重要的素质。不断增强学生和群众的爱国主义、集体主义、社会主义思想是素质教育的灵魂。"②他强调通过建设教育体系强化社会主义建设过程中的文化领域的基础,将有助于确保经济发展的稳步、高速、健康进行。综上所述,江泽民论述了教育体系的建设通过培养、输送更多更高水平的人才,能够在社会主义建设当中起到关键的作用,而且在其本身的内涵中就包括了对文化的促进从而服务生产力的解放与发

---

① 《江泽民论有中国特色社会主义》,中央文献出版社2002年版,第79页。
② 《江泽民论社会主义精神文明建设》,中央文献出版社1999年版,第26页。

展。江泽民以此为中心逐渐发展出较为系统的理论思想，将"人才资源是第一资源"和"全面人才观"两大理论作为社会主义教育建设的指导方针。

5. "文化是综合国力重要标志"

伴随着文化、经济的建设与科技的进步，在社会主义建设新阶段人民群众对物质文化与精神文化的需求以及认识在不断地发生转变；在国家间的实力竞争中文化、艺术等精神文明建设带来的价值所占据的地位也在逐步升高。从某种程度上来看，知识与文化发展的状况作为软实力能够对包括军事、经济等国家的硬实力带来影响。更为成熟的知识、文化建设将为世界范围内逐渐激烈竞争的综合国力中带来巨大的影响。党的领导对于文化在社会主义现代化建设实践过程中具有重要作用，随着社会生产力发展，文化在经济、政治、社会方面发挥的影响越来越大，以至形成一种相融合的趋势，呈现出一种文化、经济、政治、科技的一体化发展的形态。文化领域的发展通过精神文明及文化生产力的解放与发展来促进综合国力的提升，国家、民族的精神文明建设又通过国民综合素质与认知水平的提升而体现，文化成为综合国力的重要标志。

（四）胡锦涛关于创新文化的论述

从党的十六大开始，党中央紧紧把握住新时期中国特色社会主义发展的历史使命和价值实践，不断加大提升以精神文明建设为主线的理论探索和实践创新。胡锦涛强调，"大力发展社会主义文化，建设社会主义精神文明……是全面建设小康社会的必然要求，也是促进经济社会协调发展和人的全面发展的必要要求。我们必须从全面建设小康社会的全局和实现中华民族伟大复兴的高度，深刻认识加强文化建设的战略意义，在推进社会主义物质文明和政治文明建设的同时，更加自觉地推进社会主义文化建设"[1]。

---

① 胡锦涛：《始终坚持先进文化的前进方向，大力发展文化事业和文化产业》，《人民日报》2003年8月12日。

1. 和谐、包容的理念

在党的十六届四中全会上，胡锦涛第一次提出了"社会主义和谐社会"的科学概念，他指出要"坚持最广泛最充分地调动一切积极因素，不断提高构建社会主义和谐社会的能力，形成全体人民各尽其能、各得其所而又和谐相处的社会，是巩固党执政的社会基础、实现党执政的历史任务的必然要求。要适应我国社会的深刻变化，把和谐社会建设摆在重要位置，注重激发社会活力，促进社会公平和正义，增强全社会的法律意识和诚信意识，维护社会安定团结"[①]。据此，我们可以看到社会和谐以及文化建设已经成为中国特色社会主义的发展目标以及我党执政的能力体现，这一关键的理论发展标志了中国共产党对自身的更高要求以及在文化思想理论上的进步。胡锦涛拓展和发展了和谐社会建设文化发展理念的世界意义，既深刻阐述和提倡建设和谐社会的理论的科学性和学理性，也指导建设和谐社会的实践活动。在这当中，和谐社会理念相关的具体思想内容不仅能够促进一个良好的文化环境的建设，而且又能够为文化发展的方向以及目标提供理论指导。

在党的十七大报告中，胡锦涛强调，进入新时期要紧紧围绕"和谐文化"，明确了推动社会建设和生产力发展应把"和谐文化"作为重要支撑，在社会主义建设当中将文化发展与生产力发展相结合，明确了文化在中国特色社会主义建设过程中的重要地位。

2. 文化的适应与引导

在社会主义建设过程中，生产力的解放与发展以及社会的发展都使得文化在其中的地位发生了转变。文化既能够发挥指导社会主义建设实践的意识形态功能，同时在整个生产的过程当中也起到着重要的辅助作用，另外，文化也能以文化生产力的形态而显现在生产力发展的过程中。

胡锦涛十六届四中全会上强调，"深化文化体制改革、解放和发展

---

① 胡锦涛：《在省部级主要领导干部提高构建社会主义和谐社会能力专题研讨班开班式上的讲话》，《人民日报》2005年2月20日。

文化生产力……进一步革除制约文化发展的体制性障碍。坚持把社会效益放在首位，实现社会效益和经济效益的统一，把文化发展的着力点放在满足人民群众精神文化需求和促进人的全面发展上。以体制机制创新为重点，增强微观活力，健全文化市场体系，依法加强管理，促进文化事业全面繁荣和文化产业快速发展，增强我国文化的总体实力。推动中华文化更好地走向世界，提高国际影响力"[1]。在党的十七大上，胡锦涛强调："推进文化创新，增强文化发展活力。在时代的高起点上推动文化内容形式、体制机制、传播手段创新，解放和发展文化生产力，是繁荣文化的必由之路。"[2] 这就为我们提出了更为严格的要求，因此我们必须"在时代的高起点上推动文化内容形式、体制机制、传播手段创新，解放和发展文化生产力，是繁荣文化的必由之路。要坚持为人民服务、为社会主义服务的方向和百花齐放、百家争鸣的方针，贴近实际、贴近生活、贴近群众，始终把社会效益放在首位，做到经济效益与社会效益相统一。创作更多反映人民主体地位和现实生活、群众喜闻乐见的优秀精神文化产品"[3]。从中可以了解到，将解放和发展文化生产力作为我们社会主义初级阶段的重要任务和使命，可以起到指引文化发展转向的重要意义，将文化从单纯因生产力发展而进步发展转变为主动导引物质生产力向精神生产力转变的方向，以此充分发挥文化作为一种生产力的创造性作用，完成新的文化思想理念的建立。

三　文化与科技融合的新时代创新文化的发展

在党的十八大上，习近平提出了"中国梦"的概念，通过践行和培育社会主义核心价值观的理论与实践教育，进一步深度拓展了文化思想，从而加快文化发展。其中社会主义文化发展的重要性已经被提

---

[1]　《中共中央关于加强党的执政能力建设的决定》，人民出版社2004年版。
[2]　胡锦涛：《高举中国特色社会主义伟大旗帜，为夺取全面建设小康社会新胜利而奋斗——在中国共产党第十七次全国代表大会上的报告》，人民出版社2007年版，第36页。
[3]　《中国共产党第十七次全国代表大会文件汇编》，人民出版社2007年版，第32页。

升到民族复兴、强国建设的高度。中国特色在社会主义文化承担着民族复兴，国家兴亡的历史责任。四个自信即中国特色社会主义道路自信、理论自信、制度自信、文化自信，由习近平总书记在庆祝中国共产党成立95周年大会上提出，是对党的十八大提出的中国特色社会主义"三个自信"的创造性拓展和完善。"四个自信"作为一个整体概念完整地表达了社会主义文化的最高境界，它是一个有机统一体，既相对独立，又相辅相成。其中文化自信的观点，既有包容性又科学地指出了社会主义文化建设的具体实践路向，继而有力地承担起新时代赋予文化建设的重任和使命。

（一）推动文化建设繁荣发展

习近平总书记立足于国家发展战略的高度，对文化发展以及文化认识进行了新的理论阐释，通过提出文化自信鼓励与推动文化建设。他十分重视革命历史中呈现出的文化，在主持并学习有关中国人民抗日战争史时，他前往全国各地调研，他着重研究了革命文化相关资源并倡导发扬红色基因和革命精神，进而分析并阐释了以发扬"两不怕"为重心的抗战时期革命精神。此外，在关于文化自信的内涵中，习近平强调了社会主义先进文化建设的重要性，从而能够真正实现有底气的文化自信。他对意识形态的建设给予高度关注，致力于大力推进相关的理论与实践的新进展。首先，确立马克思主义思想的领导地位，一定要反对并预防错误的认识并阻止其形成思潮，在理论中维护党性与人民群众的站位一致，防止两者的对立和分裂。其次，习近平总书记提出，牢牢抓住相关宣传工作中所积累到的经验并发挥能动的创新精神。最后，明确了宣传思想工作的重要任务与职责，并且倡导全体共产党员共同构建一个大宣传格局，通过真正的文化自信达到维护意识形态安全的目的。

在哲学和社会科学领域，习近平总书记展现出了高度的文化自信，他提出应当根据马克思主义理论，坚持应用和发展马克思主义理论和思想，加强中国特色哲学社会科学建设。可以看出，他认为坚持和发展马克思主义基本原理和方法具有十分重要的意义，在社会主义发展现阶段对我国的建设具有理论与实践的双重价值，有助于推动我国文化发展与精神文明建设。同时，在论述经济基础与上层建筑二者间的关系时，他强调此二者在实践当中"并不是单线式的简单决定和被决定逻辑"。① 在实践当中，习近平针对我国国际传播能力的欠缺的状况，他提出了数种不同的方法从实践当中加以解决，从而使我国在国际上的话语权得到了长足的提升。

（二）文化建设的主要任务

在社会主义发展过程当中文化建设如火如荼，这在意识形态相关工作，如社会主义核心价值观的树立当中得到充分体现，同时党的十九大的召开为文化的发展带来了新的理论视角与实践经验。

在意识形态方面，习近平总书记一直强调党管意识形态为基础，同时采取继承性和创新性融合、建设性和批判性融合的工作方法，着力把控意识形态工作当中的主动位置，继而实现党对思想政治的领导。他还关注全国高校思想政治工作，强调加强网络思想安全，促进网络空间健康发展，以此推动意识形态和文化领域的安全建设。在社会主义核心价值观领域，习近平强调要树立党员干部的模范带头作用。他还提倡学习爱国主义精神，强调家庭教育，注重家风、家教的培育，为社会主义核心价值观的实践奠定基础，实现新时期价值共识的构建。在思想道德建设方面，习近平强调正确处理以德治国和依法治国的关系，提倡发扬、传承中华民族的传统美德。在对领导干部的思想道德建设方面，他提出要强化内部道德的培育，并且更加重视加强公民道德文化建设的实践活动。在文化事业和文化产业领域，他提出了推进文化体制改革的新政策，呼吁继续建设公共文化服务体系，大力发展文化产业。

中国特色社会主义进入新时代，社会的主要矛盾也发生了变化，在文化领域的建设上，习近平提出为了实现多层次、高质量的文化人才培养的目标。为加快新时期文化建设进程，我们要把教育放在更加重要的

---

① 《高层大讲堂》编写组：《高层大讲堂：十八大以来中央政治局集体学习的重大议题》，红旗出版社2016年版，第100页。

位置，推动科技创新和文化建设共同发展。习近平总书记强调了党对文化建设引领作用，为加强社会主义文化建设，应该营造积极向上的党内文化。同时，他也重视广大人民群众在文化建设中的主要地位，以实现人民对美好生活的文化需求为主要发展目的。

(三) 新时代的文化使命

新时代下，习近平总书记就如何解决中国社会主义建设新时期文化发展过程中所体现出来的发展不充分和不平衡困境，提出了我们要承担的文化使命，这是基于新的历史方位和主要矛盾的变化而确立的。将马克思主义与当代中国文化建设实践相结合势在必行，也同时担负着新时期的艰巨文化发展任务。

目前，从历史发展的角度出发，我国文化建设处在新的方位，文化发展的方向和脉络需要坚持党的领导，继承我国优秀传统文化和革命文化，增强"四个自信"。这需要我们统一思想、凝心聚力，坚决维护正确的舆论导向，通过对主流思想的宣传来把握舆论的制高点。因此，新时代中国特色社会主义文化建设要担负新时代的文化使命。习近平强调要以高度的文化自信，在总体国家安全观基础上有效维护文化安全，这是当前的主要工作目标。"在维护文化安全进程中，并不是与文化开放及文化交流相对立，而是辩证相统一。作为文化安全的核心，即意识形态安全。"[①]

因此，在新时代应对文化安全工作当中的新问题，应当确保马克思主义作为指导思想重中之重的核心地位，以社会主义核心价值体系为导向，实现文化事业和文化产业的正向功能。为此，"从大历史观的视角来看，中华民族在走向未来的进程中，不仅有深远的历史渊源及深厚的文化根基，而且要以变革、创新和开放的精神，进一步创造光耀时代和光耀世界的中华文化"[②]。

---

① 中国社会科学院马克思主义研究学部编：《35位著名学者纵论马克思主义》，中国社会科学出版社2018年版，第214页。

② 习近平：《在庆祝改革开放40周年大会上的讲话》，人民出版社2018年版，第30页。

第二节　马克思主义文化与科技融合的创新文化观概要

一　马克思、恩格斯的科技文化指向人的全面发展

19世纪是人类社会科学技术飞速发展的时代，在科学技术促进社会生产力快速发展的过程中，马克思、恩格斯发现科技文化对人类社会的发展也起着重要的作用，并形成了基于历史唯物主义的科技文化观。现如今，人工智能、5G、大数据等新兴科技飞速发展，对人类社会产生深刻的影响。正确理解马克思、恩格斯的科技文化观有着极其重要的意义。

（一）作为一种精神生产力和革命力量的科技文化

在全面考察了人类社会发展史和科学技术发展的历程后，马克思、恩格斯从人类与自然的关系角度论证了科技文化的本质，即社会意识形式，与宗教、法律、道德、哲学等社会意识形式并列。马克思认为科技文化体现了"人对自然界的理论关系"[1]，有利于帮助并实现人类"从理论上征服自然"，[2] 对此恩格斯进一步指出："我们的主观的思维和客观的世界遵循同一些规律，因而两者在其结果中最终不能互相矛盾，而必须彼此一致，这个事实绝对地支配着我们的整个理论思维。这个事实是我们的理论思维的本能的和无条件的前提。"[3] "科学的发生和发展一开始就是由生产决定的。"[4] 我们可以看到马克思、恩格斯认为科技文化是人类认识、征服客观世界的理论产物，其体现了客观世界的本质和规律，并且科技文化是以经验、知识的形式展现出来的。

科技文化作为一种精神生产力，不仅对物质生产具有能动作用，而且对社会生活也有不容小觑的能动作用，但在不同的历史阶段也表现出不同的形式和效果。进入资本主义工业大生产后，科技文化迅速发展成

---

[1] 《马克思恩格斯全集》第2卷，人民出版社1957年版，第191页。
[2] 《马克思恩格斯全集》第47卷，人民出版社1979年版，第570页。
[3] 《马克思恩格斯选集》第4卷，人民出版社1995年版，第364页。
[4] 《马克思恩格斯选集》第4卷，人民出版社1995年版，第280页。

为同物质生产活动相分离的独立力量,对社会生活的影响倍增,从"隐形"转变为"显性"。在面对这一转变时,马克思提出"生产力里面也包括科学在内",指明了科学在生产力中的作用,还提出科学是"一般社会生产力"的重要结论。

社会生产是物质生产和精神生产的有机统一,因此社会生产力也分为物质生产力和精神生产力两种形式。科技文化由于其本质仍属于社会意识,因此是精神生产力,不是直接作用于社会生产的物质生产力。马克思曾借用英国学者尤尔的观点来对这一点进行解释和说明,"成千的定理带来的金色果实,这些定理在专科大学的高墙深院里是长期不结果实的"①。以知识为形式的科学技术文化必须通过技术转化为现实的社会生产力,发挥其对物质生产的能动作用。

(二) 科技文化发展的重要作用

马克思恩格斯在19世纪中叶,借助科学技术和文化在社会发展中的规律,指出了科技文化对社会生产和社会变革两方面的巨大作用,并得出"科学是历史的有力杠杆"和"最高意义上的革命力量"的著名结论。在马克思的理论视野中,以知识为形式的科技文化与技术相结合,可以转化为直接的生产力。马克思认为,当科技文化以知识的形式存在时,它只是潜在的生产力,但当其与技术相结合并经过技术手段就可以变为直接的生产力,因此马克思非常重视智力劳动特别是自然科学的发展对社会生产力的推动作用,他认为每个生产部门"部分地又可以和精神生产领域内的进步,特别是和自然科学及其应用方面的进步联系在一起"②。

马克思、恩格斯不仅看到了科技文化作为"一般生产力"在促进社会生产方面的巨大影响,并在更深层次将其看作"历史的有力杠杆"和"最高意义上的革命力量"。马克思、恩格斯认为,作为生产力的科技文化"它本身就是彻底革命的"③。但随着科技文化与技术结合推动社会生

---

① 《马克思恩格斯全集》第47卷,人民出版社1979年版,第540页。
② 《马克思恩格斯选集》第2卷,人民出版社1995年版,第410—411页。
③ 《马克思恩格斯选集》第4卷,人民出版社1995年版,第262页。

产力的迅猛发展，必将导致生产关系的革新。科技文化作为"一般生产力"推动社会生产力发展所创造的物质财富并没有平均分配到每位劳动者的手中，而是越发集中在少数资本家的手里，这就导致资本主义社会主要矛盾表现为资产阶级和无产阶级直接对立的矛盾，最终促使资本主义社会发生社会制度的革命。

在马克思、恩格斯的理论体系中，科技文化不仅能够作为"一般社会生产力"推动人类社会历史的进步，而且还作为强大的精神武器解放人类的思想。科技文化的每一次进步、技术的每一次变革都迸发出强大的精神力量冲击着旧的、落后的社会意识形态的根基，对此恩格斯曾指出，"在科学的猛攻之下，一个又一个部队放下了武器，一个又一个城堡投降了，直到最后，自然界无限的领域都被科学所征服，而且没有给造物主留下一点立足之地"①。马克思在论证自然科学的地位时表示"自然科学是一切知识的基础"②。恩格斯在论证这一观点时以自然科学的发展从而推动哲学的发展举例，"随着自然科学领域中每一个划时代的发现，唯物主义也必然要改变自己的形式"③。马克思、恩格斯一以贯之的思想观点，充分说明科技文化作为精神武器具有改变旧的、落后的社会意识形态的强大力量，它能突破旧思想、产生新思想，能为人类社会思想解放提供强大动力。

（三）科技文化的资本主义应用的批判

在社会层面上对科技文化整体性的思考，是马克思、恩格斯的研究特色。不可否认的是马克思恩格斯对"科技文化在资本主义生产方式作用下的积极效应"保持肯定态度，他们认为基于这类积极效应，科技文化完成了向一般社会生产力的转向，并且作为社会生产力的科技文化又直接创造了新的庞大生产力体系。

在进入资本主义社会阶段，人们对自然界的认识才正式从自为的力量转变成人的实践对象，这是通过对自然界规律的把握，从而使社会主

---

① 《马克思恩格斯全集》第20卷，人民出版社1971年版，第540页。
② 《马克思恩格斯全集》第47卷，人民出版社1979年版，第572页。
③ 《马克思恩格斯选集》第4卷，人民出版社1995年版，第228页。

第二章　马克思主义文化与科技融合的创新文化观

体利用自然来满足自身消费或生产的需求,通过实践改造自然来完成。马克思指出:"资本按照自己的这种趋势,既要克服民族界限和民族偏见,又要克服把自然神化的现象,克服流传下来的、在一定界限内闭关自守地满足于现有需要和重复旧生活方式的状况。"①

在历史维度中可以看出,科技文化的大范围兴起与发展与资本主义兴起密切相关。马克思就指出只有资本主义生产方式"才第一次达到使科学的应用成为可能和必要的那样一种规模"②。此论断的内在逻辑可概括为以下两个缘由:一方面,资本主义制度社会形态下,需要满足机器代替手工从而扩大资本累积的内在要求,那么机器的大规模运用使得科技不得不应用到社会生产中,给科技文化的发展建立了良好的现实基础;另一方面,资本主义制度下的社会生产关系发生了巨变,是旧社会生产关系的扬弃,有利于科技文化的发展,所以"发展到使资本有可能利用科学进步的程度"③。相应的,基于科技文化的大范围兴起,它自身蕴含的一般社会生产力属性才能在社会中得到开发。

马克思、恩格斯对资本主义下的科技文化进行了批判。在资本市场中资本家为了追逐无限制的利益,运用科学技术手段追逐剩余劳动价值,引致机器大面积的代替手工劳动,此时人们的本质力量将不是通过劳动来表现,也不是体力与智力的自由解放导致,而是人的本质和精神世界迷失。科技文化在资本主义社会的现实运用所带给人的"奴役"效应,并不是出自科学本身,实质是来自不同资本主义制度下的产物。为了解决这一问题,只能改变社会制度,从而摆脱科技文化资本化所带来的"异化"问题,而社会主义制度显现出极高优越性。

综合上述观点,科技文化的本质具备两面性特征,它不仅是意识的产物,是一种精神层面的集合体,也是基于现实维度物化的社会生产过程,表现出一般社会生产力特征。在考量它作为一种文化形态时,它是一种对旧社会思想解放的强悍武器。在讨论它的一般社会生产力特征时,

---

① 《马克思恩格斯全集》第46卷(上),人民出版社1979年版,第393页。
② 《马克思恩格斯全集》第47卷,人民出版社1979年版,第570页。
③ 《马克思恩格斯全集》第47卷,人民出版社1979年版,第598页。

它是通过技术实在的物化形式产生新的生产力,并间接地改变生产关系,从而致使上层建筑发生改变。资本主义制度不仅对科学技术有着空前的促进作用,但是也将成为资产阶级的剥削工具。资本主义制度下的科技异化,只能通过制度的改造来解决。

二 中国马克思主义推动科技文化发展的创新文化

文化在社会中所蕴含的强大作用实质上就是对社会主体的思想重塑,从而再通过思想指导的实践行为来改变其所身处的自然与社会环境。自新中国成立以来,中国共产党致力于实现全国人民的幸福与富裕,文化生产力的不断解放和提高,实际上是促进经济社会制度的全面发展,彰显了中国人民从站起来到强起来的伟大征程中文化的强大内蕴。

(一) 坚持改革创新以增强文化发展活力

基于世界全球化的时代背景,中国共产党领导的人民群众为科技文化发展与创新提供了源源不断的支撑力量,其中的知识分子更是文化输出的内核,为我国的思想解放提供了有力保障。并且,我们在维持原有文化发展的现状下,整合社会全部力量不断增强输出力度,顺应时势的发展,不断在扬弃过程中全面增强文化发展的活力。

文化的推陈出新是人的素养和能力提升的外在表现,它的创新机制直接映射着文化主体思维与精神的升华。那么在不断发展动态中的文化,它所在的种群也是将基于此发生价值与道德等方面的规约与改变,在社会活动与社会关系中起着至关重要的作用。并且值得注意的是,文化创新的过程在社会中的展开是系统性的创新过程,它的发展是受地域问题和历史阶段的不确定性因素影响,总的来说社会的动态也决定着文化的发展路径。文化生产力的创新在本质上影响着这个社会的文化制度,体现在社会意识形态中的观念、价值、意识和精神的影响上,涉及认识论和方法论的创新和改革。我国在改革、创新和发展文化时,要着重从文化体系的内核入手,即文化生产力的发展抓起,并且在发展中要明确社会主义形态下文化发展的鲜明主题,以改革与解放为目的,彰显了我国社会主义文化的庞大生命力。

第二章 马克思主义文化与科技融合的创新文化观

基于现阶段"创新与发展文化生产力"这一历史使命和时代潮流,要因地制宜且能动的寻求其发展路向,对我国社会主义制度下的文化生产力的思考就需要摸索社会主义制度的特殊与规律,在实践中论证并前进,从经验上升到理论,以文化建设为目标来寻求相应发展路径,将理论知识运用到文化发展的政策制度之中。在文化创新与发展过程中,文化创新培养是至关重要的,那么公益性的文化设施的建设也必不可少,如美术馆、图书馆和科技馆等在类的公共文化场所,加大对它们的投入是当务之急。所以在不断的改革创新中发展文化生产力和维持文化发展活力是当今时代文化建设的主题与核心,我国的传统文化不可丢弃,在对它们的传承过程中不仅要开掘其历史内蕴与价值,又要与当前时势下的文化现状相比较和融合,赋予它时代价值。那么在中国传统文化熏陶下的新文化想要融入于现阶段的文化体系,就需要保持文化的产出与市场应用紧密结合,且与大众审美相适应,如文化产品与服务等输出方式,实现可持续发展的文化新路向。

(二)马克思主义中国化是解放和发展文化生产力的关键

文化生产力的解放与发展将随着时代要求,在实践与认识的相互转化中发展,我国文化生产力的建设要基于我国的基本国情,将时代赋予的任务和要求融入文化生产力发展之中,实现真正意义上文化生产力的解放与发展。我国基本国情与文化生产力的融合是现阶段的首要任务。全面充分地认识到中国在文化领域的具体现状,才可以开展后续的工作,解放与发展文化生产力不是纯理论思辨或空想主义,也不是形式主义下的发展,而是要以现实维度为根基,在社会范围内的文化生产力革命。

中国特色社会主义社会下的文化生产力必须以马克思主义中国化为根基,为此就要求在实践中解放与发展文化生产力。这是中国共产党的优良传统,毛泽东同志认为,"没有调查,就没有发言权"[1],这一实践观的提出为文化生产力的建设提供了指导方向。至2007年10月,党的十七大报告提出要坚持"贴近实际、贴近生活、贴近群众,始终把社会

---

[1] 《毛泽东选集》第1卷,人民出版社1991年版,第109页。

效益放在首位，做到经济效益与社会效益相统一。创作更多反映人民主体地位和现实生活、群众喜闻乐见的优秀精神文化产品"①。

(三) 批判继承民族文化遗产

从文化生产力形成的环境看，在特定区域、民族和国别中，其特性表现得更为明显，不管是文化生产力的内容还是表现形式，都受到地域国别的深刻影响，从而也打下了民族性的烙印。反过来，这种民族性和区域性在国别之间的特殊存在，也给文化生产力的发展提供了发展的源头活水和素材资源，如果没有辩证地把握二者之间的关系，文化生产力的发展必然会断流失去活力，从而走向枯竭。由此可见，具有五千多年人类文明史的中国，蕴含着丰富而悠远的优秀文化遗产，保障了文化生产力的诞生和成长的丰富养分。

辨识文化生产力与中华民族优秀文化之间的辩证关系，既有利于对于传承、弘扬和发展中华民族优秀文化，又有利于解放和发展文化生产力。首先，文化生产力与中华民族优秀文化是一脉相承的。从人类劳动起源开始，具有劳动能力的人类与所拥有的生产资料相结合创造了人类文明，而其中"文化生产力"属于人类生产力当中一种普遍形式，是一种解放和发展文化的生产能力和制造能力。其次，解放和发展文化生产力必须吸收民族优秀文化。在中国语境当中的文化生产力，必然要求的是代表先进文化前进方向和先进生产力的发展要求，解放和发展中国特色社会主义文化生产力，必须坚持以马克思列宁主义、毛泽东思想和中国特色社会主义理论体系为指导，必须在中国优秀传统文化中找寻源头活水，从而正确理解和处理文化生产力与中国传统文化的关系。最后，以中华民族优秀文化推进文化生产力的解放和发展。历史有力地证明了中华民族优秀文化在中国革命和改革建设当中的突出贡献，而且塑造出在中国共产党领导的新中国特有的作风和气派，既与时俱进又符合民族认同的心理。而人民群众是历史的创造者，更是文化生产力的主体，中国先进文化生产力的发展，是在中国共产党领导各族人民斗

---

① 《中国共产党第十七次全国代表大会文件汇编》，人民出版社2007年版，第32页。

争实践中创造出来的,因此必须以民族文化为依托,推进社会主义文化的时代性。

(四)大力发展教育是固本之策

从教育对科技创新的支撑看,科技创新与文化生产力之间的关系可以转化为教育与文化生产力之间的关系,尤其在文化生产力的解放初期,教育对于思想开化和素质提升中展现出的强劲能力,使其成为打开思维理路的关键因素。虽然有关国家和民族的文化不能通过个体遗传来继承和发展,但是人们可以有效地通过教育手段,科学正确地认识文化和文化生产力对象,以辩证扬弃的方式和新的时代要求来吸收、选择和加工文化,并根据市场需求和社会发展需要,以新的形态制造文化产品并将其产业化。从而也就看到了教育在文化生产力解放和发展全过程的重要意义,良好和广博的教育保障了文化主体所需要的思想道德素质、科技文化素质、心理素质和身体素质。

在传承中华优秀传统文化、建设中国特色社会主义文化的探索过程中,党和国家高度重视教育在人民群众文化水平提高和社会整体文化发展当中的作用。从教育的四个面向到素质教育的提出,再到德智体美劳全面发展的社会主义建设者和接班人,党和国家的教育方针和重要指导思想在推进文化生产力的解放和发展方面,具有发展方向上的重要引导。通过对教育事业的重视和发展,对科技进步的力量加以认识和利用,从而研判和把握世界文化发展的新趋势,最终高质量解放和发展文化生产力。因此,更要"紧紧抓住信息化深入发展的历史机遇,加快文化与科技的融合,努力掌握文化发展和文化传播的主动权。要积极发展高水平教育和高科技教育,利用高新技术改造传统文化产业,大力发展文化创意、手机电视、网络电视、数字出版、动漫游戏等战略性新兴文化产业,催生新的文化业态,拓展文化发展的新领域"[①]。

(五)大力发展文化产业

随着经济全球化和市场化不断走向纵深,传统意义上作为人类精神

---

① 李长春:《正确认识和处理文化建设发展中的若干重大关系 努力探索中国特色社会主义文化发展道路》,《求是》2010年第12期。

活动及其产物的"文化"也逐渐彰显出经济价值,特别是随着信息技术的发展和互联网的普及,文化借助互联网这个平台形成了强大的文化产业链,显著增强了其经济价值①。另一方面,文化产业的兴起及其在全球经济结构中占比的不断提高,也一定程度上使得经济中的文化含量随之提升,成为国际关系中不可忽视的力量,成为各种综合国际竞争的重要领域。在这种背景下反观中国,虽然我们在体量和形式上都称得上是一个文化资源大国,但是由于市场化进程较慢,对文化产业的重视滞后,甚至在某些领域还要逊色于邻近的日本、韩国,难以称得上是真正的文化产业强国。不过,也正因为这种文化生产力尚未全面体现和开发的现状,为中国大力发展文化产业,提高文化生产力创造了更为广阔的空间。

文化产业既是众多产业中的一种,同时又具有其特殊性,它在当前全球经济结构性低迷以及中国步入经济新常态的经济发展转型期,发挥着优化结构、扩大消费、促进就业、实现跨越和可持续发展的独特优势。在党和国家切合时宜的政策导向下,随着社会经济持续全球化的发展和科学技术水平的不断提高,文化产业也不再是传统意义上一元的文化要素,科技、经济、政治甚至是宗教等相关要素都一定程度地吸纳到文化产业之中,并通过高新科技载体逐渐演变成一种新型的文化产业形态。更是由于文化产业在整个国民经济中比重的不断提高,越来越成为世界经济当中至关重要的经济实体,越来越成为国民经济的支柱产业。与此同时,文化本身具有作为意识形态的观念上层建筑的特性,使得我们不得不将文化产业一分为二来看待,在多数情况下,文化产业的发展为世界范围内解放和发展文化生产力,促进各国之间的相互了解、交流和团结做出了巨大的贡献,但也成为部分霸权主义国家进行"文化殖民""文化输出""文化渗透""文化霸权"的新路径。

---

① 李长春:《正确认识和处理文化建设发展中的若干重大关系 努力探索中国特色社会主义文化发展道路》,《求是》2010 年第 12 期。

三 习近平关于文化建设的重要论述

习近平新时代中国特色社会主义思想中很大程度上阐释了新时代文化创造性转化和创新性发展的丰富思想，是马克思主义中国化的最新理论在文化建设方面的集中体现，其中心内容要求在把握文化发展规律基础上，深刻认识文化建设的国内外形势的变化，高度重视意识形态工作，将社会主义核心价值观融入社会发展的各个方面，突出文化建设的"支柱"，加强整个社会的思想道德建设，关注社会主义文学艺术的发展，并不断促进文化事业和文化产业的新发展。

（一）文化建设的主要内容

1. 高度重视意识形态工作

随着我国经济进入常态化发展，意识形态出现了新的问题，意识形态工作也面临新的挑战。因此，我们必须坚持以马克思主义为指导思想，促进马克思主义中国化、科学处理党性和人民性之间的关系、活用正反宣传手段、注重宣传的时效、重视网络意识形态新阵地和主战场，来保障意识形态工作有序进行，推动社会主义文化建设。

第一，加强社会主义意识形态建设，必须坚持以马克思主义基本理论为指导。在马克思主义看来，意识形态是阶级导向的，中国共产党领导的社会主义中国的意识形态要反映中国最广大人民的声音和根本利益。

第二，加强社会主义意识形态建设，必须推进马克思主义与中国国情相结合。进入新时代依赖，社会主要矛盾已经从人民日益增长的物质文化需要同落后的社会生产之间的矛盾转化为人民日益增长的美好生活需要和不平衡不充分的发展之间的矛盾。

第三，加强社会主义意识形态建设，必须科学处理党性和人民性之间的关系。在中国共产党领导的社会主义中国的语境之中开展意识形态工作，必须始终把政治建设摆在首位[1]，坚定正确的政治方向和立场，体现社会主义人才培养的本质要求，坚持党性原则，从而彰显无产阶级

---

[1] 《习近平谈治国理政》第 1 卷，外文出版社 2014 年版，第 154 页。

政党固有本性的中国共产党的党性；同时又要表征人民的整体利益需求、集体意志表达以及权利诉求，明确党的利益人民的利益是统一和一致的，深刻体会中国共产党执政所坚持的人民性，以及人民群众在历史发展中的决定性作用。

第四，加强社会主义意识形态工作，必须活用正反宣传手段。在市场化发展中逐渐出现的庸俗文化、娱乐泛化等现象，以及意识形态中的错误思潮和历史虚无主义的抬头，亟待通过多维度多元形式进行治理，一方面要始终坚持以正面宣传为主，通过先进典型的树立形成示范效应，为了弘扬社会主义文化的主题，增强人民群众对社会主义文化的审美和情感认同感；另一方面，要灵活用好反面典型案例教材，划出意识形态中的界限和人民群众在社会生活当中的行为规范的底线和红线，形成一种强大的威慑效果和敬畏感。

第五，加强社会主义意识形态工作，必须注重宣传的时、度、效。随着信息技术的飞速发展，新兴媒体融合走向纵深，由意识形态问题引发的舆情事件相较于传统形式已经发生了颠覆性的变化，速度之快、传播范围之广、影响之大已经令人瞠目结舌。亟待在当前意识形态工作中，以符合社会主义基本要求的宣传工作，从时、度和效等三个方面把握宣传的规律性，达到及时以正视听的效果。

第六，加强社会主义意识形态建设，必须重视网络意识形态新阵地和主战场。面对此起彼伏的网络空间安全威胁和网络意识形态危机，将"文化自信"辐射到网络空间，将"文化强国"战略扩展到网络文化，拓展"坚定文化自信"新维度、新战场，即网络空间的文化自信建构。构建网络空间命运共同体是中国强调构建人类命运共同体的延伸和发展，是新时代中国特色社会主义思想的丰富内涵与精神实质的重要呈现，更是互联网时代马克思主义中国化最新成果和对马克思恩格斯实践观全新解读的思想阵地。

2. 突出文化建设的"主心骨"

在新时期的文化建设中，社会主义核心价值观是具有导向作用的"主心骨"，我们需要站在民族复兴的高度、注重弘扬中国精神、注重体制机制改革、针对不同教育群体特点精准施策、注重我国优秀传统文化和革命文化等方式具有潜移默化的影响来加强社会主义核心价值观建设,从而进一步加以培育、弘扬和践行。

首先,要站在民族复兴的高度,加强社会主义核心价值观建设。中华民族伟大复兴根本任务也是在于立德树人、培育能够担负历史使命和民族复兴大任的时代新人。

其次,要注重制度改革。在文化建设的过程中,社会主义核心价值观建设中蕴含着实践的广泛条件,尤其在日常生活中的各项规章制度、礼仪制度以及纪念日和民族传统节日等方面相结合,需要通过体制机制的改革创新保证其发挥德育的效力。

再次,在社会主义核心价值观建设中,针对不同教育群体,要精准施策。根据马克思主义关于矛盾的特殊性的论述,习近平总书记强调要针对不同群体特点、提出社会主义核心价值观建设的不同要求和建设路径。

最后,要重视优秀传统文化和革命文化的滋养作用。社会主义核心价值观的形成离不开中国优秀传统文化和革命文化,它们能为社会主义核心价值观的建设提供了丰富的思想道德素材和标准,而且社会主义核心价值观的"二十四字"在形式和内容上都具有传统美德的特征,在国家、社会、个人等层面的不同要求也跟中国古代"修齐治平"的思维逻辑如出一辙。由此可见,在社会主义核心价值观的培育和弘扬的过程中,注重结合中华优秀传统文化和革命文化,有助于广大公民厘清价值观的出处和典故,达到一种"知其然也知其所以然"的认识。

3. 加强全社会思想道德建设

随着经济全球化的发展,西方资本主义中所谓的"民主""自由""普世"等消极道德价值观逐渐涌入国内,致使部分民众陷入历史虚无主义之中,盲目追随信奉西方此类价值观。作为中国共产党领导的社会主义国家,必须牢牢坚持马克思主义道义观、注重社会整体层面的思想道德建设、注重公民个体层面的道德建设、重视道德伦理规约的制度建设。

首先，注重社会整体层面的思想道德建设。可以通过深入触及中国传统优秀文艺作品中的传统美德来感染民众，以潜移默化的形式深远持久地强化和深化人们的道德认识，增进道德情感。

其次，注重公民个体层面的道德建设。从社会整体层面的思想道德建设回到公民个体层面的道德建设中来，是贯彻习近平总书记主张的"先公德后私德"的建设思路。而关于公民个体层面的道德建设，主要分为公民在公共领域的社会公德和在特定行业领域的职业道德。

最后，重视道德伦理规约的制度建设。针对加强中华民族传统美德的科学内涵组织系统理论研究和制度创新，从逻辑、内容、价值、实践等层面厘清德治与法治建设之间的内在融贯性，从而进一步明确中华民族传统美德、社会主义核心价值观科学融入立法修法的基本原则。

4. 注重社会主义文艺的发展

文艺是从生活中提炼升华出来的特殊的文化样态，是推动文化繁荣发展的重要力量。随着中国改革开放的持续推进，以及国家和民众对科学技术的重视的日益提高，文艺创作的生产能力也取得了较大的发展。但由于我国步入市场经济的时间较短，社会经济发展不太成熟，诸如社会经济成分和经济利益日益复杂，因此在文艺创作方面仍然存在偏狭失衡等现象，亟须通过追本溯源推进新时代文艺创作、坚持以人民为中心的观点进行文艺创作、坚持文艺创新推动文化创造性发展，只有这样，才能摆脱浮躁，纠正我们的创作思维和态度，促进文艺创作在思想、艺术和生产方面的实质性进步。

首先，通过追本溯源推进新时代文艺创作。习近平总书记在论述中华优秀传统文化继承和发展的重要论述中强调，要延续民族文化血脉，推进各种文明交流融合。其次，坚持以人民为中心的观点进行文艺创作。再次，坚持文艺创新推动文化创造性发展。将创新精神贯彻到文艺创作的全方位全过程是不断推动文化创新发展的必由之路。最后，坚持道德引领和伦理规约引导优秀文艺创作。优秀的文艺作品不仅是一个时代精华的体现，也是一个时代道德风尚的彰显。文艺工作者应该坚持"崇德尚艺"的理念，创作出符合人民需要的、顺应时代内涵的文艺作品，坚决抵制骄奢淫逸、恶意竞争以及盲目追求利益与荣誉之风。同时，面对当前市场经济中过分强调西方文艺标准和商业标准的"西方中心主义"潮流，习近平总书记强调，必须牢牢坚持马克思主义文艺创作观，注重辩证的文艺批评。

5. 繁荣文化事业和发展文化产业

推动社会主义文化发展就要注重文化事业和文化产业，尤其是进一步助力二者共同发展。文化事业的主体多为政府，目的是满足人民群众的基本文化需要，通过制定和出台相关的政策法规引导文化建设的基础方向，往往具有公平性、意识形态性以及非营利性的特点。文化产业的活动主体大多为企业与个体，目的是满足人民群众对多元文化的需求，通过市场调节为人们提供具有差异化的内容选择，充实人们的精神文化世界，往往具有经济性和产业性。文化事业和文化产业虽然在目的、主体等方面具有一定的不同，但是它们之间却息息相关。

文化事业和文化产业的发展，离不开社会主义先进文化的指引，中国特色社会主义核心价值观的深刻内涵不论是在内容上还是形式上都有深刻的表现，将社会效益放在第一位。推进新时代社会主义文化建设，不能故步自封，闭门造车，要坚持引进来与走出去相结合，加强国际文化交流，传播中华民族优秀文化。从传播手段看，要秉持分众化和差异化的理念，针对不同国家、不同民族的不同特点采取合适的传播话语和策略，使用恰当的方式方法引导主流文化舆论。从传播内容看，中国是既有着五千年悠久历史的文明古国，又充满活力的现代化国家，在对外传播的过程中，要结合中华优秀传统文化和海外传播阵地的优势资源，多角度、多方位真实充分地展现中国文化的魅力，传播中国价值和中国理念。

（二）文化建设的重要措施

以文化建设促进新时代，我们应该采取五项措施：教育发展作为首要措施，促进科学技术创新和文化建设一体化、建设具有不同层次和高质量的文化人才团队，必须坚持人民群众在文化建设中的主体性作用，进一步发挥党在文化建设中的领带地位。

1. 优先发展教育事业

教育是塑造人和培养人最直接的方式，在教育过程中，不仅能够传道授业解惑，提升受教育者的思想道德修养，启发学生智慧，同时也促进了文化的传播与发展，是文化传承的重要载体。改革开放以来，我国的教育普及程度已有了突飞猛进的发展，但是在现代教育发展水平与质量方面与发达国家相比仍有一定的差距，特别是在高精尖层次的人才培养方面亟待提升。因此，繁荣发展新时代社会主义文化，必须高度重视教育在其中的重要作用，大力支持教育事业的优先、快速发展，注重对学生的爱国主义教育，坚定理想信念，加强品德修养，培育德智体美劳全面发展、具有新时代奋斗精神、劳动精神的新青年。

教育对人的塑造和实现人的全面发展有着重要意义，但是我们也必须清楚地认识到当前我国教育事业面临的城乡、区域发展不平衡和不充分的问题。解决这一问题，就要创新教育理念和人才培养模式，坚定不移地推进教育改革工作。首先，针对当前教育领域内存在的教育评价唯分数论、唯升学论、唯论文论的现象以及岗位吸引力低等问题，习近平指出，教育改革的目标和任务应该是明确的，应该以一些实际问题为指导，坚持立德树人，促进教育公平。做到宏观调控与微观调整相结合，缩小城乡区域和校际差距，尤其是要加大对边远贫困地区教育的财政扶持与帮助，补齐教育发展中的短板，不断推进具有中国特色的社会主义现代化教育。

在世界文明发展史上，中华文明历经五千年悠久历史而绵延至今的重要原因之一就是教育的不断传承。繁荣社会主义教育事业不仅有利于实现中华民族复兴，同时也促进了人类文明进一步发展。优先发展教育事业，同样要坚持引进来和走出去相结合，提升教育对外开放的质量与水平，推进不同文明间的交流互鉴，"让教育为文明传承和创造服务"[①]。在充分吸收和借鉴国外有益经验时，也要注重传播中华优秀文化，使世界上更多的人能够认识到不同文明的价值，从而促进世界文明多样性。

---

① 习近平：《在联合国教科文组织总部的演讲》，《人民日报》2014年3月28日。

2. 促进科技创新与文化建设相融合

随着高新技术的快速发展，创新已经成为推动社会经济发展的首要动力，科技创新则为经济发展提供了现实转化路径。诸如大数据和云计算等新一代信息技术和互联网＋、共享经济、智能制造等创新发展理念为当下中国的发展带来了新的机遇，应用新技术极大地促进了工业转型和创新，并进一步增强了中国的整体优势和竞争力。科技创新不仅能够提高社会生产力、支撑和引领社会经济发展、保障国家安全，同时也可以与文化建设相融合，提高我国文化软实力。例如，将优秀传统文化的故事理念与互联网＋相结合，催生出一批符合社会主义核心价值观的网络游戏和动漫，为文化传播提供了新载体和新渠道。

促进科技创新与文化建设相结合还要正确认识当前存在的诸多现实问题，例如信息技术的快速发展使得科技与文化之间产生了断裂，科技创新与文化产业之间的关系认识上存在深度不足和片面性。从发展趋势看，中国的科技创新进入了一个全新的新阶段，同时也处于领先地位，目标是让某些关键科技保持在人类的控制之下，要提升自主创新能力，采取"非对称赶超战略"，即重视关键核心技术，但不是照搬发达国家的科技领域的相关成果，而是有自己的创新与独到之处，产生以科技创新带动制度创新与文化创新，加强产学研结合，助力科技成果落实转化，形成非对称发展的优势。推进科技与文化深度融合，还要注重发扬科学精神与文化建设相融合，从而通过创新文化来引领科技创新，充分推进一体化与发展的好处。

3. 建设多层次高素质的文化人才队伍

进入新时代，处在我国发展的新的历史方位，是发展起来了但还不发达、不强大的历史方位。[①] 在这个新的历史地位中，人才是促进社会进步的主要资源，在社会主义文化力量的表现中高质量文化人才团队能发挥重要的作用。文化人才队伍主要包括：媒体队伍、网络人才团队、科学和技术团队、哲学和技术团队、文艺团队、文学和艺术人才团队、

---

① 韩庆祥：《强国时代》，红旗出版社2018年版，第29页。

公众文艺团队和文化产业人才团队。

"才者，德之资也；德者，才之帅也。"在正定工作时期，习近平就具有强烈的人才意识，对于人才不能仅仅通过资历、职称等量化方式评定，而是必须建立"卓越的人才"的观念，让每个人都有机会通过辛勤工作获得成功，并有机会运用自己的才能。在人才选拔方面，除了专业技能的考核，还应该坚持能力和道德标准，遵循社会主义市场经济法则和人才积累原则培养，为人才营造良好的成长环境和生活环境，推动社会主义文化发展。

4. 增强党对文化建设的领导能力

推动新时代社会主义文化建设必须不断增强党对文化建设和文化工作的领导能力，坚定党员干部的理想信念，全面从严治党，推进党内政治文化和法治文化的建设工作。不断加强党对新闻舆论工作、哲学社会科学工作、文艺工作等具体工作方面的领导能力，严格落实意识形态责任制。

加强党对文化建设、新闻舆论工作、哲学社会科学和文艺工作的领导能力，严格执行落实意识形态工作责任制习近平强调，要"加强对意识形态阵地的管理，落实谁主管谁主办和属地管理"[①]。一是树立意识形态地位意识，巩固和扩大积极的思想舆论，改变和消除消极的黑色舆论，转变中间的灰色地带。二是加强思想意识形态阵地管理，有利于批判和批驳错误思潮，切断错误观点传播渠道，营造良好舆论氛围环境。三是政府的决策者要加强学习和实践，团结和引导知识分子。此外，各级党委要肩负起政治责任和领导责任，重视加强与有关专家学者的沟通，深入了解思想工作领域面临的新形势新问题，建立健全思想工作监督、评价和问责机制。

5. 发挥人民在文化建设中的主体作用

人民群众不仅是物质生产活动的主体，还是精神生产活动的主体，因此可以推动社会精神财富的创造，进而促进文化的发展。与历史的历

---

① 《习近平谈治国理政》第 2 卷，外文出版社 2017 年版，第 131 页。

史唯心主义强调的"英雄史观"不同，马克思主义坚持"群众史观"，将历史的创造者归结为人民群众，在实践基础上要重视人民的主体地位作用。"历史不过是追求着自己目的的人的活动而已。"[①] 习近平指出，"人民群众是历史发展和社会进步的主体力量"[②]。在社会主义文化建设中，坚守人民立场坚持以人民为中心的文化发展方向。在物质财富不断增长的过程中，要满足人民群众对于精神的追求，就必须坚持人民为中心，以满足人民的需求为落脚点，重视、强调和发挥人民的主体作用。

第三节　马克思主义文化与科技融合的创新文化观发展

一　西方文化与科技融合的创新文化观内容及局限

西方文化的起源是自然地理因素和人文社会因素双重影响的结果。爱琴海地区岛屿众多，海岸线绵长曲折，多良港，气候宜人，靠近东部文明发达地区，航海和对外贸易发达；古希腊奴隶制城邦民主政治为人们追求知识、反思自然提供了自由的空间，促进了希腊自然哲学的繁荣。开放的海洋性地理环境和奴隶制民主政治以及发达的商品经济塑造了西方人性格特征中的个体激进性与开放吸收性，孕育了人定胜天的自然观，形成崇理求知的文化传统，为西方文化的诞生奠定了坚实基础。

文艺复兴、宗教改革以及地理大发现是西方社会历史上发生的三次重大历史运动，为西方资本主义国家实行殖民扩张和文化霸权奠定了基础。基于对自身文化整体性的维护与强化，以及获取利益、扩大市场的需要，西方国家在当下全球化时代背景下，将对外文化输出作为其国际战略的重要组成部分。其内容主要是利用信息传播、市场战略和政治压力来传达自己对发展中国家的社会和文化思想和竞争关系、扩大认同感和亲和力，形成西方政治和经济模型，并保持完整和统一的系统。它在

---

① 《马克思恩格斯文集》第1卷，人民出版社2009年版，第295页。
② 《习近平谈治国理政》第1卷，外文出版社2014年版，第27页。

多元文化竞争和冲突中具有主动性。其实质是西方国家为了保护和扩大自己的政治经济利益而巩固和加强自己在世界文化上的主导地位。

(一) 西方文化的历史演进

1. 西方文化的历史渊源

虽然古代希腊与罗马早已消失在历史的长河中,但是其对西方文化的影响却一直延续至今。西方文化的起源是复杂的,与其地理位置、自然环境等自然条件息息相关,也与民族风俗习惯和生产方式等因素密切相关。

古代希腊文明大致开端于公元前3000年,最早的米诺斯文明发祥于克里特岛,随后文明中心迁移至希腊半岛,进入迈锡尼文明阶段,大概公元前800年开始,爱琴海地区进入古希腊时代。在古希腊的城邦中广泛实行着一种蕴含着民主精神的政治制度,这是其文化形成和发展的重要因素之一。奴隶制民主制使得希腊人有了大量闲暇时间,从而在文学、艺术、哲学、史学等方面取得了巨大成就,是人类文化发展史上的璀璨明珠。公元前5世纪,希腊城邦民主制正处于黄金时期,文化戏剧在雅典得到了空前的繁荣,出现了雅典三大悲剧作家:埃斯库罗斯、索福克勒斯、欧里庇德斯,和大喜剧家阿里斯托劳。[①] 这些作品中的故事情节至今广为流传,对后世欧洲的文化产生了深远影响。

古代罗马起源于意大利半岛,与希腊半岛相比,意大利半岛上雨水充足,多河流,自然条件更加适合农业耕作,同时半岛海岸线曲折多良港,处于地中海中部,便于与北非、希腊等文明地区开展交流,也有利于航海业与工商业的兴起发展。西方文化从纵向的方面看源远流长,经历了一个漫长的历史发展过程;从横向的方面看,它广阔多姿,丰富灿烂,有着瞬息万变的面貌。

2. 西方文化的理论积淀

海洋性地理环境带来的开放性,奴隶主城邦制体现的民主性以及发达的商品贸易所表征的探索性决定了西方文化的理论沉积。古希腊受地

---

① 转引自白戈《浅析西方文化的起源和特征》,《科学·经济·社会》2000年第3期。

理环境因素影响,难以形成发达的农业经济体系,但是得益于独特的海洋地理环境,古代希腊与罗马发展起了繁盛的商品经济,造就了强有力的工商业阶层,他们推翻了氏族贵族的统治,建立了奴隶主民主政治制度。奴隶制经济保证了贵族和自由民优裕的生活和闲暇,他们开始追求知识,将知识作为最高的价值范畴。在希腊,哲学就是"爱智慧",是知识的最高层次,哲学是一门自由的学问,要求自由的思考和发表意见,不受其他目的和利益的支配。奴隶制民主政体为城邦内的公民提供了自由的思考空间,为西方文化的理论框架奠定了基础。

培根提出了著名的"知识就是力量"的口号,对西方文化发展产生了巨大影响。在他看来,对知识的执着追求,其目的就在于支配自然,获得行动上的自由。对于自然哲学的研究好比是在破解自然的密码,从而实现对自然的征服,并在这一过程中获得财富,实现理想,进一步发展成为对力量的盲目崇拜和对科学技术的狂热追求,推动近代西方社会在技术与工业方面取得了巨大成就。

近代以来科技的力量日益强大,在西方社会已逐渐发展成为一个独立运动、自我组织、自我调节的技术体系,技术从某种层面上已经取代了昔日的宗教观念,成为一种新的现代宗教。在实践上进一步导致人类的生存环境恶化。

3. 西方文化的发展演变

西方有两个最基本的文化特征,一是个体激进性,二是开放吸收性,二者决定了西方文化发展演变的历程。从个体激进性看,其形成的原因是多方面的。首先,西方海洋性商品经济发展所造成的对个体冒险精神和社会文化发展的形塑作用。自古希腊以来,商品经济的迅速发展,尤其是在资产阶级出现之后,社会生产力得到大幅进步,文化发展也受到了相应的冲击,文化观念的更新速度越来越快,更新的周期越来越短。其次,西方民族的特殊性格是形成个体激进性的重要影响因素。受地理环境的影响,西方人需要在与大海的搏斗中求生存,因此其文化传统中就包含着强烈的尚武精神和对力量之美的崇拜。

开放吸收性的形成同样受到多方面因素影响。首先,希腊半岛和意大利半岛海岸线绵长蜿蜒，周边岛屿众多，靠近东方文明发达地区，航海业与对外贸易很早就得到了充分的发展，而在资产阶级出现之后，出于对市场的需要，商业贸易活动愈加频繁，进一步促进了文化交流，推动了文化繁荣发展。其次，欧洲诸国的历史演变也促进了开放吸收精神的形成。欧洲境内国家林立，各国面积相对狭小，往来密切，由于相互战争，国界变迁，民族迁徙，欧洲各国对其他族类的文化吸收和借鉴不可避免。最后，西方人对于外来事物都能够合理地借鉴吸收。这些外来事物不只局限于实在的事物，还包括学说、理论甚至宗教、习俗等内容。

综上，个体激进性和开放吸收性决定了西方文化的发展演变是在不断向外扩张，学习借鉴的过程中实现的。

（二）西方文化与理性主义

1. 西方文化理性思潮的渊源

西方文化与理性总是密不可分，理性也好比一颗光彩璀璨的明珠，照耀着西方文化发展的历史。柏拉图认为理性是知识和认识的唯一来源。基督教在漫长的中世纪时期统治着西方社会思想意识的各个领域，神学理性对西方封建社会产生了巨大影响。马克思和恩格斯指出："中世纪是从粗野的原始状态发展而来的，它把古代文明、古代哲学、政治和法律一扫而光。它从没落了的古代世界承受下来的唯一事物就是基督教和一些残破不全而且失掉文明的城市。"[①]

2. 西方文艺复兴与理性主义

首先，文艺复兴反对宗教的蒙昧主义和禁欲主义对人的摧残，提倡人文主义，恢复人的个性天性以及理性。从人类文明发展史上看，文艺复兴不仅是西方，更是全人类的一次巨大革命。古典理性从全社会的角度关注人性，崇尚严谨、庄重，注重人的理性精神，尤其是在行为规范上要符合逻辑理性，压制人的自然情感。这事实上是一种对理性主义的片面表征，与此不同的是，启蒙运动推崇的理性主义更注重人的自我，更多关注人的生命意志，以及对自然人性的强调，也就是说，人天生具

[①]《马克思恩格斯全集》第7卷，人民出版社1959年版，第400页。

有所有的知性能力。

其次，文艺复兴提倡人性，强调追求现世的幸福，目的是摆脱天主教神学的束缚；启蒙运动则更进一步，它高举理性的旗帜，追求政治的平等以及经济自由，反对专制、封建和封建特权。启蒙运动和理性密不可分，启蒙运动倡导民主，反对压迫和不平等，追求平等。封建教会和专制制度使人们长期处于愚昧之中，残忍地压抑了人的理性。因此必须恢复人的理性，建立理性王国，重新构建人类社会的秩序。

最后，19 世纪以后，欧洲开始了反对理性主义的风潮。形成科学主义与人文主义两大思潮。

（三）西方文化的价值取向

西方文化价值观的核心是个人主义。首先，个人主义实际上属于一种对人性的定义与决断：它认为人的本性是自由并且利己的。自文艺复兴运动以来，人文主义成为一种具有冲击力的思想力量，促进和鼓动着西方社会的变革和发展。其次，个人主义还是一种价值体系，十分凸显个体价值的目的性，尤其是注重个体的平等和自由的宝贵价值。最后，个人主义还极为看重对个人隐私权的尊重和保护。个人主义承认个体的隐私权是合情、合理且合法的，是专属于人的一项基本权利，不容其他社会成员侵犯。

个人主义代表着一种财产制度和社会秩序准则，强调私有财产制度，支持个人通过奋斗去收获财富，维护这种以契约为形式的自由。私有制是资本主义的显著特点。个人主义极力赞成维护公民的私有财产权，其中包括保护公民对私有财产的取得、占有支配、转让的权利以及自由。在个人主义看来，世界上的每个人都是平等的、自由的、可以自主追求幸福的主体。人们在彼此交往中是相互独立且平等的关系，每个人都可以自由地追求属于自己的幸福和快乐，但同时也要为自己的行为和决定担起责任。在个人主义的眼里，国家和政府的本质作用以及其合法性就在于保护公民个人的权利和自由，这是政府部门的首要职能。社会为个人的决定和自主行为的实现提供了优厚的条件和铺垫，人们自然也会想要维护保持自身自由的社会秩序，并且自然也会认为履行对社会的责任是正当的，由此也会达成个体价值实现与社会价值实现的一致。个人主义就成为个人理想与社会整体理想一致的基础思想，进而成为个人进步与社会发展相统一的信仰。

二 马克思主义文化与科技融合的创新文化观借鉴及批判

（一）全球化时代下中西方文化融合

如今，全球化时代下的文化融合正面临新的文化共识、文化多样性与文化冲突。随着人类社会实践向宽度和深度的双向拓展，世界各民族在各自的时空条件下形成了各具特色的民族文化，文化的差异性日益凸显出来，从而掩盖了文化的相似性。在市场经济体制的常态化以及科技与信息全球化的背景下，没有任何一个国家的发展能够做到完全不会影响其他国家利益。所以，人类现如今十分有必要打破以往那种局限于自身民族和本来国家的文化视野，重新建立一种从全球的立场出发，形成一种整体性的文化意识。

对于中国来讲，文化融合包含着两个层面的含义：第一层面就是为促进本民族社会的进步，我们务必要参与到世界的现代化、全球化进程中去。而在这一实践过程中，中国所面临的最大挑战是怎样重新组织社会文化系统，既要接纳现代的合理性先进性，又要保持民族性特色性的文化融合。第二个层面则是当代许多发展问题已然无法在某个民族国家内部予以说明和解决，它势必要超过民族国家的狭隘局限，从全人类福祉的眼光出发，寻找各个民族解决问题的共同基点。

（二）全球化时代下的中西方文化关系建构

中西文化关系是两种文明体系之间的关系，是世界上一种重要的文化关系。如果处理得当，它将增进中西方国家之间的相互了解，增进中西方国家之间的互信，加强中西方国家之间的合作共赢。如果处理不当，就会导致危机和冲突。因此，构建全球化时代的中西文化关系，既是历史发展的必然，也是时代的需要。

1. 建构中西方文化关系的理论诉求

第一，文化关系。作为文化的重要组成部分的文化关系，它更多属于制度文化的内容。尽管文化这个概念有着许多定义，但物质文化、精神文化和制度文化作为文化的构成部分已被普遍接受。其中作为社会成员行为的准则和行为方式，是文化的重要构成要素。可以这样说，"文化就是模式化地和反复地出现在历史中的因素"[1]。狭义的文化关系指的是人类在实践生活中所遵循的范式、准则以及行动的方式，是人们进行社会活动的指南。广义的文化关系比较宽泛，可以将其作为发展关系活动中所产生的范畴，包括思维、意识和行为，也可以作为关系维系的媒介。对于文化关系的研究，正像马林诺夫斯基所说，"对于文化的正确认识，应当求之于一代代人类产生文化的过程及每一代新生的机体如何受文化陶炼熏染的情形中"[2]。从历史上来看的话，关系实际上是同人类起源同时发生的，但是，由于中西方的历史进化方式并不相同，因此形成了两种不同的文化关系。建立在团体格局之上的西方文化关系，一般用团体中的角色概念阐释人际交往现象；而建立在伦理秩序之上的中国文化关系则更倾向于考虑"人情""缘分""差序格局""自我表达的双层性"等各方面的人际法则。

第二，中西方文化的差异。中西方国家在文化方面存在着非常多的差异，具体表现为很多特征。例如，中国文化的核心是：天人合一的宇宙观，和而不同的哲学观，积极进取的世界观，以天下为己任的价值观念，尊重礼德的伦理观。其特点是比较内敛、温和、平静。然而西方文化的核心是：实证科学、以个人自由为中心的宗教精神、对个人思想和价值的尊重、民主制度。其特点是外向、超群、富有挑战性。

随着中西方文化交流的日益频繁，这种文化差异也越来越突出。西方文化是强势的、阳刚的、有明显的排他性。然而，中国文化是灵活的、内涵阴柔，强调文化的多样性和包容性。在思维方式上，中国人的基本思维方式一般用于从已知的形象到未知的形象的概述和解释，大多出现在具体形象取代抽象概念的推理中。中西方文化的差异使得中西方之间

---

[1] ［美］菲利普·巴格比：《文化：历史的投影》，夏克等译，上海人民出版社1987年版，第97页。

[2] ［英］马林诺夫斯基：《文化论》，费孝通译，华夏出版社2002年版，第281页。

的矛盾尖锐。正因如此,寻求完全意义上的共同点是不可能的,中西方文化应该在承认差异的基础上相互尊重,和睦相处。

2. 警惕和应对西方文化霸权主义

"西方国家大多通过精神和道德诉求,影响、诱惑和说服别人相信和同意他们的行为准则、价值观念和制度安排"[1],也就是美国著名学者约瑟夫·奈所提出的"软权力",他说:"软权力是一个国家的文化与意识形态诉求,它是一种通过吸引力而不是强力获得理想结果的能力。"[2] 为了推行西方的文化霸权,这些国家竭尽所能地在理论方面证明自己,而且在实践方面寻找宣扬西方文化的物质载体,采取一种极端的方式——用强势文化的冲击来抵制、抗拒甚至最终吞噬弱势文化,来达到文化西化的目的。冷战过去之后,在国际关系等方面的新的竞争已经开始,包括经济、文化领域的竞争,经济文化领域的竞争基本取代了政治、军事的重要地位,新时期的新局势产生出很多令人困扰的国际政治问题。

除此之外,西方的科技优势以及对信息革命技术的垄断也推动了西方文化霸权的衍生。信息革命在源头上改变了人们的沟通方式和生活方式,进一步推进了文化交流与融合,这明显为异质文化的交融提供了便利条件,"西方国家利用高科技,推行西方霸权文化。……影响这些国家、地区的网民,使他们在不自觉中认同、接受西方价值观,对其他国家的传统文化构成挑战和威胁,动摇人们的既有信仰、追求和行为准则,造成精神困惑和价值标准混乱"[3]。

每个国家(无论是中方还是西方)都是世界民族命运共同体中的一员,根据不同的民族形成各自的文化特色,都是世界文化大家庭的一分子,在世界命运共同体的背景下都享有平等的权利和地位。首先要承认中西方各民族文化存在的客观性差异。独特的文化既代表了一个民族,也成为该民族在世界命运共同体中安身立命之本。文化是一个民族或国家的精神产物,它囊括了一个民族的生活观念、价值取向、审美经验、

---

[1] 李存秀:《论全球化背景下西方的文化殖民主义》,《学术交流》2002年第6期。
[2] 刘德斌:《软权力:美国霸权的挑战和启示》,《中国社会科学文摘》2001年第1期。
[3] 李存秀:《论全球化背景下西方的文化殖民主义》,《学术交流》2002年第6期。

思维习惯、民族信仰等思想状态，表现出一个民族的归属感、理智感、道德感、美感和宗教感等多种元素。塑造中西方新型文化关系不仅需要坚守本民族文化之根，也应视之为世界文化的不可缺少的组成部分，积极参与文化的互动与交流，而且也需要在文化交流中坚持平等、尊重、包容、相融的原则，以实现文化的各美其美，美美与共。

三　新时代我国创新文化的构建

新时代我国创新文化的建构以文化自信为目标，文化自信以经济、政治为基础。它不是一个既成的结果，而是一个不断形成的历史本身，离不开社会历史的实践。

（一）文化自信通过价值观的塑造而完成

所谓的价值观就是"人们在处理价值关系时所持的立场、观点和态度的总和"①。价值观也是一种信念，对价值关系的态度直接决定了人们对解决问题的方法选择和人们对待问题的态度。张岱年先生曾指出："文化的核心在于价值观，道德的理论基础也在于价值观。"② 价值观指导人们进行的实践活动。它提供实践尤其是道德实践的价值目的，"道德作为实践精神是一种价值，是道德主体的需要同满足这种需要的对象之间的价值关系"③。实践本身具有双面性，一方面是从主体到客体"人化"的实践过程，另一方面是从客体到主体"化人"的实践过程。它可以体现人的本质力量，形成了属人的文化世界——人化世界。在社会的每一次更迭和进步中，文化都起到了重要的推动作用，人类的物质文明不断得到满足，精神境界得到升华。文化在经济建设、政治实践中形成、发展和演化。各民族在发展历程中，都形成独具特色的民族文化，在此基础上产生民族精神，确立文化自信。

奠基于民族精神之上的文化自信是各民族对本民族精神的价值共识

---

① ［德］戴维森：《承诺：企业愿景与价值观管理》，廉晓红等译，中信出版社2004年版，第296页。
② 张岱年：《晚思集：张岱年自选集》，新世界出版社2002年版，第13页。
③ 罗国杰：《伦理学》，人民出版社1989年版，第54页。

和共同信仰。它包含一般价值观的文化自信和特殊价值观的文化自信。普遍被民众所接受的价值观念就是一般价值观的自信。人们把特别的、个体的价值关系逐渐凝练和发展成为一般性的、象征着一定社会群体和团体组织的普遍思想取向，是对他们所在的生存环境中形成的生活经验进行反复地抽象和提炼的结果。人们运用实践检验的方式对此做出决断和选择，逐渐形成人们普遍的思维方式和行动指南，使每个人心中都形成了对是非曲直的评判原则，这种原则被整个社会群体所接受就形成了具有一般性的价值观，这类价值观包括发展观、生存观、文明观等。特殊价值观的形成也可产生文化自信，它是在一定的社会中依据各国家、各民族的有差异文化背景，各自形成的价值观，也是各国家和各民族在个别领域形成的价值观。表现为个人和民族两个方面。在个人方面表现为：由于个人的不同而形成的价值判断和观念，例如对商品的价值观。在民族方面表现为：文化自信，是对本民族文化的继承和发扬，而这种继承是建立在对本民族文化认同的基础上，在长期的共同生活实践中形成的价值共识。

各民族的历史背景不同，它们所形成的价值体系也不同。通过漫长的实践活动，各个民族形成独具特色的价值观，成为文化自信的基础和源泉。我国独具特色的社会主义价值体系，就是在长期的新旧民主主义革命、社会主义改造、建设和改革实践中形成的，它所确立的文化自信是中国人民长期实践的结果，成为中华民族走向未来建设中国特色社会主义的强国坚定的文化根基。"核心价值体系正是通过它本身具有的一种特殊的激励性因素、信仰性因素和政治引导性因素来有效地赋予文化发展以合理性的价值基础"[①]，社会主义核心价值观体系是文化自信的理论基础。

（二）"三个自信"是文化自信的灵魂

首先，道路自信、理论自信和制度自信凸显了中国特色社会主义的文化根基、文化本质和文化理想，是我们党对中国特色社会主义有了更

---

① 吕庆建：《论社会主义核心价值体系对文化健康发展的导向作用》，《山东省青年政治学院学报》2010 年第 2 期。

加明确而开阔的文化建构。文化自信就是要坚持中国特色社会主义的道路自信、理论自信、制度自信，就是对坚持党的领导的自信，对社会主义的信念和信仰。其次，文化自信是对中国特色社会主义文化先进性的自信。坚守党和人民对中华优秀传统文化的历史自豪感，在全社会形成对社会主义核心价值观的普遍共识和价值认同。最后，文化自信与党最高价值目标紧密相关。共产主义是中国共产党的最高理想，这一目标经过社会历史发展一再被证明为人类社会共同的理想和目标。

（三）文化自信与民族精神紧密结合

文化自信与民族精神是相辅相成的关系，没有哪一个国家的文化自信会离开民族的精神。文化自信是民族精神的表征。中华上下五千年的悠久历史铸就了独特的中华民族传统文化，如古代的仁人、天人合一、家国天下、修身养性、慎思笃行，近代的民族独立、奋发自强的爱国主义精神，革命时期的艰苦奋斗、不怕牺牲、前赴后继的井冈山精神、长征精神，社会主义建设时期的王进喜铁人精神、雷锋精神，在改革开放时期的攻坚克难、锐意进取、壮士断腕的精神，抗洪抢险精神、航空航天精神，等等。它们既是民族文化又是民族精神，在实践中所形成的中华民族伟大精神承载着中华民族复兴的中国梦，是推动新时代发展的不竭动力。这种伟大的民族精神，是中国文化自信的丰富资源。

民族文化代表了民族的价值观念，民族精神的传承使文化具有源远流长的历史。我国历史文化悠久，通过多种途径来传承其内在的价值观，中华民族形成了独特的文化传承形式，具有民族特色，丰富的内涵，形成了共同的精神世界和价值追求。文化自信是实现中华民族伟大复兴的前提。孙中山先生指出："迨中国同胞发生强烈之民族意识，并民族能力之自信，则中国之前途，可永久适存于世界。"[①] 我们的文化自信来自悠久历史的激荡，来自中华民族所集聚的传统美德。今天我们走上了中国特色社会主义道路，中华民族有了更坚定的前进路线，拥有了更深刻的民族精神和文化自信的资源。

---

① 《孙中山全集》第2卷，中华书局2006年版，第490页。

第四节 文化和科技融合的创新文化价值

一 中国创新文化在时代背景下的发展

党的十一届三中全会胜利召开以后，我国开始走上社会主义市场经济的道路，解放生产力、发展生产力，消除两极分化，我国经济水平经过不断奋斗终于向世人展现了喜人的成绩，并且后劲儿十足。除此以外，市场经济也在潜移默化地改变着我国的各个领域，尤其是在政治和经济、文化方面表现突出。

(一) 社会主义市场经济初期创新文化建设

市场经济和社会主义融会贯通，这一文化创新观念的确立，是建设中国特色社会主义思想观念和理论上的创新。它不但为我国开启了全新的经济模式，而且打开了经济发展模式的全球视野。通过市场经济，我国对外开放的国门越开越大，打破了以往的单一的经济模式，既对以往的传统的生产方式进行了改革，也激发了自由、平等、公正、法治等观念。市场经济的愈来愈完善，既给我国文化建设注入了新鲜血液，也很大程度上丰富了人民群众的精神文化世界；文化市场和文化产业，得到了有力的推动。

如今，社会主义市场经济不但使我国资源配置方式发生深刻改变，更从经济层面渗透到文化层面，使我国文化领域发生一系列的变革与转向，多种形态的文化业态在市场经济条件下得到不断发展，各类形式的大众文化日渐繁荣。

发展大众文化应符合我国新时代的国情和人类文明进步的大潮，兼顾商业性和文艺性、社会效益与经济效益，优化主流文化、大众文化和先进文化的结构，规范文化市场，不断满足人民日益增长的精神文化需求。

(二) 文化全球化时代的创新文化建设

作为当今世界文化发展的新趋势，文化全球化的特征还有待进一步彰显。从当前国家的利益格局来看，有些国外学者"叫嚣"为了"全球利益",要守住"人类的共同利益",这些言论从深层看还是离不开民族和国家的利益。因此,我们要运用马克思主义的方法论来看待文化全球化,以辩证的态度来思考在新时代条件下文化建设的方向,把握在世界各国文化的冲击下的机遇和带来的挑战,研究相应的应对机制,推进新时代文化建设。新时代文化建设的任务是坚持中国特色社会主义的文化方向,实现社会主义文化强国建设目标。

在文化全球化发展的进程中,我们需要摒弃这样几种风气:(1)拒斥所有外来文化来维护民族文化的"纯洁性";(2)为迎合世界潮流而放弃我们的民族文化特色;(3)对传统文化进行简单修补。只有适应文化发展的潮流,对本民族文化进行创新文化,才能获得文化的现代转型。

为维护我国的文化安全,我们需要大力发展文化产业,运用现代新兴技术创新交流方式,进一步完善和规范文化建设法律法规。文化产业的发展和高新技术的创新是文化全球化时代的突出特征,这些技术促使了文化在全球范围内的传播。在高新技术方面,西方发达国家具有显著优势,发达国家借助高科技技术对这些国家进行"文化殖民"和"文化入侵"。在文化全球化中,为了实现本民族文化创新,我们既要坚守本民族文化的根本立场和基本原则,也要积极吸收国外先进文化成果,整合、提炼出顺应时代发展潮流的先进文化。

在全面建成小康社会的决胜之年,我们应该充分利用经济发展的红利,以经济的发展来带动文化的发展。当前世界,已经不同于过去的文化与经济彼此疏离,经济与文化的发展是彼此促进、协同发展的。随着全球化的进程,文化逐渐被融合到了其他领域的发展巨浪中,逐步丧失了独立性,特别是文化与经济的捆绑。因此,我国必须提升经济实力,增强综合国力,以经济来带动文化的发展,实现文化与经济之间的良性互动。

二 新时代创新文化的发展路向

文化自信是对自身文化的认同,是一个国家最深沉的力量,建立在本民族的文化自觉的基础上,它表现为对本民族和国家的文化充满信念感,是强大的精神力量,更是一种价值观自信,对于保护国家文化安全、建设先进文化、提高国际影响力起到至关重要的作用。文化自信观的确立也受限于诸多方面,主要包括主体要素、客体要素以及连接主客体的实践要素等三个方面。

(一) 文化自信的主体要素

人民群众是物质财富和精神文化财富的创造者,是文化自信的主体要素。文化自信是一种观念前提和社会意识,文化自信的建构最活跃的因素就是人,在文化建设和文化创新中运用人民主体思想,发挥人民群众的主导性作用,使其享受到文化发展的红利。若要实现这样的目标,需要认识到对文化自信的主体要素的教育引导,要持续开展价值观方面的教育活动,以提升主体的文化素质,这是文化自信的价值旨趣。

1. 文化自信的主体自觉

所谓主体自觉,就是指人民群众对文化的认知和自主创造的主动性。新时代的文化自觉,要更新文化价值观,现代新兴科技的飞速发展使人的思维方式发生转变,物质财富的积累速度持续上升,相较于科技和经济的突飞猛进,人们在精神文化层面的发展略显迟滞。因此,在文化自信的主体自觉上,我们需要从三个维度展开。

第一是文化价值意识的自觉。进行文化创新、拥有文化自觉和自信的价值观是认识的前提,对文化价值认知程度和文化自觉自信程度是一致的。我们要十分注重文化主体对文化价值的理解。第二是文化反思意识的自觉。对文化自身内容的审慎思考是形成文化自觉的重要前提的思想路径,应全面客观地分析文化建设面对的正面和负面原因,不可避重就轻,这才能构建真正的文化自信。第三是文化创新意识的自觉。创新是文化保持生命力关键所在,尤其在科技飞速发展的时代,创新意味着高效益、高水平、快速化。

2. 文化自信的主体责任

文化自信培养必要前提就是确立人的责任主体地位。在文化建设中,人既是目的,又是手段。因此,要明确人类在文化建构时关涉的主体责任。

不同的主体责任也不同。从政府角度来看，要承担起掌舵人和引领者的责任。注重广大知识分子和科研工作者的文化创造地位，以构建我国新时代的主流文化。最广大的人民群众也是文化创作的另一个主体，文化创造的活力正由此而来，坚持以创新为引领，提高民众的文化素质，进行文化创新，使义化创造主体享有文化创造和享有的权利。着力提升广大人民群众的文化素质，努力满足人民群众积极正向的文化需求，形成文化创作和文化消费的良性循环，实现文化繁荣创新发展。

3. 文化自信的主体行动

文化自信依托于人民主体性的发挥，它是人民对自己创造的文化信心。而主体行动主要可以划分为个体行动和群体行动。在个体行动的过程中，个性化造成了文化生产和需求过程的复杂性和多元化。群体行动的目标是增强人民群众的文化自觉，能够辨识各类文化的价值，认同主流文化价值。文化自信在实践中形成正能量，从而激发文化传承和创新的动力。

坚定文化自信能有助于文化的建设，它是一种充满信念的精神力量，是保障国家文化安全的价值支撑，争夺国际文化话语权的根基。文化自信与民族复兴休戚与共。习近平同志将"三个自信"增至"四个自信"，更烘托了文化自信的重大意义。坚定文化自信，激发创新创造活力，为繁荣发展社会主义先进文化积蓄动力。文化振兴利于实现中华民族伟大复兴，我们应以文化自强为起点和支撑、坚持马克思主义理论的指引、以中国优秀传统文化为依托、发挥人民群众的主体地位、以文化在全球范围内的交流互鉴为前提来提升我国的文化自信，使中华民族的文化进入"自信"的新时代，实现价值观自信、国家自信和民族自信，为中华民族伟大复兴汇聚力量。

(二) 文化自信的客体要素

中国特色社会主义文化包括传统文化、社会主义的先进文化和革命文化。文化自信的实现依赖于提升文化的影响力、包容力和文化实力。

1. 文化自信的客体影响力

这些客体之间的影响不是单向输入的过程，而是彼此影响、双向互动的过程。中华文化的具有悠久的传统，因此具有强大的生命力和影响力，这不仅体现我们民族的高度深度认同，也离不开别的民族和国家的认同，正是在这一基础上才能实现文化自信的客体影响力。

第一，提升传统文化的影响力。中华文化自信的根源在于我们的传统文化。我们必须清楚地认识到中华文化的价值理论，以及其具有何种特色。从历史的角度看，传统文化的基本精神和内核是儒家文化、道家、法家、墨家，以及佛教的思想。其中起主导作用的是儒家文化，在传统文化的发展中儒家文化具有四种不同的文化形态：一是儒家文化开始时期；二是宋明理学时期，儒学正式开始向外传播；三是20世纪初，在文化大碰撞时，儒学作为彰显民族文化自信的出路所在；四是1949年以来兴起的现代儒学复兴时期。

传统文化是社会主义文化的重要组成部分，是中华文化得以延续的根基。中华文明在世界的文明发展史上，是历史最悠久的文明之一。在这些文明中，中华文明是唯一延续至今，且具有伟大成就的文明。它能够传承几千年，正是根源于我们有优秀的传统文化。

第二，凝练革命文化的价值。首先，准确认识中国革命文化的形成过程。五四运动以来，马克思主义在传入中国的过程中与传统文化紧密结合，形成具有中国特色的革命文化。中国共产党在实践中，形成了不同时期的革命精神，这是中国能够战胜帝国主义侵略的制胜法宝，是人民群众能够克服一切困难的伟大精神力量。其次，赋予革命文化以现代魅力。高举革命理想主义、革命英雄主义、革命乐观主义和革命集体主义精神，树立传播红色文化的历史使命。最后，弘扬优秀的革命文化，为建设社会主义先进文化添砖加瓦。这种文化，是在中国人民进行革命斗争、社会主义建设的历史进程中形成的。革命文化是对传统文化的继承，同时也吸收了西方文明发展中的有利养分。优秀的革命文化在辛亥革命、五四新文化运动中孕育，在新民主主义的抗日和解放战争的革命斗争中形成，在社会主义改革与建设中丰富，是无产阶级领导的革命文化的重要组成部分，是无数革命先驱为了国家独立和人民解放，无数劳动人民为了美好生活而艰苦奋斗的智慧结晶。

第三，提升社会主义文化的先进性。新中国的社会主义革命、建设和改革已经走过了70年的历程，改革开放40年的伟大实践也取得了巨大的成就，形成了以中国特色社会主义为核心的理论体系，这是马克思主义中国化的重要成果，而且中国特色社会主义现代化事业取得了非凡成就；70年来尤其是改革开放40年来，中国在教育、科技、哲学社会科学、体育等领域取得的巨大进步，彰显着社会主义先进文化的强大实力。

社会主义先进文化具有较大的影响力，这种影响具有深厚的理论资源。首先，社会主义先进文化的指导思想是马克思主义，作为中国特色社会主义的理论来源，它在与中国国情结合的过程中，产生了中国化的马克思主义。可以说，没有马克思主义，就不会产生中国特色社会主义，也不可能会有新时代中国特色社会主义的先进文化。其次，先进文化坚信党的领导力量，坚持人民为中心，代表最广大人民群众的利益，坚定走中国特色的社会主义道路，进行经济、政治体制改革，坚持共同富裕。最后，先进的文化必须要有先进生产力的保障，改革开放高速发展，中国成为世界经济大国，这意味着先进生产力为先进文化提供了物质基础。

2. 文化自信建构的文化包容力

交融性是文化的一种特征，这体现为在吸收外来文化时，主体文化会对其进行扬弃和改造。文化主体会与之进行融合。这种融合不是单向度的，是一种双向融合性选择，即主体会吸收外来文化的精华，将其结合到自身的文化体系之中。因此，在一种文化体系和另一种文化体系的冲突和碰撞之中，会形成一种新的文化体系，这一体系是在相互批判、扬弃中生成的。

历史上，中华文明处于强盛时期表现出文化的开放性和伟大的包容性，为我们观察和思考中华传统文化提供了一个新的思维框架。不同文明之间，不是你死我亡、互相冲突的关系，而是可以和平共存，可以互相吸收、互相融合。文化自信建构的客体包容力体现为对外来文化的批判性吸收和扬弃上。它对于外来文明，不是拒绝、抵制，而是尊重、包容，求同存异，各美其美、和谐共生。传统文化的开放胸怀鲜明地体现了对外来文化的包容和开放的精神。中国特色社会主义文化自信就是从这样的环境中产生，就是融合了外来文化的精华，坚守了中华文化立场。

3. 文化自信建构的文化防御力

由于经济和军事的强势，西方的文化霸权将长期存在。改革开放以来，美欧等西方国家向中国大力推行自己的价值观。这标志着西方国家加强了文化领域的意识形态干预。因此，我们要加强文化自信建构的文化防御力，以建构中华优秀文化。

首先，我们要立足中华优秀文化，秉持开放的态度，建构中华文化的基本方略，抵制西方外来文化的侵蚀。其次，加强外来文化的政府监管。最后，语言文字是民族文化的重要组成部分，在抵御外来文化侵蚀中，民族语言文字能发挥关键作用。进入21世纪，保护本民族语言的纯洁性工作成为世界各国保护自身传统文化的重要内容。在语言的渗透中，必须防范强势语言的侵入对原有语言的冲击，在交流的同时要保证民族语言的特色，形成并确立保障本民族语言的绿色发展理念。保护民族语言才能保证世界语言文化具有多样性，才能促进文化繁荣。

第三章

革命文化与科技融合的继承发扬和创新性发展

革命文化是树立文化自信的三大来源之一。通过了解革命文化的具体内涵,传播革命文化的优秀精神,建立起对革命文化的集体记忆,有利于人们更好地继承革命文化,树立文化自信。

革命文化是我们党领导人民在革命、建设与改革中创造的,是新时代中国特色社会主义文化的重要组成部分,它是新时代激励人民奋勇前进的精神力量。红船精神、井冈山精神、长征精神、延安精神、西柏坡精神,是党和国家的宝贵精神财富,也是中华民族伟大复兴的重要文化资源。对此,结合新时代的条件将其发扬光大,并与科学技术相融合,不断继承和发扬,实现革命文化的创新与弘扬。

第一节 新时代革命文化的理论阐释

一 革命文化的内涵与本质特征

(一)革命文化的内涵

革命文化是中国共产党领导人民群众在中国革命实践的历史发展进程中,所展现出来的理想信念、道德追求和价值理念的集合。回溯中国革命的近百年历程,革命文化始终如影随形,贯穿在中国革命的不同时期,但其具体的展现形式、表达内涵根据时代的变化也有所差异。

20世纪20年代,瞿秋白将"革命文化"称为"新革命文化"引入国内;1927年《中央日报·中央副刊》刊登张崧年《革命文化是什么》

一文中指出，革命文化的名称已经在报章杂志上经常被提及、使用，然而，却还缺少对革命文化的定义、属性的界定。随后其提出，革命文化应该具备动态的、向前的、客观的、民众的/世界的这四种特性。新民主主义革命时期，"苏维埃文化"一词被人们所熟知，成为当时在文化建设上的一个规范化表述，并被看作对苏区在文化建设上诉求的一个标志，这也成为革命文化的重要内涵。全面抗战爆发后，"新民主主义文化"成为"革命文化"的标志性成果。毛泽东在《新民主主义论》中，明确地指出革命文化就是"无产阶级领导的人民大众的反帝反封建的文化"，亦就是"新民主主义文化"。新中国成立后，毛泽东曾说："社会主义制度下，虽然没有一个阶级推翻另一个阶级的革命，但是还有革命，技术革命，文化革命，也是革命。"[①] 这是进入社会主义建设时期毛泽东赋予"革命文化"的一个新内涵。十一届三中全会后，改革开放的政策逐步落实，随着经济的跨越式发展，我国的革命文化集中体现为敢于创新、勇于探索的革命精神。现阶段我们所提倡的社会主义核心价值观等都是对革命文化的传承和发展。新时代，中国共产党也对革命文化的内容做出了最新论述，这不仅局限于对中国革命历史进程中革命文化精神的继承，同时也是基于当代中国文化实践的创新与发展，是中国社会主义建设和改革中不断完善、丰富的智慧结晶。

革命文化，是中国共产党领导中国人民在伟大斗争中构建的文化，它以马克思主义为指导，以"革命"为精神内核和价值取向，继承中华优秀传统文化，借鉴世界优秀文明成果，是具有鲜明中国特色的先进文化。它是革命实践的伟大创造，是中国革命事业的精神遗产和文化传承，是中国共产党人和广大人民群众优良传统和品格风范的集中体现，是推进中华民族伟大复兴的强大精神动力。它起源于五四新文化运动和中国共产党成立，形成于新民主主义革命时期，丰富发展于社会主义革命与建设以及改革开放时期[②]。以下是体现中国革命文化的

---

① 《毛泽东文集》第 8 卷，人民出版社 1999 年版，第 108 页。
② 朱喜坤：《革命文化是文化自信的重要源头》，中国共产党的新闻网，2019 年 1 月 9 日。

典型革命精神。

1. 红船精神

"红船精神"是开天辟地、敢为人先的首创精神,坚定理想、百折不挠的奋斗精神,立党为公、忠诚为民的奉献精神。我们要结合时代特点大力弘扬"红船精神"。[①] 2005年6月21日,习近平同志在《光明日报》发表署名文章《弘扬"红船精神" 走在时代前列》,第一次公开阐述"红船精神":"红船精神"是中国革命精神之源,是党的先进性之源。红船精神给我们的现实启示就是要有一个科学的理论指引;坚定理想信念,确立精神支柱。

2. 井冈山精神

井冈山革命根据地是第二次国内革命战争时期毛泽东创立的第一个农村革命根据地,开辟了中国革命以农村包围城市,武装夺取政权的光辉道路,被称为"革命摇篮"。井冈山精神是红色革命精神之一,其精神的内涵可以用五句话来概括:坚定不移的革命信念,坚持党的绝对领导,密切联系人民群众的思想作风,一切从实际出发的思想路线,艰苦奋斗的作风。

井冈山精神的基本内涵有:①胸怀理想,坚定信念。对革命理想信念的坚定不移和不懈追求,是井冈山精神的精髓。②实事求是,勇闯新路。不唯书、不唯上,注重从实际出发,制定正确的政策和策略,勇于探索中国革命、军队建设和武装斗争的新路子,是井冈山精神的核心内容。③艰苦奋斗,敢于胜利。为了人民的利益和革命的需要,勇于吃大苦、耐大劳,生命不息战斗不止,直至夺取胜利,是井冈山精神的重要内容。④依靠群众,无私奉献。坚持走群众路线,全心全意为人民服务,是井冈山精神在人生观、价值观和道德情操上的具体体现。井冈山精神是中国革命精神之源,是中国共产党宝贵的精神财富,是开创中国特色社会主义事业的强大精神动力,鼓舞着一代又一代中国共产党人为党和人民的事业而英勇奋斗。在改革开放和社会主义现代化建设时期,大力弘扬井冈山精神,对加强国

[①] 习近平:《弘扬"红船精神" 走在时代前列》,《光明日报》2005年6月21日。

防和军队现代化建设，实现中华民族伟大复兴的中国梦和强军梦，具有重要意义。江泽民把井冈山精神概括为"坚定信念、艰苦奋斗、实事求是、敢闯新路、依靠群众、勇于胜利"24个字。与井冈山道路连在一起的井冈山精神是引导中国革命走向胜利的宝贵精神。

3. 长征精神

伟大长征精神是中国共产党人及其领导的人民军队革命风范的生动反映，是中华民族自强不息的民族品格的集中展示，是以爱国主义为核心的民族精神的最高体现。伟大长征精神，作为中国共产党人红色基因和精神族谱的重要组成部分，已经深深融入中华民族的血脉和灵魂，成为社会主义核心价值观的丰富滋养，成为鼓舞和激励中国人民不断攻坚克难、从胜利走向胜利的强大精神动力。

4. 延安精神

建国初期，毛泽东提出：要"永远保持过去十余年间在延安和陕甘宁边区的工作人员中所具有的艰苦奋斗的作风"[1]。在新的历史时期，邓小平倡导："我们一定要宣传、恢复和发扬延安精神"[2]；江泽民指出："无论过去、现在和将来，延安精神都不能丢"[3]；胡锦涛强调："延安精神是中国共产党的优良传统和宝贵财富，过去是、今天仍然是我们战胜困难、取得胜利的法宝"[4]。

延安精神的核心就是坚定正确的政治方向，解放思想、实事求是的思想路线，全心全意为人民服务的根本宗旨，自力更生、艰苦奋斗的创业精神。它是推动党和国家事业不断前进的重要保证。延安精神是中华民族精神的升华，是中国革命精神的结晶，是中国时代精神的显现。总之，延安精神是民族精神和时代精神汇流的中国精神。延安精神是延安时代的产物，是延安红色文化的精华和灵魂。追寻红色文化形成和发展

---

[1] 《毛泽东文集》第6卷，人民出版社1999年版，第17页。
[2] 《邓小平文选》第2卷，人民出版社1994年版，第367、369页。
[3] 江泽民：《论有中国特色社会主义》（专题摘编），中央文献出版社2002年版，第400页。
[4] 摘自《胡锦涛同志在陕西安塞考察工作时的讲话》，2008年10月。

的来龙去脉，思考在改革开放新时期"红色文化热"的潮起潮落，探索中国精神的文化底色和未来走向。①

5. 西柏坡精神

西柏坡时期，党所面临的革命形势是即将最后夺取全国政权以建立新中国，党的工作重心将由农村向城市转移；党的主要任务是由革命战争向和平建设转变；党所面临的全新课题是由革命党和局部执政向掌握全国政权的执政党转变。正是在这样一个特殊而又重要的历史转折时期，我们党形成了西柏坡精神。它的基本内涵包括以下三个方面：

第一，共产党人执政要保持永不懈怠，勇于接受新挑战的精神状态。

第二，共产党人执政要常怀有强烈的忧患意识和使命感。

第三，共产党人执政要常具从严律己、矢志为民的信念。

革命文化的实质：五四运动以来，面对空前深重的民族危机，为救斯民于水火，中国共产党诞生了。由此，我们党在团结带领人民进行伟大斗争中，孕育形成了独具红色气质的革命文化，这集中体现了我们党的道德理想与价值追求。这种道德理想主义的革命信仰就是我们党的初心。

在以上五种典型代表的革命文化之外，在中国人民追求民族独立与解放、人民富足与繁荣发展的道路上，还有其他几种革命精神，它们是以上五种革命精神的外延和发展。主要指：争取民族独立与解放的五四科学与民族的精神，伟大的抗日之精神、沂蒙精神、抗美援朝精神、突破束缚勇于自我改革的精神，等等。

五四运动以来一百年的历史，表明五四运动倡导的爱国、进步、民主、科学思想对实现中华民族伟大复兴中国梦具有重大意义，五四精神同民族精神和时代精神具有统一性，同党领导人民在革命、建设、改革中创造的革命文化和社会主义先进文化具有统一性，它激励人民奋勇前进。

抗日战争表达出伟大的不畏强敌、勇于斗争的精神。表现了伟大

---

① 《中国革命精神——为红色文化正名》，延安精神网［引用日期2013—04—12］。

的抗战精神,在中国共产党的领导下,建立起抗日民族统一战线,四万万人齐蹈厉,同心同德一戎衣,中国人民以血肉之躯筑起拯救民族危亡、捍卫民族尊严的钢铁长城,用生命和鲜血谱写了中华民族历史上抵御外侮的伟大篇章。在英雄们身上充分体现了天下兴亡匹夫有责的爱国情怀,视死如归、宁死不屈的民族气节,不畏强暴、血战到底的英雄气概,百折不挠、坚忍不拔的必胜信念。伟大的抗战精神,永远激励中国人民克服一切艰难险阻、为实现中华民族伟大复兴而奋斗的强大精神动力。我们要铭记历史、缅怀先烈、珍爱和平、开创未来。要树立人类命运共同体意识,相互尊重、平等相处、和平发展、共同繁荣的理念。

沂蒙精神是红色革命精神之一,是临沂人民在长期的革命和建设实践中形成的先进群体意识,是中华民族优秀文化的重要组成部分,是临沂人民乃至全国人民宝贵的精神财富。沂蒙精神要点为:"吃苦耐劳、勇往直前、永不服输、敢于胜利、爱党爱军、开拓奋进、艰苦创业、无私奉献。"[1] 习近平总书记把沂蒙精神的特质高度概括为"水乳交融、生死与共"[2]。

2013 年 11 月 25 日,习近平总书记在临沂考察时指出:"沂蒙精神与延安精神、井冈山精神、西柏坡精神一样,是党和国家的宝贵精神财富,要不断结合新的时代条件发扬光大。"[3]

伟大的抗美援朝精神与社会主义的核心价值观密切相关。抗美援朝中,志愿军中涌现了 30 多万名英雄功臣和近 6000 个功臣集体,其中像杨根思、黄继光、邱少云等英雄模范,以他们的勇敢、坚毅、顽强、无畏成为全国人民崇敬、学习的楷模,成为中国革命文化的重要组成部分。无论何时何代,我们都要继承这一伟大的革命精神,传承砥砺不畏强暴、

---

[1] 杨丽娟:《传承"沂蒙精神"唱响时代主旋律》,2013 年 12 月 02 日,人民网—中国共产党新闻网网评精粹。

[2] 2013 年 11 月 29 日,人民网。

[3] 《习近平在山东考察时强调认真贯彻党的十八届三中全会精神 汇聚起全面深化改革的强大正能量》,《人民日报》2013 年 11 月 29 日。

反抗强权的民族风骨，汇聚万众一心、勠力同心的民族力量，锻造舍生忘死、向死而生的民族血性，激发守正创新、奋勇向前的民族智慧。在新时代社会主义建设中，它将激励中国人民和中华民族克服一切困难险阻、战胜一切强大的敌人。

（二）革命文化的本质特征

革命文化凝聚着坚定的马克思主义信仰，蕴含着民族独立、人民解放的理想追求，反映着中国共产党为人民服务、不怕困难、艰苦奋斗的政治信念和革命品格，折射出中国共产党人坚忍不拔、自力更生的优良作风和高尚情操。革命文化伴随着中国社会的发展进程在不同阶段展现出了不同的内涵，但其中始终存在着一些共性的特征。

1. 时代性

习近平总书记指出，历史、现实、未来是相通的。历史是过去的现实，现实是未来的历史。每段历史又具有其独特的社会背景，每个时代的文化都具有其鲜明的时代印记。"不怕牺牲""百折不挠"成为革命文化在新中国成立前中国共产党在革命战争时期精神凝聚的代名词；社会主义革命和建设时期，抗美援朝精神、大庆精神成为革命精神的生动体现；改革开放以来，随着国家社会经济的发展，革命文化也逐渐被赋予了新的内涵，载人航天精神、抗震救灾精神都是革命文化在这一时期的体现。今天，在中国特色社会主义现代化建设的新时代，中国共产党及中国人民所体现出的人民至上、众志成城、团结一心、敢于斗争的中国担当和中国精神成为革命文化的新时代内涵。随着时代的发展，革命文化也在这一过程中不断更迭时代的内涵。

新时代的革命文化体现为中国共产党领导人民锐意改革、不畏艰难险阻、一心为民、勇往直前的精神。中华民族之所以能迎来从站起来、富起来到强起来的伟大飞跃，最根本的是因为党领导人民建立和完善了中国特色社会主义制度，形成和发展了党的领导和经济、政治、文化、社会、生态文明、军事、外事等各方面制度，不断加强和完善国家治理，深化改革。革命文化的时代性表明其内涵具有社会历史性、历史继承性，它是随着历史的发展而不断更新，但是其中的核心内核，即坚持党的领导、人民利益高于一切的宗旨不变。

2. 坚持党的领导和坚定性的信念

坚持党的领导是革命文化的灵魂。这是经过长期的革命实践斗争所证明的真理。新时代进行的中国特色社会主义的建设最本质的特征是中国共产党的领导，中国特色社会主义制度的最大优势是中国共产党的领导。这样的政治文化所具有的革命性真正体现了中华民族伟大复兴的理想追求。中国共产党领导人民革命，而在这片土壤中孕育出的中国革命文化，凝聚着坚定的马克思主义信仰，马克思主义也成为中国共产党的理论基础和指导思想，它坚持"国以民为本，社稷亦为民而立"①。李大钊、毛泽东、周恩来……众多的中国共产党人在面临生死抉择时，从未放弃过自己的马克思主义信仰；二万五千里长征、改革开放、脱贫攻坚……无论哪个历史时期，中国共产党人始终以马克思主义为指引，以共产主义为奋斗目标，领导中国人民，克服艰难险阻，一步步走向富强、文明的社会主义现代化国家。而在这一过程中形成的革命文化，见证了"没有共产党就没有新中国"的历史，见证了"改革开放实现国富民强"的现代奇迹，见证新时代"决战决胜脱贫攻坚""精准扶贫"基本实现小康社会的崭新面貌。这一系列的历史进程表明中国共产党所秉持的坚定信念始终坚持马克思主义的基本立场，所形成的革命文化始终以人民利益为核心、国家和民族大义为重。其所创造的新时代的物质文明、精神文明、制度文明、生态文明无不彰显着革命文化的坚定信仰的指引。信念的坚定性是革命文化的重要特征。

革命文化在本质上是一种政治文化，具有鲜明的阶级色彩。"一个现代国家的历史和记忆，往往与其复杂的战争经验纠缠在一起。国家对战争经历的叙述、对战争记忆的构建和反思、对战争角色的想象和界定，在一定程度上能够解释出国家意志。"②中国共产党人把马克思主义内化为中国革命的具体实践，这也内在地表达了革命文化的政治性、实践性

---

① 习近平：《增强推进党的政治建设的自觉性和坚定性》，《共产党员》2019年第8期。
② 赵静蓉：《文化记忆与身份认同》，生活·读书·新知三联书店2015年版，第81页。

的品质。

3. 实践性

革命文化生成于中国革命实践,是我们党长期革命实践经验的总结。中国共产党通过实践的探索,不断完善和发展马克思主义、列宁主义和毛泽东思想,反对教条主义和本本主义,从中国革命、建设与改革的实际出发,坚持实事求是,理论联系实际,走出了一条适合中国革命和建设的中国特色的社会主义道路。在中国革命和建设的不同历史时期,积极探索实践,并不断进行历史总结和提升,提炼出了不同时期的革命文化,诸如红船精神、井冈山精神、长征精神、延安精神、西柏坡精神、沂蒙精神、抗美援朝精神、突破束缚勇于自我改革的精神、航天精神、抗震救灾精神,等等。革命实践是中国革命文化的重要源泉。在中国人民的实践斗争中淬炼培育中形成,它将成为中华民族走向未来的不竭力量。

4. 民族性

中国共产党诞生于民族危亡之时,肩负着民族解放和人民独立的光辉使命。伴随着中国革命实践产生的革命文化也一直展现出对民族命运的深切关注。在新时代有无数中华儿女为了实现中国梦而不懈奋斗,奋勇拼搏。革命文化具有民族性,正因为此,中华民族才能在今天屹立于世界民族之林,中国共产党才能够实现由小到大、由弱到强。

中国共产党的革命文化始终以民族理论和民族政策为基础,坚持共同团结奋斗、共同繁荣发展,促进各民族协同进步,56个民族携手并进,推进社会的全面进步和发展,推动中华民族走向包容性更强、凝聚力更大的命运共同体。

5. 斗争性

斗争性是革命文化的本质特征。要实现中华民族伟大复兴的梦想,必须进行伟大的斗争。社会是在矛盾运动中前进的,有矛盾就会有斗争。新民主主义革命时期,面对帝国主义、封建主义、官僚资本主义的压迫,中国共产党领导中国人民、团结可以团结的人,进行了艰苦卓绝的斗争,取得了新民主主义革命的胜利,建立了新中国。新中国成立到恢复国民经济的时期，当时的主要任务是肃清反革命残余，实行土地改革，恢复国民经济。这一时期，社会主要矛盾还是无产阶级领导的人民大众和三大敌人的残余势力的矛盾。党领导人民进行了坚决的斗争，完成了新民主主义革命任务，为彻底结束中国半殖民地半封建的历史进行了坚决的斗争。在社会主义革命和建设时期，中国共产党敢于正视自身存在的矛盾，善于自我斗争、自我革命。在20世纪70年代末80年代初实现了拨乱反正，实现了以经济建设为中心，坚持四项基本原则，坚持改革开放，及时指明社会主要矛盾的转变并最终取得了胜利。40年的改革开放的发展，中国共产党始终坚持伟大的斗争精神，解放思想，实事求是，克服艰难险阻，使中国的发展走上了高速发展的轨道。同时也面临着国际国内各种矛盾和冲突。我国社会主要矛盾的变化是关系全局的历史性变化，着力解决好发展不平衡不充分问题，大力提升发展质量和效益，更好满足人民在经济、政治、文化、社会、生态等方面日益增长的需要，更好推动人的全面发展、社会全面进步。这一任务昭示我党领导人民在建设道路上还要继续坚持斗争精神，紧扣我国社会主要矛盾变化，统筹推进经济建设、政治建设、文化建设、社会建设、生态文明建设，突出抓重点、补短板、强弱项，特别是要坚决打好防范化解重大风险、精准脱贫、污染防治的攻坚战。中国共产党第十九届中央委员会第五次全体会议提出到2035基本实现社会主义现代化远景目标以及"十四五"时期经济社会发展主要目标，并提出了实现这些目标的十二方面具体举措。这表明，未来30年的发展，我们仍然将在党的领导下，开启一个不断向上攀登的新征程。

革命文化的斗争性是有方向、有立场、有原则的，大方向就是坚持党的领导和我国社会主义制度不放松，以人民利益为核心，克服各种艰难险阻，不断开创中华民族伟大复兴之路。在百年未有之大变局中把握航向，把握先机。我们要让本国文明充满勃勃生机，又要为他国文明发展创造条件，美人之美、美美与共，让世界文明共同进步。

二 革命文化的内容

革命文化记载了中国共产党领导中国人民争取民族独立、人民解放，实现国家富强、人民富裕的历史进程，蕴含着中国共产党的理想信念、道德追求和价值理念，革命文化的内容依据不同的划分标准体现的内容也不同，以下主要从革命理论、革命理想、革命精神、革命道德、革命艺术五个方面进行阐述。

（一）革命理论

革命文化的核心就是革命理论，中国共产党自成立之初就将马克思主义作为自己的指导思想和精神旗帜，从中探求解决中国问题的真理智慧和精神动力。在中国革命、建设和改革的历程中，中国共产党将马克思主义进行了理论创新，将其与中国实践、中国国情相结合，诞生了毛泽东思想、邓小平理论、"三个代表"重要思想、科学发展观，以及习近平新时代中国特色社会主义思想，这些都是从中国革命实践、改革开放和社会主义现代化建设实践中产生而又服务于实践的伟大理论，这些理论创造性地回答和解决了当时最重要、最紧迫的时代课题和理论主题，以马克思主义中国化的最新成果指导了中国特色社会主义的实践。

进入新时代，伴随着我国各项事业的发展，国内外形势发生了深刻变化，需要我们与时俱进对新时代坚持和发展什么样的中国特色社会主义、怎样坚持和发展中国特色社会主义进行探索。正是围绕这一重大主题，以习近平同志为核心的党中央进行了艰辛的理论探索，取得了重大的理论创新成果，形成了习近平新时代中国特色社会主义思想，总结了中国人民实现了从"站起来"、"富起来"到"强起来"的伟大飞跃。毫不动摇地将马克思主义作为党的指导思想，不断丰富和发展马克思主义，使其在新的时代背景下绽放新的光彩，永葆青春活力，是中国革命和建设不断取得胜利的根本保证。

时代是思想之母，实践是理论之源。马克思主义在中国理论探索和实践创新的主题，是解决20世纪半殖民地半封建社会的中国革命道路问题，实质是马克思主义与中国实践如何结合的问题，精髓是实事求是、理论联系实际的思想路线。从马克思主义发展史来说，习近平新时代中国特色社会主义思想开辟了马克思主义中国化的新境界。

(二) 革命理想

革命理想信念是共产党人在中国革命进程中经受住任何考验的精神支柱。新时代更需要特别强调革命理想，认为革命理想高于天，只有在革命理想的引领下才能不断开拓中国特色社会主义事业的新局面。实现中华民族伟大复兴是近代以来中华民族最伟大的梦想。中国共产党一经成立，就把实现共产主义作为党的最高理想和最终目标，义无反顾肩负起实现中华民族伟大复兴的历史使命，团结带领人民进行了艰苦卓绝的斗争。在抗日战争时期，中国工农红军完成了一个又一个看似不可实现的奇迹，引领着中国革命从一个胜利走向另一个胜利，靠的就是革命理想的坚定。正是共产党人将实现共产主义作为全体党员的政治追求和中国革命的最终目标，他们才能在中国革命的历程中始终高扬革命斗志，不怕艰难险阻，始终将人民的利益放到心头；最终克服一个又一个难关，赢得了中国革命的胜利；正是中国共产党将革命事业和中华民族的生死存亡与个人命运系在一起，他们才有了无穷的革命斗志和革命力量，才会义无反顾地肩负起拯救中华民族于危难之际的历史重任，引导中国革命从一个胜利走向另一个胜利。

(三) 革命精神

革命党人无畏艰险，英勇拼搏，创造了许多可歌可泣的英勇事迹，形成了五四精神、红船精神、井冈山精神、长征精神、延安精神、西柏坡精神等光照千秋的革命精神。这些高尚的革命情操，可贵的革命精神是我们中国共产党和中华民族文化的瑰宝，也是革命文化的内在源泉。

三 习近平关于革命文化的重要论述

习近平总书记在党的十九大报告中指出，党领导人民在革命、建设、改革中创造的革命文化和社会主义先进文化是中国特色社会主义文化的组成部分。革命文化是我们党领导人民在革命、建设与改革中创造的，它以马克思主义为指导，以"革命"为精神内核和价值取向，起源于五四新文化运动和中国共产党成立，形成于新民主主义革命时期，丰富发展于社会主义革命与建设以及改革开放时期。革命文化是新时代中国特色社会主义文化的重要组成部分，是中国共产党人和广大人民群众优良传统和品格风范的集中体现，是具有鲜明中国特色的先进文化，同时更是推进中华民族伟大复兴的强大精神动力。

党的十八大以来，习近平总书记多次讲到文化自信。他强调："文化自信，是更基础、更广泛、更深厚的自信。在5000多年文明发展中孕育的中华优秀传统文化，在党和人民伟大斗争中孕育的革命文化和社会主义先进文化，积淀着中华民族最深层的精神追求，代表着中华民族独特的精神标识。"[1] 诞生革命战争年代的革命文化正是处于承前启后、承上启下的重要地位，它始终保持着旺盛的生命力，是中国特色社会主义文化自信的重要源头。习近平同志曾先后多次到革命老区进行考察，看望关切老区人民，并且对于传承红色基因、弘扬老区精神作出了系列重要指示。

革命文化的实质就是红色文化。党的十八大以来，习近平总书记多次对党的红色文化发表讲话，强调，"红色基因不能变，变了就变了质"，"我们的红色江山永远不变色"，"保证革命先辈们用鲜血和生命打下的红色江山代代相传"。红色，是我们党与生俱来的独特气质，它意味着一种浪漫，一种革命理想主义者的浪漫；它意味着一种赤诚，一种先锋队对民族前途命运的赤诚；它更意味着一种牺牲，一种共产主义者大无畏的牺牲。自建党之日起，我们的党旗选择了红色，我们的军队称为红军，我们的党员也常把"一颗红心献给党"。

（一）革命文化助力革命实践

革命文化从革命实践中孕育而来。一部革命文化的产生发展史，同时就是一部中华民族争取民族独立、人民解放和国家富强的斗争史。正如马克思主义所认为的，实践是认识的来源。我们的革命文化来源于伟大的革命实践，这就意味着研究革命文化，必须研究革命斗争，其中包括军事斗争、经济斗争等。这些革命斗争实践为革命文化的产生提供了土壤，革命文化中所蕴含的不畏牺牲、乐于奉献的大无畏革命精神，坚忍不拔、勇往

---

[1] 习近平：《在庆祝中国共产党成立95周年大会上的讲话》，《求是》2021年第8期。

直前的奋斗精神，自力更生、艰苦奋斗的创业精神等都是从革命实践中汲取到的精神养分。不仅如此，革命文化也为革命实践的发展提供所需的动力，以延安精神为例，它来源于党在延安时期坚持敌后抗战、推进马克思主义中国化、加强思想理论建设、开展大生产运动的革命实践，从中产生的精神要素正是今日所需的指导、鼓舞和借鉴意义。①

（二）革命文化坚持以人民为中心

革命实践的主体是人民群众。在艰苦卓绝的革命斗争和曲折艰辛的探索中，中国共产党结合革命不同历史阶段的目标与任务，充分坚持和尊重人民群众的社会历史主体地位，把马克思主义与中国革命实践相结合，坚持用革命理论武装干部群众的头脑，系统地领导人民群众在以不同方式参与民族独立、人民解放的革命事业的过程中，共同创造了革命文化。革命文化是由中国共产党领导和组织人民群众创造的。正是有了中国共产党的坚强领导，才有了中国革命，才孕育形成了革命文化。毛泽东强调："人民，只有人民，才是创造世界历史的动力。"② 习近平总书记指出："中华民族5000多年的文明史，中国人民近代以来170多年的斗争史，中国共产党90多年的奋斗史，中华人民共和国60多年的发展史，都是人民书写的历史。"③ 正是因为革命文化是我们党领导亿万人民群众不断创造和丰富发展的，它能够最大限度地调动最广泛人民群众的革命积极性、创造性，成为文化自信的力量之源。④

（三）革命文化与社会主义核心价值观密切相连

革命文化与社会主义核心价值观密切相连。党的十九大报告中，习近平同志在谈到培育和践行社会主义核心价值观时特别强调要"继承革命文化"。革命文化虽然成于烽火岁月，但是其精神魅力却丝毫不减。它所具有的真理性、政治性、民族性、时代性、人民性等特点，不仅是革命时期的坚定动力，也是社会主义建设改革时期坚定文化自信的重要支

---

① 朱喜坤：《革命文化是文化自信的重要源头》，《理论导报》2019年1月9日。
② 朱喜坤：《革命文化自信的重要源头》，《理论导报》2019年1月9日。
③ 《毛泽东选集》第3卷，人民出版社1991年版，第1031页。
④ 习近平：《论中国共产党历史》，中央文献出版社2021年版，第57—58页。

撑，是激发人们建设和改革热情的精神力量。我们要充分发挥革命文化的育人功能，传递其精神能量，助推社会主义核心价值观转化为人民群众的情感认同和行为习惯。

为此，我们要讲好党的故事，讲好红军的故事，讲好西路军的故事，把红色基因传承好。

第二节 革命文化与科技融合的继承发扬

党的十九大报告指出："文化是一个国家、一个民族的灵魂。文化兴国运兴，文化强民族强。没有高度的文化自信，没有文化的繁荣兴盛，就没有中华民族伟大复兴。要坚持中国特色社会主义文化发展道路，激发全民族文化创新创造活力，建设社会主义文化强国。"[1] 革命文化是中国共产党理想、信仰的集中体现，是新时代党领导中国人民实现现代化，完成建设小康社会目标的精神力量，革命文化在新时代的继承与发扬，关系到社会主义文化建设，关系到文化自信的重大理论与实践问题，因此，习近平总书记十分重视革命文化的继承与发扬。他曾到西柏坡、井冈山、沂蒙山、古田、延安、遵义等革命圣地考察。党的十九大后，习近平同志带领中共中央政治局的全体委员瞻仰上海中共一大会址和浙江嘉兴南湖红船，提醒全党要时时刻刻牢记中国共产党为人民谋幸福的初心和使命，将革命文化、红色基因传承下去。

一 与科技融合的革命文化继承发扬的内涵与特征

（一）与科技融合的革命文化继承发扬的内涵

革命文化是中国共产党近百年来带领中华民族不断由弱到强、实现中国梦的精神力量，自1921年建党以来，无数的中国共产党人一代又一代地将革命文化继承发扬。新时代，中国共产党更是将革命文化的继承发扬作为应对世界百年大变局、取得全面建设小康社会决定性胜利、践

---

[1] 习近平：《习近平谈治国理政》第3卷，外文出版社2020年版，第32页。

行社会主义核心价值观重要途径。习近平总书记对革命文化的继承发扬发表过一系列的重要讲话。2019年9月，为了纪念新中国成立70年，习近平同志同中共中央政治局的领导一同考察了北京香山革命纪念地，他指出："中共中央在北京香山虽然只有半年时间，但这里是我们党领导解放战争走向全国胜利、新民主主义革命取得伟大胜利的总指挥部，是中国革命重心从农村转向城市的重要标志，在中国共产党历史、中华人民共和国历史上具有非常重要的地位。"[1] 习近平同志强调，"我们缅怀这段历史，就是要继承和发扬老一辈革命家'宜将剩勇追穷寇，不可沽名学霸王'的革命到底精神，不断增强中国特色社会主义的道路自信、理论自信、制度自信、文化自信，勇于进行具有许多新的历史特点的伟大斗争，坚决战胜前进道路上的各种艰难险阻，使'中国号'这艘巨轮继续破浪前进、扬帆远航"[2]。这是习近平总书记关于继承和发扬革命文化与新时代中国特色社会主义建设之间关系的科学论述，正如总书记所说，革命文化是老一辈革命家给新时代中国共产党人留下的宝贵的精神财富，是我们保持初心、砥砺前行的不竭动力。但我们也必须清醒地认识到，革命文化的继承发扬是在新时代的社会环境中发生的，而当我们对新时代进行审视的时候，发现新时代最为显著的特征是党的领导，以及在党领导社会主义现代化建设过程中科学技术对社会发展的巨大推动作用。在新时代社会里，革命文化继承发扬也必然在党的领导下、在现代科技所构造的社会环境中展开。革命文化继承与发扬是融合了科学技术要素的实践活动，现代技术促进文化继承发扬在科技框架中完成。进一步说，新时代革命文化继承发扬是与科技融合的革命文化继承发扬。

所谓的革命文化继承发扬是指作为物质性与精神性存在的革命文化在代与代之间的传播、接续、发展与弘扬的社会实践活动的总和；与科技融合的革命文化继承发扬可以说就是通过科技的手段实现革命文化在当代人与后代人之中的传播、接续、发展与弘扬。我们可以从

---

[1] 习近平：《论中国共产党历史》，中央文献出版社2021年版，第258—259页。
[2] 习近平：《论中国共产党历史》，中央文献出版社2021年版，第259页。

第三章 革命文化与科技融合的继承发扬和创新性发展

两个维度对这一概念进行理解,一方面指的是科技要素包括科学思想、科学方法、技术手段、技术产品、技术工艺等嵌入革命文化体系中,实现革命文化+科技;另一方面指的是革命文化包括革命精神、革命信仰、革命物质遗产体现在科技产品与科技活动中,实现科技+革命文化。通过以上两个维度,实现科技与革命文化从思想、理念到制度方法以及物质实体多层次、多角度的全面融合,呈现出科技中有革命文化,革命文化中有科技的存在状态,使革命文化的精神在新时代得到传承、发扬和光大。

(二) 与科技融合的革命文化继承发扬的特征

2011年,为了庆祝中国共产党成立90周年,国家测绘地理信息局启动了红色地图项目,该项目运用空间地理信息网络地理信息系统、虚拟三维等现代测绘技术手段,系统地展现了新民主主义革命时期重大革命事件、战役、革命领导人的活动路线,通过革命文化的信息化较好地传承了红色基因,弘扬了革命精神,使革命文化在新时代有了新的展现形式,发挥了新的功能,使得革命文化在与科技融合的过程中得到了继承发扬。通过"红色地图"项目我们可以总结出,与科技融合的革命文化继承发扬特征主要体现在:

第一,与科技融合的革命文化继承发扬具有科学性。革命文化继承发扬直接体现在革命文化在代与代之间的传递、接受、吸收、弘扬,使其转化为当代人和后代人社会行动的精神动力。革命文化在代际之际的传递与接受主体的视域(horizon)息息相关,革命文化的当代传承要符合历史唯物主义基本原理,根据新时代的社会历史条件,以及当代人的认知模式,从实际出发阐释革命文化的新时代内涵。在传承革命文化的事业中,对于违背历史事实、人为地夸大和贬低历史事实的扭曲革命文化的做法,都是对革命文化的亵渎。这无法被当代人尤其是中国90后、00后的青年人所接受。那些夸大其词的抗日"雷剧"非但没有使青年人对革命先烈建立起应有的尊重与敬仰,反而还给一些有意污化、虚无化革命先烈思想和行为留下了机会。因此,用科学的态度、科学的方法、技术的手段真实地还原革命战争年代无数先烈革命历程是革命文化得以继承发扬的基础。

第二，与科技融合的革命文化继承发扬具有在场性。一般来说，革命文化的继承发扬主要通过博物馆、纪念馆、文学作品、戏剧、影视等手段，博物馆、纪念馆通过对革命历史过程中的物质遗存的展示，比如革命者的故居、革命根据地、革命者的遗物等，使后来者能够睹物思人，但这些物质遗存是沉默的历史，对文化的接受者来说很难产生身临其境的效果，也就较难产生心理上的移情与共情；文学、文艺作品通过对历史事件、历史人物的加工和升华确实可以使那些沉默的历史再现给文化的接受者，但受文学艺术作品表现形式的约束，有时不免会产生"老奶奶讲故事"的现象，带给受众的多半是感动但有时较难产生行动上的激励效应。现代3D、虚拟现实、网络游戏等信息技术的发展为解决这一问题提供了新的手段与平台，将革命历史的场景、事件、人物在虚拟现实中真实地展开，使文化的接受者能够穿越时间与空间的限制，以一个参与者的身份回到历史中去，使其具有在场性，与当时的历史人物产生共情。

第三，与科技融合的革命文化继承发扬具有整体性。近百年的革命历程反映了中国共产党为了中华民族的解放和复兴不断地、持续地奋斗的精神文化品性。这是一幅具有整体性的历史画卷，但这幅画卷涉及的事件、人物数量多、形式多样，按照传统的纸质文献的整理与收集方式，很难将其在一个共同空间中进行整体性的展现。现在我们通过信息技术平台利用大数据技术，可以将复杂多样、数目巨大的革命文献在大数据平台进行整体呈现，无论是研究者还是学习者都可以方便、迅捷地对革命文化进行整体的认识和把握。例如北京爱如生数字化技术研究中心，采用独有的数字化技术制作收录自1915年新文化运动至1949年全国解放期间，中国共产党领导人、共产党员以及党外、国外友好人士公开发表的各类著作、纪实文章，从整体上展示了红色文献，堪称红色征程的全记录。

第四，与科技融合的革命文化继承发扬具有世界性。中国共产党及其领导的中国人民进行的新民主主义革命以及社会主义革命是世界劳动大众为争取自由与解放革命实践活动的一部分，并且是非常鲜活和具有中国特色、与中国文化一脉相承的文化现象，中国的革命文化既是中国特色社会主义文化的重要内容，又是马克思主义科学社会主义思想在中国的具体实现，是世界共产主义运动的有机组成部分，具有世界意义。革命文化与科技融合创造出科技化的革命文化，通过互联网、数据库成为能够被全世界各个民族的人民共享的文化资源，体现出与科技融合的革命文化继承发扬具有世界性。

二　革命文化继承发扬的历史进程与现实困境

（一）革命文化继承发扬的历史进程

经过新民主主义革命的锻造和凝练而形成的中国共产党的革命文化逐渐成熟，作为中国共产党的文化标识随同我们党一起进入了社会主义建设时期，如何继承发扬革命文化传统，将革命精神转化为社会主义建设的物质力量是新中国成立、社会主义改造、改革开放以及新时代中国特色社会主义建设的重要实践内容。

1. 革命文化在社会主义改造和建设时期的继承发扬

中国特色的社会主义实践是从新中国成立以后的社会主义改造开始，社会主义改造时期一般是指从1952年到1956年对农业、手工业和资本主义工商业的改造，完成新民主主义向社会主义的过渡，使中国社会正式进入社会主义社会形态。1956年以毛泽东同志为首的中共中央提出以苏联为鉴，探索中国自己的社会主义建设道路，1958年5月，中国共产党第八次全国代表大会第二次全体会议根据毛泽东同志的创议，通过了"鼓足干劲，力争上游，多快好省地建设社会主义的"社会主义建设总路线，标志着中国进入了社会主义建设时期。在社会主义改造和建设时期，中国革命文化得到了很好的继承与发扬，由于刚刚从半殖民地半封建的旧中国解放出来，全体人民受革命战争时期形成的革命精神的巨大鼓舞，积极地投身到社会主义建设事业中，这一时期对中国革命文化的继承发扬主要通过各级教育机构、新闻媒体、社会舆论、文学艺术的手段完成，有革命英雄主义的弘扬。抗美援朝战争中的邱少云、黄继光等英雄人物对青少年具有巨大的榜样效应；雷锋精神更是在社会主义建设时期全心全意为人民服务精神的继承与发扬，是革命文化在中国社会主义建设时期的完美体现；焦裕禄是人民公仆的革命理念在党政领导中的继承与发扬；铁人精神是艰苦条件下，依靠革命意志创造奇迹的劳模精神体现，"两弹一星"是自力更生、勇于拼搏的革命精神与爱国情怀在科技领域中的继承与发扬。各行各业频繁涌现的劳动能手、劳动模范是社会主义改造和建设时期，中国共产党对甘于奉献、敢于牺牲、吃苦在前、享乐在后的革命文化的继承与发扬。回溯社会主义改造建设近20年的时间里，各个领域中涌现了众多的英雄、劳动模范，在社会主义的建设过程中发挥了关键作用，使革命文化得到了最广泛的继承与发扬。

2. 革命文化在改革开放中的继承发扬

从新中国成立到1966年，将近20年的时间里，中国人民在中国共产党的领导下，继承和发扬在革命战争时期形成的革命精神和革命文化，自力更生，艰苦奋斗，国内国际经济环境得到改善。与1956年相比，工农业生产总值翻了一番，国民收入总额增长了1.8倍，整个社会形成了"讲奉献，爱劳动"良好风尚。但从1966年开始到1976年结束，中国开始了十年"文化大革命"，整个中国被极左思想所主导，革命文化的继承与发扬也在极左思潮的影响下出现了畸形化的继承发扬模式，举国家之力打造八部样板戏，将革命精神、革命文化脸谱化，扭曲了人民英雄在广大群众中的形象，违背科学精神的虚假宣传使人民对革命价值观、革命理念、革命精神的理解出现偏差，"高大全"式的先进人物失去了普通人学习与践行的依据与可能。革命文化的继承与发扬亟待重新回到科学的轨道中。

1978年是中国改革开放的元年，中国社会政治、经济、文化在经历了前面两年的拨乱反正，在关于真理标准的大讨论中开始逐步摆脱极左思潮的影响，进入全面解放思想的时期。这一时期对革命文化的继承与发扬主要是对革命精神的回归，革命精神是革命文化的核心，革命精神的实质是变革、改革、创新、推陈出新。中国的改革开放正是对革命精神的最好的践行，某种意义上说，改革开放的40年，既是中国解放生产力发展经济实现小康社会的40年,同时也是继承发扬革命文化的40年。具体表现在以下三点。第一,对解放思想、实事求是精神的弘扬。改革开放在解放思想中不断前行,在实事求是中获得成果。正是在这种精神的发扬中,深圳从一个小渔村发展成为中国经济改革的桥头堡,创造出了"时间就是金钱、效率就是生命"的改革开放时期的革命价值观。第二,坚定地践行密切联系群众,全心全意为人民服务精神。改革开放的目标是要实现全体人民的共同富裕,十九大报告中也将一切为了人民作为中国共产党的宗旨,因此,在改革开放过程中,中国共产党始终把提高人民的生活水平作为主要任务,不断加强党风建设。通过进行革命传统教育,在广大党员干部中树立清正廉洁、励精图治、无私奉献的革命精神,涌现出孔繁森、郑培民、郑长霞等人民公仆。第三,坚守独立自主、自力更生精神。"在中国这样一个发展中的社会主义大国,任何时候都必须把独立自主、自力更生作为自己发展的根本基点。"[①] 改革开放的40年,中国共产党将马克思主义基本原理同中国社会的具体实践相结合,发扬独立自主、自力更生的革命精神,通过不断创新,把中国建设成为世界第二大经济体,在科技上,有了诺贝尔奖的突破,有了自主建造的天眼,有了在通信领域跻身世界先进技术水平的华为。

3. 革命文化在新时代全面建设小康社会决胜期的继承发扬

中国已经进入全面建设小康社会决胜阶段的新时代。新时代的主要目标和任务是要满足广大人民对美好生活的需要,要解决的矛盾是发展不平衡、不充分的问题。中国特色社会主义建设允许少部分人先富起来,但最终要带领大多数人共同富裕,带领中国走向富强、民主、文明、和谐,将中国社会建设成为自由、平等、公正、法治的社会,培养每个公民爱国、敬业、诚信、友善的道德情操。新时代上述目标实现的基础是培养社会主义建设的接班人和建设者,这就需要加强革命文化的继承发扬。习近平总书记多次指出,我们要培养社会主义建设的接班人和建设

[①] 胡锦涛:《在纪念党的十一届三中全会召开30周年大会上的讲话》,《求是》2008年第24期。

者，革命的基因不能变，"变了就变了质"，要保证我们革命先辈们打下的红色江山"代代相传"。

新时代革命文化继承发扬主要在三个维度展开。第一，对以人民为中心的革命价值观的继承。以人民为中心，坚守人民立场，是"革命文化"本质属性。革命文化源于中国共产党领导的新民主主义革命，源于实现民族独立、人民解放的时代使命。中国共产党的初心"就是为中国人民谋幸福，为中华民族谋复兴"。新时代中国特色社会主义建设，仍然必须坚持以人民为中心的立场，把增进人民福祉和人的自由全面发展作为中国共产党追求的价值旨归。第二，对奋斗与创新的革命精神的保持。奋斗精神体现了中国共产党人的历史自觉和精神境界，更是新时代的鲜明特征。习近平指出，"以时不我待、只争朝夕的精神奋力走好新时代长征路"，一语道破了新时代的奋斗的本质。幸福生活不是天上掉下来的，是每个劳动者辛勤劳作得来的，新时代就是要倡导像女排夺冠一样的奋斗精神，"中国梦"离开了人民不懈奋斗无从实现。通过奋斗把国家梦和个人梦紧紧连在一起。第三，对革命文化高度的自觉自信。"历史和现实都表明，一个抛弃了或者背叛了自己历史文化的民族，不仅不可能发展起来，而且很可能上演一场历史悲剧。"[①] 革命文化作为当代中国文化的重要组成部分，"无论哪一个时期，都需要弘扬革命文化的精神内核，转化为社会建设的智力支持和精神动力"[②]。习近平强调"把红色资源利用好、把红色传统发扬好、把红色基因传承好"[③]。反复告诫全党任何时候不能忘记初心和使命，不能忘记革命理想和革命宗旨，这体现了继承和发扬革命文化的高度自觉。

(二) 革命文化继承发扬的现实困境

中国共产党及其广大人民群众在继承发扬革命文化方面做出了相当

---

① 习近平：《在中国文联十大、中国作协九大开幕式上的讲话》，《党建》2016年第12期。

② 速继明：《革命文化是维系民族长盛不衰、国家兴旺发达的强大精神动力》，《毛泽东邓小平理论研究》2018年第7期。

③ 习近平：《用好红色资源，传承好红色基因 把红色江山世代代传下去》，《求是》2021年第10期。

第三章　革命文化与科技融合的继承发扬和创新性发展

的努力，并取得了较好的成果，目前全国红色教育基地已经有 308 个，在继承发扬革命文化方面起到了积极的作用，但深入探究这些教育基地，无论是从内容、形式、手段等方面还有许多可以继续提升的地方，以辽宁抗联文化的挖掘、保护、继承发扬为例，目前辽宁地区的抗联遗址有 105 处，仅仅开发出 26 处，且大多集中在抚顺、本溪和丹东地区，其开发的程度也仅仅限于观光旅游，而大量丰富的革命遗存还都存在原始状态，有的甚至已经遗失。① 与辽宁的情况类似，除了上海等经济发达地区，革命文化基地大多在比较偏远的山区，属于经济相对落后的区域，革命文化继承发扬遇到了资金、人才、技术等多方面缺乏的现实挑战。

第一，历史虚无主义使革命文化继承发扬陷入重大危机。

虚无主义（Nihilism）一词最早来源于拉丁语中的"nihil"，意为"什么都没有"，它是由弗里德里希·海因里希·雅各比（Friedrich Heinrich Jacobi，1743—1819 年）首先引入哲学领域。从哲学意义上讲，虚无主义是指对真理不存在的一种信仰。历史虚无主义是一种唯心主义的历史观，否认存在历史规律，将历史视为可以任意打扮的小姑娘。它把历史视为一种无主体的偶然结果，强调个体性叙事。历史虚无主义要么公开宣扬"告别革命"，要么公开宣扬现代化只能是西方化。革命英雄是革命文化系统中的重要内容，他们无论是在革命战争中还是在社会主义建设中都为中国特色社会主义事业做出了巨大贡献，他们不怕牺牲，为了中国人民的幸福奉献了一切甚至是生命，他们的大无畏精神和自我牺牲的行为激励着一代又一代的社会主义建设者。当前，一些历史虚无主义者以反思历史为借口，否定中国共产党的领导和英雄人物。他们从根本上否定革命文化，使革命文化的继承发扬陷入巨大危机。

第二，保护、开发、利用的技术手段落后使革命文化资源的功效难以发挥。

中国共产党在领导中国人民进行独立自主的民族解放斗争中形成了

---

① 曲景慧：《辽宁抗联遗址调研分析及抗联革命老区乡村振兴发展研究》，《旅游纵览》（下半月）2020 年第 6 期。

丰富的革命文化资源,以东北三省为例,黑龙江的东北抗联革命遗址有393处,辽宁省仅烈士陵园及纪念场馆就有81处,吉林省的革命遗址有269处,但在调查中我们发现,一些革命遗址由于缺乏先进的保护技术已经很难发挥革命文物的功能,普遍存在檩椽槽朽开裂、土坯墙体酥碱剥落、部分革命旧址承重主体结构霉烂、屋顶破损严重。除了在保护方面缺少新的技术手段,在对革命文物的展示方面也与现代科技的连接不够紧密,对于革命历史事件和人物的介绍大多采取图片加文字说明的方式,时代背景信息较少,陈列手段陈旧,很少有充分利用声、光、电等现代科技手段的整体展示。

第三,革命文化的传播方式无法满足新时代的需求。

新时代是以网络为基础的信息化社会,自媒体已经成为重要的文化传播形式,各种网红充斥着互联网,抖音、公众号、大数据推送、朋友圈已经成为当代人际交往的主要技术平台。通过对各大门户网站、搜索引擎、知名公众号的调研,我们发现,革命文化的传播基本还是传统的纪念馆、红色旅游、博物馆等方式,缺少与现代信息技术融合的自媒体、网络化的传播形式。尽管我们也看到一些红色文化的网站,但大多以红色旅游为主要目的,革命文化的传播形式单一、参与性差,较难引起人们特别是年轻人的持续的关注度,革命精神、革命价值观、革命英雄的传播效果没能很好实现。

三 与科技融合的革命文化继承发扬的路径

(一)将科学精神与革命文化相融合抵御历史虚无主义

新时代伴随着现代科学技术迅猛发展,科学精神与创新精神成为新时代的显著特征。科学精神的实质是实事求是,这一点与中国共产党的革命精神是一致的。因此,通过将科学精神与革命文化的融合,使革命文化的传承具有科学基础是有效地抵御革命历史虚无化做法的有效途径。首先,通过对历史事实的甄别,还原历史的真实面貌。例如,通过走访革命先烈后代,通过对历史事件发生的社会背景信息的深度挖掘,对历史事件和革命英雄人物做整体性、动态化的描述,提升革命文化的历史性。其次，以科学的态度对待历史事件中的历史人物，即求真、求实的态度。革命英雄是在革命实践中产生出来，特殊的斗争经历和斗争环境造就了革命英雄的特殊本质。我们除了要大力宣传革命英雄的革命精神、革命信仰、革命行动之外，也要对其进行动态的、整体的述说，从英雄的家庭、英雄成长的环境、英雄的战友等多种角度去描绘、述说英雄的故事，用历史唯物主义科学的态度塑造有生命活力的英雄形象。最后，以科学理论驳斥各种革命历史虚无主义的论调与做法。英雄烈士纪念设施应当进一步免费向社会开放，供公众瞻仰、悼念英雄烈士，开展纪念教育活动，告慰先烈英灵。

（二）依靠科技创新实现物质性革命文物的保护

首先，通过建立科学化的管理机制保护革命文物。物质性的革命文化包括革命旧址、遗址、革命人物的遗物等以具体物质形式存在的实物型文化。物质性的革命文化主要是指中国共产党成立以来到新中国成立过程中所留存下来的各类革命实物、见证物，它们见证了革命运动、重大革命历史事件或者英烈人物的革命实践活动，蕴含着中华民族和中国共产党人的崇高精神价值与优良革命传统，具有重要纪念意义、教育意义及史料价值。

其次，实现革命文化数字化。近百年的革命文化资源，尤其是一些以书信、书籍、文件为主的实物性革命文化遗存受自然条件的限制会逐渐地朽坏，所以要通过数字化完成对此类革命遗存的保护。要建立完整的革命文化数字信息库，政府部门要重视对革命文化遗产的保护，保证革命文化数字化保护工作能够有序、有质量地开展。2018年4月27日，第十三届全国人民代表大会常务委员会第二次会议通过的《中华人民共和国英雄烈士保护法》第八条中规定，县级以上的人民政府应当将英雄烈士纪念设施建设和保护纳入国民经济和社会发展规划、城乡规划，加强对英雄烈士纪念设施的保护和管理。

（三）建立多媒体交互式的革命文化传播网络

在信息化自媒体的新时代，为了解决革命文物传统的单向直线传播模式，需要建立多媒体交互式传播的网络。各地的革命博物馆要积极进行技术改造。首先,通过增加与参观者的互动性,保障受众的兴趣得以充分激发,将传统革命文化的单向传播结构进行优化与升级,真正改变以往革命文物重视墙上的历史书这一尴尬的现状,改善和提升传统文物信息传播方式。其次,在新媒体视域下,各个地方的革命纪念要全力推动网络互动传播。使革命文物的拓展及传播广度得到有效提升和延伸,取得良好的革命文化传播效果。最后,通过革命文物二维码开展革命文化的传播。通过给革命文物、历史事件、历史人物编制二维码,使革命文化成为口口相传的故事。

第三节 革命文化与科技融合的创新性发展

一 革命文化与科技融合的创新文化内涵与特征

科学技术作为文化的重要组成部分,一方面它的发展会受到其他文化要素的制约,另一方面它会影响其他文化的发展。当前,文化与科技的交融不断加深,我国文化事业、文化产业不断涌现新的发展态势,文化市场主体持续壮大,文化产业体系不断完善,文化产业转型升级取得明显成效。为此,革命文化创新在与科技融合的视角下呈现出新的内涵与特征。

(一)与科技融合的革命文化创新的内涵

"革命文化"是中国共产党人领导人民在革命事业中创造的充满革命性的文化成果,包括革命思想理论、革命信念精神、革命价值伦理以及革命文化作品等。革命文化要得以发展,也需要完成创造性转化,实现文化创新,以适应社会发展的文化需求。从以下三个方面理解革命文化与科技融合的创新性发展。

首先,打造革命文化科技融合载体,实现革命文化形式上的创新。革命文化发展和传承的一个重大载体就是各类红色革命老区基地、爱国主义教育基地。纵观国内红色革命老区,一般经济都处于欠发达状态,因此在革命文化传播与继承方面常常受制于经济的现状而无法得到完全开发。因此,要使得革命文化得以创新发展就要借助科技力量的保护和

第三章 革命文化与科技融合的继承发扬和创新性发展

扶持,而对于革命文化的发展而言,这种载体最适合的模式就是开设革命文化博物馆,利用科技的保护与扶持,为各类革命文化博物馆搭建各类宣传的博物馆,并配套以多种科技展示设备,以此来吸引广大人群来参观学习革命文化,达到传承传播革命文化的目的。

其次,打造革命文化科技传播机制,实现革命文化传播手段上的创新。现代社会随着互联网技术的进步,信息传播速度越来越快,不同文化之间的交叉渗透也不断加速。革命文化要实现跨越式创新发展,就要利用科技手段来创新其传播的途径。为此,革命文化要利用数字技术等高新技术对自身进行改造升级,提高传播的能力。要善于运用新一代信息技术对优质的革命文化进行数字化、网络化改造,一方面创造满足文化消费需求,另一方面创造新的文化需求,对全社会进行革命文化的教育和普及。

最后,打造革命文化科技发展业态,实现革命文化产业化发展。目前,科技引领、跨界融合、线上线下协同、IP(知识产权)衍生已成为文化产业新业态生成的主要方向和途径。近些年来涌现出诸多优秀的电影巨作,例如《建党大业》《建国大业》等展现革命文化的优秀影视作品,也受到了社会的一致好评,促进了电影产业发展,同时也极好地传播了革命文化,是革命文化借助科技手段传播的典型范例。

(二) 与科技融合的革命文化创新的特征

"立足当代中国现实,结合当今时代条件"是新时代社会主义先进文化的现实基础。文化本身的历史性决定了任何一个文化形态都带有时代烙印,都是时代精神的表达。革命文化发展至今必然承载着时代精神的内涵,才得以延续和发展,与科技融合的革命文化呈现出以下的文化创新特征。

第一,时代性。与科技融合的革命文化呈现的最突出特征就是时代性。革命文化作为新时代优秀的社会主义文化体系中的重要组成部分,既保留了在革命时期革命文化自身的重要精神和价值传承,也在科技条件保护和扶持下呈现出强烈的时代性特征。革命文化的时代性表现在三个方面。首先,在文化内容上,革命文化的内容随着历史的发展不断丰富，不断更新，产生了大庆精神、航天精神、抗震救灾精神等。革命文化在自我发展中不断开拓，自我更新迭代，保持着文化的先进性。其次，在文化形式上，革命文化表现形式推陈出新，不仅仅保留着文字、物件等传统的文化承载形式，也随着时代的发展推出了诸如电视、电影等全新的文化表现形式。最后，在文化目的上，革命文化的目的随着时代的跃迁也不断变化，社会主义时代背景下，革命文化的一个重要目的就是要激励全社会成员努力奋进，不断创新，为早日实现"中国梦"提供文化支持。

第二，多媒介性。在与科技融合之后的革命文化创新发展的另一个重要特征就是多媒介性。科技与文化融合发展最直接的形式就是借由科技发展的力量来促进文化的传播和发展。革命文化与科技融合的创新发展也不例外，借助科技的力量，革命文化的传播不仅仅局限于特定的时间特定的地点，伴随着互联网技术以及多种可视化技术转化，革命文化的传播可以跨越时空，实现线上、线下双线的展示和传承。

第三，高传播性。科技与革命文化融合创新发展的另一个重要特征就是革命文化表现出高传播性。随着科技与文化融合发展的不断加深，新的文化传播方式不断涌现，借助互联网技术以及网络平台，革命文化的创新发展实现了快速、广泛的传播。相比传统的革命文化传播依靠传统的文化教育、文化扩散的方式，与科技融合之后的革命文化也借助多种传媒方式获得了更多的传播机会和传播平台，使大众越来越容易、越来越方便能够接触、了解到革命文化的精神内涵，从而使得我们能够从革命文化中汲取更多的精神力量。

革命文化始终保持着自己原本的文化属性和文化特征，即革命性、人民性和民族性。革命性是革命文化的本质属性。它形成于中国共产党领导人民开展革命事业的过程中，打下了深刻的革命性的烙印，并最终被时代所证明是先进的文化。新时代条件下，与科技融合的革命文化也呈现出深刻的革命性，这种革命性主要体现为文化的自我改造、自我发展，表现出一种文化内部的自我革命。文化的人民性是指人民是历史的主体，历史是由人民所创造出来的；与此相应，革命文化的产生发展也深深的根置于人民群众的革命实践中，创造革命文化的主体是党领导下的广大人民群众，他们在实践中所表现出来的革命精神成为中华传统文化中的瑰宝。革命文化所承载的不仅仅是人民的利益诉求和美好愿望，更是体现了人民群众所具有的优良品质和道德修养。人民性是马克思主义政党文化的根本特征，《共产党宣言》中明确指出："至今发生过的一切运动都是少数人的、或者都是为少数人谋利益的运动。无产阶级的运动是绝大多数人为绝大多数人谋利益的独立自主的运动。"[1] 现代是和平时期，革命文化的来源依旧是人民群众的伟大的历史实践，他们在改革开放时期，根据中国农村实践勇于探索，打破禁锢，勇闯禁区，自主探索农村改革之路的锐意改革的精神，其中蕴含着革命文化的精神实质。作为传统的优良文化，革命文化在不同程度上影响并熏陶着现代所涌现的时代精神，诸如"航天精神""抗震救灾精神"等新的革命文化精神，这些都是人民群众在探索中华民族伟大复兴道路上的重要的精神支柱，代表了人民群众的热切期望和对美好生活向往。文化的民族性是指任何文化的形成和传承都承载着本民族的特质。这种文化中所蕴涵的精神特质是全体社会成员所深刻认同的文化密码。革命文化是党带领全国各族人民在建立、建设新中国的过程中所形成的优秀文化，这其中不乏各个民族共同的认同，也就是"民族文化熔炉"，这种文化认同感根植于中华民族传统文化的土壤之中。在实现伟大"中国梦"的背景下，革命文化这一特性不仅能够提高全国各族人民的团结一致的凝聚力，而且还将国家复兴与民族繁荣有机地结合起来，这就使得革命文化表现出鲜明的民族特性。

二　与科技融合的革命文化创新路径

党的十八大提出了"促进文化和科技融合，发展新型文化业态，提高文化产业规模化、集约化、专业化水平"的纲领性要求。革命文化作

---

[1] 马克思：《共产党宣言》，《马克思恩格斯全集》第4卷，人民出版社1958年版，第477页。

为社会主义先进文化的重要组成部分，要抓住与科技融合发展的机遇，实现跨越式的创新发展。这就要求我们要不遗余力地探索科技发展和革命文化相互融合的多维路径，做到"在发展中融合，在融合中发展"。

（一）革命文化的现代化

革命文化创新发展要实现革命文化的现代化。而科技为革命文化的现代化发展注入了新的时代元素，提供了新的力量支持，使革命文化更贴近于人的生产生活需求，从而能够实现革命文化的现代化发展。

改革开放之前，文化的发展很大程度上受到科技水平的制约，文化的传播主要局限于舞台、广播、电视、印刷等有限的形式。改革开放以后，我国科学技术的发展有了长足的进步，进一步启发并推动了革命文化的发展，革命文化在科学技术的推动下也充分展现了新形态。科技与文化进一步融合，推动着革命文化不断创新，突破传统行业界限而跨行业持续向前发展。

革命文化实现现代化应从两大方面入手。一方面，运用现代科技手段实现革命文化发展、传播的现代化。譬如引入网络媒体、创意动漫、数字出版等新的科技形式的传播手段，实现革命文化在传播方式上的现代化。另一方面，要借助现代科技手段发展人民喜闻乐见的革命文化的形式，进而实现革命文化在内容、形式上的现代化。譬如通过网络舆情互动，开展人民群众喜闻乐见的革命文化的传播方式，开设网上团课、青年大学等一系列的双向互动的网络平台课程等，不断丰富和充实革命文化的内容和表现形式。

总体来说，科技的发展使革命文化的内容结构、存在形态和传播手段都发生了革命性的变迁，推动了革命文化向现代文化模式转变，增强了革命文化融入现代人生活需求的程度，实现了革命文化事业和产业的巨大进步。

（二）革命文化的网络化

随着科技的不断发展，网络化是现代社会的一个重要的科技发展标志。在网络信息技术飞速发展的今天，互联网的发展已经实现了极大的飞跃。网络所具有的海量信息、信息的高速传播和反馈的特殊性以及网络所具有的信息的即时交互的优势都十分适合作为文化传播的载体。加之网络文化对社会大众的影响日益深入，因而需要充分利用网络平台把革命精神中所蕴涵的价值理念传播给全社会，引导社会优秀先进文化的发展。为此可以从以下措施入手。

1. 建设革命文化主题网站。加强全社会的革命文化教育，必须建立相关的革命文化主题网站，在全社会培育先进思想和文化，使得社会成员在网络媒介的熏陶下感受、理解并接受爱国主义、革命传统和理想信念等教育。

需要注意的是，在建设革命文化主题网站时，首先，要充分考虑提高社会成员的参与度和关注度，让受众对网站内容保持新鲜感，以增强革命文化的感染力和宣传力。其次，要充分开展以革命文化为主题的网上教育活动。最大限度地利用革命文化主题网站的资源，发挥互联网信息传播迅速的特点，把革命文化中最深入人心的内容以契合网络传播的方式呈现出来，使广大受众在形象而生动的网络传播中接收革命文化的熏陶和教育。

2. 利用微信、微博等网络平台传播革命文化。现在是和平年代，社会受众远离战争，生活富足优越，缺乏对革命文化的感同身受，因此，可以依托微博、微信等平台，开展网络微电影、微电视剧等新的传媒文化产品，设置相关的主题活动，通过网络技术赋予这些革命文化以新的内涵和表现形式，以多样化的表达方式生动地向社会受众传播优秀的、先进的革命文化，以进一步引导社会受众接受革命传统文化的熏陶。

（三）革命文化的数字化

保护革命文化资源最直接有效的方式就是建立数字资源库。为此，中共中央办公厅、国务院办公厅先后印发了《关于实施中华优秀传统文化传承发展工程的意见》《关于实施革命文物保护利用工程（2018—2022年）的意见》等文件，要加强对革命文化资源数字化的组织领导，促进革命文化数字化的良好发展。

第四章

社会主义先进文化与科技融合的繁荣兴盛和创新性发展

中华优秀传统文化、革命文化和社会主义先进文化，共同构成了中国特色社会主义文化。中华人民共和国成立后，伴随着中国社会政治与经济的稳步发展，党和国家着力培育社会主义先进文化，国人的文化自信日渐增强。社会主义先进文化成为体现社会主义制度优越性的重要方面，社会主义先进文化的发展与培育，成为中国特色社会主义建设的重要任务之一。

新时代社会主义先进文化与现代科学技术相融合，一方面促进社会主义先进文化的繁荣和发展，另一方面从文化的角度，积极推进先进的科学文化加速发展，推动科学技术的发展。

第一节 社会主义先进文化的形成与特质

文化是民族的血脉与根基，是民族精神的居所与家园。文化建设是新时代中国特色社会主义建设的重要内容之一，其核心要义是发展社会主义先进文化。习近平总书记指出："在5000多年文明发展中孕育的中华优秀传统文化，在党和人民伟大斗争中孕育的革命文化和社会主义先进文化，积淀着中华民族最深层的精神追求，代表着中华民族独特的精神标识。"[①] 中国社会主义先进文化是在革命和建设的历史进程中产生和

---

① 习近平：《论中国共产党历史》，中央文献出版社2021年版，第126页。

第四章　社会主义先进文化与科技融合的繁荣兴盛和创新性发展

发展，离不开中国革命的伟大实践历程。

一　社会主义先进文化的内涵与构成

（一）文化与先进文化

文化是人类社会历史发展的积淀和产物。作为一定社会的经济和政治在观念形态上的反映，文化既是一种社会生活方式，又是一种精神价值体系。文化概念外延十分宽泛，不论政治、经济与社会，还是精神和物质，不论古典和现代，还是理论与实践，凡是人类的创造都有着文化的印记。这表明要理解文化的含义，就要在这浩如烟海的文化领域中找寻其内涵和共性。在哲学上，文化进入理性的视野源于近代的哲学原则和启蒙精神。文化哲学在19世纪中叶开启，它得益于理性的含义在作为主体的人及其自由本性上的开显，一切事物都要在人的理性自由法庭上才能获得合法性规定，人成为自然的目的。但人只是一个有限的理性存在者，一方面有着自然属性，另一方面指向超越自然的自由概念。其中自然属性仍将人绑缚在自然因果性链条之中，对自由的追求才让人虽身负枷锁却仍登上自然最后目的的顶峰。文化便是自由规定下的人对自然改造利用的具体表现，它包含着一切人的创造活动及成果。

既然文化立足于理性自由的人对自然改造的表现，文化的现身形态便必然是历史性的。历史性的文化具有先进的和落后的区分，其标准就在于是否能够真正体现人的自由，实现人的价值。先进文化是符合人类及其社会发展规律的文化，它既能够预示和代表人类社会发展的方向，又能够为人类社会进步提供精神保障和动力，是追求人类个体或群体和谐与全面协调可持续发展的人类文明的结晶。

以往的文化要么是建立在屈服于偶像的人的本质上，要么是以抽象的人的自由为基础，它们都不能通达真正的人的自由本性。只有马克思主义对人的本质的理解，以及由此阐释的文化内涵才能最终实现人的解放，才是先进文化的标准。马克思主义所理解的人是历史实践中的具体的人，而不是抽象的人。这样的人在对自然的利用和改造过程中铸就的文化也不是抽象的规定，而是以劳动人民为利用和改造自然的主体，立足于时代和物质生产条件，以人的全面解放为指向的先进文化。马克思以共产主义为理想，深刻揭示了资本主义和现代性的历史命运，阐释了劳动人民的特征和使命。作为马克思主义中国化的重要组成部分，社会主义先进文化是中国共产党立足于民族特点和实践探索道路创造性地吸收和发展的马克思主义。中国的改革进入新时代以来，我们所面对的现实条件有了新的变化，我们的生产力也有了新的发展，在这样的历史背景下，社会主义先进文化就是对当下中华民族伟大复兴这一实践活动的概括和表现，它所依据和关心的是我们民族在实践过程中所要实现的人的价值及具体行动指南。

（二）社会主义先进文化的内涵

社会主义先进文化，从其本质来说，是当代中国的先进文化，它适应了先进生产力的要求，能够促进生产力的解放和发展；同时，它又体现了时代精神，能够提升人的精神生活，提高人的伦理道德，促进人的自我完善和发展，是能够满足最大多数人的最大利益的文化。从社会主义先进文化的形成来说，它是中华传统文化的继承和发扬，是中华民族几千年优秀文化凝聚的结晶。它既汲取了中国传统文化中的精华，剔除了其中的糟粕，又博采众长，吸收和借鉴了各国和其他民族的优秀文化。同时，社会主义先进文化又是我们党和人民对长期革命和建设的实践经验的总结，是马克思主义普遍原理指导下的符合现代科学精神的中国文化。

我们党对社会主义先进文化进行过多次论述。党的十五大报告指出，"建设有中国特色社会主义的文化，就是以马克思主义为指导，以培养有理想、有文化、有道德、有纪律的公民为目标，面向现代化、面向世界、面向未来的，民族的、科学的、大众的社会主义文化"[①]。党的十六大报告提出"在当代中国，发展先进文化，就是发展面向现代化、面向世界、

---

① 中国共产党第十五次全国代表大会报告［EB/OL］，http：//www。cctv。com/special/777/1/51883。html。

第四章　社会主义先进文化与科技融合的繁荣兴盛和创新性发展

面向未来的，民族的科学的大众的社会主义文化，以不断丰富人们的精神世界，增强人们的精神力量"①。党的十九大报告指出："发展中国特色社会主义文化，就是以马克思主义为指导，坚守中华文化立场，立足当代中国现实，结合当今时代条件，发展面向现代化、面向世界、面向未来的，民族的科学的大众的社会主义文化，推动社会主义精神文明和物质文明协调发展。"② 社会主义先进文化是在马克思主义指导下的、以中国传统文化为历史渊源和现实土壤、在中外文化的融汇与整合中所创造出来的，具有中国风格、中国气派、健康向上的社会主义文化和文明。③

基于以上论述，我们可以从以下几个方面来理解社会主义先进文化的内涵。第一，社会主义制度是社会主义先进文化的本质要求。社会主义先进文化必须坚持社会主义制度，它是服务于社会主义制度的，而不能反对社会主义制度。第二，社会主义先进文化是马克思主义为指导下的文化。第三，社会主义先进文化坚持"三个面向"。面向现代化——既要为社会主义现代化服务，也要实现文化自身的现代化。面向世界——与世界各国和其他民族文化进行广泛深入的交流、交锋、交融。面向未来——着眼长远，勇于创新。第四，从发展方向来看，社会主义先进文化是"民族的、科学的、大众的"。民族的——发扬民族优秀文化传统，彰显中国风格和中国气派；科学的——倡导科学精神和科学态度，驱散封建迷信；大众的——面向群众，依靠群众，服务群众。

（三）社会主义先进文化的主要内容

社会主义先进文化深度融合了中华优秀传统文化和革命文化，萃取了二者的精华，是中华文化在当代中国的最新发展。④ 在马克思主义普遍原理指导下，我们党和人民经过长期革命和建设，形成并发展出社会

---

① 江泽民同志在党的十六大上所做报告全文 [EB/OL]，http：//www.china.com.cn/guoqing/2012－10/17/content_ 26821180_ 7. htm.
② 习近平：《习近平谈治国理政》第3卷，外文出版社2020年版，第32页。
③ 宁先圣：《社会主义先进文化的内涵解析》，《理论导报》2012年第2期。
④ 汤玲：《中华优秀传统文化、革命文化和社会主义先进文化的关系》，《红旗文稿》2019年第19期。

· 153 ·

主义先进文化，因此，社会主义先进文化，就包括了马克思主义中国化所取得的实践及理论成果，如中国特色社会主义理论体系和习近平新时代中国特色社会主义思想，思想观念方面的全心全意为人民服务的理念、以人为本的发展理念、精神层面的爱国主义精神、改革创新精神，等等。

任何一种文化都有其核心和精髓，最能体现社会主义先进文化核心和精髓的，就是社会主义核心价值体系。党的十六届六中全会通过了《中共中央关于构建社会主义和谐社会若干重大问题的决定》，提出"建设社会主义核心价值体系"。党的十八大首次对社会主义核心价值观的内涵进行阐释，提出要积极培育和践行富强、民主、文明、和谐，自由、平等、公正、法治，爱国、敬业、诚信、友善为主要内容的社会主义核心价值观。习近平同志在党的十九大报告中指出："坚持社会主义核心价值体系。必须坚持马克思主义，牢固树立共产主义远大理想和中国特色社会主义共同理想，培育和践行社会主义核心价值观，不断增强意识形态领域主导权和话语权，推动中华优秀传统文化创造性转化、创新性发展，继承革命文化，发展社会主义先进文化，不忘本来、吸收外来、面向未来，更好构筑中国精神、中国价值、中国力量，为人民提供精神指引。"[①]

二 社会主义先进文化的历史进程

在习近平新时代中国特色社会主义先进文化之前，社会主义先进文化经历了四个发展阶段：一是毛泽东提出文化发展的"双百"方针，二是邓小平提出社会主义精神文明建设指导思想，三是江泽民提出社会主义文化建设纲领，四是胡锦涛提出"社会主义核心价值观"及"和谐文化"思想。

（一）毛泽东提出"百花齐放，百家争鸣"的文化发展方针

毛泽东在革命和建设时期都高度重视并努力探索中国社会主义文化建设道路，在此过程中，他始终坚持将马克思主义与中国革命和建设的具体

[①] 习近平：《习近平谈治国理政》第3卷，外文出版社2020年版，第18页。

第四章　社会主义先进文化与科技融合的繁荣兴盛和创新性发展

实践相结合，深入认识和深刻把握我国文化建设的基本规律，提出了许多蕴含着丰富文化建设思想的理论观点。新中国诞生之际，毛泽东就高瞻远瞩地预见到在结束了以武装斗争为中心的革命任务之后，随着经济建设的高潮的到来，必然要及时地开展社会主义文化建设，不可避免地就会出现一个文化建设的高潮，这是践行党的为人民服务宗旨的内在要求。毛泽东始终坚持马克思主义对社会主义文化建设的指导地位，强调指出社会主义文化只能由共产主义思想去领导。在文化的价值追求上，毛泽东强调文化为工农大众服务的宗旨，文化必须要满足人民群众的文化需求，文化建设要为"全民族中百分之九十以上工农劳苦民众服务，并逐渐成为他们的文化"[1]。针对新中国成立之初我国的社会主义文化建设出现了严重的教条主义问题，为了增进文化发展的活力，毛泽东提出："艺术问题上的百花齐放，学术问题上的百家争鸣，我看应该成为我们的方针。"[2] 后来毛泽东将这一思想进一步明确表述为"百花齐放、百家争鸣"的文化发展方针[3]，并强调这一方针是基本性和长期性的，而非暂时性的。对于外来文化和古代传统文化的态度，毛泽东倡导"去其糟粕、取其精华"的"扬弃"方针，即既要重视继承弘扬中国优秀传统文化，又要积极汲取国外先进文化的精髓，毛泽东也强调对外国文化盲目搬用的方针也是错误的。1978年全国人民代表大会把毛泽东提出"百花齐放，百家争鸣"的文化发展方针，写进了宪法，自此后，"双百"方针成为社会主义先进文化发展的根本原则。

(二) 邓小平提出社会主义精神文明建设

改革开放之初，在我国已经进入社会主义现代化建设的新时期，随着党和国家工作重心的转移，邓小平提出了建设社会主义精神文明，把社会主义精神文明建设与物质文明建设放在同等高度，他指出，"我们要在建设高度物质文明的同时，提高全民族的科学文化水平，发展高尚的丰富多彩

---

[1]《毛泽东选集》第2卷，人民出版社1991年版，第708页。
[2]《毛泽东文集》第7卷，人民出版社1999年版，第54页。
[3]《毛泽东文集》第7卷，人民出版社1999年版，第278页。

的文化生活，建设高度的社会主义精神文明"①。对于发展社会主义文化的目的，就是不断满足人民群众日益增大的文化生活需要，实现人的全面发展。对于怎样建设社会主义文化的问题，邓小平首先强调社会主义初级阶段文化建设必须坚持以马列主义、毛泽东思想为指针，在这个问题上不能有任何的怀疑和动摇，实现四个现代化，必须有一个安定团结的政治局面，全社会都要大力宣传社会主义的优越性，意识形态工作要常态化，并要自觉地以大局为重，坚持"双百"方针就是要为安定团结这个大局服务，"绝不能反对这个最大利益"②。邓小平高度重视在思想文化领域坚持党的文化领导权，多次强调必须坚持四项基本原则，强调必须大力加强党对思想战线的领导，强调文艺必须要为人民服务，为社会主义服务。建设有中国特色的社会主义，还必须加强理想信念教育，依靠远大的理想、有马克思主义信念和共产主义信念，过去我们才能够取得新民主主义革命胜利；要取得社会主义建设，推进改革开放，要向青年进行有理想、有纪律教育，对于下一代下两代要特别教育他们一定要树立共产主义的远大理想。针对当时国内出现的精神污染问题，邓小平高度重视，并指出精神污染的危害很大，足以祸国殃民，必须及时注意，并采取坚定的措施予以制止，否则，如果任其自由泛滥，后果会很严重，因此，中国的社会主义现代化建设，必须抓紧四项基本原则的教育，必须抓紧马克思主义基本理论的教育。

邓小平提出，评价社会主义文化建设的标准，就是文化是否有利于人民，是否满足人民的精神文化需要，是否有利于四个现代化建设作为社会主义文化建设。基于衡量文化的评价标准，邓小平要求文艺工作者要通过艺术创造来满足人民的精神需要，提升人民的精神境界。可以说人民是文艺工作者的母亲。邓小平指出，"人民需要艺术，艺术更需要人民。自觉地在人民的生活中汲取题材、主题、情节、语言、诗情和画意，用人民创造历史的奋发精神来哺育自己，这就是我们社会主义文艺事业兴旺发达的根本道路"③。邓小平还明确指出，文化工作者应该提高自身

---

① 《邓小平文选》第2卷，人民出版社1994年版，第256页。
② 《邓小平文选》第2卷，人民出版社1994年版，第256页。
③ 《邓小平文选》第2卷，人民出版社1994年版，第211页。

第四章　社会主义先进文化与科技融合的繁荣兴盛和创新性发展

的素质，首先要努力学习马列主义、毛泽东思想，要不断提高自己认识生活、分析生活、透过现象抓住事物本质的能力，还要不断丰富和提高自己的艺术表现能力。邓小平还强调，文艺工作者要攀登上艺术的高峰，只有不畏艰难、勇于探索、勤学苦练，必须认真钻研、吸收、借鉴、融化并发展古今中外艺术中一切好的东西，创造出具有独特民族风格和时代特色的完美的艺术形式，才能成为卓越的文艺工作者。文艺工作者只有不断提高自身的艺术表现能力，用优秀的作品教育和引导人民，鼓舞人民奋发努力、积极向上，才能更好地为社会主义现代化建设事业做贡献。邓小平的文化建设思想标志着社会主义先进文化体系的最初形成。

（三）江泽民提出社会主义文化建设的纲领

江泽民在新的社会历史条件下，围绕建设具有中国特色的社会主义文化，继承前人关于社会主义文化建设的重要思想，提出了一系列重要论述，极大地丰富和发展了社会主义文化建设理论。江泽民明确了中国特色社会主义文化与社会主义精神文明之间的同一关系，他提出在当代中国"发展先进文化，就是发展有中国特色社会主义文化，就是建设社会主义精神文明"[①]。在党的十五大报告中，江泽民提出，"建设有中国特色的社会主义文化，就是以马克思主义为指导，以培育有理想、有道德、有文化、有纪律的公民为目标，发展面向现代化、面向世界、面向未来的，民族的科学的大众的社会主义文化"[②]。这是在党的历史上第一次明确地阐述了社会主义文化建设的纲领。这一纲领具有丰富的内涵，规定了社会主义先进文化首先是以马克思主义为指导，培育"四有"公民为目标，要实现"三个面向"，具有"民族的""科学的""大众的"特征。江泽民创造性地提出了"三个代表"重要思想，其中把代表先进文化的前进方向作为党的先进性的一个重要方面，这是关于马克思主义文化理论的重大发展。文化软实力是综合国力的重要内容，因此，江泽民高度重视文化软实力对于综合国力的重要意义。他指出："有中国特色

[①]《江泽民文选》第3卷，人民出版社2006年版，第278页。
[②]《十五大报告辅导读本》，人民出版社1997年版，第19页。

社会主义的文化，是凝聚和鼓励全国各族人民的重要力量，是综合国力的重要标志。"① 江泽民立足于我国社会主义初级阶段的现实，多次强调建设有中国特色社会主义的文化，道路不能走歪了，不能走到邪路上，必须以马克思列宁主义、毛泽东思想为指导，要加强党对文化工作的领导，不断用马列主义、毛泽东思想、邓小平理论武装全党和教育全国人民，"这是保证全党紧密团结和带领人民共同奋斗的根本思想基础，也是保持我国社会政治稳定的根本思想基础"②。江泽民提出了一系列坚持马克思主义指导地位的主要措施，这些措施包括：第一，是要把理论建设作为文化建设的根本，这是首要的；其次是坚持用邓小平理论武装全党和教育人民，对于如何建设中国特色社会主义文化，江泽民提出了"唱响主旋律，打好主动仗"的指导方针，他指出："唱响社会主义文化的主旋律，坚持为人民服务，为社会主义服务，实行百花齐放、百家争鸣，是发展先进文化必须贯彻的重要方针。"③ 江泽民认为，"唱响主旋律，打好主动仗"是新形势、新任务的客观要求。由于我国对外开放，对内改革，市场化进程的推进，人们的思想呈现多元化的特点。在这样的背景下，"唱响主旋律，打好主动仗"至关重要，这项措施就是强调要抓思想政治建设，培育社会主义新人。

（四）胡锦涛提出"社会主义核心价值观"和"建设文化强国"的思想

社会主义先进文化的内容及其建设在新的历史时期又获得了新的发展。2012年，胡锦涛在党的十八大报告中指出，要扎实推进社会主义文化强国建设。对于社会主义文化强国建设的思想有一个从"建设和谐文化"到"培育和践行社会主义核心价值观"再到"建设文化强国"思想的逐渐发展的过程。

党的十六大以来，在十一届三中全会提出的"两个文明"建设取得了丰硕成果基础上，根据国际形势的新变化和国内改革和发展的新情况，

---

① 《十五大报告辅导读本》，人民出版社1997年版，第36页。
② 江泽民：《论"三个代表"》，人民出版社2001年版，第125页。
③ 江泽民：《论"三个代表"》，人民出版社2001年版，第159页。

第四章　社会主义先进文化与科技融合的繁荣兴盛和创新性发展

顺应人民对美好生活的期盼,胡锦涛提出了"建设和谐文化"和"社会主义核心价值观",为中国社会主义先进文化理论增添了新的重要内容。2006年,在党的十六届六中全会上通过的《中共中央关于构建社会主义和谐社会若干重大问题的决定》(以下简称《决定》)中,明确提出了"建设和谐文化"的重大命题和战略任务,这是在继承中国马克思主义的社会主义先进文化建设思想基础上的又一次开拓创新。和谐文化崇尚和谐,以追求和谐为价值取向,追求和谐体现在思想观念、思维方式、行为规范和社会风尚方方面面,在文化形态、文化现象和文化实践诸领域均以和谐理念为主要内容,并付诸行动。实施和谐文化、践行和谐理念成为中国特色社会主义先进文化的重要组成部分,是巩固社会和谐的思想道德基础,是建设富强民主文明和谐的社会主义现代化国家的内在要求。和谐社会建设需要良好的人文环境和文化生态,需要文化源泉和精神动力。建设和谐文化,能够培育和谐精神,提倡和谐理念,有助于全社会形成共同的理想信念和道德规范,增强中华民族的凝聚力、向心力和亲和力,为和谐社会的构建创造良好的条件。

如何建设和谐文化?十六届六中全会《决定》明确指出,社会主义核心价值体系是建设和谐文化的根本,也就是说,建设和谐文化,最根本的就是要坚持社会主义核心价值体系。社会主义核心价值体系的基本内容包括:马克思主义指导思想、中国特色社会主义共同理想、以爱国主义为核心的民族精神和以改革创新为核心的时代精神以及社会主义荣辱观。建设社会主义核心价值体系,不仅是社会主义先进文化建设的重要内容,还是在推动社会主义文化大繁荣中处于首要地位,"社会主义核心价值体系是兴国之魂,是社会主义先进文化的精髓,决定着中国特色社会主义发展方向"[1]。建设社会主义核心价值体系是在社会主义文化建设上的一个重大理论创新。

胡锦涛在党的十八大报告中提出,要扎实推进社会主义文化强国建

---

[1]《中共中央关于深化文化体制改革　推动社会主义文化大发展大繁荣若干重大问题的决定》,《人民日报》2011年10月26日。

设。开展文化强国建设就是要掀起社会主义文化建设的新高潮，要推动社会主义文化的大发展大繁荣，提升我国的文化软实力，发挥文化在教育人民、推动发展、服务社会、引领风尚的重要作用。建设社会主义文化强国，必须走中国特色社会主义文化发展道路，关键是要增强全民族文化创造活力。激发文化创新创造能力，就是要一个国家或民族的文化所具有的生命力和创造力，让全民族的创造活力迸发，要解放和发展文化生产力，为人民提供丰富多彩的文化生活，更好地保障人民基本文化权益、全面提高人民的思想道德素质和科学文化素质，不断提升中华文化国际影响力。

建设社会主义文化强国，首先要加强社会主义核心价值体系建设。具体来讲，要加强社会主义核心价值体系的教育和学习，使全党和全国人民深入领会中国特色社会主义理论体系，建设具有中国特色的哲学社会科学理论体系，弘扬民族精神和时代精神，开展爱国主义、社会主义、集体主义教育，培育和践行社会主义核心价值观。社会主义核心价值观指明了我们的文化所要实现的人的价值表现，它包含了古今中外合理、先进的价值理念，指明了社会主义先进文化的主体内涵和实现目标。以社会主义核心价值观为指导的先进文化体系必然是时代多种文化理念的合理统一和最高形态，必然表现为一种"和谐文化"的特征。建设社会主义文化强国，必须加强社会主义道德建设，提高全体公民道德素质，推进公民道德建设工程，培育和谐的社会风尚，加强社会诚信建设，注重大众的心理健康，培育积极向上的社会心态。不断丰富人民的精神文化生活，要坚持以人民为中心的创造导向，给人民提供满足其需求的精神食粮，推进重点文化惠民工程，推动公共文化服务设施建设，并向社会免费开放，加强网络内容建设和网络深化管理，普及科技知识，弘扬科学精神，提高全民科技素养。建设社会主义文化强国，要增强文化整体实力和竞争力。增强文化实力和竞争力，文化事业的全面和文化产业的快速发展，就要坚持把社会效益放在首位、社会效益和经济效益相统一；要促进文化和科技的融合，发展新型文化业态，促进文化产业走向规模化、集约化、专业化；在文化领域不断扩大对外开放，借鉴吸收一切国外优秀文化成果；大力培养高素质的文化人才，培育有利于人才健康成长的环境，造就满足国家文化发展需要的各级各类文化工作者。

三 新时代社会主义先进文化思想的内容与特质

（一）新时代社会主义先进文化的内容

新时代社会主义先进文化的提出包含在新时代中国特色社会主义建设的整体布局之中，它乃是新时代中国特色社会主义理论的重要组成部分，构成了"五位一体"的整体布局。习近平指出："发展中国特色社会主义文化，就是以马克思主义为指导，坚守中华文化立场，立足当代中国现实，结合当今时代条件，发展面向现代化、面向世界、面向未来的，民族的科学的大众的社会主义文化，推动社会主义精神文明和物质文明协调发展。"[1] 这一方面对新时代社会主义先进文化确立的基础和发展方向作出了说明，另一方面也为新时代中国特色社会主义先进文化进行了总体规划。

以当代中国现实为立足点，充分考虑当今时代条件，这成为新时代社会主义先进文化的现实基础。文化本身带有的历史性特征决定了任何一个文化形态都无法摆脱其特有的时代烙印，任何文化都必然是对时代精神的表达。文化乃是表现在自然中的人的本性，它对人的超越自由本性的开显总是带有时代性，这也孜孜不倦地推动着人类改造自然和利用自然的实践活动。马克思主义认为，人的物质生产实践乃是历史前进的驱动力，这也体现着人的本质性活动。马克思所理解的人不是抽象的人的概念，而是具体的现实中的人，这样的人秉承的文化总是要立足于时代的人的实践活动。中国的发展进入了新时代不仅仅是我们自己所面临的现实，也是世界的现实和时代特征的表现。中国地位的提升、发展的模式深刻地影响着这个时代的世界整体，所以我们的文化必须从我们自己的实践活动中总结提升，它是这个时代本身人的活动和价值的代表性

---

[1] 习近平：《决胜全面建成小康社会 夺取新时代中国特色社会主义伟大胜利——在中国共产党第十九次全国代表大会上的报告》，人民出版社2017年版，第41页。

展现。

新时代社会主义文化的建设目标以此作为自身的理论基础和现实基础，具体表现为："发展面向现代化、面向世界、面向未来的，民族的科学的大众的社会主义文化，推动社会主义精神文明和物质文明协调发展。"文化总是关涉人的价值及实现，新时代中国社会主义先进文化所关心的人及其价值是引领时代的中华民族先进文化，它是一种人民大众的普遍性原则的表达，而不是陷入个人功利主义和虚无主义泥潭中的西方的现代性文明。新时代中国社会主义先进文化的理论保障是马克思主义，人的全面解放是其目标和前进方向。作为主体的人在马克思主义中被诠释为进行物质生产劳动的人，这样人的本质"不是单个人所固有的抽象物，在其现实性上，它是一切社会关系的总和"①。这一现实的人所面对的历史必然是包含着普遍原则和人的本质的实现，它们都在人的实践过程中得到具体表现，现身于人的物质活动和精神活动相统一的实践之中，由此避免了抽象人性论所带来的理论和现实困境。

新时代社会主义先进文化总体上包括理论层面和实践层面两个方面，理论层面起到导向和引领作用，实践层面是理论层面在现实中的具体展现，新时代社会主义先进文化就是思想理论与具体行为实践的统一，是对文化自信的坚守，建设社会主义文化强国，打造强劲的文化软实力的重要内容和基础保障。

首先，坚持以马克思主义为指导思想，紧紧把握意识形态工作领导权、管理权以及话语权，这是新时代社会主义先进文化必须坚持的前提保障。马克思主义提供了全党乃至全国人民团结一心的思想基础，学习马克思主义，在新时期就是要学习马克思列宁主义、毛泽东思想、邓小平理论、"三个代表"重要思想，以及科学发展观、新时代中国特色社会主义理论，全面推进"五位一体"总体布局和"四个全面"战略布局，树立"四个自信"，坚持辩证唯物主义和历史唯物主义世界观和方法论，要采取正面宣传为主，巩固完善壮大主流思想和舆论，弘扬主旋

---

① 《马克思恩格斯选集》第1卷，人民出版社2012年版，第135页。

第四章 社会主义先进文化与科技融合的繁荣兴盛和创新性发展

律精神,播撒正能量。同时,要认清敌对势力散布贩卖的所谓的"普世价值"的虚伪本性并与之斗争到底。

其次,繁荣中国特色的哲学社会科学,在世界文化之林发出中国声音,在全球治理中提供中国方案,是掌握话语权的关键。哲学社会科学是我们用来认识世界以及改造世界的重要工具,它构成了推动我们社会发展以及历史演进的重要力量,哲学社会科学在国际上是否具有话语权乃是一个国家综合国力以及国际竞争力的体现。中国特色的哲学社会科学的发展和繁荣,离不开党的理论教育的指导,离不开对马克思主义经典著作的坚持学习,离不开马克思主义的指导。我们要以为人民服务为导向,坚持深入探讨和阐释国家发展和我们党执政所面临的重大理论及实践问题,立足于中国当下的现实,将论文书写在祖国的广袤大地上,让一大批重要学术成果在国家建设、社会发展和人民幸福上发挥作用。

再次,社会主义核心价值观体现了新时代中国特色社会主义先进文化的核心,社会主义核心价值观的培养和践行是一项凝聚精气、固本强基的基础工程。这一举措关系到社会和谐和稳定,关系到国家的长治久安。社会主义核心价值观应当贯穿于社会生活的每一个层面,我们要通过教育引导、宣传强化、教化熏陶、实践养成,使得社会主义核心价值观成为人们内在的精神理念,并展现于人民的日常行动之中。

最后,我们民族的思想道德水准的提升有赖于以中国特色社会主义的思想道德为基础。全民族思想道德建设的进一步加强,中国精神、中国价值、中国力量的构筑,这些都为中国特色社会主义事业可持续发展提供着精神的力量,它们也是提升国家文化软实力的重要举措。一个国家的公民在思想道德教育上要严守法律底线和强化道德意识,只有不断强化价值判断力和道德责任感,才有助于提升人们的道德境界。全民族思想道德水平的提高,要把马克思主义理论、新时代中国特色社会主义理论、社会主义核心价值观放在宣传和教育的核心地位,让它们内化成为大众的精神信仰和道德准则,并体现于具体行为之中。提高全民族思想道德水平乃是新时代中国特色社会主义先进文化建设的现实体现,我们通过理论的宣讲、舆论的导向、制度上的建设以及规范的约束加以贯彻落实。

（二）新时代社会主义先进文化的特质

新时代社会主义先进文化思想体现为一个系统性的整体，在其全局统筹要求和蓝图规划之下，新时代社会主义先进文化体系中还规定着文化现实发展中所必须坚持的重要原则及其方法论路向。习近平指出，文化发展"要坚持为人民服务、为社会主义服务，坚持百花开放、百家争鸣，坚持创造性转化、创新性发展，不断铸就中华文化新辉煌"①。这里明确了新时代社会主义先进文化建立和发展中所要服务的具体对象及方法路径。

为人民服务、为社会主义服务乃是新时代社会主义先进文化的建立和发展所必须坚持的基本原则。马克思主义所理解的人并没有预先设定一个先验不变的抽象本质，而是在其具体实践活动中不断构建的社会关系的总和，这就决定了他只能是在生产活动中的生命个体，他要在关系中得到规定，具体体现为一定时期和条件下的社会关系、政治关系、最后包含着民族和国家关系的规定。所以人的自由要在共同体中完成，"只有在共同体中，个人才能获得全面发展其才能的手段，也就是说，只有在共同体中才可能有个人自由"②。这个人的理想状态的共同体是一个自由人的联合体，并不是传统哲学所展现出的奴役人和束缚人的外在抽象原则。这样的联合体必然是要依靠人民群众的实践创造才能实现，而不是遵从个别的人的意志或者源于神的干预。

坚持百花开放、百家争鸣也是新时代社会主义先进文化的建立和发展所必须坚持的指导性原则。文化具有历史性和多样性，它是在具体实践中表现的人的自由，而不是孤立的外在普遍原则。文化作为人依照自身意图改造自然的表现，由于具体自然条件的不同，人的自由意图在其中的实现形态也必然不同，所以我们看到历史上的多种多样的文化形态，

---

① 习近平：《习近平谈治国理政》第3卷，外文出版社2020年版，第32页。
② 《马克思恩格斯选集》第1卷，人民出版社2012年版，第199页。

第四章　社会主义先进文化与科技融合的繁荣兴盛和创新性发展

同一历史时期各地自然环境的差别也成就了各式各样的文明传统。社会主义先进文化并不是只表现为单一的形态，它建立在马克思主义与中国革命和建设实践相统一的基础上，也是中华传统文化与世界文化相统一相融合的结果。所以只有遵从社会主义先进文化的这一本质规定，鼓励不同文化形态的交流共进、相互融合才能真正促进新时代社会主义先进文化的建设和发展。

新时代中国社会主义先进文化乃是马克思主义中国化的不可或缺的重要组成部分，发展新时代中国社会主义先进文化势必要在新时代条件下特色创造性地发展中华传统文化，铸就新时代的中华民族文化的新形态和新内涵。新时代中国特色社会主义先进文化的主要特征体现出我们对自身民族文化的自信心。正是以中华文化传统为基础，中国共产党创造性吸收了马克思主义这一现代文化的先进性代表，由此提出了具有中国特色的文化理论。当今中国的发展已经进入了新的时代和阶段，它已经成为一股令世界瞩目、引领未来的新兴力量，我们应当从自己的实践活动出发总结创造自己的文化形态。

（三）社会主义先进文化的具体表现

社会主义先进文化是中国共产党第十九届中央委员会第四次全体会议公报关键词。中国共产党第十九届中央委员会第四次全体会议提出，坚持和完善繁荣发展社会主义先进文化的制度，巩固全体人民团结奋斗的共同思想基础[1]。中央党校（国家行政学院）教授辛鸣表示，国家治理是建立在社会共识的基础上，团结统一的思想基础是国家治理的强大精神支撑，必须要有坚定正确的政治方向。要坚持马克思主义在意识形态领域指导地位的根本制度，这对于保证社会主义先进文化前进方向意义重大。[2]

社会主义先进文化是在马克思主义指导下，以中国优秀传统文化为

---

[1] 辛鸣：《释放"中国之治"最强信号——解析党的十九届四中全会公报关键词》，新华网［引用日期2019—11—02］

[2] 辛鸣：《释放"中国之治"最强信号——解析党的十九届四中全会公报关键词》，新华网［引用日期2019—11—02］

历史渊源，在文化的交融与整合中所创造出来的、具有中国风格、中国气派的、健康向上的社会主义文化。其核心内容是马克思主义中国化所取得的实践和理论成果。它以"面向现代化、面向世界、面向未来"为方向，以"民族的、科学的、大众的"为文化的根基，以培养"有理想、有道德、有文化、有纪律"公民为建设目标，建设有中国特色社会主先进文化。

社会主义先进文化主要有：

——新发展理念是一个整体，坚持创新发展、协调发展、绿色发展、开放发展、共享发展。

——党中央统筹中华民族伟大复兴战略全局和世界百年未有之大变局，坚持以党的自我革命引领伟大社会革命，坚定不移全面从严治党，坚定不移推进党风廉政建设和反腐败斗争，打击腐败，形成不敢腐、不能腐、不想腐的政治生态。坚定不移把党建设得更加坚强有力。

——作为百年大党，要永葆先进性和纯洁性、永葆生机活力，必须一刻不停地进行党风廉政建设和反腐败斗争。从严治党，从政治上不断提高政治判断力、政治领悟力，政治执行力；队伍政治素质高、忠诚干净担当、专业化能力强、敢于善于斗争。

——人民是我党执政的最深厚基础和最大底气，为人民谋幸福、为民族谋复兴，这既是我党领导现代化建设的出发点和落脚点，也是新发展理念的"根"和"魂"。

——共同富裕不仅是经济问题，而且是冠以党的执政基础的重大政治问题。要统筹考虑需要和可能，按照经济社会发展规律循序渐进，自觉主动解决地区差距、城乡差距、收入差距等问题，不断增强人民群众的获得感、幸福感、安全感。惠民富民，促进共同富裕，破除形式主义、官僚主义，以作风攻坚促进脱贫攻坚。对形式主义、官僚主义要毫不妥协，重实干，重实绩。

习近平总书记指出共同富裕本身是社会主义现代化的一个重要目标。我们要始终把满足人民对美好生活的新期待作为发展的出发点和落脚点，在实现现代化过程中不断地、逐步地解决好这个问题。抓住主要矛盾和

第四章　社会主义先进文化与科技融合的繁荣兴盛和创新性发展

矛盾的主要方面,切实解决影响构建新发展格局、实现高质量发展的突出问题,切实解决影响人民群众生产生活的突出问题。

自觉主动解决地区差距、城乡差距、收入差距等问题,坚持在发展中保障和改善民生,统筹做好就业、收入分配、教育、社保、医疗、住房、养老、抚幼等各方面工作,更加注重向农村、基层、欠发达地区倾斜,向困难群众倾斜,促进社会公平正义,让发展成果更多更公平惠及全体人民。

——不断推进国家治理体系和治理能力的现代化,推动党对社会主义现代化建设的领导在职能配置上更加科学合理,在体制机制上更加完善,在运行管理上更加高效。依法治国,切实推动,更加注重系统观念、法治思维、强基导向。把监督贯彻于党领导经济社会发展的全过程,把完善权力运行和监督制约机制作为实施规划的基础性建设,构建全覆盖的责任制度和监督制度。

——坚持党的理论创新,社会主义初级阶段不是一个静态、一成不变,停滞不前的阶段,也不是自发、被动、不用费多大力气自然而然就可以跨过的阶段,而是一个动态、积极有为、始终洋溢着蓬勃生机活力的过程,是一个阶梯式递进、不断发展进步、日益接近质的飞跃的量的积累和发展变化的过程。

——全面建设社会主义现代化国家、基本实现社会主义现代化,既是社会主义初级阶段我国发展的要求,也是我国社会主义从初级阶段向高级阶段迈进的要求。

——构建新发展格局最基本特征是实现高水平的自立自强,必须强调自主创新,全面加强对科技创新的部署,集合优势资源,有力有序推进创新攻关的揭榜挂帅的体制机制,加强对创新链和创业链的对接。

——十四五规划、十四五时期以及更长的发展对加强科技创新提出了更为迫切的要求,一是加快科技创新是推动高质量发展的需要,二是加快科技创新是满足人民高品质生活的需要,三是加快科技创新是构建新发展格局的需要,四是加快科技创新是顺利开启全面建设社会主义现代化国家新征程的需要。

社会主义先进文化还包括社会主义中国的现代化建设需要大力发展现代科学技术。习近平总书记强调，统筹基础研究、前沿技术、工程技术开发，培育量子通信等战略性新兴产业，建立以信任为前提的顶尖科学家负责制。各级党委和政府要高度重视科技创新发展，学习新知识，掌握新动态，做好重大科技任务布局，优化科技资源配置，采取有力措施保证党中央关于科技创新成果发展重大决策部署落地见效。坚持创新在我国现代化建设全局中的核心地位，把科技自立自强作为国家发展的战略支撑。

科学家要大力弘扬胸怀祖国、服务人民的爱国精神，勇攀高峰、敢为人先的创新，追求真理、严谨治学的求实精神，淡泊名利、潜心研究的奉献精神。发扬两弹一星精神，热爱祖国、无私奉献，自力更生、艰苦奋斗，大力协同，勇于登攀。

——推行绿色发展，促进人与自然的和谐共生。坚持绿水青山就是金山银山的理念，深入实施可持续发展战略，完善生态文明领域的统筹协调机制，构建生态文明体系，促进经济社会发展的全面绿色转型，建设人与自然和谐共生的现代化。

——先进文化中干部队伍建设：要提高调查研究能力，坚持到群众中去、到实践中去，要提高决策能力，科学决策，要有战略眼光。有改革攻坚的能力，坚持创新思维，奔着问题走，准确识变，科学应变，主动求变。

坚持系统观念、统筹国内国际两个大局，统筹五位一体总体布局和四个全面战略布局，加强前瞻性思维，构建人类命运共同体。

第二节 社会主义先进文化与科技融合的理论阐释

一 社会主义先进文化与科技融合的含义与特征

（一）社会主义先进文化与科技融合的含义

新时代社会主义先进文化以马克思主义、中国特色社会主义基本理论为思想核心，以社会主义核心价值观为基本价值取向，以中国特色社会主义建设实践为理论源泉，承接中国传统文化中的优秀内核，合理吸收世界优秀文明成果，辩证吸取人民群众在实践生产中所产生的社会文化。它立足当下，面向未来，既体现了社会主义的文化本质，又反映了人民群众的精神需求，是新时代我国社会主义生产力与生产关系、上层建筑与经济基础辩证统一的集中体现，是人民群众根本利益的意识显现。

新时代社会主义先进文化与科技的融合，是指如何通过文化与科技的深度融合，让科技与新时代社会主义先进文化相互转化、彼此驱动、共同发展，从而有力推动两者在新环境下满足新需求呈现新特征的繁荣兴盛和创新性发展。也就是指通过将新时代社会主义先进文化中的各类文化元素、内容、形式和服务，及先进文化的要求、约束和指导，与现代科技的理论成果、研究方法、实现手段进行有机结合，一方面不断创造新的文化内容、文化形式，完善文化产品的功能和服务，提升先进文化的内涵及其产品的价值与品质，更好地满足人民物质文化需要；另一方面，通过先进文化不断反哺科技，提高科技创新活力，挖掘科技创新形式，推动高新技术的快速有效的发展。

新时代社会主义先进文化与科技融合将利用现代科学技术实现对新时代社会主义先进文化的全方位的传播与发展，在手段形式上实现对传统文化产业的转型升级，助力中华民族树立文化自信，助推文化强国目标的实现。

（二）社会主义先进文化与科技融合的特征

新时代社会主义先进文化与科技融合发展过程中，随着其范围的不断延展，其影响的不断深化，逐渐显现出明显的特征。总的来说，新时代社会主义先进文化与科技融合的特征可以归纳为5个特性，即：文化本位性、整体性、创新性、动态性和价值性。

文化本位性。文化是民族之根，它既是社会整体的生产、生活的精神显现，也是一个民族发展、经济政治进步的动力源泉。新时代社会主义先进文化与科技融合以文化为根基，以科学技术为手段，相互转化、彼此驱动、共同发展，从而实现文化与科技的共同繁荣兴盛和创新性发展。文化为本，要求我们立足新时代社会主义的伟大实践，以社会主义先进文化为引领，创造性地推动新时代中国特色社会主义文化的繁荣和发展，加快实现"富强、民主、文明、和谐"社会主义现代化国家的建设目标。

整体性。新时代社会主义先进文化与科技融合，先进的文化与科技不再作为两个单一的要素独立存在。在社会主义现代化建设的进程中，二者相同的文化基因特质，具有双向互动的内驱力，两者可以日益广泛和深入地有机融合，使其成为一个不可分割的整体。它们相互促进、相互制约，辩证地统一于社会主义社会的发展进程当中。把握先进文化与科技融合的整体性，能够更有效发挥双方的合力作用，既能够推动文化先进性的建设，又能够为科学技术的发展增添动力。实现先进文化与科学融合的系统性，可以最大限度地实现社会主义先进文化的建设和科学技术的强有力的发展，最终加快实现社会主义现代化的建设目标。

创新性。新时代社会主义先进文化与科技融合不是单纯的结合，而是在两者融合的过程中实现创造性转化与创新性发展。一方面，先进文化不断创新，激活科技发展的创新活力，改善科技发展的思维方式；通过文化创新，开创一种包容的创新文化，不断引领科技创新。另一方面，科技创新不断推动社会变革，继而推动文化生产方式与时俱进，不断扩大先进文化的传播范围，不断深化先进文化的影响深度，不断创新先进文化的发展内容和形式。

动态性。科学技术与社会文化从来都不是一成不变的，而是在社会发展历程中呈现螺旋式向上发展。科技创新对文化生产方式的变革具有至关重要的影响，文化的发展也对科学技术的迭代更新起到不可忽视的指导作用。在人类历史长河中，科学技术与文化生产方式无不在动态的相互作用中共同发展，科学技术的重大进步，影响着人们生活方式、认知方式甚至习俗文化的深刻变化，推动着生产生活方式、文化思维形式的重要变革。在新时代，科技创新让文化的传播变得更为迅捷且广泛，让文化的影响变得更为深刻，也让人们的思维与生活方式不断随着科技的创新而做出相应的改变。与此同时，文化的不断发展进步，也积极地指导与激发科学技术的创新发展。在新时代，社会主义先进文化的优秀基因，不断为科技进步输送思想源泉和理论指导，科技发展的成果正呈

第四章　社会主义先进文化与科技融合的繁荣兴盛和创新性发展

现出井喷式的增长。二者融合的动态性特征，集中体现了两者相辅相成，在实践中互相促进、互相建构、互相塑形的螺旋式发展过程。

价值性。新时代社会主义先进文化与科技融合具有重要的时代价值和深刻的现实意义，是在新形势下创新探索中国特色社会主义文化发展的伟大尝试，从而激发出文化与科技更强大的创新活力。这一尝试本身不仅是对新时代社会主义先进文化的不断丰富和发展，同时也是充分发挥科技生产力的重要体现。其融合为全面推动提升中华民族的文化自信，实现我国文化强国的宏伟目标，使中华民族屹立于世界民族之林提供了强有力的信心和保证。

二　社会主义先进文化与科技融合的内在逻辑

当今时代是一个经济全球化、信息化和数字化的时代，科技进步与发展对社会思想文化、生产方式和社会关系的影响日益深化，社会主义先进文化的变更和发展离不开科技进步的推动；同时，随着人们思维的不断进步，社会主义先进文化的不断深化，可以为科技进步提供创新源泉，引领科技发展的方向，转化科技进步的成果，驱动科技发展的进程。可以看出，新时代社会主义先进文化与科技融合具有其深刻的内在逻辑，是互通共融的必然融合，是推动社会主义事业大发展大繁荣的重要融合，是人类活动实践基础的可行融合。

（一）社会主义先进文化与科技融合发端于文化与科技互通共荣的必然性

文化与科技从来就不是完全割裂和对立的，而是互通共荣的。在人类发展的历史进程中，人类社会的每一次重大进步，文化和科学（或者技术）的融合都起到了极其重要的作用，科学技术的每一次变革，必然会促进经济、社会、文化、生产关系的极大变化；同样，每一次社会思想变革、文化进步，也必然会改变人们认知和需求，从而促进新的科学（或技术）寻求创新，向前发展。

科技创新是文化发展的重要动力，文化发展同样无法脱离科技的支撑。一般来说，科学技术的发展总是会催生出相应的科技文化，现代科学技术本身也是构成现代文化的有机组成部分（科技文化）。同时，新时代以来在中国共产党的领导下，逐渐形成并完善了新时代具有中国特色的社会主义先进文化，我们通过社会发展可以看出，社会主义先进文化在全方位指导科技发展方向、激发科技创新活力、提高科技发展水平、转化科技发展成果等方面取得了举世瞩目的成就。2014年，习近平曾在主持中央政治局集体学习时强调："要弘扬社会主义先进文化，深化文化体制改革，推动社会主义文化大发展大繁荣，增强全民族文化创造活力，推动文化事业全面繁荣、文化产业快速发展，不断丰富人民精神世界、增强人民精神力量，不断增强文化整体实力和竞争力，朝着建设社会主义文化强国的目标不断前进。"[1] 这既提出了先进文化的建设目标，也为科学技术的发展指明了方向。科学技术的进步与发展和先进文化的建设都站在时代前沿，引领文明风气之先，中国特色的社会主义文化强国目标和社会主义现代化强国之梦才有可能实现。

可以看出，新时代社会主义先进文化与科技融合具有其内在的必然性，是有关社会生产力和社会生产关系相适应的必然要求，是社会发展和进步的内在动力，是马克思主义与中国发展相结合的成果升华的重要组成部分。

（二）社会主义先进文化与科技融合立足于推动社会主义事业大发展大繁荣的重要性

首先，科技与文化都在推动社会发展中发挥重要作用，也是新时代中国特色社会主义事业的有机组成部分。从唯物史观视角出发，生产力、生产关系之间的矛盾，经济基础、上层建筑之间的矛盾，是社会发展的基本矛盾。科学技术作为现代社会最重要的生产力，能够促进生产关系的变革（经济基础的发展），进而促进上层建筑的完善。新时代社会主义先进文化是社会主义国家上层建筑中重要的组成部分，科学技术的发展将为新时代社会主义先进文化的传播和发展注入强大的力量。同时，上层建筑对经济基础（生产关系）具有反作用，新时代社会主义先进文

---

[1] 习近平：《习近平谈治国理政》第1卷，外文出版社2014年版，第160页。

第四章　社会主义先进文化与科技融合的繁荣兴盛和创新性发展

化将带动经济基础的蓬勃发展，带动科技创新的发展。

其次，文化和科技所共同具有的知识性与创新性特质为社会的发展增添了强大的活力。文化的生命力在于创新和发展。而科学的发现，技术的发明本身就具有创新属性。科学、技术凝练而形成的知识最终将汇入文化的河流之中。所以说文化与科技本身就不是泾渭分明的，而是相互交融、有机融合在一起，具有多方面的相同特质。社会主义先进文化是当代中国特色社会主义建设过程中，以马克思主义为指导，以实践为检验标准，融合传统文化、革命文化、改革开放文化、民族复兴文化，是植根于社会主义伟大实践的文化。它以社会主义核心价值观为灵魂，以培育有理想、有道德、有文化、有纪律的社会主义公民为目标，是面向现代化、面向世界、面向未来的，民族的科学的大众的文化。在新时代条件下，弘扬社会主义先进文化，是坚定文化自信、建设社会主义文化强国的题中之意，是进行伟大斗争、建设伟大工程、推进伟大事业、实现伟大梦想的精神支撑。

可以看出，社会主义事业的大发展大繁荣通过社会主义先进文化的力量表达出来，通过社会主义新时代的科技发展体现出来，新时代社会主义先进文化作为最先进的文化与科技密不可分，与此同时构建整个社会主义文化强国的图景。

（三）社会主义先进文化与科技融合根植于人类实践活动基础的可行性

文化是人类特有实践活动的结果，科技创造是实践的一种基本形式，根植于新时代中国特色社会主义伟大实践当中，是新时代社会主义先进文化与科技融合能够实现的现实条件和必然要求。习近平在2018年纪念马克思诞辰200周年大会上的讲话中指出："我们要坚持用马克思主义观察时代、解读时代、引领时代，用鲜活丰富的当代中国实践来推动马克思主义发展，用宽广视野吸收人类创造的一切优秀文明成果。"[1] 文化特征总是以直接的或曲折的方式来反映科技发展的成

---

[1] 习近平：《习近平谈治国理政》第3卷，外文出版社2020年版，第76页。

果，科技的发展又以现实的或具体的方式影响着文化的变革。可以看出，科学技术的发展过程，也是社会文化不断变革的过程，人类的实践活动从不脱离于文化与科技的表现之外，无不根植于文化与科技相互融合、相互作用之中。

科学技术从实践中脱颖而出并不断发展。实践不仅仅是检验真理的唯一标准，同时也是优秀文化产生的根源。人类的实践活动是一切物质与精神文明产生的基础。新时代社会主义先进文化是中国共产党在社会主义建设实践中凝结而成的时代精华。在探索社会主义建设中我国的科技实践活动不断深入，成果十分显著，文化的发展也呈现大繁荣的景象，这两方面的成果有机融合，形成新的实践形态，生成新的发展动力，这是对新时代中国特色社会主义建设实践的创新性探索。新时代社会主义先进文化与科技融合这一新的实践形式，能够为新时代的科技发展提供优秀的理论指导，把握正确的方向，也能够使新时代社会主义先进文化在科技的力量下更具吸引力、影响力和号召力。

以科技创新为强大动力，融合理论创新，推动想象力的现实实现和创意审美的更新变革，这些内容在文化产品、文化产业发展中都有充分展现。创新"以理服人、以文服人、以德服人"[①]的人文交流机制，创新对外传播内容和形式，发出中国声音，更新国际社会对中国发展的印象，加深了国际社会对中国道路的认识。总之，利用以上文化与科技相融合的方式不断增强中国民族的文化自信，加深了中国文化对国际社会的影响力。社会主义先进文化与科技的融合，在新时代人类实践过程中表现出强大的生命力和可行性。

三 社会主义先进文化与科技融合的理论基础

现阶段，新时代社会主义先进文化与科技相融合发展，呈现出先进文化与科技相互促进，共同进步的景象。一方面，科技的发展不断促进

---

① 中共中央宣传部编写：《习近平总书记系列重要讲话读本》，学习出版社、人民出版社2014年版，第104页。

第四章 社会主义先进文化与科技融合的繁荣兴盛和创新性发展

社会生产力发展,为社会主义先进文化的不断发展升华提供了物质基础和现实源泉;另一方面,新时代社会主义先进文化为科技发展提供全方位的思想指导,为科技发展提供了正确的世界观、价值观和发展道路;在新时代的社会主义实践中,社会主义先进文化与科技相互融合,展现出中国特色社会主义伟大的历史功绩、磅礴的发展力量和光明的远大前景。

可以看出,社会主义先进文化与科技融合是基于历史唯物主义与辩证唯物主义基本原理的辩证融合,是基于社会意识形态与社会历史发展阶段的客观融合,是基于生产力与生产关系、经济基础与上层建筑的发展规律的融合,是特色社会主义发展的必然融合。

(一)辩证唯物主义与历史唯物主义是社会主义先进文化与科技融合的理论源泉

现代科学技术作为新时代经济发展的重要基础和手段,具备物质和精神双重作用,即物质生产和精神生产,是新时代生产力的重要内容。在《1844年经济学哲学手稿》《资本论》等论著中,马克思、恩格斯运用唯物史观中生产力与生产关系、经济基础与上层建筑辩证关系原理,对劳动和文化进行了全面且精准的分析。人对自然进行改造的过程是文化形成和发展的过程,文化是社会发展的产物,是人类在处理其与自然、社会及其自身关系活动中取得的物质精神产品总和。恩格斯曾强调指出:"不论在法国或是在德国,哲学和那个时代的文学的普遍繁荣一样,都是经济高涨的结果。经济发展对这些领域的最终的支配作用,在我看来是无疑的。"[1] 其后,马克思在1895年《政治经济学批判》序言中对人类社会物质精神生活关系进行分析,指出生产力是社会经济发展重要力量,生产力对生产关系具有决定作用,精神对物质具有依赖性,物质被精神深刻影响。社会存在决定社会意识,社会意识对社会存在有反作用。新时代社会主义先进文化随社会经济发展而发展,既有继承又有创新。

---

[1] 《马克思恩格斯全集》第37卷,人民出版社1971年版,第490页。

在新时代，科学技术是主要的生产力和经济发展的主要形式，社会主义先进文化是社会主义社会生产关系的总和（经济基础）所对应的上层建筑的一部分。"我们要坚持和运用辩证唯物主义和历史唯物主义的世界观和方法论，坚持和运用马克思主义立场、观点、方法，坚持和运用马克思主义关于世界的物质性及其发展规律，关于人类社会发展的自然性、历史性及其相关规律，关于人的解放和自由全面发展的规律，关于认识的本质及其发展规律等原理，坚持和运用马克思主义的实践观、群众观、阶级观、发展观、矛盾观，真正把马克思主义这个看家本领学精悟透用好。"① 习近平在纪念马克思诞辰200周年大会上的讲话集中体现了新时代社会主义文化建设的基本要求，也为新时代社会主义先进文化与科技融合的要求提供了指导思想。

新时代社会主义先进文化和科技相融合，是从社会存在与社会意识的辩证关系高度，阐明新时代以科技为主要手段的生产力发展和文化发展之间的辩证关系，是物质生产与文化之间的关系的融合。两者相互依存，是不可分割的统一整体。

（二）实践是社会主义先进文化与科技融合的实现方式

在马克思看来，实践既是对自然的改造，同时也是认识的源泉。人类的文化在实践活动中产生。劳动实践在人类文化的产生和发展中占据重要地位，是自觉改造世界实现生存发展的基本形式。通过对马克思"实践唯物主义"的内在价值和当代意义的解读，可以看出，人类通过实践对世界的能动改造，既为文化发展提供动力源泉，同时优秀的文化、先进的文化对实践又具有指导意义。

社会主义先进文化与科技的融合是从实践中来。从马克思主义的实践观及新时代中国特色社会主义建设实践进程中不难看出，科学技术的创造活动是当今人类社会实践的主要形式，社会主义先进文化是在社会主义实践基础上不断凝练出来的优秀思想的社会显现。先进文化与科技融合就是在实践观的基础上，坚持实事求是，也是坚持真理和现实的统

---

① 习近平：《习近平谈治国理政》第3卷，外文出版社2020年版，第75页。

第四章　社会主义先进文化与科技融合的繁荣兴盛和创新性发展

一，坚持先进性和科学性的统一。习近平指出："实事求是，是马克思主义的根本观点，是中国共产党人认识世界、改造世界的根本要求，是我们党的基本思想方法、工作方法、领导方法。不论过去、现在和将来，我们都要坚持一切从实际出发，理论联系实际，在实践中检验真理和发展真理。"[①] 新时代社会主义先进文化与科技融合是在实践的过程中，坚持认识世界和改造世界的统一，理论和实践的统一，科学理性和人文价值的统一，坚持实践是检验真理的唯一标准，从而推动了社会主义事业的繁荣和兴盛。

新时代马克思主义实践观内在地蕴含了先进文化与科技融合的理论诉求，人类通过科技在实践活动中推动世界发展，依靠科技改造自然界，根据科学的客观规律，进行实践劳动，赋予文化历史性和科学精神，由此为发展先进文化提供了科学的思想资源和坚实的物质基础。而先进文化是不断创新和发展科学的文化，代表人类文明的最新成就，是推动社会进步、生产力发展的软实力。

（三）中国特色社会主义理论是社会主义先进文化与科技融合的指导思想

习近平指出："只有物质文明建设和精神文明建设都搞好，国家物质力量和精神力量都增强，全国各族人民物质生活和精神生活都改善，中国特色社会主义事业才能顺利向前推进。"[②] 这充分体现了中国特色社会主义理论对时代和形势的深刻洞察和把握，蕴含着高度的文化建设理念和宏大的科技发展战略意图，集中体现了新时代我国科技和文化融合发展的规律。2016年5月，习近平在全国科技创新大会的发言中指出："我们最大的优势是我国社会主义制度能够集中力量办大事。这是我们成就事业的重要法宝。过去我们取得重大科技突破依靠这一法宝，今天我们推进科技创新跨越也要依靠这一法宝，形成社会主义市场经济条件下集中力量办大事的新机制。"[③] 这着重体现了文

---

① 习近平：《习近平谈治国理政》第1卷，外文出版社2014年版，第25页。
② 习近平：《习近平谈治国理政》第1卷，外文出版社2014年版，第15页。
③ 习近平：《习近平谈治国理政》第1卷，外文出版社2014年版，第273页。

化与科技二者之间的高度融合,是文化竞争力和科技竞争力共同提高的新形态和新趋势,是新时期抓住机遇、抢占未来发展制高点的必然选择。

当今世界,文化与科技的相互交融是提升综合国力的重要动力,两者相互促进、共同发展,不断激发科技创新活力,提高生产力水平,在经济、政治、社会的全面发展过程中突显出越来越重要的作用。"世界经济长远发展的动力源自创新。总结历史经验,我们会发现,体制机制变革释放出的活力和创造力,科技进步造就的新产业和新产品,是历次重大危机后世界经济走出困境、实现复苏的根本。"① 习近平在2015年二十国集团领导人第十次峰会会议上关于世界经济形势的发言中,更是着重指出科技进步和创新与社会主义先进文化发展相互融合、相互促进、相互转化的重要作用。

新时代以来中国特色社会主义理论对文化建设和科技建设的理论探索,是结合中国国情和社会发展需要,顺应第四次工业革命的发展潮流,在不断深化改革中向前推进,为我国科技和文化事业的发展提供了强大的思想武器。

四 社会主义先进文化与科技融合的现实基础

新时代,我国社会主义先进文化与科技相融合发展,显现出科技与先进文化共同进步的巨大活力和强有力的生命力。文化的新业态、新产品、新模式持续涌现,基于互联网、高新技术、智能制造、体验经济的文化科技生态加速形成,为新时代社会主义先进文化和科技融合提供了强大动力。随着全球新一轮科技革命的进程,科技已经全方位地渗透到文化产业发展的各个领域。同时,社会主义先进文化也在深刻影响着我国科技发展的科技观、价值观,为各项科学研究和技术创造的创新确立了方向、指明了道路,推动促进了我国科技研究的发展与进步。

---

① 习近平:《创新增长路径 共享发展成果——在二十国集团领导人第十次峰会第一阶段会议上关于世界经济形势的发言》,《人民日报》2015年11月16日。

第四章　社会主义先进文化与科技融合的繁荣兴盛和创新性发展

（一）信息技术、网络技术、大数据技术等是文化与科技融合的物质技术动因

现代科学技术与社会一体化，二者联系日益紧密。一方面，现代科学技术作为第一生产力，对社会的经济、政治、文化、社会、生态产生重要的作用和影响，嵌入社会生产和生活的方方面面；另一方面，社会文化及人们思想对现代科技的创新和发展提出创新要求，文化因素在科技发展的进程中有着重要的引领、驱动和转化作用，现代科技与文化的融合日益深厚。

近年来，增强现实技术（AR）、5G技术、云技术、数据智能、无人驾驶、区块链等高新技术的出现和深度应用，有力推动了文化生产方式的变革和创新，科技已经成为文化繁荣的催化剂，为改造传统文化产业，培育新兴文化业态，提高文化产品服务质量，满足人民群众日益增长的精神文化需求提供了有力的支撑。[①] 为先进文化内容的传播提供了全新的平台、载体和渠道。

以增强现实技术（AR）为例，目前已被应用于教育、游戏、出版、影视制作、遗产保护等诸多文化领域，未来该技术的应用将进一步强化信息消费的体验感，从而继续加深对文化领域的渗透。再比如全息投影技术，进入国内30余年来，经历了从用于工业生产到如今广泛应用于演出行业的发展历程，在未来极有可能产生更高水平的演艺形式，从听觉、视觉等方面给观众带来前所未有的全新体验，提升先进文化的感染力。

社会主义先进文化也引领新科技发展。进入新时代，人们日益增长的文化需求不断提升，这为科技与先进文化的融合提供动力，进一步推动了科学技术的发展。例如，由于文化产业各细分领域对新科技的精细化需求，促使虚拟现实技术（VR）将朝着更全面的感知系统、更强大的计算及传输能力、更强烈的沉浸式体验效果、更便捷精巧的穿戴设备等技术领域发展。

[①]《运用高新技术推动文化建设提高文化创新能力和传播能力——〈文化与科技融合研讨会〉发言摘登》，《光明日报》2010年11月8日。

(二) 文化产业是文化与科技融合的重要功能载体

文化产业涉及范围广泛，包括文化产品生产、工艺美术品的生产及销售、文艺创作及表演服务、文化软件服务、文化休闲娱乐服务等各个领域，且越来越密切地与人们的生活联系在一起，是社会主义先进文化在公众传播中的重要方式和途径。在当前我国经济发展的态势下，文化产业GDP所占比重逐年攀升，近年来为国家创造了较高的经济效益和较为活跃的经济增长点，为先进文化传播创造了更为丰富的形式。同时，文化产业在新时代社会主义先进文化和科技的融合中扮演着极为重要的载体角色，促使先进文化在科技发展进程中呈现多级融合状态。以科技为依托，吸收先进文化的优秀内涵，打造我国文创品牌，提高文创产品的质量，使文化产业成为先进文化与科技融合的重要载体。目前，我国文化产业已呈现与科学技术高度融合的态势，在"先进文化+新装备制造""先进文化+互联网技术""大数据技术+文化活动""文创旅游+数据智能"等模式加持下，为社会主义先进文化走向大众提供了强有力的支撑和保障。

(三) 知识经济是文化与科技融合的时代经济背景

知识经济主要是指将知识通过科技载体转化为服务或产品，赋予知识商业价值。同时，知识经济还会催生优质知识的产生，推动先进文化的传播，为人们日益增长的文娱需要提供产品和服务。在移动支付、软件开发不断发展的科技背景下，知识经济依然成为先进文化和科技融合的时代经济背景。

不难看出，在移动支付日益普及的情况下，利用在线支付相关费用，客观上为知识经济创造了有利条件。如知识产品付费订阅、音频APP听书订阅、互联网付费问答、网络直播课程、视频APP会员服务、网络电视、付费音乐等知识付费形式，为用户提供了更为精彩和优质的产品服务，同时也为作者开启了更加顺畅的收入渠道。与此同时，知识经济借助互联网科技手段提高其影响力、知名度及适用性，吸引更多用户进行体验，促使我国先进文化得以稳健发展。另外，日益增长的知识经济需求和消费形式，又促使科技不断革新，以此来适用于知识经济的用户习惯。

纵观全球，国内外产生了多种文化与科技融合的实践模式，构成了新时代社会主义先进文化与科技融合的现实基础。美国、英国、德国、日本、韩国等国家的文化创意产业的蓬勃发展为我国的文化与科技融合的成功实践提供了启示和经验借鉴。我国也从不同层面展开了文化与科技融合的实践，主要包括国家层面的文化与科技融合——文化强国与创新型国家建设、区域层面的文化与科技融合——国家文化大都市与全球创新中心城市建设、公共服务领域的文化与科技融合，成为产业领域文化与科技融合的重要的"试验田"和"风向标"。

五 社会主义先进文化与科技融合的形态方法

新时代社会主义先进文化与科技融合的根本动因在于，人类社会利用先进科技，以持续创新和挖掘文化资源。新时代社会主义先进文化与科技融合形成一个文化系统，这个系统包括文化资源、文化产品、文化样式、文化设施环境、文化服务业、文化制造业以及现代科技等要素构成的有机的动态复杂系统。

（一）思想层面的融合是先进文化与科技融合的基础前提

由于中国地大物博，文化源远流长且各具特色。促进人文精神和科学精神的融合，应该以中国特色社会主义指导思想为基础，以当地特色为文化为依托，以"文化+"为核心探索新时代社会主义先进文化与科技创新思想融合，在推动文化科技创新的过程中，实施文化科技项目带动其他行业发展战略，是实现全面的新时代社会主义先进文化与科技融合的思想基础。

通过充分调研，科学论证，立足我国文化资源分布的地域差异，具体区分我国人习俗的差异特征，既在先进文化与科技融合过程中坚持中国特色社会主义指导思想，又要因地制宜发展文化与科技融合的差异化指导方针。在高新技术应用、文化作品制作、特色文化产品输出等方面，为文化产业与科技融合挖掘出具备长期发展且满足人们日益增长的文化需求的融合道路，实现文化产业与科技融合的相互转化，并催生出新的业态，转化出新的"生产力"，实现新的超越。

近年来，将高新科技与地方特色文化有机结合的文化表现形式受到了广泛的欢迎和追捧，实现了先进文化与科技融合消除年龄差异、认知差异以及喜好差异壁垒的表现形式。不难看出，在高新技术的支撑下，社会文化的内在价值得以鲜活演绎，降低了人们接受文化事物的门槛，削弱了人们参与文化活动的壁垒，实现了文化表现的观赏性和文化内涵的完美融合。另一方面，通过坚持社会主义文化和特色文化的有机结合，人们的情感认同和文化认同得到升华，从而表现出中国文化的强大影响力和凝聚力，促使科技向着发展更好的体验模式不断创新进步。

（二）知识层面的融合是先进文化与科技融合的先行条件

知识技能层面的融合。实现文理通融，文化与科学知识的极大丰富。以"教育+"为根源探索新时代社会主义先进文化与科技融合，促使人文与科学教育双线发展，相互融合，共荣共进。教育是社会培养人才的主要途径，也是社会、经济、科技发展的前提和基础，新时代社会主义先进文化教育与科学技术教育同向同行，才能从根本上做到文化与科技的融合。

文化与科技的深度融合，最终落实在科学知识的增长和创新能力上，因为只有依靠科学知识的不断发展和广泛运用，才能形成长期的可持续发展的融合形态。也就是说，通过先进文化与科技融合建设更有竞争力的创新型国家，必须把传播科学知识作为先进文化与科技融合的战略基点，从而推动自主创新道路的跨越式发展。我们必须完善科学知识传播和转化的顶层设计，充分发挥出科学知识在科技、文化发展过程中的重要作用，形成推进先进文化和科技融合的巨大合力，以此推动生产力的发展和满足人们精神文化的需要。

科学知识代表着先进的生产力，是近代以来社会文明的基石，是人类进步的阶梯。可以说，没有科学知识的深入发展和广泛弘扬，先进文化与科技的融合是不可想象的。早在20世纪90年代，中央就提出必须全面提高全民族的科学文化素质，弘扬科学知识，崇尚科学创新，为当今社会先进文化与科技的融合打下了坚实的基础，也为我国的跨时代发展提供了强大的原动力。2016 年 7 月，习近平在中国地质博物馆建馆 100 周年的贺信中强调，科技创新和科学普及是实现创新发展的两翼。不难看出，要想挖掘和激发先进文化与科技融合的巨大潜力和社会推动力，科学知识的融合必将也必须是先进文化和科技融合的先行条件。

（三）产业层面的融合是先进文化与科技融合的现实保障

产业融合是指，以社会、经济、科技、文化需求为导向，以科技与文化的融合创新为主要驱动力，逐渐形成新文化业态、新文化产品、新文化服务的动态发展过程。以文化产业为新载体、新业态、新传向，在推动文化科技创新的过程中，实施文化科技项目带动其他行业发展战略。以"信息技术+"为平台探索新时代社会主义先进文化在信息传播中发挥的创新驱动作用。整合文化信息资源，优化网络服务环境，提高文化服务质量，如信息基础设施建设、服务平台建设、信息共享渠道建设、大数据智能服务建设等，不断推动文化与科技相融合发展，促进公共文化产品和服务的多元化、便捷性和体验感，以此满足人民群众日益增长的文娱需要。一方面，通过结合互联网技术的开放共享性、互动交互性、个性化定制、改革创新、跨界融合等特性，应用于文化产业发展，变革文化产业生产方式，为文化产业经济提供新型化、多元化、个性化的消费增长点，催生新的文化产业业态和文化消费形式；另一方面，通过大数据、人工智能、智能推荐算法、5G 技术等新兴科技，逐步变革传统文化产品和形式网络化，促使传统文化行业的传播途径多元化和新型化，助力传统文化产业的展现形式数字化，不断整合社会主义先进文化资源，增强其在社会的覆盖广度和纵向深度，激发文化产业在商业模式（产业链延伸和产业间融合）、资本运作及传统业态转型等方面的创新。

产业的融合是激活先进文化与科技融合活力的重要支柱，是促进先进文化和科技融合进程的经济保障，是先进文化和科技融合的现实表现形式和重要组成。当前我国在文化领域的竞争力还有极大的增长空间，大量核心技术还有待突破，与传播先进文化，提供高质量文化内容的软硬件设施还有待加快研发和制造。这就要求企业坚持以文化和科技市场需求为导向，积极研发适应市场需求的新技术、新装备。积极通过

"产—学—研"深入有效的合作机制，实现装备创新—人才引进—科技突破的有机发展，为先进文化和科技融合提供有效的现实保障。

此外，我国目前文化产品的质量良莠不齐，大量优秀文化内容还有待被挖掘，很多优秀文化产品没有得到有效和广泛的传播，产业集群优势还不明显。要解决这些问题，首先，需要政府做好顶层设计，重视文化产业的建设和示范作用，引导文化产业集群发展。同时为文化产业提供更好的服务平台，在文化产业的技术研发、信息共享、产权保护等方面提供支持和帮助，并不断增强政府支持和服务建设，促进文化、科技和产业之间的优化配置，形成文化、科技和产业之间协调发展的长效机制。其次，文化产业的相关企业应该丰富和完善富有特色的创意文化产品，挖掘优质内容，紧跟科技与文化融合的发展步伐，积极运用科技发展创新文化产品形式，主动运用科技手段提升文化产品质量，善于运用科技传播加强"全方位、多渠道、多层次"的营销宣传，实现可持续发展。最后，文化产业要特别注重新科技在文化产品创新和文化产品品质提升的重要作用，借助科技发展培育新的文化产业业态，带动行业的创新发展。同时文化产业作为产业形态，必须更注重"跨行业、跨部门、多元化"的"产业链"深度融合。通过"搭建平台、提供服务、统筹协调"，不断推动文化与科技融合向"质量更好、更快、更高"的方向协调发展。

第三节　社会主义先进文化与科技融合的繁荣兴盛内容特征

社会主义先进文化与科技融合的繁荣兴盛的特征主要从以下几个方面的相互融合体现出来：科学技术能够在不同角度下推动马克思主义理论的中国化、时代化、大众化发展；在先进科技的促进下，可以更好地展开社会主义核心价值观宣传和培育工作；网络科技可以从多维度促进新时代条件下思想道德建设；科技创新是文化事业和文化产业发展的重要动力之一，能有效促进其发展；新兴科技同样是社会主义文艺发展的重要动力之一,能够促进社会主义文艺兴盛;信息科技有助中国先进文化走向世界。

一 科学技术促进马克思主义理论的中国化、时代化、大众化

(一) 马克思主义"三化"的基本内涵

马克思主义作为先进的文化,与时代同发展、共进步。马克思主义的中国化、时代化、大众化,这是中国共产党对发展马克思主义的新认识和新要求,这也是马克思主义在建设中国特色社会主义这一前进方向上所做出的有力推进。马克思主义中国化就是要为马克思主义基本原理结合中国革命、社会主义建设和改革实践,所获得的宝贵的理论成果,形成具有中国风格、中国气派的中国化马克思主义,并以此指导中国革命、建设和改革实践的过程。马克思主义时代化是指马克思主义理论在中国特色社会主义建设历程中集中表现出来的时代精神的精华,是马克思主义基本原理与时代特征相结合,形成具有时代特色和时代特点的马克思主义。它反映了时代发展的要求,是对时代主题和时代命题的深刻把握;科学地回答和展现时代提出的新挑战,形成马克思主义理论范畴和话语体系的时代化。马克思主义大众化就是以广大人民群众利益为核心,坚持马克思主义,使之成为改变被剥削阶级以及全人类命运的思想武器。马克思主义的理论与群众的实践活动相结合,用人民群众容易理解和接受的形式深入浅出地宣传马克思主义,坚定群众的信仰,形成社会思想共识,化为群众的思想武器;同时坚持从群众中来到群众中去的路线,集聚人民群众的智慧,使之上升为理论表达,形成党的理论切实反映民声,合乎群众需求的理论成果。

思想理论随着时代的发展,在实践中被不断继承并创新。马克思主义传入中国以来,获得了广大人民群众的热烈支持,其作为一种指导思想一直贯穿于中国的革命与建设实践之中。这突出体现的是马克思主义对于中国现实问题的指导作用和引领意义。同样需要注意的是,在这样广泛的实践之中,马克思主义也在进行着发展。实践是真理的来源和动力,因此,马克思主义指导下的中国实践也给马克思主义本身以发展的

动力，使之不断显示出新的生命力。这种发展成果总结起来，就是马克思主义的中国化、时代化、大众化。

（二）科学技术丰富马克思主义中国化的内容

马克思主义中国化是一个历史过程，在中国的革命与新中国建设时期，再到改革开放时期，形成了宝贵的、具有不同历史时期特色的中国化的马克思主义理论成果。从"实践是检验真理的唯一标准"到"科学技术是第一生产力"，再到"科学发展观"，直至"科教兴国""科技是国家强盛之基，创新是民族进步之魂"，马克思主义在中国化的过程中积极探索不同时代科学技术对社会发展的意义和作用，探索科学技术发展规律、社会主义建设与科学技术的关系，使科学技术与社会的理论成为当代马克思主义理论的重要组成部分。

马克思主义中国化的内容中将更加丰富地阐述关于科学技术与社会发展的理论。首先，新科技革命会带来更加强烈的社会变化。随着科学技术的爆炸式增长，人工智能的进一步发展，人们的生产、生活方式将发生巨大的改变，随之而来的是社会意识层面的新变化。这都将为马克思主义中国化的发展提供更多的思想沃土。其次，国家发展离不开科学技术的进步，在整个中国近代化的历史中，在中国的革命、建设和发展过程中，科学技术发挥着重要甚至决定性的支撑作用。关于科学技术的认识理论将成为马克思主义中国化理论体系中不可或缺的内容。随着中国进一步发展，科技创新将发挥越来越大的作用，马克思主义中国化理论体系中将会出现更加丰富的关于科学技术的理论阐述。

（三）科学技术奠定马克思主义时代化的发展前提

马克思主义理论体系在时代进步中不断发展，马克思主义时代化的过程，是理论创新和实践创新相互交织的过程。如今科学技术的迅猛发展呈现出了前所未有的机遇和挑战，需要用新的眼光观察当今时代、当今世界和当今中国。科学技术发展成果会带动整个社会从物质到精神层面的诸多变化，进而在实践层面推进中国化的马克思主义理论不断创新。

科学技术影响生产、生活的方方面面，在实践上为马克思主义时代

第四章　社会主义先进文化与科技融合的繁荣兴盛和创新性发展

化提供实践前提。首先新技术时代的到来，改变了传统的劳动方式和交往方式，在此基础上对已有生产方式产生影响。在诸如5G通信、人工智能以及传统科学的创新发展中，形成生产自动化、智能化、信息化特征，生产方式的变革会进一步推动社会经济基础和上层建筑的变革，发过来又促进生产力的发展，从而推动社会发展。其次，随着科技时代的到来，人们的生活方式和思维方式也随之发生变化，例如信息储存和传输会变得更加快捷，人机交互程度加深并且更加智能化，医疗、交通、教育、娱乐等活动都将发生变化。这种影响会从内容和形式上对整个社会产生重大影响。这些实践本身的变化和社会生活的变化，既是提出了新问题和新的挑战，也是马克思主义时代化发展的实践前提。

（四）科学技术创新推动马克思主义大众化传播

科学技术理论和实践不仅推动马克思主义理论"活"起来，"火"起来，而且促进马克思主义指引大众，凝聚人心，积聚力量。第一，科学技术手段丰富了马克思主义传播渠道，推进其大众化。在科学技术的助推下，马克思主义的传播方式的样态发生了巨大改变，不论是呈现方式、传播次数，抑或是运营方式、发布平台，都与传统传播形式与手段极为不同。第二，科学技术创新为马克思主义大众化传播的创新在技术上提供了可能性。科学技术不仅创新了马克思主义大众化的传播形式，视听结合，生动鲜活，而且催生了系列理论传播创新产品，具有代表性的包括：说唱歌曲《马克思是个九零后》（2016年）、综艺节目《开卷有理之马克思靠谱》（2016年）、动画《领风者》（2019年），等等。第三，马克思主义传播语言大众化。马克思主义理论的传播需要借用一定的语言形式，大众化的传播需要创新理论的传播和讲述方式，由过去的"从上往下讲"转变为"从下往上讲"，由"从大往小讲"转变为"从小往大讲"，这就需要借助现代科学技术手段，创造出生动活泼的方式，使理论的呈现方式不断创新，这种转变更贴近大众生活。理论语言被翻译转化为新时代的话语、年轻人的话语、生动鲜活的话语、言简意赅的话语，不仅容易记，而且便于听、易于懂、利于信。

在中国特色社会主义进入新时代这一历史背景下，马克思主义中国化的最新成果集中体现于习近平新时代中国特色社会主义思想，这是在当代21世纪中国和世界发展背景下的马克思主义。突飞猛进的科学技术全面而深入地融合于大众化之中，"学习强国""学习进行时""中国好故事""自习课"等综合性创新性学习平台的理论宣传普及如火如荼地开展，掀起全员大学习的热潮。

二 科技推动社会主义核心价值观的培育和践行

（一）社会主义核心价值观基本内容

党的十八大提出了社会主义核心价值观，共计二十四个字，包括十二个词语，并且分为国家、社会、个人三个方面。在国家层面，倡导富强、民主、文明、和谐；在社会层面，倡导自由、平等、公正、法治；在个人层面，倡导爱国、敬业、诚信、友善。[①]

价值观是一个国家或社会整体所推崇或应当遵守的一种道德取向和价值选择。社会主义核心价值观来源于人类所共有的公认的美好品德，来源于中国优秀传统文化，来源于中国长期的革命、建设、发展实践。对于每一个中国人都有强大的导向和教育意义。社会主义核心价值观从国家、社会、个人三个方面给出价值导向，这三个方面处于不同的层面，相互联系，密不可分，构成一个整体。

（二）先进科技的繁荣发展

自18世纪中叶以来，人类历史上经历了以蒸汽、电力、计算机技术为核心的三次工业革命，如今，我们正在经历着以数字化为核心的第四次工业革命。层出不穷的先进技术改变着文化的发展方式。所谓先进技术，就是深度融合网络化、信息化、智能化的科学技术，具体包括引领第四次工业革命的互联网、物联网、大数据、人工智能、机器人技术等。

随着科学技术的逐步发展，其文化宣传与舆论导向作用越来越明显。互联网使得信息突破时空限制，得以快速广泛传播；移动设备与高速网络使人人都可以成为主播，在网络上表达观点、抒发情感；大数据技术

---

① 胡锦涛：《胡锦涛文选》第3卷，人民出版社2016年版，第638页。

下各类应用平台通过数据分析加强用户黏性。这些新技术使我们逐渐认识到，先进科技可以在精神塑造与文明建设事业中发挥重要作用。因此，先进科技不仅变更着人们的生产、生活方式，也一定能够深刻影响着社会主义核心价值观的培育和践行。这种影响主要体现在以下三个方面：先进科技打造培育和践行社会主义核心价值观的学习平台，先进科技推动培育和践行社会主义核心价值观的常态化和长效化，先进科技推动培育和践行社会主义核心价值观的形象化和生动化。

（三）先进科技打造培育和践行社会主义核心价值观的学习平台

把新媒体和新技术引入社会主义核心价值观的培育和践行，可以打造培育和践行社会主义核心价值观的学习平台。依托新媒体和传统媒体平台开展社会主义核心价值观主题宣传教育，通过互联网、宽带局域网、无线通信网和卫星等渠道，利用微博、微信、手机客户端、网络电视、网络广播、电子阅读器等全方位、多渠道地从社会主义核心价值观的三个层面广泛宣传社会主义核心价值观。

通过先进科技打造的社会主义核心价值观学习平台具有个性化、专业化、统筹性等诸多优势。在社会主义核心价值观学习平台上可构建丰富的学习宣传形式，用户可以在平台上根据个人习惯自由选择学习方式。同时，诸多传统媒体可在新平台上搭建自身学习架构，以技术作为保障，将良好的学习资源汇聚于平台之上。大数据分析、互联网等技术可以将学习资源尽量适当分配，既保证优质资源能够推送给受众，也能保证学习者本人保持自身的习惯和兴趣，将社会主义核心价值观学习平台打造为统筹协调智能化的学习平台。

（四）先进科技推动培育和践行社会主义核心价值观的常态化和长效化

先进科技为培育和践行社会主义核心价值观的持续性提供日常保障，由此将社会主义核心价值观的学习深入到日常生活之中，通过理论引导、热点关注、话题讨论、文化欣赏等方式，可以随时随地、不受时空限制地进行社会主义核心价值观的学习。这种常态化和长效化的学习要依托平台广阔、时效长久两个前提条件。

先进科技可以提供广阔的平台，进而推动培育和践行社会主义核心价值观。社会主义核心价值观的培育和践行要常抓不懈，微博、微信、手机客户端等在日常学习中助力常态化学习，便于重复深入学习，推动日常学习全覆盖。先进科技可以保证较长的实效，进而推动培育和践行社会主义核心价值观。线上平台与线下设备共同构成了一个信息传递网络，这使得随时随地的学习成为可能。

（五）先进科技推动培育和践行社会主义核心价值观的形象化和生动化

先进科技有效转变传统宣传和学习方式，广泛吸收艺术元素，借鉴艺术方法，建立生动有效的沟通方式，采用喜闻乐见的语言，选择讲故事的方式，广泛运用多种文化形式，能够生动具体全面地展现社会主义核心价值观。

互联网技术、电子技术、计算机技术、移动通信技术、动漫制造技术等高新技术的支撑，使得社会主义核心价值观得以通过优秀的文化产品展现出来，这种文化产品带有明显的科技发展的时代烙印。先进科技提升了其表达方式的技术含量并赋予其持久旺盛的生命力与活力。信息技术、网络技术、数字技术的日新月异及其与文化产业的对接，派生出通过网络和移动终端进行消费娱乐等一系列新的业态。高新技术在现实中的广泛应用，使社会主义核心价值观的表现形式更加多姿多彩，受众的接受度越来越高，表达形式更加喜闻乐见，丰富了社会主义核心价值观的表现力，为其提供了新的表现形式和传播渠道。文化的发展离不开科技创新，在现代技术尤其是信息技术的影响下，文化产业在形式上出现了多种多样的变革。

三 网络科技加强新时代思想道德建设

（一）新时代思想道德建设内涵

习近平指出："心中有信仰，脚下有力量。"[1] 新时代思想道德建设观

---

[1] 习近平：《习近平谈治国理政》第2卷，外文出版社2017年版，第49页。

第四章 社会主义先进文化与科技融合的繁荣兴盛和创新性发展

要求以筑牢信仰为根本,主要内容有:坚定的信仰,即马克思主义信仰;它以历史观、民族观、国家观、文化观为建设基础,以社会公德、职业道德、家庭美德、个人品德为建设重点,以培育和践行社会主义核心价值观为核心,以舆论引导工作的新形式新方法为主要抓手。习近平强调指出,这项工作具有重要的意义,舆论引导工作"事关旗帜和道路","事关全党全国各族人民凝聚力和向心力,事关党和国家前途命运"①。

习近平总书记强调:"人而无德,行之不远。没有良好的道德品质和思想修养,即使有丰富的知识、高深的学问,也难成大器。"② 这明确地表达了思想道德在人才培养中的首要性。"才为德之基,德为才之帅"。自20世纪"科教兴国、人才强国"战略实施以来,我国不断加大基础教育的投出,大力支持高校发展,尊重科学家、尊重人才,我国在人才培养方面取得的成果有目共睹。教育并非意味着培养高学历高知识人才,教育的首要目标在于培养受教育者完善的人格和优秀的品质。如果高级知识分子的道德水平出现了滑坡,那么就可能产生实验室腐败、学术霸凌等违法违纪现象,这将是教育与科研事业的重大损失。没有把"人"字写好,没有建立牢固的思想道德意识,由知识建构的科技成果大厦必然摇摇欲坠。只有培育具有高尚情操的人,才能为中国特色社会主义现代化建设提供源源不断的人才保证。为此,必须持续不断地加强新时代的思想道德建设,培育社会主义的建设者。

(二) 网络科技的繁荣发展

如何在新的历史时期,充分发挥网络科技的力量,使其更好地作用于公民思想道德建设值得我们深思。进入21世纪后,世界开启了以数字化为主导的"第四次工业革命",一场互联网革命正在以错综复杂且意义深远的方式改变着整个世界。网络是一把双刃剑,一方面,在网络大行其道的过程中,一些网民在沉溺网络的过程中容易产生感知异化、社会角色异化和能力异化等诸多负面问题,甚至还有一些网民

---

① 习近平:《党的新闻舆论工作是治国理政定国安邦的大事》,《党建》2016年第3期。
② 习近平:《之江新语》,浙江人民出版社2013年版,第64页。

存在不同程度的网络成瘾问题，为个人、国家和社会带来了一系列的负面问题。但另一方面，在网络科技大行其道的过程中，网络科技也为人们的学习和生活带来了巨大的价值。当今网络科技不仅应用于娱乐领域、经济领域，更深入到教学领域。例如：多媒体教学、云课堂、优学院、学习通、zoom 视频会议、微博、微信公众号等，各类网络科技工作不胜枚举。

网络科技繁荣发展的态势，为加强新时代思想道德建设提供了技术上的条件支持。首先，网络的特征就是无处不在，这有利于思想道德建设工作突破时间与空间的限制；其次，在信息传输方面，网络更加快捷高效，其影响力传播范围之广远非传统传播手段可及，通过网络平台，人们可以更快地获得信息，这对于道德传播、榜样宣传、公开讨论热点以及对不良事件的监督都能起到良好的促进作用。

（三）网络科技加强思想道德建设路径分析

通过网络科技加强新时代思想道德建设，主要包括三个路径：普遍化的思想道德知识普及、特殊性的思想道德知识宣传、极个别的思想道德问题干预。

关于普遍化的思想道德知识普及问题，我们要充分利用网络科技的宣传教育功能，例如：通过公众号、微博、视频网站等网络科技载体，重点围绕马克思主义信仰问题、"四观"问题、"四德"问题、社会主义核心价值观问题以及舆论舆情等普遍性的思想道德知识进行宣传，以典型个案为榜样进行报道，以广大群众通俗易懂的形式，帮助广大群众在耳濡目染中提升自身的思想道德修养。

关于特殊性的思想道德知识宣传问题，我们要在普遍化的思想道德知识普及问题基础上，通过网络调研等方式对重点问题进行有针对性的分析和教育。例如：可以选取云课堂、优学院、学习通、zoom 视频会议等网络科技手段，以选取重点需要提升思想道德素养的人群，选取不同主题，模块化、分阶段地开展团体思想道德素养提升的教育教学。

关于极个别的思想道德问题干预问题，要充分发挥问卷调研、访谈、信息收集等多种途径，围绕收集掌握的重点的思想道德问题，充分利用微信语音、视频会议等网络科技,以榜样力量为标杆,以个案分析为着力点进行特殊引导,重点发挥温馨沟通、谈心谈话等方式方法,围绕重点问题进行深度解剖,提升针对极个别的思想道德问题的干预实效、对个别思想道德问题的教育和疏导。

总之,运用网络科技加强新时代思想道德建设还处于发展和探索阶段,很多系统的教育教学方法还不是很完善,需要不断地探讨、研究和提升。随着信息化社会的发展,网络科技不断在发展和完善,利用网络科技进行思想道德教育是一个崭新和富于挑战意义的课题,如何发挥网络科技的育人优势?如何促进网络科技与人类的素养提升更好地互动?需要我们后续不断努力钻研,以便促进网络科技为公民思想道德修养提升做出更大的贡献。

四 信息科技有助中国社会主义先进文化走向世界

(一)信息科技与中国社会主义先进文化走向世界的关系

习近平总书记指出,我们要立足中国,面向现代化、面向世界、面向未来,巩固马克思主义在意识形态领域的指导地位,发展社会主义先进文化。[①] 这里所说的面向现代化,应当包含了社会主义先进文化在科学技术大发展时代中前进的含义,而面向世界则表明,社会主义先进文化应当与世界其他文化相互交流借鉴,走向世界。因此,在"面向现代化,面向世界"的要求下,我们应当通过科学技术尤其是信息科技帮助中国社会主义先进文化走向世界。随着我国国际地位提升以及世界范围内的文明交流互鉴日益广泛而深入,文明交流在更大空间上展开,这也要求我们在更高层次上认识文化交流,并采取相应的积极措施。面对这样的文化交流形势,要把握住时代机遇,推动中国特色社会主义文化繁荣发展,进而为推动中国社会主义先进文化走向世界奠定基石。

信息科技本质上是传播信息的科学技术,而社会主义先进文化走向世界,其本身也是一个文化传播的课题。利用信息科技帮助中国社会主

---

① 习近平:《在纪念马克思诞辰 200 周年大会上的讲话》,《党建》2018 年第 5 期。

义先进文化走向世界，有利于传播中华传统文化，加深世界各国人民对中国的了解，促进中国文化"走出去"，增强国家文化软实力，提升国际话语权。同时，中国社会主义先进文化走向世界，有利于消解西方媒体关于中国的非客观报道，改善西方人民对中国的刻板印象，进而从多方面促进中外交流。信息科技有助于中国社会主义先进文化走向世界，这一点可以从有助于优秀传统文化走向世界、有助于文化交流走向世界、有助于文化产品走向世界三个方面体现出来。

（二）信息科技有助于优秀传统文化走向世界

信息科技有助于优秀传统文化走向世界。虽然中国传统文化与社会主义先进文化是完全不同的两个概念，但是社会主义先进文化吸收了中国优秀传统文化中的精华，其立足于中国优秀传统文化的土壤。而由于东西方的文化差异，以及国外民众对于中国传统文化的好奇与喜爱，在社会主义先进文化走向世界的过程中，最先被传播的往往是中国优秀传统文化。最早西方人民通过瓷器、丝绸等实物以及诸多的传教士和莱布尼茨、歌德等名家的作品中了解中华文化，现如今信息科技，尤其是网络信息技术的发展，为中国优秀传统文化的传播提供了良好平台。

信息科技与优秀传统文化的最佳结合点就在于以现代方式展现传统。优秀传统文化的一大特点就在于地域性，这使得丰富多彩的传统文化定位于中国大地的各个角落，对于外国人来说，在缺乏长期在中国生活的条件下，很难用全面的眼光来理解传统文化，地域性差异使得了解中国文化成为了一种困难。然而信息科技可以通过互联网跨越地域性限制，使得国外民众在短时间内更多地体验优秀传统文化。通过信息科技展现中国优秀传统文化也已经取得了一些良好的经验，例如在线游览故宫，在线游览敦煌，国内各大博物馆也推出了线上参观的活动，通过现代信息科技使线下的优秀传统文化成果数字化，再通过网络推广至世界，这都是中国优秀传统文化走出去的范例。除了各相关单位的努力，各大现存的网络平台都为中国优秀传统文化的传播提供了良好的机会。

第四章　社会主义先进文化与科技融合的繁荣兴盛和创新性发展

（三）信息科技有助于文化交流走向世界

信息科技有助于文化交流走向世界。可通过通信技术、实时语音翻译等技术，加强中外人文交流的力度和频率，建立完善的交流机制，将复杂困难的交流活动通过技术简单化，推动中国的出版机构、影视公司与国外相关机构进行广泛的交流合作，新闻媒体部门可与国外部门单位联合采访，共同制作，形成"互联网+"状态下的文化交流。

文化交流可以划分为宏观和微观两个层面，宏观层面的文化交流通常由政府或大型的商界、企业界、学术界团体主导，在两国或多国之间进行的文化交流活动；而微观层面的文化交流则指个人对于他国文化的体验，这种微观层面的交流可以发生在宏观层面的引导之下，也可发生于个人主动发起的文化体验。不论是宏观层面，还是微观层面，信息科技都大有可为。在宏观层面，在一定的交流机制下，信息科技可以提供技术支持，使交流活动稳定持续，常态化发展。在微观层面，信息技术可以为个人交流提供便捷的服务，突破语言障碍等文化上先天性的隔阂，方便社交活动，扩大交流范围。

（四）信息科技有助于文化产品走向世界

信息科技有助于文化产品走向世界。通过信息技术，大部分文化作品，例如图书、影视作品、演出等都可以向线上转移，方便国外人民获取这些文化产品，有利于讲好中国故事，传播中国声音，阐释中国道路。

在信息技术的指引下，文化产品可以分为两类，一类是可直接信息化的作品，即通过信息手段可以直接进行传播的作品，例如视频、音乐、戏曲、电影、影视剧、图书等，这些产品的发行方式本身就是通过信息技术进行推广的，尤其是在与互联网技术的结合下，其传播速度快、范围广。面对现存的世界级网络平台，走向世界的中国文化产品越来越多。除了可直接信息化的作品，还有一些不可直接信息化的文化作品，其传统的传播方式并不是通过网络，因此需要通过信息科技的改造，才能更好地走出去，例如雕塑、绘画、民族乐器、文创产品等。要想使这些文化产品走向世界，则更需要发挥好信息科技的功效。此种文化产品首先需要被认识，信息科技可以通过互联网进行宣传、直播等，其次则通过

· 195 ·

信息技术走向海外，构建信息技术主导的感知体验项目，甚至开发出销售渠道，这都有利于文化产品走出去。

第四节　社会主义先进文化与科技融合的创新性发展内容特征

习近平总书记提出："发展中国特色社会主义文化，就是以马克思主义为指导，坚守中华文化立场，立足当代中国现实，结合当今时代条件，发展面向现代化、面向世界、面向未来的，民族的科学的大众的社会主义文化，推动社会主义精神文明和物质文明协调发展。要坚持为人民服务、为社会主义服务，坚持百花齐放、百家争鸣，坚持创造性转化、创新性发展，不断铸就中华文化新辉煌。"[①] 这意味着一方面，社会主义先进文化是科技创新的思想引领者和发展的动力之源。文化发展的终极目标指向整个社会的发展，因此文化是为全体人民服务的，只有全体人民文化素质水平提升和思想道德修养增强，才可能在此基础上推动社会其他领域的进步，才可能为整个社会的发展特别是科技的发展持续不断地输送创新动力源泉和提供动力机制。另一方面，科技发展又促进了社会主义先进文化的持续创新发展，丰富了社会主义先进文化的内在活力。科技作为强大的社会生产力，文化创新早已离不开科技发展，科技发达程度能够在一定意义上决定一个社会的经济发展形态和文明繁荣程度，而一个意识形态想要持续发展下去必须有强大的经济基础作为支撑。不仅如此，科技的进步还为社会主义文化本身提供了新的内容、新的命题和新的挑战。

更为重要的是，科技手段的日益发展可以为我国优秀传统文化的发掘、传承和传播提供更新、更有效的工具、介质，让优秀的文化的血脉绵延不绝、代代流传，使中华儿女树立起强大的理论自信、坚定的道路自信、优越的制度自信和骄傲的文化自信。

---

① 习近平：《习近平谈治国理政》第3卷，外文出版社2020年版，第32页。

第四章　社会主义先进文化与科技融合的繁荣兴盛和创新性发展

一　高新科技提升社会主义先进文化的核心竞争力

与我国的传统文化相比，新时代社会主义先进文化有着深刻的历史性和鲜明的时代性。它积淀着中华民族最深层而悠久的精神追求，代表着中华民族独树一帜的精神标识，因此饱含了强大的鲜活生命力与和深厚的核心竞争力。所谓文化的核心竞争力，主要体现在一个文化是否能够被广大人民所接受，是否融入了人们的生活习惯当中，以及是否有足够的力量来抵御其他文化的入侵和不良影响等几个方面。新世纪以来，高新科技的快速发展大幅度改变了人民的生活形态，也对新时代社会主义先进文化的发展和传播构成了挑战和机遇。作为新时代的先进文化，新文化积极融合了新兴高新科技，利用高新科技的发展强化了自身的核心竞争力。这种强化通过传播能力的强化、自身内涵的丰富以及发展动力的增添得以充分体现。

（一）强化传播能力

首先，新时代社会主义先进文化充分利用高新科技手段强化了自身的传播能力。高新科技的发展和提升最先带来了传播媒介的转变与革新，在新世纪的前二十年中，伴随着网络通信技术的大跨步发展，传媒方式发生了重大的改变，从广播、电视、实体报刊书籍，到以网络为主要载体的电子报刊书籍、各大门户网站以及如雨后春笋般的电脑客户端与手机应用，通信方式也从书信、电话向手机、智能手机转变，每一部智能手机都成了一个随时接收信息的终端。此外，早已迈入信息时代的我们正在经历信息时代内部的革命，推送代替了搜索，算法取消了思考，高新技术会将人们所需要的事物和信息一一呈现。面对崭新的形势，社会主义先进文化的传播显然迎来了新的风险挑战，同时也是实现新发展的机遇期。一方面，信息来源的多元化导致不良信息的获取门槛降低，意识形态斗争形式逐渐严峻；另一方面，传播渠道的丰富也为社会主义先进文化的表达带来了多样的选择和更多的可能性，同样降低了传播社会主义先进文化的门槛，带来了新的机遇。

我们注意到，以往"高高在上"的大型传统媒体与国家政府部门也在大众互联网媒体中有了官方账号,各大官媒积极尝试新媒体,拉近与人民群众的距离,降低人民群众与官方机构进行沟通的成本,真正实现了文化创造从群众中来,文化成果服务到人民中去。高新科技提供了新的传播渠道与方式,以往文化资源有限时,只能是有什么接受什么,随着网络的普及,搜索引擎与门户网站的兴起,人民可以自主寻找所喜爱的内容来接受,而到了今天强大的算法功能已经可以揣测出人们的喜好,甚至可以有效控制呈现给人们的内容,那么想让人民接受什么样的文化,如何运用社会主义先进文化来引领人民群众的精神世界,高新技术起到了至关重要的作用,它让社会主义先进文化萌发了新的生长点。

同时,随着技术手段的革新,优秀的价值观不再是人们传统印象中死板的文字,而是活灵活现的各种英雄事迹,直观可见的数据信息,还有近在咫尺生活中的鲜活形象。尤其在近些年的文化创作中,以社会主义先进文化为思想指引、熔铸社会主义先进文化精神内核,利用新兴科技来强化表达的优秀艺术作品层出不穷,例如忧思未来世界发展与人类自身命运并将"人类命运共同体"理念充分展现的《流浪地球》,弘扬法治观念、反黑扫毒的《湄公河行动》,以及关注民生、探讨百姓对于美好生活的向往需求的《我不是药神》等,这些优秀的文艺作品在现代科技手段的加持下,能够呈现出最具感染力的效果,使作品所表达的内容与价值观在强烈的感官震撼中深入人心。新时代社会主义先进文化在高新科技的帮助下"活"了过来,不再是人们辛苦地去进行理论分析和理解消化,而是将优秀先进的价值观融入日常生活当中,潜移默化地熏陶渐染,日久天长地润物细无声,使先进的思想观念成为真正为人所接受的习惯和深入骨髓的品行。

(二)丰富自身内涵

新时代社会主义先进文化利用高新科技的发展丰富了自身的内涵,这一内涵的丰富体现在两个方面。

一方面,科技发展的影响已经深入各个方面,并在总体上助推整个社会的进步,促进文化的繁荣,为新时代社会主义先进文化的发展提供了良好的文化环境和稳固的社会基础,增强了新时代社会主义先进文化

第四章　社会主义先进文化与科技融合的繁荣兴盛和创新性发展

发展的信心与实力。文化是社会政治经济发展状态的集中反映，新时代社会主义先进文化充分反映了改革开放以来我国社会主义建设实践探索的重大成果，同时新的文化风貌昭示新的历史阶段，这更突出体现了中国特色社会主义进入新时代这一历史论断的正确性。新世纪以来我国借助高新科技的强大力量，助力国家安全、社会治理、政治建设与经济发展，巩固了社会主义先进文化的成长根基，开拓了社会主义先进文化发展的新局面。经济健康发展，人民生活水平稳步提升，国内环境稳定，国际影响力增强，这些实绩正是孕育新时代社会主义先进文化的有机土壤，新时代社会主义先进文化的发展和创新有了更开阔的视野、更丰富的素材、更先进的手段与更广阔的平台。而这一系列的进步和发展，都离不开高新科技的发展和应用，可以说，新时代社会主义先进文化的活力，正是源于高新科技的突飞猛进和不断更新。新时代社会主义先进文化饱含了我国科技文化的思想结晶，高新科技的发展使新时代社会主义先进文化更有底气、更有底蕴、更加富有时代魅力。

另一方面，高新科技的发展和应用激发和强化了新时代社会主义先进文化的内在活力。高新科技的发展增强了人与人之间的联系，缩短了物理的距离，令过去相对隔离与封闭的环境互相碰撞融合，激发了不同于以往任何时期的思想碰撞的火花。这也就意味着，在高新科技的催化下，新时代社会主义先进文化成为了主动的、有机的、充满活力的时代文化。文化创造的主体更加多元化，人民群众真正成为文化的创造者，不再只是被动地接受，也进行主动的创造与积极的建构。新时代社会主义先进文化既坚持中国共产党对文化事业的领导，为先进文化的前进方向树立好旗帜和风向标，同时也更加深入人民群众的生活，扬弃过去标签化、教条化、八股化的僵硬部分，转而更加深入真实的社会生活，贴近人民大众现实的文化需求。在高新科技的助力下，文化发展的形式已经如此丰富，让人们眼花缭乱、应接不暇，真正能够取胜的是承载于高新科技手段之中的内容创新，内容决定了文化的生命力和内在活力，而内容来自文化创造者对生活的体验与感悟，高新科技使平民文化走向公众视野成为可能，也使优秀文化的各类作品能够广泛传播与普及。新时代社会主义先进文化根植于最广大的人民群众的方方面面又回馈广大人民群众，真正反映人民群众的现实生活和精神诉求，反映社会发展所产生的重大问题，反映时代所面临的历史任务，在深入扎根实践中获得最稳固也是最富有生命力的内涵基础，即新时代社会主义先进文化，是人民的文化，代表了最广大人民群众的文化追求，能够成为我国文化发展方向的指引和航标。

（三）增添发展动力

高新科技为新时代社会主义先进文化的发展增添了崭新的推动力。新时代社会主义先进文化同样通过与高新科技的融合获得了强劲的推动力。从古至今，文化的载体从结绳记事到口口相传，到文字与各种艺术形式，再到如今五花八门的文化形态与样式，一直持续不断地发展和改良，载体形式也从单一逐步丰富。文化传播形式的进步离不开技术手段的革新换代与应用普及，文化的发展自始至终都无法完全脱离科技的进步。科技的进步必然催生新的文化表现与传播方式，这也就意味着，如果不能融合高新科技的发展，将科技发展的力量转化为文化自身的力量，那么这种文化就必然会被高速发展的科技所抛弃，同样也就失去了其生命力，随着时间的流逝逐渐消弭在历史的长河中。于此，新时代社会主义先进文化有着其自身独到的优势，即新时代社会主义先进文化是讲求科学精神的理性文化。

超越于任何一种传统文化，新时代社会主义先进文化的以"科学精神和求真务实"为首要内涵。也正是基于此，当科技实现了重要的突破和进展，必然会引起社会主义先进文化的注意，并且社会主义先进文化乐于去接受，积极地去融合这样的进步所带来的改变，将科技发展的重要成果作为实现文化创新的重要资源为我所用，以先进科技为载体展露文化的惊人魅力。新世纪以来，以网络通信技术为代表的高新技术发展日新月异，新时代社会主义先进文化也伴随着这种发展获得了强势的推进力。官方媒体的运营，借助高新科技手段记录与传播我国的发展现实，优秀文艺作品与电视节目的推出在高新科技的助力下焕发出更闪耀的光辉。无论是国家层面上的和谐社会精神文明建设、脱贫攻坚、解放生产

第四章　社会主义先进文化与科技融合的繁荣兴盛和创新性发展

力、发展生产力,还是社会层面的强化党建、深化改革、反腐倡廉、法制建设,还有树立优秀个人价值观的引导,对各类不正之风的梳理和改造,强调创新驱动、工匠精神的建设,这种种成果,无一不体现出了社会主义先进文化的强势发展进步。在这些成果的形成与推广中高新科技发挥了重要的作用:表现手段的增强、传播途径的开拓、信息的沟通传达、效率的提升等,都有高新科技的一份功劳。如果没有现代视觉艺术设计、天轨吊装及移动设备、全息影像技术及现代舞美灯光音效的配合与支撑,也就没有呈现给我们的美轮美奂的《国家宝藏》与《诗词大会》等优秀的文化节目。这些优秀的作品与成果也证明了,社会主义先进文化在面对高新科技的发展的时候,不仅没有被科技的发展所抛弃,反而借势而起,获得了更加强劲的推动力,搭乘科技进步的东风,扶摇直上,实现自身的跨越式发展。

二　科技创新催化社会主义先进文化形态与业态的创生

科技创新是综合国力不断增强的支撑性力量,也是催化新时代社会主义先进文化蓬勃发展的加速器。习近平总书记在"在中国科学院考察工作时的讲话"中提到:"党的十八大提出实施创新驱动发展战略,强调科技创新是提高社会生产力和综合国力的战略支撑,必须摆在国家发展全局的核心位置。我们要实现全面建成小康社会奋斗目标,实现中华民族伟大复兴,必须集中力量推进科技创新,真正把创新驱动发展战略落到实处。"[①] 其中强调了科技创新在社会生产发展和综合国力提升两方面的战略支撑作用,综合国力既包含国家的硬实力,也包括了以文化为主要代表的国家软实力,这就意味着科技创新在社会主义先进文化的领域也起到了有力的支撑作用,这一支撑作用主要体现在催化新时代社会主义先进文化形态与催化文化产业业态创生两大方面。

(一)科技创新催化社会主义先进文化形态

社会主义先进文化的塑造离不开科技发展,科技的创新有利于催化

---

① 《习近平关于科技创新论述摘编》,中央文献出版社2016年版,第14页。

出社会主义先进文化的新形态。自古以来，华夏文明的诞生与发展都离不开科技的进步与创新。活字印刷技术的创新推动了文化书面化的快速传播方式，使得我国古代的文化领域蓬勃发展；指南针的发明与航海技术的进步使我国从明代开始就能够进行大规模的远洋航行，郑和远航西太平洋和印度洋，拜访了三十多个国家和地区，推动我国与世界的文化交流；新中国成立，原子弹、航天等领域的自主研发不仅奠定了我国的综合实力基础，也在国民的心中种下了科技兴国的文化之种；近年来，我国的生物、医药、军事、网络等众多领域的科技创新更是使得民众的生活水平突飞猛进，在此基础之上萌发了新的文化形态与样貌，形成了独领风骚的新时代社会主义先进文化形态。

社会主义先进文化形态的塑造，既是古今贯通，亦是中西融汇，更是对人类历史长河中既有文化形态的升华，葆有了中华传统文化的优良精髓，同时借鉴吸收世界优秀文明成果，关照人民对美好生活的向往和多元丰富的文化追求，与中国特色社会主义伟大实践的主旨内涵深度契合。这其中打通"古""今""中""西"的一个重要因素就是科技创新。科技创新是科技革命和产业革命的重要生长点，随之而来的是生产力的进步与产业的发展，更意味着产业文化的生成，优秀的产业文化能够对社会主义先进文化形态的塑造起到正向的刺激作用。因此，科技创新对社会主义先进文化形态的生成、塑造、进化、融合与发展都有重要的意义和影响。

科技创新能够推进传统文化实现创造性转化与创新性发展，稳固社会主义先进文化形态的基底。习近平在庆祝中国共产党成立95周年大会上的讲话中说："在五千多年文明发展中孕育的中华优秀传统文化，在党和人民伟大斗争中孕育的革命文化和社会主义先进文化，积淀着中华民族最深层的精神追求，代表着中华民族独特的精神标识。"[①] 囿于历史性的局限，中华民族的优秀传统文化因时空分布、传播方式、文化封锁等现实因素的限制，而使得许多优秀的传统文化不被所知。而科技创新带来的新的展示方式、新的传播途径、新的文化载体，都能够使得传统文

---

① 习近平：《论中国共产党历史》，中央文献出版社2021年版，第126页。

第四章 社会主义先进文化与科技融合的繁荣兴盛和创新性发展

化焕发新生。因此,科技创新为社会主义先进文化形态的塑造固本培元,使我国优秀传统文化获得全新的定位,使其找到新的生存方式和延续方式,并借助高新科技的力量实现创造性转化与创新性发展。

科技创新孕育新时代的科技文化,为新时代社会主义先进文化提升了自信心,形成社会主义先进文化形态的有力支柱。社会主义先进文化的形态归根结底是由中国特色社会主义建设实践所决定的,首先要处理好中华文化中"古"与"今"的关系,以由"古"而"今"为中国文化的发展方向。其中,"今"包括了当今的中国社会主义文化和当今的国际文化。当今的中国社会主义文化正是由当前我国科技发展的成果影响甚至创造的。科技创新在各个领域中创造着文化的生命,推进了各个领域内容的文化创造性转化、催生了一系列新的文化圈,例如,手机应用、数字游戏、网络直播等。我国特有的广泛群众基础使得科技创新催生的新文化圈得到了广阔的创作资源和受众群体,为我国的文化自信开辟了广阔的前景。党的十九大报告明确指出全党要更加自觉地增强道路自信、理论自信、制度自信、文化自信。实现文化自信,科技创新起到了重要作用。

科技创新博采众长,吸收了全世界范围内的进步文化,推动着社会主义先进文化形态与国际接轨,促进社会主义先进文化形态的优化。科技创新不是闭门造车,必须在技术和文化上与国际接轨,了解国际科技的先进之处,从而实现我国特有的自主创新科技。因此,科技创新之路必须同国际进步文化相结合,从而生产出新的科技产品和文化产品。推动了社会主义先进文化的形态的国际化。实现了"民族的就是世界的,世界的就是民族的"。

(二)科技创新催化文化产业的业态创生

文化产业作为一种商业形态,以满足人们的文化需要作为目标,将为文化消费者生产精神产品和提供文化服务作为主要活动。它是一种特殊的文化形态和特殊的经济形态相结合的产物,是文化意义本身的创作与销售。如今,科技与文化的互动已经十分广阔而深入,科技创新对于文化产业更是有着十分重要的影响。文化产业的出现、成长与壮大可以说正是基于科技在文化领域的广泛应用,每一项新技术在文化领域的应用都能够拓展文化产品的表现形式，增加文化产品的表现力度和感染力，强化文化产品的推广普及，扩大文化产品所承载精神内核的影响。

文化之所以能够产业化在于科技的应用使特定文化产品的可获得性有所降低，这些文化产品不再是遍地都是、易于获得的身边之物，这也正是文化产业区别于大众文化之所在，科技的注入提高了文化产品的使用价值的同时也赋予了其相应的价值，因而使文化产品能够作为一种商品进行流通，人民可以通过文化消费实现特定的文化体验，因此可以说科技造就了文化产业，所以科技的创新必然推动着文化产业的进步与发展，科技的创新能够激发出文化产业新业态创生。所谓业态是企业为满足不同的消费需求而进行相关要素组合所形成的不同经营形态，业态是形式和效能的统一。习近平总书记在党的十九大报告中提出："推动文化事业和文化产业发展。满足人民过上美好生活的新期待，必须提供丰富的精神食粮。要深化文化体制改革，完善文化管理体制。"① 在谈到发展文化产业、深化文化体制改革的具体路径时，着重强调："健全现代文化产业体系和市场体系，创新生产经营机制，完善文化经济政策，培育新型文化业态。"②

具体而言，科技创新对文化产业业态创生所产生的促进作用在于，科技创新为文化产业提供发展动力。在如今这个信息爆炸的时代中，文化与科技共舞，内容与手段重合，一个新的科技创新点必将或早或迟地成为文化产业实现突破的新增长点，促进文化产业新业态创生。科技创新带来了新的产品、传播媒介、管理方式、营销关注点等，"科学技术丰富了文化的存在形式和保存媒介，使文化内容更加丰富，传播更加便捷准确，这都为文化产业的进一步发展提供了有利条件"③。可以说科技创新是文化企业的有效供给，为文化企业创造共赢环境，为文化市场提供媒介载体。因此，从生成、传播、营销和管理等各方面来讲，文化产业

---

① 习近平：《习近平谈治国理政》第 3 卷，外文出版社 2020 年版，第 43—44 页。
② 习近平：《习近平谈治国理政》第 3 卷，外文出版社 2020 年版，第 44 页。
③ 陈纪文：《现代科技对文化产业的影响研究——评〈文化科技导论〉》，《中国科技论文》2020 年第 4 期。

第四章 社会主义先进文化与科技融合的繁荣兴盛和创新性发展

的业态发展都无法离开科技创新。

科技创新推动新材料的发展和应用，推动文化产业设备与技术升级革新，催生更多的文化表现形式和文化体验设计，从而能够提供更加优质的文化服务。科技创新还能够激发文化创意的新内容、新形式、新思路，当今社会科技越来越多地成为被文化所思考和讨论的对象，科技创新也越发成为文化产业内容创新的增长点，催化出更多的优秀文化作品产出，科幻作为如今的一个硬核题材越发为广大文化创作者所钟爱，也越发为广大的人民大众所追捧，科幻小说、科幻电影、虚拟现实体验等为人们带来更加广阔的文化体验。科技创新也让文化产业营销的形态更加多元，手段多样并且不受时间和空间的限制，最大程度地进行宣传推广，文化产品的营销一定程度上就实现了对文化的传播。同时，新技术的应用使文化产品的呈现方式和保存方式有了更优选择，能够更加科学高效地进行管理与运营，在科技的助力下生产效率得到了极大提高，管理成本实现了有效节约。现代社会的经济发展的大部分功劳都应该归于科技，而在文化产业中，科技的作用更是决定性的，打破时空的枷锁，最大程度地挖掘文化资源、保护文化成果、创新文化产品，科技为文化产业业态创生注入了最强大而独特的动力。

三 虚拟科技提高社会主义先进文化产品表现力度

首先有必要强调一下虚拟科技的定义和范围。虚拟科技是一种以计算机为载体的科学和技术，它以在计算空间中模拟某一种现实存在方式为目标和表现形式。广义的虚拟科技包括计算机领域的硬件科技和软件科技，例如，虚拟操作环境、互联网、数据技术等。狭义的虚拟科技指以在计算机的辅助下，虚拟现实的仿真技术，例如虚拟现实技术。

开拓文化产业市场需要虚拟科技的助力。文化产业发展是一个在继承中不断创新的过程，如今，这个过程正在虚拟科技的助力下加速。起步晚，发展的规模、质量与国际影响力低，同西方发达资本主义国家相比，我国文化产业还有较大差距，但也是广阔的提升空间。并且随着物质文明的进步，我国人民的精神文化需求越来越多地展现，并且呈现多元化的趋势，文化产业的市场潜力巨大。因此，文化产业不能固守传统的产品表现形式，最明显的例证就是新兴媒体正在急速压缩传统纸媒的市场。在这样的现实前提下，虚拟科技正是文化产业所渴求的助力。

（一）虚拟科技提升社会主义先进文化产品的表现方式

虚拟科技的出现使社会主义先进文化获得了新的表现方式，丰富了文化的表达与呈现。自从互联网科技进入我国公众生活以来，虚拟科技为社会主义先进文化产品提供了更为广阔的空间和更为亲民的存在形式。在20世纪90年代兴起的互联网时代中，涌现出了大量优秀的虚拟社区，这些虚拟社区以开放包容的姿态和过硬的技术为依托，前所未有地扩展了社区参与者的交流空间。它们孕育出了21世纪我国大量的优秀文化产品。而21世纪诞生的各种新兴虚拟科技更是使得优秀的文化产品有了更上一层楼的体验。2019年贺岁档《流浪地球》的成功便得益于虚拟科技的应用，其剧本改编自第73届雨果奖最佳长篇小说奖获得者的科幻巨著《三体》，融入现代光影技术和多元拍摄手法及后期精良的制作剪辑，《流浪地球》成为国产科幻影片的现象级代表作，被誉为"国产科幻片之光"。而刘慈欣最早开始写长篇小说连载就是在互联网上开始的，可以说互联网的存在才孕育了刘慈欣的长篇小说。不仅如此，《流浪地球》借助3D电影技术上映，使得大量非科幻迷的读者了解到了科幻小说的魅力。能使一个文化产品如此广泛传播又深入人心，可以说这是虚拟科技横跨三十年的成功。

虚拟科技延展了社会主义先进文化的表现手段与表达思路。传统文化产品是以现实产品为表现形式的市场，书籍、报纸、古玩、电视等都是现实产品。以往的中华文化都是以这种方式进行展现。中华儿女历经千年的耕耘，孕育了灿烂辉煌的民族文化，涓涓细流的优秀传统文化、饱经风霜的红色革命文化以及各族同胞在祖国大好河山的各个角落所积淀的少数民族特色文化等，这些丰厚而充沛的文化宝藏种类繁多、内容丰富、遍布祖国大江南北，是中华民族不可多得的独特文化资源。但是现实产品的表现形式较为单一，往往只能进行一个维度的展现。而虚拟科技的出现为社会主义先进文化提供了更多的展现方式，人们甚至可以在视、听、触等维度同时体验一种文化产品。许多的社会主义先进文化产品借助虚拟科技的帮助，摇身一变，一改曾经略显古板的表现方式，成为人民喜闻乐道的"网红"。例如，故宫博物院端门数字馆采用了虚拟现实技术，可以让参观者足不出户，就体验到故宫丰富的馆藏和深厚的历史沉淀，是近年来所涌现的优秀文化产品的典型代表。

虚拟科技为社会主义先进文化产品的表现增强了感染力。走向群众、深入民心，这应该成为文化资源开发所要秉持的重要原则。文化资源开发必须考虑到文化产品最终表现的感染力。拥有资源并不代表能够充分发挥资源的价值，不是依靠丰厚的优质文化资源就一定能够开发和推出具有充分实力和竞争力的文化产品，没有吸引力和竞争力的文化产品是无法在复杂多变的文化市场上占有一席之地的。如今，我国许多红色文化资源的开发和转化仍然滞留于传统的模式和表达，停留在遗迹保存、遗物陈列等静态的呈现方式上，致使表现效果有限、感染力有限、影响力较差，文化资源优势难以充分而有效地发挥。虚拟科技则能够为文化资源生产出文化产品的路径提供出具有更高感染力的表现方式，为文化资源配以声、光、电等表现手法，以加深文化产品的感染力，使得文化产品的输出更能够让消费者买单，使文化能够充分深入人心，从而增强文化影响力，推动文化传播与普及。

（二）虚拟科技强化社会主义先进文化产品的传播与影响

虚拟科技为社会主义先进文化产品的传播找到了更高效、更便利的途径。传统文化产品的传播途径是"一对多"，广播、电视台、报纸、新闻发言人等都属于"一对多"的传统传播模式，其特点是从唯一的端出发，以面的方式向外辐射。但是这种传播方式的造价高昂，只有政府或实力较强的大型企业才足够有能力建立、主导、运营能够到达辐射效果的传播渠道，成为"一"。因此，传统文化产品的传播模式主体单一、内容有限、不够灵活、效率低下。而虚拟科技的出现，实现了"多对多"的传播模式，壮大了文化传播的主体，拓展了文化传播的界限、范围和方式。互联网使得任何一个人都能够作为文化创作的主体，参与到文化产品的生产和发布中来，从早期的网络小说连载、虚拟社区交流讨论到近年爆红的短视频和网络直播,"多对多"传播的结果使每一个互联网用户都能够不受时空限制和技术制约,轻而易举发布信息,同时接收到其他人的反馈,而反馈也可以在同一时间被其他人获得。因此,将虚拟科技的成果应用于社会主义先进文化的创作和传播中,极大地刺激了其传播动力,使社会主义先进文化拥有了强大的动能,社会主义先进文化产品能够在群众之间孕育、诞生,真正实现了优秀的文化作品从人民的现实生活中走出,同时也能够在人民中广为流传甚至实现创新发展。

虚拟科技让社会主义先进文化产品的影响得以实现最充分的发挥。首先,虚拟科技的应用使社会主义先进文化在本土的影响面扩大的同时其影响程度也逐渐向纵深发展。以往的社会主义文化传播还停留在单一政治宣传的层面,通过学校、社区、社会各单位的党建部门所进行的集体学习和宣传活动等得到传播,这些方式所传播的社会主义文化在内容上被局限和压缩,因而往往不能够使所传播的内容深入人心,宣传效果不足,人民大众无法真正全面接收和了解社会主义文化的精髓和内涵,无法切实感受到社会主义文化的魅力,人民接受的程度也相对较低,对社会主义文化的理解也较为浅显。而虚拟科技的发展和应用普及,能够使我们在方方面面感受到新时代社会主义先进文化的熏陶,从公共文化设施作为的不断进步(博物馆的真实情景体验,LED显示屏在社区宣传栏、公共交通系统以及电梯间、楼梯间等公共环境的应用),到人民群众每一个个体作为网络终端的内容接收(层出不穷的文化宣传自媒体以及优秀文化产品的推送),社会主义先进文化不再只是虚浮宏大的政治宣传或机械重复的灌输教育,而成为真正具有内在活力的有机思想,是人民对美好生活热切向往的真实反映,是对人民文化需求的充分满足和精神方向的正确指引。

其次,虚拟科技能够助力社会主义先进文化更好地走出国门,面向世界,将中华文化的风采展现在更广阔的世界舞台中。社会主义先进文化产品除了要牢牢扎根本国土壤,更需要"走出去",面向世界讲好中国故事,让世界更多地了解中国,传播中国话语,弘扬中国价值。但让新时代社会主义先进文化"走出去"也面临着诸多困难,这其中包括必

第四章 社会主义先进文化与科技融合的繁荣兴盛和创新性发展

须克服语言障碍、文化差异和意识形态隔阂等方面的难题。这些难题在虚拟科技中可以找到初步的答案：5G信息传播技术配合人工智能翻译技术可以实现实时的语言翻译，无时空限制的互联网技术可以令每一个中国文化参与者实现文化输出，等等，云计算更是让存储、交流与体验打破国界与时空阻碍，让全世界都能够共享优秀文化资源。因此，虚拟科技使社会主义先进文化产品的影响范围和力度得以充分延展，让中国更全面、更彻底地走向世界，让世界更充分、更立体地了解中国。

（三）虚拟科技推动文化产业结构调整升级

经济发展水平的跃迁促使人民物质生活条件的提升，与之并行的是更高的精神追求，随着中国特色社会主义实践的深入，我国人民对于优秀文化产品的需求和要求也越来越高。同时，受信息时代的数据爆炸影响，不仅仅是电子产品的更新换代速度，文化产品的更新换代速度也是日新月异，以往能够评选"年度网络词汇"，而现在似乎只能以月计算。这正是虚拟科技参与到文化产业的结果。虚拟科技越来越多地应用于文化产业并逐渐成为文化产业的重要基础，技术与文化的结合实现并极大地推动了对产业结构的调整和升级。

首先，技术革新是产业结构调整升级的前提条件，如今科技及其相关产品的迭代速度相当之快，与之相关的下游产业因而也会受到相应的影响，虚拟科技在文化产业中的应用主要是提供技术与设备支持，同时也能一定程度上引发内容创新，因而虚拟科技的快速革新也推动了文化产业利用更先进的机器设备和技术手段推出体验效果更佳的文化产品和服务，也为新的文化产品内容生产提供新的创意增长点，这既是生产效率的加速，同时也是产品质量的提升，这些也正是产业结构调整升级最重要的方面。

其次，虚拟科技的进步使文化产品能够更好地满足人民对于文化产品的个性化需求，对文化产业打造出有特色的文化品牌具有重要的作用，为文化产业开辟更广阔的市场增添助益。受限于技术发展水平，传统依靠文字、声音、影像等2D表现方式所进行的文化产品创作，在一定程度上只能够由掌握有限技术的文化产品输出方决定生产什么样的文化产品。一本书的出版、一张专辑的制作、一部影片的上映,都只是产业和创作者在表达"我想要生产什么样的产品"和"我能够提供什么样的产品",是一种单向度的流通模式,消费者只能够作为被动的接受者而无法从开始就表达出自身的诉求。而虚拟科技的介入,极大地改变了这种单向度的文化流通模式,使文化的私人定制成为可能,涌现出越来越多的具有特色的优秀文化品牌,刺激了文化市场的发展活力。消费者在消费最终文化产品(或体验)的同时,也参与甚至主导了文化产品的创作与制造。

此外,虚拟科技使得文化产品直达消费者,文化产业的产业链也因此更加清晰和简洁,即以文化产业消费者的喜爱作为最终的目标,倒逼文化产品的创造和升级,使得社会主义先进文化产品的更新换代朝着更快更好更体现出我国特有的社会主义特征的方向发展。

四 先进的科技文化是社会主义先进文化的重要内容

中国共产党是先进文化的代表,是先进生产力的代表。而先进的科技文化是人们利用科学技术认识世界、改造世界成果中处于领先地位的部分文化,是先进科学技术社会功能的结晶。随着马克思主义中国化的深入发展,先进的科技文化已经成为马克思主义中国化的新元素,是社会主义先进文化的重要内容与活力之源,饱含了重大的理论价值与现实意义。先进的科学技术所包含的知识、精神和方法等是社会主义先进文化的重要元素,不断促使着社会主义先进文化的创新与发展,同时社会主义先进文化的进步又进一步涵养了先进的科学技术文化。

(一)先进的科技文化作为社会主义先进文化的内容

从广义的文化概念来讲,科技也是文化的重要组成部分,是一种重要的呈现和表达方式。"科学技术是人类认识自然、适应和改造自然的知识总和。科技文化源于科学技术,在其形成和发展过程中,与科学技术同步与共存。"[①] 科技伴随着人类文明兴衰而成长发展,它是社会发展的

---

① 向鹏:《"五位一体"建设中科技文化价值研究》,博士学位论文,湖南大学,2018年。

第四章　社会主义先进文化与科技融合的繁荣兴盛和创新性发展

革命性力量,"科学技术是人类社会实践的知识体系,也是社会发展过程中独具特色的文化形式,并体现在人的生产劳动实践中"[1],是随着我国生产力的不断发展、社会主义建设实践的不断探索,我国科学技术飞速进步并形成了重要成果与重大突破,在此基础上,所形成的先进科技文化是精神文明的重要组成部分,并具有重要的当代价值。社会主义先进文化恰是当代中国为实现伟大复兴理想信念最充分的反映和最集中的表达。社会主义先进文化必然包括先进的科技文化,首先表现为科学技术是第一生产力,先进的科技文化作为社会主义先进文化的有机组成部分,成为中华民族伟大复兴、建设社会主义现代化强国过程中的重要的思想资源。

先进的科技文化与社会主义先进文化,它们都吸收了文化的精华,紧跟时代发展潮流,始终走在时代发展前沿。根植和立足于中国特色社会主义伟大实践是先进的科技文化和社会主义先进文化的根本。文化源于劳动实践,无论是科学发现、技术发明还是文化养成,都是我们认识、改造和表达世界的不同形式和方法,是我们与世界产生深刻联系与复杂交互的产物,与实践有着必然而重要的关联。在此基础上,先进的科技文化和社会主义先进文化被赋予了鲜明的时代特征,它们扎实立足于当代科技发展现实与社会主义建设成果,扎根国家发展与人民现实生活,是在党的领导下对中国特色社会主义实践进行高度概括、反思与凝练,最能够充分反映时代风貌和民族风骨的优秀精神文明成果。其中社会主义先进文化居于更为宏观的领导地位,能够统领先进的科技文化,为社会发展提供思想动力,后者作为社会主义文化建设在生产力领域的充分反映与集中表达,是前者的重要内容与有机组成部分。它们开辟了社会主义文化建设的新视野与广阔空间。

(二) 先进的科技文化的指导思想

先进的科技文化作为社会主义先进文化的内容之一,始终坚持以马

---

[1] 向鹏:《"五位一体"建设中科技文化价值研究》,博士学位论文,湖南大学,2018年。

克思主义为指导，在发展中坚持中国共产党的领导，保持了鲜明的政治立场和阶级属性。自 1981 年中共十一届六中全会始，到 1997 年中共十五大，经济、政治、文化，"三位一体"的社会主义建设总体布局逐步显现并不断发展、完善，文化建设成为与经济和政治并行的社会主义建设的重要方面，在国家建设治理与社会主义实践探索中不断被强调和重视，并延续到今天"五位一体"的总体布局当中。中共中央关于深化文化体制改革推动社会主义文化大发展大繁荣若干重大问题的决定中明确将社会主义先进文化视为"马克思主义政党思想精神上的旗帜"[1]。而我国科技事业的辉煌成果离不开中国共产党的正确领导，马克思主义科学的世界观和方法论一直不断指引着我国科技事业的发展方向，这也是我国科技事业发展的优势所在。江泽民在 1996 年 2 月召开的全国科普工作会议对会议代表说："我们不仅要靠科学技术的力量推进物质文明的发展水平，而且要依靠科学技术的力量推进社会主义精神文明建设，积极引导人民群众建立科学，文明，健康的生活方式，努力形成学科学，用科学，爱科学的社会风气和民族精神，创造与社会主义现代化进程相适应的社会精神风貌。"[2] 在同年召开中国科协第五次全国代表大会上，他又明确指出"科学技术是精神文明建设的重要基石"[3]。中国共产党人不断坚强对科技事业的重视与指导，由此形成的先进的科技文化早已打上了马克思主义的深刻烙印。"社会主义先进文化方向引领着科技文化发展的正确指向"[4]，如今科技与社会日益频繁的交互中，科技逐渐成为价值的载体。因此，我们发展什么样的科技，怎样发展我们的科技，需要正确的思想观念来把握方向、引领潮流。而正是在社会主义先进文化的指导和影响下，我国科技事业才能够始终坚持马克思主义指导地位，保持自身的社会主义根本性质，始终为人民谋福祉，因而实现了跨越式的进步，

---

[1] 《中共中央关于深化文化体制改革 推动社会主义文化大发展大繁荣若干重大问题的决定》，《人民日报》2011 年 10 月 26 日。
[2] 江泽民：《论科学技术》，中央文献出版社 2001 年版，第 68 页。
[3] 江泽民：《论科学技术》，中央文献出版社 2001 年版，第 76 页。
[4] 向鹏：《"五位一体"建设中科技文化价值研究》，博士学位论文，湖南大学，2018 年。

第四章 社会主义先进文化与科技融合的繁荣兴盛和创新性发展

并紧握时代脉搏、实现创新发展。

（三）科技文化的先进性

先进的科技文化作为社会主义先进文化促进中国特色社会主义文化的繁荣发展，推动了新时代中国特色社会主义伟大实践。党的十九届四中全会明确指出："发展社会主义先进文化、广泛凝聚人民精神力量，是国家治理体系和治理能力现代化的深厚支撑。"[①] 社会主义先进文化体现时代精神、与先进生产力相适应、能够促进生产力的解放和发展，能够提升人的思想境界、提高人的伦理道德水平、促进人的自我完善和全面发展，能够充分满足人民群众多元文化需求，其本质是推动社会进步的时代精神文明成果，是中国特色社会主义建设的精神力量，具有强大的社会功能。"在某种意义上，社会主义先进文化才是中华民族文化自信的灵魂，不仅包含着各领域文化于一体的综合自信，更包含着能够实现当代和未来全体人民精神共同富有的自信。"[②] 先进科技文化的本质在于"求真和创新"，其所蕴含的社会价值功效同社会主义先进文化具有一致性。

总之，社会主义先进文化建设基于马克思主义普遍原理的指导，与中国具体实践相结合，科学文化的建设亦如此。"现代科技文化是一个结构与内涵完整的系统，既是人的生命力与创造力的体现，也是人化自然的历程和结晶。"[③] 先进的科技文化是对科技自身发展规律的精神凝练与升华，反映其自身发展的规律并对其未来的发展具有指导和促进作用，同时作为一种文化它也蕴含着的强大社会功能和重要影响力。先进的科技文化倡导求真务实的精神，激励人民脚踏实地，埋头苦干，在各行各业的发展中都具有积极的促进作用，源源不断地为社会主义建设输送精神能量。先进科技文化所融汇的精神内核能够激发整个社会的创造力，

[①] 《中共中央关于坚持和完善中国特色社会主义制度推进国家治理体系和治理能力现代化若干重大问题的决定》，《人民日报》2019年11月6日。

[②] 胡晶晶：《新时代社会主义先进文化对中国之治深厚支撑的逻辑演进及其实践意义》，《理论导刊》2020年第7期。

[③] 向鹏：《"五位一体"建设中科技文化价值研究》，博士学位论文，湖南大学，2018年。

以创新意识作为思想引领，让这股精神动力在实践中持续推进社会各行业的更新与产业的升级。进入新时代，"我国社会主要矛盾已经转化为人民日益增长的美好生活需要和不平衡不充分的发展之间的矛盾"[1]，文化需求作为人民对美好生活向往的重要部分，需要社会主义先进文化的引领，也需要先进的科技文化来激发文化创造的灵感。

---

[1] 习近平：《决胜全面建成小康社会夺取新时代中国特色社会主义伟大胜利——在中国共产党第十九次全国代表大会上的报告》，人民出版社2017年版。

第五章

传统文化和科技融合的创造性
转化与创新性发展

中华优秀传统文化是中国特色社会主义文化的重要组成部分,它展现了中国五千年历史变迁中中华儿女对人类与自然的关系、人与人间的关系、人与社会的关系的漫长的探索历程,展示了独特的思考方式、见解独到的智慧,为现代人提供精神食粮,引导人们深刻反思如何处理高速发展的时代下人与自然、人与人、人与社会的和谐问题,为社会主义先进文化提供丰富的内容,为中华文明发展铸就辉煌增砖添瓦。因此,推动中国传统文化在当代的创造性转化与创新性发展,激发传统文化在当代的创新活力是我们的重要使命。

中华民族五千年文化,历史悠久,源远流长,是我们民族的血脉,是中华民族独特的标识。中国传统文化作为民族精神的代表符号,积淀了中华儿女生生不息、奋斗不止的精神追求。它对当代中国的社会发展有着最为直接的影响,对社会主义核心价值观的形成给予最深厚的支持。因此,继承和发扬中华优秀传统文化,实现民族文化的伟大复兴对于推动当代中国社会的发展具有重要的现实意义。

习近平总书记强调:中华优秀传统文化是中华民族的突出优势,中华民族伟大复兴需要中华文化发展繁荣为条件,必须大力弘扬中华优秀传统文化。也就是说中国梦的实现,离不开中国传统文化的传承与弘扬。因此,实现中华民族伟大复兴需要中国传统文化的创造性转化和创新性发展。

在当下深刻理解中华优秀传统文化的思想内涵,要坚持以马克思主义基本理论为指导,按照社会主义核心价值观的标准,从推动我国社会健康发展的实际需要出发，以建设社会主义文化为目标，对我国传统文化的思想成果进行辩证的分析，进而实现传统文化的创造性转化和创新性发展。传承"传统文化"不是回到"古代文化"中去，传统文化中有着厚重的思想积淀，既有过往时代的印记，又蕴含超越历史时代的精神文化。其中存在着某些消极、落后甚至是糟粕的成分，需要及时反思和清理。实现中国传统文化的欣欣向荣之貌，实则分为传承和创新与发展两步。二者缺一不可，是层层递进的关系。但是，今天传承传统文化并不是按部就班地运用于直接阐释当下现实的文化，而是从实际出发，从中国社会主义建设的方方面面出发去其糟粕，取其精华。因此，结合马克思主义基本理论，如何实现传统文化的传承、创新和发展，铸就中国特色社会主义文化之路，这就涉及传统文化的创造性转化和创新性发展。要在马克思主义理论指导下，将新兴科学技术手段与传统文化的创新发展相结合，使之成为中国特色社会主义文化的闪亮之处。中华传统文化的当代价值分析的首要任务，是明确传统文化的优秀之所在。然后，在此之上，结合现今我国社会经济、政治、文化发展现状探究实现传统文化文化创新与发展的道路，为社会主义文化的繁荣和发展中探寻一条康庄大道，为实现中华民族伟大复兴奠定最扎实、最坚定的文化基础。中华民族的文化之根是中华民族立于世界文明之林之魂魄。只有民族之魂在，才能建国之体魄，才能充分展现中国文化软实力，真正地弘扬我们民族文化信。

在如何理解中华优秀传统文化的现代价值的问题上，有过各种不同的思想倾向，需要做一些具体分析[1]。一些学者往往用西方文化观念已经定型的研究范式解读中华传统文化思想成果，这样很难发现其中有价值的东西。我们应当看到，文化都是在一定的特定历史条件下形成，有一定的传承和发展规律，都有其特定的意义和价值。我们不能仅仅从某一特定的文化标准去衡量其他文化的优劣。实际上，在不同的地域，只要文化的发展是符合社会发展规律，能够实现人类社会健康的、可持续的发展需求，东方和西方国家可以根据自己的国情选择不同的文化模式。

---

[1] 摘编自徐强《中华优秀传统文化选讲》，科学出版社2020年版。

中国特色社会主义文化就是要走中国特色的社会主义道路，建设有中国特色、中国风格、中国气派的社会主义文化。那些脱离现实生活的特点和中国现代化进程的背景来追求中华优秀传统文化的当代转化，固守传统文化的某些特征，以为采用了传统思想成果的某些形式，就达到了展现优秀传统文化现代价值的目的，这种思想倾向未免简单而片面。因此，继承和发扬中华优秀传统文化，需要立足于时代需求，面向世界，面向未来，运用现代科学技术手段，实现中华传统文化的创造性转化和创新性发展。中华优秀传统文化是新时代中国特色社会主义文化的重要组成部分，是坚定民族自信，建设文化强国的宝贵资源，在建设社会主义现代化国家的道路上具有凝心聚力的引领作用。为此，我们在文化的建设中，运用现代科技的手段将中华优秀传统文化传播出去，产生世界性影响，这样才能够真正体现中华优秀传统文化的现代价值。

第一节　传统文化的内涵及其当代价值

一　传统文化的内涵

"文化"一词虽然众所周知，但对其进行精准定义非常难，不同学者从各种不同的角度对文化进行了定义。现今，对"文化"的定义已超过200余种，对其进行界定的学说至少150种。

（一）传统文化的概念

西方"文化"一词的出现可追溯到拉丁文记载，本意为人通过自我劳动改造外部客观世界的过程，从而满足衣食住行、交通运输等日常生活需要，并且从事耕种土壤、加工等活动。史料记载的文化二字合并使用最早出现在"文明以止，人文也。观乎天文，以察时变；观乎人文，以化天下"[①]。（《周易·贲卦·象传》）

就综合角度而言，爱德华·泰勒认为，文化是一个包罗万象的总体，知识、艺术、宗教、神话、法律、风俗以及其他社会现象囊括其中。胡

[①] 参见任宪宝编著《周易·家人·象传》，吉林文史出版社2016年版。

适将文明看作一个民族在自身生活中应对或对环境适应的成效,文化作为一种文明的形成方式被揭示出来;梁漱溟认可文化是"生活的样法,是吾人生活所依靠之一切"①,他认为文化即人生活照,文明即人生活的成果;马克思指出文化概念呈现出多层次解读。从广义上,文化是人类实践生产中的对象化;具体到狭义范围,他将文化范围缩小至人类在具体生产实践过程中的所有精神活动,并且强调思想上的认识是文化的重要组成。从行为规范和模式角度而言,美国学者克卢伯将文化看作一种架构,集各种外显或内隐行为模式为一体,其路径是通过符号系统所得。李醒民教授指出文化是种族、宗教或社会群体的生活方式,其常用模式包括思想和行为方面,并且以符号为基础。李鹏程教授将文化视为自然与社会现实转型过程中优化资源整合的行为。

况长清认为中国传统文化含蓄内敛,重在内圣外王的求索之道,并且重在阐述天人关系,强调用了悟和直觉进行体会。②虎业勤认为中国传统文化是将善摆在首位的文化,关注人类与非人类的共性,在共性中寻求共同发展。③毛传清将中国传统文化看作"人治"统治下的强调共性、求和避争为主的文化。④李玉辉认为天人合一作为中国古代文化存在的哲学基石,围绕其展开的天人关系也是核心所在。对于天人关系的讨论渐渐形成了中国古代宇宙系统论,以人与天一、天人相交、天人一体、与天地参为代表。

从多角度进行解读传统文化,康旭在《中国优秀传统文化在习近平治国理政中的运用研究》中提供了思路,把传统文化自身存在的性质作为民族精神发展的支持力量,在此基础上对其进行解读:从其构成要素上来看,将文化看成56个民族在内的物质、制度、思想等有关文化在内的系统整体;从其思想发展历程上看,将传统文化看作由不同阶段的文

---

① 邵汉明:《中国文化研究二十年》(修订本),人民出版社2006年版,第16页。
② 况长清:《试论中国传统文化的缺陷》,《理论月刊》2002年第7期。
③ 虎业勤:《论中国传统伦理观的现代价值》,《河南大学学报》(社会科学版)2006年第6期。
④ 毛传清:《中国文化近代化与传统文化》,《武汉交通大学学报》(哲学社会科学版)1997年第1期。

化实体衔接而成，也可以是由众多不同流派在各自发展基础上由多支并成；从具体内容上则有众多方面，包括政治伦理思想文化、注重人格和道德修养的伦理道德文化、生态文化等等。

中国五千年文明历史悠久，源远流长，凝结成为中国文化。对于文化的界定方式有很多种：从价值论、符号学、人类学、传播学、心理学、历史学、社会学等视角进行解读。所有对文化的定义都旨在更好地理解文化这一词的包容度。文化包容各个方面，无论是理论层面，还是实践层面，文化不仅仅是字面上的含义，它随着时代的发展，其涵盖的层面越来越广，因此，对于文化内涵定义也会不断发生变化、扩充。

中国传统文化形成自己发展的独特性。从文化的整体性审视其功能性，我们认为中国传统文化主要呈现出以下特征：注重整体观、政治伦理性、实用性以及兼容并蓄性。中国古代文化以人为本，从"天人合一"的精神特质向外散射渗入传统文化的形成，并且在此过程中以人为本的初衷渐渐显现出其政治伦理性，并以人满足自身需求寻求与自然、社会和自身关系的基础，突出了实用的功利性，在不断发展的过程中，百家争鸣，并传承下来，逐渐形成了中国古代传统文化的系统。通过对中国传统文化特点的探究总结，我们能够更加明确其中优秀之处，能够汲取传统文化中的闪光之处，明确其当代价值。

（二）传统文化的要素

从系统论角度看，传统文化是从属于文化系统的子系统。关于文化的知识、方法、活动方式、组织、文化成果的物化都属于文化的形而下部分，而由思想、信仰、精神构成的价值体系以及美学和伦理学属于文化的形而上学范畴。[①] 无论何种文化发展到一个比较充分的阶段，都会形成一套自己的价值体系和技术、器物体系，即文化的"形而上"和"形而下"部分。我们认为，传统文化由认知、伦理观、评价、环境、物质成果、共同体等组成，其中认知部分可以分为科学方法、科学精神、科学信念、科学制度，而评价则代表了传统文化价值观。其中，人文精

---

① 冯向东：《对科学文化和科学教育的思考》，《高等教育研究》2003年第2期。

神是在历史发展历程中积淀的精髓，它是对人的本质的自然揭示或伸展。它体现了传统哲学和文化理性内涵，是人的本质、真谛和精魂。[①] 传统文化从中国古代文化的发展来梳理，可知中国古人对于科学技术发展的态度是"求真向善、崇实尚理、存疑趋新、协作自强"。求真向善是发自于人们内心对于物质精神生活的追求，以传统数学发展为例，其发展是为了更好、更加公平合理地解决土地使用占有问题，农业发展根据时令是为了更加满足古人对于物质生活的追求，解决生存问题；古代医学的发展是人们基于延长寿命趋利避害的"善"在实践基础上逐步发展起来的；古代手工艺等作业的发展，是基于人们对于精神生活"善"的追求、寄情山水专注于某一技艺求真求实的渴望。"崇实尚理"则是古人对于经世致用的极致发挥。中国传统数学之作用，古人给出的解释是"推寒暑之迭运，步远近之殊同；观天道精微之兆基，察地理从横之长短"[②]（《孙子算经序》），传统数学对于制定历法有着至关重要的作用，这涉及百姓春耕秋收的农时以及农业耕地的变更问题和有关国计民生工程的建造时节问题，这都要求数学必须崇实尚理。存疑趋新、协作自强则表现在古人对于科学真理的猜想上，以天文最高成就的元代科学家郭守敬而言，他最注重的是试验，通过试验、观测，探索天文现象的规律性，遇到问题不断推翻重新进行，使得他的天文学造诣走向一个高潮：测用天文仪器、演示用仪器以及对于天文现象运行规律的发现并相应制定方法，都反映了这样的科学精神。

传统文化可以表现为科学方法、人文精神、风俗、信念、制度；也可以表现为物质成果和环境，而作为这一部分文化的发起者——人，它也是传统文化构成必不可少的要素，在古代主要是劳动人民，尤指工匠。

（三）传统文化的层次

器物层次的文化，以传统文化发展过程中所不断创造出来的一系列"人工自然"的物质方式呈现，它直接与中国古代人民的生产和生活方

---

① 李醒民：《科学精神的特点和功能》，《社会科学论坛》2006年第2期。
② 郭书春校点：《孙子算经序》，辽宁人民出版社1996年版。

式相关联。古代科研仪器作为古代探索手段先进性的象征,决定着对自然界探索的广度和深度,例如,体现在天文现象观测预测自然灾害的贡献;古代图书资料的积累水平对古代科研信息的交流及利用程度有着非常重要的影响;生产工具发展的水平影响着古代农业、手工业发展的速度。对于传统文化而言,物质层面的文化最著名的代表主要有丝绸、瓷器、铁器等等。古代器物层次的文化与古代人类的生产、生活紧密联系在一起。

制度层次的文化是在漫长的历史进程中逐步形成的规范体系,包括社会建制、活动的操作规范、程序、方法及各种活动准则、规则、要求等等。制度的文化规范着人类生产活动和生活朝着"合理化"方向演变,尤其体现在传统文化的伦理规范、组织规范上。道德规范是在历史发展进程中最先形成与完善的制度文化形态。匠人作为道德规范的广泛受众,匠人制度很多方面都体现了制约,且其随着各朝规章制度的严谨程度而呈现出不同的发展趋势。传统文化的政治伦理性极强,旨在巩固封建统治、加强中央集权。因此,制度对于有效发挥物质功能、文化功能和促进社会发展功能具有重要的制约作用。一种制度如果只能接纳物质生产力,不能相应地容纳先进的文化内涵,那么这种制度必然要走向落后的状态,而且制约着器物文化的发展。因此,在制度文化建设上,要进行制度创新,与物质生产、精神文明发展相适应。

精神层次的文化,从古代人类精神世界和意识形态领域的价值变革中体现出来。随着社会物质生产的发展,人们价值观不断地改变,认识世界的视野也在逐渐扩大。古人将自身与天建立密切联系,通过寻求这种密切联系的思考旨在达到"天听",猜测宇宙的形成,将自然现象与天道、人道相联系做出解释。在这一系列思想活动、思想价值观念的变化过程中,思想的历史形态不断变更。其间既有精华也有糟粕,随着时代的变迁,对此必须进行去伪存真、去粗取精进行创造性的改造和深化。精神层次的传统文化主要体现在古人对于自然奥秘的探索和经世致用态度的结合,尊重自然,顺应天道而为,达到天人合一境界。精神层次的文化与制度文化相辅相成,在某种程度上起到促进或者是约束的作用。

伴随着制度文化的变更，精神文化也在调整着方向，体现出与时俱进的特点。

二　中国传统技术文化的特征

（一）器物层面文化的经验致用

中国传统文化在器物层面上体现出的经验性、实用性十分突出。

首先，体现在中国古代天文学的观测上。中国古代对于四时观测开始以太阳升落测定四时，逐渐形成了圭表测影。《诗经·小雅》中就记载了圭表和漏壶这些天文仪器的发明。据考究，《尚书·尧典》中记载了"璇玑玉衡"，因此有关推测表明在春秋中叶已经存在了浑仪。直至东汉，对于天体位置的测定更加精确。有关出土文物显示，河平元年三月关于日面黑子的记录是全世界最早的记载。魏晋南北朝时期，随着孔挺浑仪的制成、后魏时期铁质浑仪的制造以及浑象制作的更迭，使得当时的天文观测记录更加精确，全天恒星图一直沿用到明末。沈括改进旧有圭表高度、发明"景符"使得圭表影像测度更加精准，而且白道环的发明使得浑仪走向更加简易准确，浑仪在宋代进行大力发展直至郭守敬改造制成简仪之后，为天体观测带来重大成果。公元1276年，运用简仪观测的恒星大大超过前人发现的成果，精度也提高了近一倍。

其次，中国古代是小农经济社会，对于农业、手工业的发展十分重视，通过对生产工具的发明与改造，满足古人生活需要，体现着"经世致用"的思想。以农业生产工具的变迁为例，原始社会的工具一般是石具，到西周时人们已经采用耦耕，农作物种子通过排种孔使种子进入输种管，进行播种，播种的效率和速度大大提高。战国时期铁器和畜力的使用，能够进一步提升人们耕作效率。秦汉时期，冶铁业十分发达，且农业工具的分工越来越细化。东汉时期，翻车使农田灌溉取水效率提升，也用作农作物排涝。魏晋南北朝时期，根据南北方气候、地理条件不同使用的农业生产工具也相对地更加具有针对性。到了隋唐，根据农业需要，发明了曲辕犁和筒车。曲辕犁的发明使耕地深浅能够调节，设备轻巧，节省畜力，耕地效率也更提升了。筒车则是人们因地制宜，临河利

第五章 传统文化和科技融合的创造性转化与创新性发展

用水的动能实现将河水导入渠田进行灌溉的工具。宋元明清时期主要是出现了"代耕架"这种解决短时缺少畜力的、以杠杆原理应用进行发明的工具,《农书》《农政全书》等古代农本中都有详细而系统的记载。手工业发展以鼓风器的发明使用使得古人冶铸金属的质量得以提高,纺织业方面人们由最初的手工纺织到手工纺车再到可以进行复杂纺织的织机。在中国古代手工业技术进步的同时,充分体现了人们追求高效益、高质量的实用思想。

在工程建造方面,中国古代工程的成就举世瞩目,在今天还有着广泛的借鉴作用。中国古代城防的发展,充分展现了古人因时因地制宜的实用精神,防御外敌,捍卫国家的爱国精神。"因天时,就地利"[1](《管子·乘马》),古人多将城防设在依山傍水的天然屏障处,根据时宜扩建城防,且随着时代变迁发生着结构上的改变,城砌材料随之发生变化。城内普通居民住户布局也是根据整座城市的防御体系配合布局,既有物质系防御作用,也是人们抵抗外敌的精神慰藉。古代城市供水由最初的就地凿井、傍水开凿渠道,到因时因地因需蓄水库的出现,城市供水工程也是根据人们的需要进行调整并且加以完善。都江堰就是根据农事需要而建造的引水排涝工程。古代建筑的实用性体现在通过对建筑结构的改进实现抗震性增强,从而保证在地震自然灾害发生的时候能够减轻房屋受损程度保证人身安全。如木质结构建筑的斗拱,历经唐宋元明时期发展,结构轻巧,承载能力和刚度大幅提高,抗震性能得到增强等。

(二) 制度层面的工匠传统

中国传统工匠文化的主体大部分是社会底层的劳动人民,他们经过长期实践,渐渐养成"工匠精神"。其中的工匠制度成为中国传统文化的重要组成部分。

工匠制度为群体性制度,"审曲面势,以饬五材,以辨民器,谓之百工"[2](《考工记·总叙》),这种管理模式的延续、完善发展而成的"匠

---

[1] 李山、轩新丽译著:《管子·乘马》,中华书局2019年版。
[2] 闻人军译著:《考工记译注》,上海古籍出版社2021年版。

籍制度"将匠人们牢牢束缚在官府规定之下，直到清代才结束了匠户制度。通过工匠制度的一系列发展过程，形成了传统工匠精神。

第一，安身立命。孟子曾说："夭寿不贰，修身以俟之，所以立命也。"①（《孟子·尽心上》）古代的工匠制度有等级之分，官匠、军匠在进行批量生产、将生产模式化的过程中，受到一定的启发，提出能够提高生产效率的方法。而民匠则自由度比较高，能够在经济领域发挥特长，有所造诣。无论是何种工匠，最终从古代工匠的发展趋势而言，工匠们都表现出安身立命的特点。其立命之处在于，古代工匠将技艺作为身体感官的延伸，进行工艺创造时，不单单使用了原有技术，而是在创造过程中融入自己的理解，而且有时会激发新思想，产生新的生产方法，从而使作品有其灵魂性与创造性，甚至是唯一性。另外，古代工匠世袭制度使得工匠们别无选择，《国语·齐语》有云："夫是，故工之子恒为工"②，匠人们只能以一技之长安身立命，守好本分，在自己工作的岗位坚守职责，努力做好本职工作，从而使他们能够潜心钻研技艺，铸就工匠精神。

第二，"以道驭术"的伦理性。这里"道"可以理解为向善性，也就是说以"道"来规范技术造物活动和目的，规约"术"的正当性和实用性。孔子认为儒家对于技艺的实用性就在于"至于道，据于德，依于仁，游于艺"③（《论语·述而篇》），强调了技术要带有道德教化、人性化和审美的作用。道家的观点则是"进于技"，其前提是"好于道"，也就是说，无论想炼化精进何种技能，首先就要尊重客观规律。墨家对于技术的看法则是"利于人谓之巧，不利于人谓之拙"④（《墨子·鲁问》），也就是强调技术具有功利性，不能帮助人们进行生产生活的，制造出来的实际意义并不大。强调技术"致用性"的代表性经典著作是《墨经》。《墨经》中记载了光学、力学、数学等等，都是工匠们通过日常的实践活动观察进行归纳总结出来的。法家韩非子则以瓦器为例，认

---

① 焦循译著：《孟子正义》，中华书局1987年版。
② 陈桐生译注：《国语》，中华书局2016年版，第116页。
③ 肖卫译注：《论语·述而篇》，中国文联出版社2016年版。
④ 方勇译注：《墨子·鲁问》，中华书局2015年版。

为即使玉卮精美标致，但如果漏水，也毫无用处。这就表明，技术其价值就在于实用性。从古代的科学技术成果来看，技术必有实用性且具教化功能。

第三，就其实用性引申出来的中国古代文化具有"兴利除害"的爱民志向。墨子提出"兴天下之利，除去天下之害"，《墨子·公输》中提出了"兼利天下"的主张，技术的作用并不是用来战争，而是"非攻"，是用来防御不使外敌入侵，用于为天下百姓造福，而不是用来屠戮扩张领地的工具。古代著名的都江堰工程，其鱼嘴基础作用体现了治水技术之先进，其作用就是使民众免于水患，正是体现了"兴民除害"的思想。

第四，中国古代工匠有其独特的精益求精精神。《诗经·卫风》中有云："如切如磋，如琢如磨"（《诗经·卫风·淇奥》），这句话正是工匠们对材料进行加工雕琢表现出来的专注且精益求精的态度。孔子提倡的职业精神体现在"好之者不如乐之者"，所从事一个职业须要对它深切地热爱，只出于偶然兴趣不足以端正态度，只有乐于做好工作才代表了对于工作一丝不苟的热忱精神。朱熹也曾提出"益求其精"，表明了这是工匠对于职业的操守。《礼记》中曾记载了工匠必须对自己负责的作品承担责任，若有问题必定会追查，这种技术责任制保证了产品的高质量，因此中国古代出现了不计其数的对于现代中国文明具有高度借鉴性与研究价值的文物。

（三）精神层次的兼性包容

中国传统文化在精神层次上表达了人们追求天人合一境界，尊重自然，与自然和谐共生的美好愿景，因此古人十分注重从全局上把握事物，在追求和谐的过程中也形成了传统文化包罗万象的特点。

中国古代发展的应用伦理，其精神思想内涵无不与古人追求"通天地之能、合和天地之德"[1]，达到与自然相通的境界相关联。《黄帝内经》就提到："人与天地相参也，与日月相应也。"[2]（《黄帝内经·灵枢·岁

---

[1] 陈赟：《儒家思想与中国之道》，浙江大学出版社2016年版，第91、104页。
[2] 赵建佳译著：《黄帝内经·灵枢·岁露论》，中国文联出版社2016年版。

露论》）人与天地日月相应，顺自然而为，顺自然四时变化而生，与自然本质无二，这就说明了人与天地和谐一体。《内经》中认为"气"是万物的本源，"气"化万物，这就包括了人，所以人的所有感官都与自然四时相对应，与阴阳五行密不可分，这样的整体观下人的生活状态就是和谐的，应自然而生，生老病死都顺自然变化而为。《数学九章》则在序言中形容数学是可以"通神明""顺性命""经世务""类万物"的，而这里的前提就是数学作为运算法则，是通过人们在自然界长期实践中探索到的自然规律的运行总结出来的，这样就可以理解数学为什么是通神明的，正是有着天人合一整体观下的和谐性，因此运用数学计算的许多古建筑都蕴含着和谐之美。

古人追求和谐的思想是对不同事物的包容，是海纳百川的情怀。史伯认为和谐乃是事物生存发展的道理，"和实生物""同则不继"。而先秦诸子百家的繁荣正是发挥了"和而不同"的特征，使得先秦文化发展迅速。先秦诸子文化的发展，也体现了"和而不同"的强大生命力。这种特性还体现在对外文化交流的过程中。据史料记载，推算对外文化交流的历史可以从两汉算起，在明末清初以前，中国对外文化的吸收都是零星细碎的，而从明清开始随着西方传教士进入本土，西方文化开始被国家所重视。清末民初，出现了中西医汇通派，最初方法是将两种医学理论互相印证，希望取长补短，能够折中。民国医生祝味菊，精通中西医学，励志融汇中西，推行中医革新。这种打开视野融汇中西的兼容性体现出传统文化在思想上强烈的包容性，表明人们对不同文化价值的尊重与理解。

古人在和谐思想的指导下从事生产生活的同时，也间接表现出其追求折中、求稳求实、以静制动的思想动向。《中庸》借用《诗经》首章里提到"中也者，天下之大本也；和也者，天下之达道也"[1]（《中庸·第一章》），"中"作为未发态势，"和"则是已发态势，二者互相调和，互相掣肘，是事物运动变化过程中矛盾的对立统一，吕大临在给《中

---

[1] 陈晓芬、徐儒宗译著：《论语·大学·中庸》，中华书局2015年版。

庸》做注曾批"由不得中而执之，有私意小知挠乎其间"①（《中庸解》，吕大临著），为了保持事物的中和态，就要选择从未发或者已发两种路径去达到目的。这种求稳的思想还体现在古人的艺术作品中，中山国兆域图中的建筑群组布置已经渐渐开始出现中轴线设计思想，并对建筑位置的体量、标高和对称的布置来突出主体，图上的基准线以及图形线条几乎都是对称的。这就体现了古建筑"执两用中"的中庸之道，古人为了追求和谐之美，不失至美至善之德，能够集中体现这种折中各种矛盾的方式就是将院落布局成对称分布之态，主次建筑交相错落呈现出和谐之美。在手工业档案存档中，如康熙朝的珐琅彩器款第字体前期宽大，笔画粗重，顿捺明显，曲中有直，过犹不及，作为区分于其他同时期瓷器的落款，字体字数考究，节度有致，中庸思想蕴含其中。

三 中国传统文化的当代价值

中国传统文化内容丰富，是我们建设社会主义文化的宝贵资源。由于时代的变化和发展，我们今天已经进入社会主义新时代，对传统文化的态度和立场必须与新时代精神一致，坚持取其精华去其糟粕，对其进行批判性的改造，使之与新时代的发展要求相一致，实现中华传统文化的创造性转化和创新性发展。在中华传统文化库中科技文化源远流长，是我们进行科技文化创新的文化渊源。

（一）工匠精神是当代中国建设大国工匠的宝贵财富

中国传统器物文化以其匠心独运的视角传达了古人执着守业、精益求精、追求完美至善的工匠精神。器物文化承载了中华民族的精神文化，以文化人，德育后世，这种工匠精神在我国当代国家事业的发展中具有重大作用，经过当代发展，渗入各行各业，成为当代国家建设者的精神信仰与支撑。

工匠精神来源于传统文化中的手工业发展。当时工匠各有所长，在各自的领域深耕、精进，术有专攻，取得丰富的技术成就。传统手工业

---

① （宋）吕大临：《蓝田吕氏遗著辑校》，陈俊民校，中华书局1993年版。

发展是一种全过程的生产责任制，从选材、加工到制造和使用这一系列的环节都由工匠作为主要责任人负责，因此工匠十分注重产品的品质，为了满足个性化需求，工匠们必须对工作内容精益求精、别出心裁，甚至出奇制胜，也就形成了古代工匠精神的核心特征。

经过当代的发展，工匠精神已经成了当代人的信仰，成为实现当代技术人员自我价值与社会价值实现的精神支柱。其主要表现在：工程技术人员通过践行当代工匠精神彰显技术文化自觉意识。现代工程技术领域的工作者们受其所在的特定工作环境的影响，形成本领域内的业内文化，各有所长，重现新技术时代的工匠精神。随着改革开放几十年的发展，在工程技术领域创造出众多领先于世界的成果，如中国航天成就，高铁技术，其中蕴含着不畏艰难险阻、精益求精、至臻完善、勇攀高峰的高新技术时代的工匠精神，实现了传统工匠精神的再造。这种有组织性的专业工作所形成的域内文化，促使行业内人员逐渐养成自觉的技术文化意识，这种意识是他们在长期的实践活动中不断地对其所处环境的文化的认识、反思、补充与完善的过程。当这种文化自觉形成的时候，人们会自觉地发挥工匠精神并融入工作中，这就是对域内文化最大的认同。这种认同体现在尊重科学，实事求是，具有理性精神；热爱本职工作、爱岗敬业、富有情怀；精益求精、精进致远；遵守职业规范，谦逊有礼，这些都是当代工作者们努力的方向并且以之为傲，在实现个体价值的同时实现社会价值。匠人精神在当代的技术实践中更是一种团队精神，具有竞争意识以及开放、包容、仁爱精神，现代工匠精神一方面是通过技术人员的个体实践行为养成，也通过工程共同体集体的协同创造达成团队的创新意识，完成现实生产急需的科研工程难题，形成科研工作者集体的攻坚克难的精神意识。在新时代，这种工匠精神的核心集中地体现为爱国主义精神，工程技术人员基于现代化建设中的急迫、难度大、现实需求强的问题，他们不畏困难，一代代的科研工作者卧薪尝胆，砥砺前行，甚至不怕流血牺牲，克服重重困难，历经数年，持续不断地把国家最需要的科研难题向前推进。两弹一星的科学家秉承的航天精神就是这种精神的体现，他们的实际行动提升了传统的工匠精神，凸显了爱国主义精神,形成了现代的大国工匠精神。它成为我国广大科研人员、工程技术人员进行社会主义建设的重要精神动力。

现代工匠精神的发展体现在工农业生产的众多领域,不仅如此,工匠精神不再仅仅局限于精神层面,现代工匠精神在制度上得到完善。为了鼓励技能人才发挥专业优势、发挥创新创造精神,国家逐渐出台相关政策和奖励制度,在全社会形成肯定具有工匠精神的创新性人才的氛围,完善工匠考核与奖励制度,实现工匠制度管理的量化、质化指标体系的制定,保障国家创新技术人才不断涌现。十三五规划中明确指出要实现终身职业技能培训制度,工学结合、校企合作的方式培养技术技能型人才。习近平同志多次强调要为国家培养知识型、技能型、创新型人才。工匠精神是我国产业文化的灵魂,其本源就在于人才的培养,以工匠精神培育各行各业的工作者,实现优质全面发展的现代化技术技能人才的培养。2019年两会后国家对支持专职技术人才的培养更加重视,投入大量的财政支持,并且逐步提高教师队伍质量的建设,同时在企业内部对技术工人实现全面的保障,为人才成长创造良好宽容的工作环境,并逐步完善薪酬福利,确保技术技能人才全力投入工作,在平凡的岗位上以匠心潜德将平凡的小事化作不平凡的大事。

(二)坚持人类主体地位的"天人合一"观念

近年来,我们逐渐认识到生态危机的产生正是由于人类过分追求经济利益,只顾眼前利益、枉顾生态环境恶化所致。20世纪末国际社会提出的可持续发展的理念将发展观扩展到了所有生命体与自然界,既包括当代人的生存与发展也涵盖未来人的生存和发展理念。这种生态自然观与中国传统的"天人合一"观不谋而合。

"天人合一"观从宏观视角解决人与世界关系的问题。在这个意义上,人与天地、与自然的关系被视作系统。"凡可状,皆有也;凡有皆象也;凡象皆气也"[①](《正蒙·乾称》)。人在大千世界生存,谋求发展,说到底是"以人化天",发挥人的主观能动性,而又不能完全无视

---

① 李峰译著:《正蒙·乾称》,河南大学出版社2016年版。

"天",这就要求在人与其存在的环境做到和谐相处。在寻求与自然相处的道中,儒家追求本心的"仁",并将"仁"的范围放大至非人的自然。

"天地之大德曰生"①(《周易·系辞传》),孟子讲"亲亲而仁民,仁民而爱物"②(《孟子·尽心上》),荀子讲"天行有常,不为不为尧存,不为桀王"③(《荀子·天论》),"天地以生物为心者也,而人物之生又各得乎天地之心以为心者也。故语心之德,虽其总摄贯通无所不备,然一言以蔽之,则曰仁而已矣"。④儒家推崇"仁民爱物",这些不仅仅是谋求自身君子之道的过程,也是"成物"的过程。这本身就是人追求天道的、谋求达"天听"的一个探索过程。崇尚自然,谋得自然的有序发展,同时又不阻碍人类自身的进化。这种基础上的"天人合一"更加人性化,更是从人类自身的角度出发去看问题。"天人合一""听天命者,循理而行,顺时而动"⑤(《朱文公文集·答或人》),"圣人尽性,不以闻见梏其心,其视天下无一物非我"⑥(《正蒙·大心》)。儒家主张在尽人道求天道,这种人道规则的范围始终是在自然法则之中,而不是对于自然的征服与超越;始终追求的是与自然建立紧密的联系。"民,吾同胞;物,吾与也"⑦(《西铭》),儒家将尊重人自身的权利这种范围扩大至非人物,尊重自然,这样的观念是使人类自身得到最合适的发展。在人类与自然的关系中,所有的改造自然、认识自然的宏观过程固然由人开始,但是因为人求与天同"德",正是存在这样的伦理意识,人类不会过分忽视自然的发展,也不会过度地实施自己的行为,因此在这种情形下形成的"天人合一"关系正是可持续发展的主旨所在。

(三)以家国情怀的环保意识谋求人类命运同发展

中国共产党在团结带领中国人民进行革命斗争,独立自主建设美好

---

① 任宪宝编著:《周易·系辞传》,吉林文史出版社2016年版。
② 弘丰注:《孟子·尽心上》,中国文联出版社2016年版。
③ 骆宾译:《荀子·天论》,中国文联出版社2016年版。
④ 朱嘉:《朱子全书》,上海古籍出版社2010年版。
⑤ 朱嘉:《朱文公文集·答或人》,台北商务印书馆1912年版。
⑥ 李峰注:《正蒙·大心》,河南大学出版社2016年版。
⑦ 李峰注:《正蒙·乾称》,河南大学出版社2016年版。

第五章 传统文化和科技融合的创造性转化与创新性发展

家园的实践中,始终保持家国情怀与天下意识、爱国主义精神与国际主义胸怀的高度统一,为人民谋幸福、为民族谋复兴、为世界谋大同。

中国由古至今的文化传统以血缘关系为纽带进行联系,追溯其根源可至西周时期,通过宗庙制度的建立使得"家国一体"成为一体化的模式,"正家,而天下定矣"[1](《周易·家人·象传》)。在先秦时期,孟子将家国一体的思想发展成了"天下之本在国,国之本在家,家之本在身"[2](《孟子·离娄章句·第五节》),"身修而后家齐,家齐而后国治,国治而后天下平"[3](《大学》),自汉朝之后,"家国一体"的思想逐渐成为古代政治统治的基本方略。

这种家国同构的伦理精神根植于我们民族文化根基之中,并且形成了其独特之处。在当今发展的中国,"家国一体"有其新的意义。作为联结家庭—社会—国家的基本元素,个体的有机组成则构成了家庭和国家,个人与家庭、国家的共生共存关系决定了个人利益与集体利益、国家利益紧密联系在一起。

人类命运的前景首先源自人类与生存环境的相处模式是否和睦,这种融洽性决定长远发展的物质基础是否得到保障,进一步决定了保护人类生存环境的精神导向。基于当前全球严峻的生态恶化形势,生态治理是重要议程也是我们必须长期坚持的议题,当代生态价值的实现主要以国家或阶级的形式出现,并以此为基本单元实行区域内治理。为实现各方利益破壁,携手共推全球生态治理的目标,首先在国家层次就要推进国家生态文明的建设。将生态保护意识融入集体与个人的日常生活中。作为国家生态意识凝聚力的基本单元,个人生态意识的作用十分重要,"勿以恶小而为之,勿以善小而不为"(《三国志·蜀书·先主传》),"积善之家,必有余庆"(《周易·坤·文言》),以家庭观念根植的环境保护意识作为小集合形式推崇环境保护,更能作为长久伦理道德意识规范个体在社会关系中的作为。家庭作为社会环保意识大网中的一环,从

---

[1] 任宪宝编著:《周易·家人·象传》,吉林文史出版社2016年版。
[2] 弘丰注:《孟子·离娄章句》,中国文联出版社2016年版。
[3] 陈晓芬、徐儒宗译著:《大学》,中华书局2015年版。

个人的环境保护意识作为起点构成家庭小集合体的保护意识,再到社会家国一体的重构模式。在此影响下,学校、单位或企业等以团体形式出现的集体环保意识在以伦理道德为纽带联结的人情关系网中,注入环保观念,环环相扣,将社会环境保护意识上升为国家生态理念。在这一过程中出现的交集模式更加注重将公共利益放在首要地位进行考虑,在与个人观念受到冲突时服从大局,在生活中以微见大,以家庭环保意识约束自己的同时也约束其他家庭中的成员。在这样环环相扣、多层注入的过程中,环保意识经过升华、凝练,慢慢凝聚成国人谋求社会长期发展、千秋万代长久发展的国家意识。

中国传统的家国一体意识融入的是"万物庶事莫不各有其所,得其所则安,失其所则悖"①(《二程集·河南程氏粹言》),这种万物有其归所,能够和谐相处的秩序,对当今人类发展观也有其借鉴之处。人类命运共同体意识体现的正是基于这种国家意识之上人类命运紧密相连,与自然和谐共生,各国求同存异,明确责任的人类可持续发展思想。而人类命运共同体的意义不仅仅体现在全球生态治理上,而是从整个人类发展的角度提出的战略性思想。习近平同志指出,各国的事业是所有国家合作共赢的事业,这就意味着一枝独秀、一家独大不能让世界和平,单边主义不能解决任何问题,各国在追求本国利益发展的同时也要兼顾他国的利益发展,和衷共济才是各国应该寻求的道路,平等均衡的伙伴关系才能让和平的友谊之花长久地在大地绽放;习近平同志强调:"共建'一带一路'和构建人类命运共同体,就是要促进不同文明的交流互鉴和各国之间的互利合作,建设一个持久和平、普遍安全、共同繁荣、开放包容、清洁美丽的世界。"② 人类命运的紧密相连不仅仅体现在生存环境是山明水秀的,还体现在经济、文化等的多元交流上。经济的繁荣、社会的发展、环境的友好不仅仅给人带来物质的丰富,还为人类带来了精神上的满足,这极大地促进了人类

---

① (宋)程颢、程颐:《二程集·河南程氏粹言》,中华书局2004年版。
② 习近平2019年5月14日同希腊总统帕夫洛普洛斯会谈时的讲话。

思想的进一步解放，思想之花群妍竞开，进一步为全球发展蓄力增航。

中华文明之所以能够在数千年风雨征程中战胜一切困难和挑战而生生不息、发展壮大，一个重要原因，就是伟大团结精神为我们凝聚着踏平坎坷、激越向前的磅礴力量。中国人民从亲身经历中深刻认识到，团结就是力量，团结才能前进，一个四分五裂的国家不可能发展进步，只有发扬伟大团结精神，才能形成勇往直前、无坚不摧的强大力量。中国共产党是中华民族伟大团结精神的积极弘扬者，团结一切可以团结的力量、调动一切可以调动的积极因素而共同奋斗，是中国共产党领导中国人民取得革命、建设和改革胜利的重要经验。

（四）求真务实、革故鼎新

中华优秀传统文化历来倡导"考真求实"的求真务实精神，推崇"革故鼎新"的创新创造理念。尊重规律、尊重科学，勇于探索、勇于创新，是我们党成功战洪水、防非典、抗地震、化危机、迎变局，创造出世所罕见的经济快速发展奇迹和社会长期稳定奇迹的重要原因。当前，国际竞争日趋激烈，新一轮科技革命与产业变革不断向纵深推进，只有始终秉持尊重科学的求真务实精神，弘扬伟大创造精神，才能更大力度地激发全民族创新创造活力。

第二节 传统文化的创造性转化和创新性发展的理论路径

文化作为一个国家发展的软实力，它的发展代表着一个国家的文化自信度，是作为一个国家在世界舞台上展现本国魅力的名牌。首先从字面上，创造性转化与创新性发展的理论路径分成两部分。创造性转化是属于从传统文化到当代新传统文化的变革，而创新性发展是属于对于传统文化的一种传承，从传统文化中汲取精华，再增添新的内容，即从创造性转化得到的新内容。结合这两者解读，就要从一定的历史性与时代性，民族性与世界性，理论与实践意义上的内涵展开。

一 创造性转化与创新性发展的机理

(一) 创造性转化与创新性发展的基本概念

习近平总书记指出传统文化"创造性转化，就是要按照时代特点和要求，对那些至今仍有借鉴价值的内涵和陈旧的表现形式加以改造，赋予其新的时代内涵和现代表达形式，激活其生命力"[①]。商志晓将"创造性转化"看作中国传统文化在观念、内容、表现形式等方面的现代转换[②]。黄钊等则将这一词拆分开来，强调这个词有两个要点："创造性"和"转化"[③]，要求将传统观念的本义进行适当改造，改造在科学性条件范围内，改造后与原始意涵不相悖逆。

"创造"一词，就是制造前所未有的事物，新思想、新方法、新形式都是能被制造出来的；"转化"就是改变，变换，转变，转变的是什么呢？是思想，是方法，是从一种形式变化成另一种形式。中国传统文化的创造性转化，必先经过筛选，弃其糟粕，取其精华，古为今用，与时代发展相称，推陈出新，融合为新传统文化，引领当代文化风尚。转化是一个长期过程，经过学习才能消化成自身的认知，然后才是同实际需要相结合产生出新思路、新思想、新意识并将新的成果表达出来接受实践检验。这些环节紧密相连，每一步骤都缺一不可。

"创新性发展"在这里是指中国传统文化的提升超越，从现实角度出发并结合当代现实问题进行创新。"创新性发展，就是要按照时代的新进步新要求，对中华优秀传统文化的内涵加以补充、拓展、完善，促进优秀传统文化与时代精神相结合，赋予优秀传统文化新的时代内涵。"[④]

创新性发展关键在于"创新性"与"发展"。"创新"指的就是革

[①] 习近平：《在纪念孔子诞辰 2565 周年国际学术研讨会暨国际儒学联合会第五届会员大会开幕会上的讲话》，《人民日报》2014 年 9 月 25 日。

[②] 商志晓：《对创造性转化创新性发展的哲学审思》，《光明日报》2017 年 1 月 9 日。

[③] 黄钊、刘社欣：《"传统文化的创造性转化与创新性发展"方略探析》，《学校党建与思想教育》2019 年第 3 期。

[④] 《习近平新时代中国特色社会主义思想学习纲要》，学习出版社、人民出版社 2019 年版。

新，打破常规思维或者是在现有传统文化上提炼出新的思想、见解，"创新性"重点落在"新"上，不能老生常谈，既要与传统文化中老旧思想有所联系，更要有所区别。"发展"则是事物前进的过程，由小到大，由简及繁，从低级到高级，是由旧事物成为新物质的变化过程。二者相结合，主要体现在：对于中国传统文化的"扬弃"与"增新"。中国传统文化中有很多优秀思想，这就需要一代又一代的传承，取其精华；而对于其不合理不符合时代发展、人民需求的东西，就要舍弃它，去其糟粕。而"增新"也是根据时代发展需要，根据地域性的不同，涌现出来的不同形式或内容上的能够以最新成果展示或者是以文化精神表达出来的文化新质。传统文化完成了传承的过程，首先是从量上把它们从海量现世留存的文化思想或者作品中经过仔细筛选出来精华，这是一个工程量极大、高耗时空性的过程，其结果是传统文化中的有内涵、有价值的概念逐渐被发掘出来，其次是把它们进行"加工"，这个"加工"与时代和社会的发展紧密相连，它的条件是符合时空性、地域性要求，在创造它们的过程中，不断地通过实践补充进去新的内容，它们逐渐就成为了新传统文化，完成了质的飞跃。因此，创新性发展的基础是"扬弃"，升华的步骤是"增新"。

中华民族的优秀传统文化高度凝聚了中华民族自古以来在建设家园的奋斗中所进行的精神活动、形成的理性思维和高远的家国情怀、创造的文化成果，反映了中华民族的精神气质，是中华民族生生不息、发展壮大的重要滋养。孔子的"三人行，必有我师"，表达了谨思慎行、虚怀敬学的精神，其"有教无类"的思想，主张教育不分贵贱不分国界，开创了大众受教育的先河。《论语·子罕》中的"三军可夺帅也，匹夫不可夺志也"，表达了中华传统文化的志勇当先的气概。《论语·颜渊》中所说的"己所不欲，勿施于人"表达了推己及人、人人平等的情怀。中华优秀传统文化历来具有尊重生命、敬畏生命的人文主义精神传统，历来崇尚"天地之性人为贵"的博爱、厚生理念。我国传统医学文化亦注重激励医者做悬壶济世的"苍生大医"。中华优秀传统文化中的民本理念和生命关怀，与马克思主义政党的人民情怀深相契合。从革命战争年代将全心全意为人民服务确立为党的根本宗旨，到中国特色社会主义进入新时代，习近平总书记提出以人民为中心的发展思想，为人民谋幸福始终是中国共产党人的不变初心。

（二）创造性转化与创新性发展的必要性

马克思主义文化观认为，文化本质上是人自身本质力量，是改造客观世界和实现自我本质的过程和结果。在这种意义上，文化作为人类实现自我、自由而全面地发展的过程和结果，对其进行历史性的传承和认同就显得尤为重要。

目前，我们的历史使命是实现中华民族伟大复兴，无论是物质文明还是精神文明都要携手并进，协同共进。文化是一个民族自立于世界民族之林的最深层最滋养的根基，人类每一次重大的历史变迁，都有社会意识的重大进步。精神文化既具有独立性，也具有历史继承性。我国传统文化历史悠久，优势显著，因此，在当代实现传统文化创造性转化与创新性发展尤为必要。我们应当发扬传统文化的当代价值，促进社会进步。

"文化自信是更基本、更深沉、更持久的力量。"[①] 它是民族和国家实现高度发达的内在灵魂，坚定文化自信则是关键。如果只有物质文明的进步，而没有文化的协调渗透，就会使社会陷入一定的危机。而在这种意义上，挖掘传统文化的当代价值，构建命运共同体正是基于中国传统文化的深层滋养与马克思主义发展观的结合，以科学的路径实现中国传统文化中的"天人合一"整体观、"和而不同"开放包容的文化发展观等思想的现代转化，实现中国传统文化的创造性转化和创新性发展，使其成为中国特色社会主义文化的一部分。在当今世界全球化的趋势下，国际竞争日趋激烈，文化软实力是一个国家综合实力的深厚根基。我们必须要大力发展中华优秀传统文化。面对现在文化多样性的全球视野，中国文明大国如何展示传统文化的独特魅力，在世界文化发展的舞台上站稳根基，充分显示自己的话语权，需要我们将优秀传统文化基因与当代思想、观念、价值观等相融合，与现代社会接轨，走传统文化的现代

---

① 习近平：《在哲学社会科学工作座谈会上的讲话》，《人民日报》2016年5月19日。

第五章 传统文化和科技融合的创造性转化与创新性发展

转型之路。

因此,推动传统文化进行创造性转化与创新性发展是我们的历史任务,也是时代发展的必然。

(三)创造性转化与创新性发展的条件

首先,坚定中华文化立场。马克思主义认为,人们在实现物质生产与物质交往、在改变着现实的同时,也在改变着自身的思维和思维产物。中华文化在不同区域不同时空上,内容与形式都会有所不同,但是中华文化的命脉源远流长,这是进行文化创新的基础和源泉。如果否定某一民族某一国家的文化,就等于否定这个民族这个国家发展的历史。对待传统文化的历史虚无主义、文化保守主义和历史复古主义立场,没有以理性的目光审视我们中华民族中华儿女在五千多年历史发展中走过的曲折道路与所积淀在历史长河的璀璨文明,这是对传统文化产生错误的认识。而这些态度都不是我们客观面对本土传统文化的理性态度,有碍于我们对传统文化的继承和发扬;一些西方学者认为我们中国本土在古代没有文化。这种认知是错误的、荒谬的。我们要郑重地阐发中国传统文化的发展史,要坚定中华文化立场。它在历史的发展舞台上发出耀眼璀璨的光芒,其中的一些内容仍然在当代具有启发性,其精华依旧能在当代发挥作用。对中华优秀传统文化的认同与坚守是我们文化话语权的基本立场。在这样的过程中,就需要我们对于传统文化形成理性认知,产生文化认同,才能有由内向外发展的魄力与决心。

其次,社会环境的开放也是继承和发扬传统文化的重要条件。传统文化应该与现代市场经济条件相融合,就必须持有开放、包容、融合的态度。中国传统文化本身具有其历史局限性,其中一些观点与现代我们所弘扬的主流意识形态不适应,其存在的糟粕部分已经不适合我们时代发展的要求,在此基础上必须对其实行现代化的改造。与此同时,在与西方价值观碰撞中,找寻中华传统文化中的精神滋养,正确处理市场经济下高速发展所带来的价值观扭曲问题,在社会主义市场经济条件下为传统文化打开发展的思路与活路,真正推动社会现代化。因此,要持有开放的社会环境,持有对文化的包容态度,借鉴外来文化中优秀的部分,与传统文化碰撞出火花,展现出文化创造活力,激活传统文化的传承机制。

创新作为现代社会发展的源泉与动力,其资源根本在于人才资源的涌现,传统文化的宣传与普及、现代转型需要人才,因此人才的培养就显得十分重要。中国传统文化的现代诠释无论是物质文化还是精神文化层面,都需要通过对人才的培养来实现。文化产品的创新也影响着我们国家文化在国际舞台的话语权,在全球文化多样化的时代,如何在激烈的国际竞争中赢得国家文化自信,展示中国传统文化的魅力,其根本就在于人才的竞争。只有人才高质量发展,实现创新主体的素质提升,才能最大限度地发挥文化的创造力,实现传统文化的创造性转化与创新性发展。

二 创造性转化与创新性发展的理论基础

(一) 坚持马克思主义唯物史观与实践观

马克思主义作为系统、科学的思想体系,揭示了人类社会发展的一般规律,具有普遍的指导意义,其对传统文化的现代价值的引领地位十分突出,代表着中国先进文化的传播方向。我们要坚持马克思主义的指导地位,建设中国特色社会主义文化,实现中国优秀传统文化的当代阐释。

马克思主义的唯物史观认为,社会存在决定社会意识,社会意识具有相对独立性和反作用,其中文化的发展有其本身的规律,表现出超前或者滞后的特性,对社会发展具有重大的作用。我们要坚持马克思主义的唯物史观,社会基本矛盾是推动历史发展的基本动力,人民群众是历史的创造者,历史不过是追求着自己目的的人的活动而已。[①] 在创造历史的过程中受到社会的经济条件、政治条件和文化条件的限制和制约。对于传统文化的创造性转化与创新性发展而言,如何在历史发展的过程中实现传统文化的与时俱进,则十分重要。马克思唯物史观实际上就是人及其历史发展规律的科学,历史科学则是我们能够研究、评判文化的基础,研究历史科学的思维能力需要我们用历史的眼光认识社会发展规

---

① 参见《马克思恩格斯全集》第2卷,人民出版社1995年版,第113页。

第五章 传统文化和科技融合的创造性转化与创新性发展

律,这样我们才能正确地处理社会历史问题,为未来发展谋求方向。

马克思主义唯物史观要求对于传统文化要以科学的态度批判继承。社会存在决定社会意识,社会意识反映社会存在。社会意识是相对独立的,其与社会存在的发展并不总是保持着一致和平衡。当社会意识滞后于社会存在的变化,则阻碍其发展;社会意识的能动也可能超前于社会存在的发展,能够预见社会存在的发展趋势,指导社会变革。传统文化作为社会意识的内容,就决定了其历史继承性。传统文化的发展凝结着劳动人民的智慧结晶,反映了不同历史阶段人们探索社会发展规律的心路历程,都凝结着人民群众对于社会物质文明、精神文明建设最宝贵的经验。我们用辩证的眼光分析传统文化,既要肯定传统文化中的积极因素,又要否定传统文化中的消极因素,达到肯定与否定的统一。我们处理传统文化的方式就是扬弃。扬弃就是要克服传统文化中消极的部分,而从中吸取合理的、积极的部分甚至对其加以改造,使其符合当今主流意识形态,与当代文化相契合。立足国情,对其加以形式或内容上的破旧立新,激发出当代价值与活力。

具体到中国传统文化的现代转型,就是在中国特色社会主义实践中探索传统文化的当代意涵。中国优秀传统文化作为中国特色社会主义文化的一部分,实现其现代的传承就是要进行实践上的创新。文化的发展依赖于实践,实践的自觉能动行动决定着其结果的创造性,也对文化的创造性转化和创新性发展具有决定性的影响和意义。实践活动的社会历史性决定了一个国家文化的发展必然与时代要求紧密结合。"抛弃传统、丢掉根本,就等于割断了自己的精神命脉。"[1] 以马克思主义为指导,结合中国革命和建设的实践,以中华优秀传统文化为底蕴,创建具有中国特色的社会主义的文化发展道路,是中国传统文化焕发时代精神的有效途径,走出一条有中华传统文化沃土为牢固根基的特色文化道路。在这样的实践意义上,中国传统文化的现代化传承才能更加畅通无阻,其激发的活力促使民族精神内在的核心价值由内而外增强文化自信优势、国

---

[1] 《习近平谈治国理政》,外文出版社2014年版,第164页。

家文化软实力持续上升。据此,新时代的中国特色社会主义实践为中国传统文化在当代的传承提供了契机:在实践中深化我们对于本国历史的深刻把握,寻求中国传统文化在当代创造性转化与创新性发展。

(二)"西学东渐"思潮的启发

中国传统文化的创造性转化与创新性发展源于文化的相对独立性,这种文化的独立性代表着既有对于本土文化的主体坚持也有对于外来文化的接纳吸收。

中国传统文化在近代面临着巨大危机,直到晚明,文化终于呈现了宽松的氛围,以利玛窦为代表的传教士有机会远渡重洋传播西学,为中国带来新鲜的血液,形成中西文化结合的潮流。李之藻等人推行中西历法改革前锋在先,徐光启意在"会通中西",王锡阐也试图寻找"贯通中西之术",以达到文化交流融合。清初梅文鼎提出"务集众长以观其会通,毋拘名相而取其精粹"①,鸦片战争后出现了魏源的"师夷长技",曾经师从林则徐的冯桂芬继承了他的思考方式,提出了"以中国之伦常名教为原本,辅以诸国富强之术"②,这就是"中体西用"的雏形。郑观应也提出了"中学其本也,西学其末也;主以中学,辅以西学"③。

所谓"中体西用"就是以中国传统文化为基础,吸收外来文化加以应用。立足于第二次鸦片战争的惨痛教训,沈毓桂是第一个明确提出该词的人:"宜以中学为体,西学为用"④。孙家鼐认为"以中学为主,西学为辅;中学为体,西学为用"⑤。能够改变人的观念的源头就是教育,实行教学改革需要将中西文化做到融会贯通。对此,张之洞进行了系统阐述,提出了"旧学为体,新学为用"的主张。但是这些主张一般都是在器物层面予以中国传统模式向近代转变的探索。直到新文化运动,人们开始奋发图强,真正意义上开始探索西方文化对于国民性改造的重要

---

① 梅文鼎:《郭太史本法,堑堵测量》(卷二),《梅氏丛书辑要》卷四十,光绪戊子龙文书局石印本,1888.
② 冯桂芬:《校邠庐抗议》,上海书店出版社2002年版,第56—57页。
③ 夏东元:《郑观应集》,上海人民出版社1982年版,第276页。
④ 夏东元:《郑观应传》(修订本),华东师范大学出版社1985年版,第93页。
⑤ 中国史学会:《戊戌变法2》,上海人民出版社2000年版。

性。以陈独秀为代表的激进派主张"全盘西化",而王新命等传统文化派反对全盘西化,反对对传统文化的全面否定,旨在吸取教训,融合西方文化,斧正当下文化方向。新文化运动是中国近代政治转型的重要转折点,近代中国的思想转变引发了一系列对于政治、教育等制度的思考,漫长过程的探索提供了传统中国文化在现代意义上转型的借鉴方式。

传统文化的创造性转化与创新性发展必须坚持马克思主义的指导地位,从实际出发,结合中国革命和建设的实际,改造传统文化,这是传统文化实现转化的前提,是中国特色社会主义文化的灵魂所在。中国作为一个历史悠久的文明古国,传统文化有其自身特点,中华优秀传统文化的"体"是我们必须坚持的,中华优秀传统文化中蕴含着"仁义""和合""和平""均等"等思想,承载着"大道之行也,天下为公"的社会理想,"天下兴亡,匹夫有责"的爱国理念,"以和为贵,和而不同"的处世哲学,"天人合一,道法自然"的生命境界,"革故鼎新,与时俱进"的改革精神,"己所不欲,勿施于人"的道德规范,"天行健,君子以自强不息"的奋进精神,"言必信,行必果"的行为规范,"正心诚意,修齐治平"的心性修养……更容易为不同国家、不同民族所理解接受。而建立在中华优秀传统文化基础上的软实力,更具长久的影响力、感染力和穿透力[1]。"用"则是吸纳外来文化中我们可以借鉴的精华,同时注意其与本土文化背景相融合,达成更加适合传统文化发展的"体"。"体"是最有民族性的"体",也是符合本国国情、与时俱进的"体"。坚守中华优秀传统文化,突破痼疾,借鉴外来优秀文化,形成中国文化的开放、包容的立场和态度。

三 创造性转化与创新性发展的价值分析

(一)创造性转化与创新性发展是传统文化创新的必然条件

在全球化面前,一方面多元文化的存在具有历史的必然性,另一方面

---

[1] 李锐:《学习习近平总书记关于弘扬中华优秀传统文化重要论述》,《光明日报》2019年3月28日。

多元文化进一步促进世界文化的繁荣和发展。而有些国家、地区凸显出文化区域性独大的倾向，一些弱势民族的文化正处于不断被边缘化的危机。而单纯对自身文化进行维护，是远远不够的。科斯洛夫斯基曾经指出，文化是评判社会发展的最终指标，也就是国家发展状况会反映在其文化水平上面。而能够使其文化不断保持生机与活力的，唯有创新。唯有此才能不断地与人民的物质和精神需求相符合，并在国际文化市场上占有一席之地。创造性转化与创新性发展正是基于此意义上提出的。文化是一个国家、民族的灵魂，那么国家的文化发展状况充分展现出国家其他各个方面的发展水平。中国作为一个世界文明古国，在当今时代发展过程中，不仅没有衰败，反而日益强大，在国际舞台上做出更大的贡献，这对世界上其他国家发展的文化借鉴意义十分重要。产生这种共鸣的前提是中国同时是一个文化资源大国与文化大国。中国作为一个文化大国，在经过几十年的改革开放探索中逐渐走出了属于自己特色的文化之路，并且在一步一个脚印中扎实地逐步迈向文化创新大国的行列。

中国传统文化的创造性转化和创新性发展，首先需要突破其旧有的痼疾，如枪打出头鸟等陈腐的价值观，对此改造，应该以社会主义主人翁的意识确立人民主体意识；其次，中国虽然是文化产业大国，但是还没有以最大效益发挥其自身博大的传统文化资源优势。创造性转化与创新性发展的提出正是要扭转这一劣势。优秀传统文化与社会主义先进文化并不冲突，相反，它们之间的有机联系还使得传统文化符号实现了现代化的重组，充盈了中国特色社会主义文化，丰富了马克思主义理论在当代中国的发展。其意义就在于瓦解文化病毒渗入，维护了国家文化安全。创造性转化与创新性发展的提出与实践，在于坚持传统文化"软权力"的当代阐释，把传统文化的内容与现代理念相结合，凝练提升为社会主义的核心价值观，将传统文化的改造提升到战略高度。倡导富强、民主、文明、和谐，倡导自由、平等、公正、法治，倡导爱国、敬业、诚信、友善，弘扬中华传统美德，实现优秀传统文化的创造性转化，体现社会主义核心价值观的根本性质和基本特征，反映社会主义核心价值观和实践要求。

第五章 传统文化和科技融合的创造性转化与创新性发展

中华优秀传统文化是社会主义核心价值观的重要的文化之源，为此必须实现传统文化的创造性转化和创新性发展，使之成为新时代社会主义文化的重要组成部分之一。如今我们已经进入到新时代中国特色社会主义的新长征，优秀传统文化的建设要进与时俱进，使之在内容上和形式上实现继承和发展，实现创造性转化和创新性发展，为社会主义现代化强国建设服务，并且积极推进社会主义文化强国的建设和发展。社会主义文化之优秀传统文化的创造性转化和创新性发展就体现为以培养担当民族复兴大任的时代新人为着眼点，强化教育引导，发挥优秀传统文化对国民教育、精神文明创建、精神文化产品创作生产传播的引领作用，把社会主义核心价值观融入社会发展各方面，转化为人们的情感认同和行为习惯。现代的中华优秀传统文化具有多样性的表达方式，与现代科学技术手段相结合，呈现出中华优秀传统文化的丰富多彩的内涵，如河南卫视可谓是惊喜不断，电视台多次运用现代科学技术手段和多样的艺术表达方式，在传统的中国节日创造了形式新颖、内涵表达深刻丰富、形象逼真的立体全方位的优良文化精品。2021年中秋节期间，的唐宫夜宴、洛神水赋、龙门金刚、端午奇妙游、七夕奇妙游等文艺形式收获了无数的赞誉与掌声。他们不断把中华优秀文化艺术地呈现给全国观众。社会主义文化的建设与发展必须根植中华传统，紧贴观众需求。节目充满中国元素，不仅让人赏心悦目，无形中也提升了文化审美与自信。绝美的诗词，绝美的舞蹈，绝美的歌曲，绝美的意象，尽在"中秋奇妙游"。大量的"非遗"文化元素，打铁花、刺绣、剪纸、皮影、泥塑、舞狮、火龙等传统技艺都在节目中有大篇幅地展现。中国传统的文化在内容上丰富多彩，有其重要的价值。中华传统文化的与时俱进，是永葆中华文化特色、不断涌现活力的有力保证。创造性转化和创新性发展是构建中华优秀传统文化的有效途径。

文化在国际舞台上的竞争意味着多种政治和意识形态的交锋。文化是一个国家的软实力。在文化的国际交流中应当秉持互相尊重、相互包容、彼此平等、相互借鉴、和谐共赢的开放包容态度和立场。创造性转化与创新性发展意味在面对多种思潮来袭的情况下，我们既坚持中华优秀传统文化的立场，坚持马克思主义，也以中国优秀传统文化为主要依托、融合西方文化合理成分，建设中国特色的社会主义文化强国。

（二）创造性转化与创新性发展是传统文化现代诠释的有效路径

文化创造性转化与创新性发展，首先是中国传统文化的与时俱进。中国传统文化通过去伪存真、去粗取精，可以结合到当今中国特色社会主义文化建设中，进行创造性转化。这种创造性转化是从新时代中国特色社会主义的实践出发，以习近平新时代中国特色社会主义思想为指引，进行传统文化精神的新时代再创造。其精神层面上是中国传统与现代化实践的交融、与新时代的融合，从传统文化中不断发掘新的意涵以适应社会主义现代化的文化建设，实现创新性发展。同时，也要从世界文明的角度，科学地从外来优秀文化中汲取合理的成分，吸纳可以借鉴的部分，实现创造性转化。创造性转化与创新性是从中国实际出发，建设具有中国特色的社会主义文化。

其次，坚持中国传统文化的"和而不同"的发展道路。中国传统文化不同于西方资本主义环境成长起来的文化，西方文化的精英主流价值观充斥着较为强烈的排他意识，而中国传统文化以"圆融""和合"为核心。创造性转化与创新性发展的落脚点在于中华优秀传统文化与现代文化"美美与共，携手共赢"。中国传统文化至今，都保持了其民族精神的独立性，并且能在国际舞台上具有较强的竞争力，这得益于中国传统文化中兼容并蓄的思维模式。中国先秦时期各派思想百家争鸣，其本身都是源于各家文化谋存发展的意图，因此它们在尽臻尽善、相互学习的竞争过程中，都得以保存下来。这无疑成就了中国传统文化的包容内涵；中国传统文化中"厚德载物"与"自强不息"是紧密联系在一起的。因此，传统文化的创造性转化与创新性发展就在于：中国传统文化的当代转型，除了寻求自己文化的价值，还充分肯定了他国文化，承认不同文化可以兼蓄并存。这充分体现世界命运共同体的价值理念，其首先是文化命运共同体的达成。

而经过创造性转化与创新性发展的中国传统文化体现了中国智慧，

命运共同体的提出饱含着对人类发展的人文关怀,这种关怀超越了国家、民族、区域的限制,超越了不同文明的差异,最终指向了天下大同的统一境界。这正是中国文化的世界魅力所在。传统文化的创造性转化与创新性发展,是中国传统文化对世界文化的重要贡献。

第三节 传统文化的创造性转化和创新性发展的实践路径

文化是一个民族历史成就的重要标志,当今的中国作为四大文明古国之一,依靠的是民族精神与民族魂魄的保存与延续,这种延续就在于我们将中华文明传承了下来,并且将其发扬光大,没有湮没在寸阴尺璧的岁月中。习近平同志指出,优秀传统文化是中华民族必须永世驻扎的精神家园[①],失去了中华民族最深沉、最浓厚的积累,就等于失去了民族的根,等于失去了一个国家的本来面貌,因此中华传统文化是我们必须坚守的民族发展的推动力量。

在此意义上,实现中国传统文化的创造性转化与创新性发展,实现传统文化在当代的转型,重心首先就要放在转化与创新上。中国传统文化的现代转化实际上就是在当代的传承问题,而这种继承是有批判性地继承,在此基础上进行当代的阐释与创新。关于批判继承前面已分析,现以阐释和转化、创新为主进行分析。

一 逆向诠释有助于传统文化内涵的当代理解

中国作为一个具有悠久历史的文明大国,文脉深远。中国传统文化作为历史性的、我们无法直接感受到的存在,我们与之建立联系的就是现在遗存下来的物质文化遗产与非物质文化遗产。作为理解的中介,它们需要我们进行阐释。问题就在于我们作为"现实的人",不可能回到特定的历史情境下,这就需要我们去设定这种历史情境,通过逆向思维,

---

① 习近平:《习近平谈治国理政》第1卷,外文出版社2014年版,第164页。

通过诠释，阐释传统文化的"当下"意义和价值。历史唯物主义指出人是"现实的人"，必然会受到所处时代的社会生产力、生产关系、文化精神等条件的制约与限制；人的实践活动本身就具有差异性，在实践过程中，对于历史的诠释也会有所不同；而"现实的人"是具备了"前理解"结构的人。据此，理解传统文化的意涵就意味着历史文化与当下现实的观照，让历史照进现实，实现视域融合。这种融合的逻辑出发点是现实、是当下的新时代现实，它是一个以实践智慧为核心的实践历史过程。其实质是解构"前理解"中的一部分，实现传统文化的传承与改造，即传统文化的创造性转化与创新性发展。因此，传统文化的当代诠释是从文化传统走来的主体从当下视域出发，创造性地审视传统文化，并对此做出创新性的阐释。在这样的意义上，我们称其为传统文化的逆向阐释法。

二 中国传统文化与科技相融合的创新性发展实践路径

创新性发展作为中国传统文化的提升超越，是创造性转化后的二次创造，重点在于如何提升其号召力与影响力，使其成为喜闻乐见的大众文化。其中，"创新"体现在经过创造性转化后的内容或形式，如何将传统文化赋予时代精神内涵并传播出去，这是创新性发展的主要发展方向。创新主要体现在转化成果及其传播形式上，而加快传播的方式可以从传统文化产业体系的全面构建、文化体制深化改革以及中华传统文化的"引进来""走出去"战略进行考虑。

（一）传统文化的科技创新是加快创新性发展的重要手段

传统文化的创新性既体现在内容上的传承与创新，还体现在其表现形式上的创新。其"新"体现在时代性上，是内容与新时代的整合，它是以社会主义核心价值观为引导而逐渐完善的中国特色社会主义文化系统；其形式上的创新性是在其内容进行创造性转化之后，表现成果的新形式的变化，这种创新方向旨在形成喜闻乐见的大众文化，因此，传统文化的创新方向可以在精神层次、制度层次、器物层次具有不同的突破。

首先，在器物层次方面而言，传统文化的创新主要体现在线下的传统文化旅游业、手工业、食品行业、化妆品行业等方面,而线上一般是通过真人参与、采访等综艺类节目或者是知识问答等手机客户端的形式,使传统文化在大众视野中保持一定的热度,激活文化市场,传播丰富多彩、生动活泼的传统文化产品,满足人民群众日益高涨的文化消费需求;同时要通过人工智能、AR、VR 等先进的数字技术改善一些传统文化的体验,引起消费者参与传播过程的兴趣和能力。[①]

在食品方面,故宫雪糕、郑州二七塔雪糕等食品的出现,代表着传统文化产业的元素已经渗入到其他产业,并且呈现出多元融合的发展趋势。中国传统文化中某些文化符号已经在器物层面发展到了新阶段,代表某个地方的物质文化遗产或者是非物质文化遗产的元素符号以新的形式展现在大众面前,这对传统文化以及相关的旅游业起到了辅助作用,同时以新奇的方式吸引大众,除了带动传统文化旅游业的发展,也深深引起了大众化的共鸣,使得大众无形之中将传统文化以碎片化的细化记忆方式进行传承,在娱乐的同时也使得大众加深了对于传统文化的认同。

而影视制作行业方面,真人秀节目《上新了·故宫》则对传统文化以更加开阔的视野为大众展示传统文化的魅力,使用户足不出户就能尽享视觉与精神上的盛宴:在每一集中,主讲嘉宾以新产品开发官的身份,循着故宫专家走进故宫宝藏,揭秘故宫历史文化,并加入顶级跨界设计师、大学设计专业学生的合作阵营中,每一期都产生一种大热风尚的文化创意衍生产品,打造"创新"视域和"紫禁城"CP 浪潮。与情景剧不同,情景剧是对传统文化的内涵进行了丰富,而文化衍生品则是传统文化的一种创新表达方式。这两种方式都旨在将传统文化进行创造性转化,突出点不同,各有千秋,但是都将传统文化通俗化、大众化,将其打造成"接地气儿"、透着烟火气儿的大众文化,更加深了传统文化可接受的力度,拓宽了传播市场,为中国传统文化"飞入寻常百姓家"作出了贡献。

[①] 金青梅、付燕、李珂胤:《数字平台赋能传统戏曲文化艺术创新发展路径研究》,《数字通信世界》2018 年第 6 期。

其次，在制度层次上而言，中国特色社会主义文化制度的建设离不开优秀传统文化教育体系的建立。传统文化创新性发展，离不开人才创新，人才创新离不开人才教育制度的完善。传统文化的教育要深植于大众的日常生活中，成为国民素质教育的一部分，这有赖于相应的教育体制的完善。教育是一种根本性的资源，是人社会化的必经过程，文化的传承也是社会这样一个复杂系统交流信息的方式。文化源源其流，源就始于教育，以文化人，人才是文化发展的关键。推动传统文化创造性转化的实施，最基础的就是要牢牢巩固教育这个根基。面对逐渐完善的中小学素质教育以及高等教育，成人教育方面也要逐步加强，政府或者其他一些公益性服务机构可以定期举办一些科普讲堂，邀请当地相关领域的专家、学者进行授课，鼓励社会各个行业的成年公民积极参加，通过这样一种积极的引导方式，对大众普及传统文化的相关知识，使广大受众群体形成持续性的文化兴趣，在基本层面上做到国人对于传统文化的认同。讲座之余，可以通过社会问答形式，集思广益，在众多回答中寻找可供参考的新思路，这样不仅仅有利于传统文化的进一步发掘，还可以形成良好的学风。优秀传统文化机制创新除了"传"也要注重"承"，这个"承"就是要从现代人的生活中寻找素材与主题，创造出的传统文化的当代产品要符合当代人的需要，营造良好的创作环境。在文化产业、文化管理等方面要充分给予市场空间，在监管完备的情况下将文化产业的良好运作交给市场，并鼓励支持营利性文化产业事业的建设与发展。

以女书为例，作为全球独有的女性专属文字，男人无所知、所用，800多个女性文字，能充分表达汉字的全部内容。作为一类"冷门"传统文化，不仅濒临失传的困境，并且在进行推广的过程中，存在着部分人以假乱真，用杜撰出来的女书文字误导当代人正确认识女书文化的倾向。为此，这就需要政府政策加以引导，鼓励女书文化产业的发展。当然，女书自流传至今，其意义在于记载以女性独特的文字记录女性生活，记录女性群体的精神世界。而其在当代的发展中，则需要革新。女书应该有更大的发展空间与舞台，除了将文字传播到世界的各个角落，展现中国这个古老大国的东方女性魅力，还在于表达当代女性独立自主、敢

第五章 传统文化和科技融合的创造性转化与创新性发展

于担当的时代精神,为世界上的女性群体发声。现代女书产业的发展不只限于传统内容的广泛传播,其内容或形式在当代也可以有其自自己的表达:或者以有声书、舞台剧的形式向大众进行展示,或者在内容上进行变换,也可以构成独一无二的符号,成为中国特有的文化象征。

在精神层面,中国传统文化旨在传递积极向上的价值观,传递中华民族的文化自豪感,传递中国传统文化中会通中西的务实精神、兼济天下的仁爱精神、中庸和谐的团结精神、扎实肯干的工匠精神。

以影视制作行业为例,有对于传统文化符合时代精神的直观展现,比如纪录片形式的综艺节目《我在故宫修文物》,就是真实记录珍奇文物修复过程。节目中展示世界一流的中国文物修复工艺和技术,展示文物的原初状态和典存状态,展示文物修复专家的内心状态和平凡日常;整顺中国文物修复的史乘渊源,通过文物修复领域"工"的阶层的传承密码,展现出一代又一代工匠的信仰与变革。在这一过程中,大国工匠精神尽显,为当代人提供精神指引,引导人们积极乐观面对生活与工作,激发正能量。2020暑期新上映的动画片《大禹治水》,就是以传统文化故事"大禹治水"作为基本素材融合时代创意,仔细调研推敲进行的动画创作。该动画片虽然是老瓶装新酒,但是传递出了与时俱进的英雄情怀、家国情怀、史诗情怀,同时还体现了传统文化中关于人与自然的关系、人与社会的关系和人与家庭的关系的现代视角的解读。

动漫电影《哪吒之魔童降世》也是以文化开放性的包容态度进行的创作,以传统故事为题材,用国际化标准进行制作,符合中国以及国外观众的观看或消费习惯,进一步打开了国内国际的需求市场,加强了中国文化在国际上的影响力。这类国产动漫电影的出现展示了我们对传统文化贯通中西的务实精神的现代表达,体现了中国传统文化吸收借鉴外来文化的开放包容的态度。

人类命运共同体的提出是以兼济天下的精神出发,彰显中国传统文化中儒家讲究仁爱精神的情怀与境界。这种仁爱是由血缘的"亲亲"延续到广大群众的"仁民"之情,这种过渡在现代同样具有借鉴意义,将国家与人类整体发展的利益紧紧相连。人类命运共同体正是基于人类整体生存与发展而提出,是马克思主义基本原理与中国传统文化相结合的典范。在这样的思想中,蕴含着不同国家和地区的民族文化的发展与人类整体文明的协同共生、共融共赢的思想,这意味着在"地球村"这样一个关系错综复杂的系统内,谋得人类整体向前发展就必须秉持开放包容、和谐守中的态度,只有合作共赢,相互支持,美美与共,才能推动人类社会朝着更加明朗、更加光明的未来发展。零和博弈不能为人类的发展带来任何益处,反而会带来情感缺失、价值观缺失;非零和博弈就是要让世界经济、文化等各领域多元化发展,以"厚德载物"德善之至和"兼收并蓄"的包容精神,实现"百花齐放"的良好态势。这种多元化的和谐体现人类的团结精神,以及基于人类共同利益的可持续发展理念,因此,"人类命运共同体"具有非常重要的战略意义。追根溯源,其传达的精神追求、提出的价值理念是传统文化精神在当代的继承与发展、创造性转化和创新性发展。

(二)创新性发展的成果广泛传播是传统文化壮大的依托

从中国传统文化的发展历程来看,中国传统文化重宗亲血缘关系,重视伦理道德,社会存在鲜明的阶层划分,而且含蓄内敛,其意蕴一般都需要细细品味,使得传统文化形成一种高语境文化。这对于中国优秀传统文化在世界文化舞台的传播有一定阻碍。中国优秀传统文化的传播依托于中国文化产业的大力发展。文化产业是 21 世纪发展的重要产业,其特征在于系列化、标准化、生产过程分工精细化、消费大众化。而当代中国传统文化实现创新性的规模化发展,必须依托于传统文化产业的繁荣和发展。

文化产业的创新繁荣离不开政府政策的支持,宽松包容的政治文化环境是有利的辅助。文化产业发展的主战场是文化消费市场,面对传统文化产业与消费需求之间的矛盾状态,实现产业升级,满足文化消费需求成为一项重要的文化事业。而人民大众的文化消费需求及其提高直接决定着文化产业的方向和文化事业的发展。文化产业发展依托于文化体制改革,这种变革影响着文化产业发展的动向,外部的规章以及政策的调整为文化产业发展提供了产业资本流通的良好生态环境。政府由全能

第五章 传统文化和科技融合的创造性转化与创新性发展

型职能到社会管理服务行政职能的转变,保证了市场体系环境公平公正、自由竞争、迸发活力的良好秩序。与此同时,政府还起到监督管理作用。

民族传统文化需要深度发掘。中国作为一个历史文明古国,历史悠久,深厚的底蕴造就了独树一帜的民族文化,而中华民族传统文化正是中国特色社会主义文化繁荣发展的土壤。因此,新时代中国特色社会主义文化的建设必须毫不动摇地坚持民族传统文化的传承。中国传统文化呈现出不同区域文化多元共生的特点,这是文化产业蓬勃发展的立足点。历史上的陆上丝绸之路和海上丝绸之路的复兴,带动了沿线城市的经济以及文化繁荣大发展,也成为中国优秀传统文化走向世界的桥梁。而其他一些城市发展更要深入开发和挖掘历史文化资源,系统地进行文化品牌战略挖掘,培养更多具有地方特色的文化品牌,面向世界搭建开放式的文化市场;在开发传统文化资源的过程中注意保护历史资源,做到尊重历史,修缮如旧,尤其在涉及文化旅游业的发展战略上,对于一些历史遗迹需要加大保护力度。其目的仍然在于传统历史文化在新时代的传承和再现。

在市场层面上,文化消费需求的拉动需要广泛的大众传媒来解决。"互联网+"时代则提供了一个巨大平台,人们对于传统文化的接受不仅仅限制于纸质读物、广播、电视等,而可以凭借信息网络技术将传统文化产业整体贯穿起来了,从内容到形式,把传统文化的创意、价值整体表达出来。这种传播的主渠道不仅有大型传媒企业,也有中小型文化企业的参与,以此丰富文化产业的主体、渠道、形式和内容。从政策上要鼓励非中心城市的中小型媒体公司的发展。当今中国城镇实施乡村一体化建设,城镇(乡)的差距在不断缩小,这种差距的缩小不仅体现在经济上,更应该在城乡文化建设上补齐短板,实现文化事业发展的城乡一体化。为此,实现社会各地区各层级的传统文化的振兴与文化事业发展,就显得尤为必要。

传统文化在当代实现创新性发展并能够广泛地被大众接受,还必须依赖于公共文化设施的建设。政府可以投入一定比例资金用于公益性文化产业的基础建设,积极促进各区域广泛开展传统文化产业事业的落地活动。在这过程中，可以更多地博得社会各界的广泛关注度，使越来越多的社会群体参与到优秀传统文化的现代传承之中。这有利于传统文化的进一步创新发展，可以为优秀传统文化的广泛、可持续性发展提供硬件支撑。政府鼓励文化企业做大做强，以现代企业文化融入传统文化因素，为传统文化的发展打开新商机，一些影视作品涉及传统文化部分的相关内容，而在其播出后一些衍生的文化商品能够迅速席卷市场，如何将这三分热变成真正地持久热，也是文化企业谋求商业利益最大化的关键所在。

　　中国优秀传统文化在当代的创新性发展，不仅丰富了我们国家文化事业的发展，也更加坚定了我们对于本土文化的认同，增强了我们民族自豪感。随着全球化浪潮的席卷，国家间文化交流也频繁激荡出火花，国家文化软实力的竞争日益激烈。在国际文化霸权主义与国内文化安全问题凸显的时刻，如何坚定文化自信，使中国话语体系在世界舞台站稳脚跟是当代人的重任。中华优秀传统文化拥有着五千多年的历史，是中华民族生生不息、根深叶茂发展的最牢固的根基，是中华儿女融入骨血的文化基因。习近平同志强调，摒弃传统、抛掉根源就等同于切断精神这条生命线。优秀传统文化的创造性转化与创新性发展的基本立场就是与新时代发展的主旋律为引领相融合，弘扬时代精神，既要立足本国又要面向世界，为建设社会主义文化强国确立中华民族之传统文化根基。

　　中华优秀传统文化走向世界，是将其放在一个更加广阔的平台，以站得高望得远的视角在多元文化语境下去寻求创造性转化的大方向。讲清中华优秀传统文化的来龙去脉，讲清其独特创造、价值理念、鲜明特色，阐释清楚内涵，让世界充分认识中华优秀传统文化的魅力所在，如孔子学院在世界各地的建立就旨在更加广泛地宣传中国优秀传统文化，让世界更多聆听中国声音，感受中华优秀传统文化价值所在。而这种渐渐热爱的过程也会引发多元化的交流，在讲好中国故事的同时，增强中国声音影响力的同时也形成一种拉动效应，吸引来自世界各地的中文或中华文化爱好者来华学习，欢迎来自不同国家、不同文化的学者、学生来到中国访问交流，带来不同角度的思想观念解读中国文化。这样一种良性循环实现互利多赢的良好氛围，有助于世界文化多元化的发展格局。

向世界传播中国声音，就必须要有属于中国特色的文化品牌。"打铁还需自身硬"，要形成系统的中华优秀传统文化品牌战略，而中国特色传统文化品牌的战略计划也在其中。而对外来文化，我们要本着执中鉴西、"马魂中体西用"的原则，充分运用传统文化的优势同时结合外来文化的新思路、新观念，将中国传统文化中最富有魅力的部分以与时俱进的最新形式展现出来。

中国传统文化是中华民族五千年历史凝练的最深沉的积淀，是中华儿女五千多年对自然世界、人类世界的不懈探索，在一往无前的奋进过程中，为后代提供了最宝贵的思想文化资源，"是中华民族的独特的精神标识"[1]，是坚定文化自信的根基，是提高国家文化软实力的重要支撑力量。习近平总书记指出，展示中华文化独特魅力，就要使传统文化基因与当代文化相适应、与现代社会相协调，能为大众所喜爱、所接受，并结合当代文化精神将中国优秀传统文化传播出去。他进一步指出，中华文明始终在兼容并蓄中历久弥新，我们应该充分发掘中华优秀传统文化中的精神标识，将其精髓提炼、展示出来。

推进中国优秀传统文化的创造性转化与创新性发展，是发展中华民族特色文化、推进中国特色社会主义哲学社会科学的关键，是坚定民族自信、加强文化认同的重要力量，是提升国家文化软实力、打造中国文化品牌、构建世界话语体系的国之重器，是实现中华民族伟大复兴梦、为世界文明百花齐放贡献的不竭动力。

---

[1] 习近平：《论中国共产党历史》，中央文献出版社 2021 年版，第 126 页。

第六章

文化与科技融合视域下我国文化科技创新战略对策

第一节 国外文化科技创新的发展及对策

面对新时代"文化科技创新"建设的新目标和新要求,党的十九大报告高瞻远瞩地指出,"创新是引领发展的第一动力"。《文化部"十三五"时期文化发展改革规划》也提出要强化顶层部署,构建文化科技创新体系,切实推动科技创新引领文化发展。通过培育融合性的经济、产业、产品和人才,催生新兴文化业态,来推动现代科技与文化创作、生产、表现、传播的结合,提升科技创新在我国文化领域中核心竞争、服务和发展等方面的支撑作用。

一 国外文化科技创新的发展现状

文化涵盖了人类社会历史进程的全部创造性产物,而科学技术不仅影响着人类认识方式,也关系着人类的创造过程,使人类在认识与创造之间形成出一种简易有效且消耗较低的联系形式。文化与科学技术的相互渗透、科学技术对文化的支撑作用,对文化领域的发展意义重大,关系到国家层面能否构建出科学、理性和创新的文化发展路向。国外发达国家文化科技已形成一定的规模和样态,吸收借鉴其优秀成果有利于我国文化科技创新发展。

(一)英国的创意工业国家战略

英国是科技创新与文化融合程度较高的国家,文化版权输出占据全国出口总额的十分之一,主要包括知识产权与创意产业两大板块,由"BIS""IPO""DCMS"等部门进行监管。"BIS"部门主要负责文化产业的战略研究、保护机制和相关法律法规执行等;"IPO"的职能是关于知识产权制度制定和相关方面的执行任务;"BIS"主要是通过不同媒介,对文化创意的社会推广传播。

英国政府为推进文化产业发展,部署了众多战略性举措。既从认识层面深入发掘文化创新在经济基础、民众精神、生活质量方面的积极效应,又积极促进文化资源的资本化转向,凭借资源优势不断促进文化与旅游业的相互融合,开发利用其商业价值。关于文化产业的资本投入和商品赋值,英国政府颁布了多项扶持政策,实行多元化投资,促进相关产业链的发展。此外,还从国家战略的高度出台有关数字、网络建设的政策,推进了对多种网络形式的基础建设,加快促进相关领域与数字平台的结合。

英国在文化创意领域的战略部署格局、工作执行、思维创新、政府干预和人才培养等方面有以下几点启示:一是英国政府对文化产业的战略性部署与规划,彰显了宽广的眼界和格局。二是文化创意从概念到产品的转变,反映了英国政府极强的工作执行能力。三是英国政府的创新思维,使得文化创意产业不断在发展中进行机制创新。四是英国政府明晰自身的职能限度,对市场、企业和人才的干预采取适度原则。五是大力培养文化创意企业家。由于推动创意产业的发展必须要与劳动力创造关联起来,人才的培养与引进是核心环节。六是制定国家宽带网络发展战略,促进数字文化创意产业与信息产业的联动。

(二)美国文化与科技融合下的新经济

美国文化与科技融合的新经济,其核心思想是以知识的积累和创造作为产业增长的关键动力。这种新经济建立在新兴电子信息技术基础上,电子信息技术促进了知识生产、传播、交流、反馈等环节灵活高效的开放式发展,随着电子信息技术的发展,整个社会的产业结构发生了全方位的调整,转变到以知识为中心的经济模式。

美国政府鼓励科技和文化艺术的创新精神,对创新的资本投入逐年加大，为此颁布了《美国创新战略》文件，加强政府对基础领域的创新投资，来寻找创新经济新的增长点，不断推进创新型国家的建设步伐。从20世纪90年代至今，美国颁布了一系列推动通信技术发展的政策，积极推动文化产业相关法案的实行。信息产业因为技术跃迁而实现重组，即信息载体由传统的纸张转变为电子，这种转变使得不同行业之间发生剧烈的变化和整合。文化产业的发展离不开信息技术的载体支撑，并且不断波动的信息技术也影响着文化产业的变化，信息产业技术提升的政策支持乃至文化产业创新政策，会带动双方的良性互动发展。在新经济中保持美国工业的传统优势，不被日本和欧洲国家所超过，必须在文化上对传统生产工作模式做出改变。

综上所述，美国新经济是一种基于新兴电子信息技术的经济体制和产业结构转型过程，它激发政治经济和社会文化结构的重大调整和变革。在整个转型过程中，知识、文化、产业与政治经济呈现出非常鲜明的非线性关系。文化传统、科学技术的知识含量、社会交互活动与新文化的产生、产业生产过程中的社会交互以及产业文化、多变的社会交互关系等共同构成了新经济出现的大背景。而反过来说，新经济的出现又对既有的政治、观念、文化等上层建筑提出更高的要求。

（三）日本的娱乐设计技术

日本的文化产业十分发达，其中娱乐设计技术是日本文化科技创新领域的代表，在世界设计技术领域占有重要地位。日本传统文化和现代科技的完美契合及娱乐设计技术的突飞猛进，根源于日本政府在"内容产业"计划充分发挥了科技在文化发展中的核心动力，引入西方前沿科技和创新精神和人才培养等。

日本文化产业技术战略主要体现在三个重点领域：一是提高表现力的技术，包括高画质、高临场感等技术；二是服务技术领域，主要是服务技术与网络、信息和数字的结合；三是推动文化产业与相关产业的融合发展[1]。创意设计是日本文化产业发展的核心阶段，实质是设计师创

---

[1] 天津市社联：《促进文化产业与科技创新融合》，《天津日报》2013年1月15日。

意思想的设计"物化"过程，从而增加设计对象的附加值。日本以"提升市场竞争力"作为创意设计的基本原则，使其在国际创意设计领域占据领先地位。为了提升自身的核心竞争力，日本源源不断地培育从事创意文化的工作人员，以满足文化产业的人才供应需求。日本作为亚洲乃至全球创意产业发展发达的国家，并没有对创意产业进行官方的界定，但日本"内容产业"计划非常注重创意开发。文化创意产业由"内容部门"所控制，"内容部门"是经济价值所追求的产业领域，由影视、游戏或设计等内容所物化成的行业，决定着具备价值属性的"创意服务部门"的产生。"创意服务部门"是一个社会领域，与日俱增的创意服务在社会中形成了社会价值和经济价值，跨行业的各种元素的互动和共鸣会改善这个社会领域[1]。

蓬勃发展的日本文化产业是文化和科技相结合的产物，而日本文化产业的发展取得了巨大成功的背后，其先进的娱乐设计技术可见一斑。为了重塑中华民族的国家形象和弘扬优秀的中国文化，以满足人民不断增长的文化需求，中国除了需要借鉴日本娱乐设计技术取得成功的经验，还要对文化资源的深入挖掘，文化产品设计的内涵化、精致化，对文化产品的推广等方面进行借鉴，以促进中国文化产业和娱乐设计技术的发展。

（四）韩国科技创新对文化产业的支撑

韩国的政府主导模式由来已久，这也成为韩国科技创新支撑文化产业发展的优势条件。早在20世纪60年代，韩国政府根据"不均衡增长理论"（unbalanced growth theory）部署国内经济复苏战略，通过整合社会资源和政策制定等途径，集中推动和扶持具备战略性意义经济板块的发展，以点带面推动全国经济的增长，最后通过政府的调节职能促进国内产业的均衡化发展。韩国极其重视教育和科技立国，培养高素质人力资本、促进技术创新发展是韩国经济高速发展，并顺利完成经济转型发

---

[1] Mitsuhiro Yoshimoto, "The Status of Creative Industries in Japan and Policy, Recommendations for Their Promotion", *NLI Research*, Dec. 2, 2003.

展的根本保障①。1998年,金大中总统提出:一个国家的立国基础是高新技术和文化产业的发展。同年,他又提出了"文化立国"战略,支持未来文化产业是朝着低消费、低污染、创新的趋势发展②。韩国在一系列文化产业的调控和治理下,国民经济水平与文化领域的发展达到了空前的水平,在全球文化产业国家排名中位居第五。

为强化科技创新对文化产业的支撑作用,韩国主要采取三个方面的措施:首先,不断增加科技对文化的主导作用,推动二者的相互融合,并充分发挥科技在文化领域的载体功能,特别需要关注的是信息技术和人工智能技术等高新技术的发展动态③;其次,政府集中资源大力建设文化科技产业园并提供基金扶持,现阶段共设有数十个文化产业园,形成了规范系统的产业链结构;最后,为促进文化产业的健康、有序发展,韩国"文化立国"战略出台之后又陆续颁布了《文化产业振兴基本法》等方面的法律法规,完善了文化产业的法律基础,为文化产业的发展提供了有力保障。

相比其他文化科技产业发达的国家,韩国文化科技发展最大的特点在于政府的主导作用以及倾全国之力的支持。由于韩国自身的国情,韩国政府给予文化产业以最大的科技支持,经济投入、过程上建立文化科技产业园区、法律法规建设针对性强并且细致翔实,从各个方面以文化科技产业的经济利益最大化和长远发展为根本目标,实现了韩国文化科技产业强国的目标。

二 国外推进文化科技创新的重要对策

文化科技领域处于领先水平的国家,在促进文化科技创新良性发展方面,采取的主要措施是将文化科技创新所带来的新经济力量整合至国家经济体中。通过系统和市场培育性的复制,加速文化科技企业的发展;利用高科技改造传统产业等手段推动基础科学技术的研究与文化科技的

---

① 赵世萍:《日本和韩国经济转型对中国的启示》,《财政科学》2018年第11期。
② 徐小雨:《韩国文化产业对其经济的影响及启示》,《金融发展研究》2018年第8期。
③ 张玉玲:《中国文化产业统计:要文化,不要泛化》,《光明日报》2011年9月8日。

第六章　文化与科技融合视域下我国文化科技创新战略对策

体系发展，进而推动文化科技创新。

（一）推进基础科学技术研究，推动文化科技产业的基础科学研究的对策

基础科学技术研究是文化科技创新的源泉和动力。在推进基础科学技术研究对策的战略共识方面，多数发达国家先后制定了不同时间跨度的政策规划，用以推进基础科学技术的研究，并在政策推行中不断对其进行评估与修改。国外对于文化基础科学的探索主要集中于心理学、声学、生命科学、艺术学、认知科学等基础学科，并形成了较好的学科成果积累。此外，各国在文化科学领域的研究着重于引领文化科学产业新技术的发展及信息技术在文化产业的应用。信息技术的开发与研究在推动以往的传统文化产业科技创新升级的同时，还能通过制作工作模型来展现技术样态及技术对于世界所带来影响[1]。

关于发达国家推动科学技术基础研究对策的共性研究，对于我国文化科技创新发展建设具有重要启示作用。首先是政府的积极干预。发达国家政府通过各种手段刺激竞争市场，在信贷、融资、税收等方面进行机制创新，并积极呼吁社会非营利组织及其他学术组织、产业加大对科研的投入力度，与政府的公益性科研投入结合，共同推动国家先进项目的发展与突破[2]。其次是对基础研究持续的高投入。政府将着力增加科技投入，改善科研条件，加强后备人才培养，改善科技基础设施，设立地区文化科技研究中心，提高实验室设备现代化水平，引进天才大学生与科技优秀人才[3]。再次是强调科技信息资源共享。发达国家为推动科技资源的开放共享，建立了相应的政策与法规制度，进而提高资源的有效利用率，提升科研水平。同时，加强法制化和规范化管理。加强顶层设计，根据国有科研资源的分布及科研水平的发展进行资源的合理配置

---

[1] ［美］唐克扬：《设计学院的故事》，苏杭译，北京大学出版社2012年版，第142—144页。

[2] Masahiro Kimura. Creative Industry in Japan. Finnode Project, 2010. http://www.researchgate.net/esearcher/39359476_ Masahiro_ Kimura/.

[3] 储节旺、邓方云：《国外研发平台建设经验及对我国的启示》，《中国科技资源导刊》2012年第11期。

及优化整合，避免资源的浪费与项目的重复建设。此外，加强科技资源管理和使用的绩效考核。建立绩效考核问责机制对管理主体的工作进行监督，落实有关法规制度及科研计划的推动实施，根据各主体承担的绩效责任有效监管其相关责任人。最后，高度重视研究人员的培育。科技资源的管理机构需对管理工作人员和技术人员进行必要的教育与培训。

总之，各国关于如何推进基础科学技术研究的主导思路多集中在，以全球化为背景，通过深入而细致地剖析本国文化产业的内涵、结构、研究视角和发展趋势，来分析本国在科学技术方面的发展现状和存在问题，提出具有地方情境性的推进对策。

（二）推动"文化科技"的专业技术体系发展对策

科技发展水平领先的国家在推动"文化科技"的专业技术体系发展时，既高度重视文化科技的学术研究和专业建设，又积极建设了一批文化科技研究中心，不断加大文化科技创新体系的基础支撑的投入，加强"文化科技"专业体系的保障机制建设，取得了良好效果。

首先，重视文化科技的学术研究及专业领域的建设。国外为推动科技改造传统文化的进展和技术创新，采取了多样化的手段，主要在美术科技、工艺品技术、印刷技术等领域保有自身优良文化传统的同时，结合本地文化特色创造出新的文化产品，形成了新的专业技术体系。

其次，设立文化科技研究中心。在文化与科技相结合的技术层面，国外现阶段已形成一定规模的文化科技创新体系。全球"艺术科学技术研究中心"有20余个；艺术—科技艺术家研究小组和工业合作组织60余个；艺术科学组织70余个；信息来源机构20余个；艺术—科学—技术方面的画廊、展出、节日30多种；艺术—科学—技术类会议、竞赛、学术性项目以及新的资金投入方面达到100多类；门户网站、博客、论坛以及相关链接的技术和艺术网站达到30多个；资源/特别是新兴技术领域的会议已查到80余个。

再次，重视文化科学技术创新体系的基础支撑。比如对创新的主体、设施、资源、环境和互动方式等方面给予一定帮扶，促进文化科学技术系统的发展和相关人才的培养。如芬兰政府在对公共文化设施的建设中，将图书馆建设成"结合音乐与信息科技、充满未来感的读书馆",馆藏以"音乐"为重点,从古典乐到摇滚乐、从古代音乐到近代音乐均有涉及,发行了大量的 CD、卡带、黑胶唱片以及与音乐相关的杂志、乐谱、影带、电影和数据库等。

最后,加强"文化科技"的保障机制建设。"文化科技"的发展想要协调有序地进行,关键在于相关法律机制的设立。国外关于文化与科技领域的法律法规建设较为完善。比如美国极其重视知识产权的保护机制,在《宪法》《专利法》等相关法律法规对知识产权的侵权行为进行强有力的规约作用,这是维持"文化科技"产业能健康、可持续发展的基本前提。

(三)推动文化科技企业发展及用高科技改造传统文化产业的对策

科技发达国家在文化科技领域的战略性部署,制定了文化科技产业的发展政策、财政税收政策和出台法律法规等。同时,加强新兴文化产业的环境建设,主要包括信息网络环境建设、服务支援环境建设、投融资环境建设、人才环境建设等手段来推动文化科技企业发展及用高科技改造传统文化产业。

为有效推动文化科技产业的发展,各国政府纷纷结合本国实际情况制定了推动文化科技产业发展的战略目标,从国家层面上积极推动文化产业与科技的有效融合,适应信息技术革命带来文化产业结构调整要求和挑战。英国作为首先提出"创意产业"的国家尤为重视政策引导,日韩等"政府主导型"经济体也重视政策工具的作用。此外,财政税收政策是市场经济条件下各国政府推动文化科技产业发展的有效手段。英国相关财政政策包括:利用社会集资的方式进行文化产业投资,例如通过发行国家彩票来补助文化产业;通过税收政策来支持文化产业等。

为促进文化科技产业的发展,各国纷纷制定了相关的法律法规。美国主要是通过版权保护立法来为相关产业提供法律支持,还通过相关税务法律、法规为文化科技产业提供税收优惠。德国在 1965 年通过了《版权/作者权利法》,可视作为文化产业提供了法律保护。韩国政府于 1999 年颁布了《文化产业促进基本法》,成为世界上第一部专门的文化产业法律，奠定了韩国文化产业发展的基石。2018年，欧盟实施了《通用数据保护条例》，这是一部涉及广泛的数据保护和隐私法律。2020年，日本国会通过了一项法律，要求大型科技公司提高透明度。

为新兴文化产业提供良好的市场环境建设，需同时重视软环境和硬环境两方面的建设。首先，信息网络环境建设。对于与信息技术和科技创新紧密结合的新兴文化产业，相关基础设施建设是必不可少的。美国政府十分重视信息设备和互联网等高新技术的发展，以此来促进文化产业的传播与创新。其次，服务对环境建设具有积极作用，应当在相关公共服务机构、技术支援组织、产业孵化基地、人才培训机构的建设等方面配套建设。再次，投融资环境建设。为新兴文化科技企业提供可靠、有效的投融资环境是软环境建设的重要方面。在日本，政府为扶持像动漫产业这样资本密集型的新兴文化科技产业，采取政府直接投资项目、设立产业基金、为企业贷款提供担保、为企业减免税收、通过政府代理机构间接资助动漫企业等方式为动漫企业营造良好的投融资环境。又次，贸易环境建设。良好的国内外贸易环境是新兴文化科技企业发展壮大的土壤。日本政府全力开发海外市场，为占据国际贸易中的市场份额和侵权行为的法律追究，专门设立了"内容产品海外流通促进机构"。最后，人才环境建设。作为与科技手段紧密结合的新兴文化产业，相关人才的培养至关重要。韩国政府鼓励和支持游戏领域的研发工作人员，开设专门的培训机构，并健全相关资质认证体系及专家评定机制。

第二节 我国文化科技创新的发展与问题

一 我国文化产业的科技创新现状

（一）出版、印刷领域的文化科技创新

我国关于出版、印刷领域的文化科技创新，主要聚集在新闻出版发行产业，创新对象覆盖新闻出版技术的运行过程和产业部门。新闻出版技术实质是对新闻对象的物质形态进行编辑、复制和传播的方式手段；从运行过程来看，包括编辑、加工、生产、出版等；从部门结构来看，包括出版部门、印刷部门和发行部门等。

近年来,随着文化科技创新的发展,国内的新闻出版发行产业表现出持续增长的趋势。《2018 年新闻出版产业分析报告》中指出,国内涉及出版、印刷和发行板块的产业收入高达 18687.5 亿元人民币,相比上年增长了 3.1%。而在与出版、发行和新媒体相关的 25 家上市公司的财务报告中显示,2019 年前三季度的销售额维持在 3.7% 左右的增长幅度①。

当前我国新闻出版发行产业存在的困境,主要是由于产业结构的转型阵痛,致使传统文化产业改造进展较为缓慢。近年来电子图书、书号调控、免费阅读以及线下书店销售额下降等因素,对我国新闻出版发行业造成了一定冲击,国内出版单位采取了相应对策进行应对。与此同时,教材教辅的销售量相比之下较为稳定,线上图书的销售额不断增长,出版业在科技创新的发展过程中不断进行着转型。目前我国新闻出版发行领域的重大科技课题,主要围绕出版、印刷领域的数字化技术、计算机直接制版技术等热点问题展开。高新技术的出现,深刻改变着出版物的生产方式和传播途径,新闻出版发行产业与新技术的相互融合是大势所趋,结构转型将成为未来相关企业谋求发展和市场竞争优势的重要途径。

(二)影视、传媒和演艺领域的文化科技创新

19 世纪后期视听技术产生后,广播电视电影服务技术先后经历了电影技术、电视技术和数字多媒体技术三个阶段,解决了文化思想物与可视听的文化人工物可视听性矛盾。经历了几十年的变迁,广播电视电影服务产业成熟完善,正转向数字技术的迅速应用和发展。此外,还有数字舞蹈和数字音乐等新兴科技文化产品,结合了舞蹈、音乐、计算机动画、红外线感应、3D 扫描、数字控制技术、动作捕捉技术、蓝幕技术等不同的艺术形式与技术方法。

传媒包括互联网传播、电信传播、广播电视传播等产业。目前数字化是其重要发展趋势。科技改变传统演出行业,以 5G、AR(全息投影)

---

① 《2019 年度中国出版业发展报告发布》,中国出版传媒网,2020 年 1 月 19 日。

技术与演出领域的融合为代表。现场观赏是演出艺术的特殊性表达形式，而现场的演出必然受到时间、地域与场地观众容量等多方面的限制，影响着产业的市场需求。5G 和 AR 技术的结合，能解决这一难题。在观众的自由支配时间有限的前提下，能够通过 AR 的演出现场直播同步和虚拟现实等方式，最大化地满足观看主体的沉浸式体验。科技对演出领域的影响决不仅体现在虚拟直播，也深刻改变着舞台声、光、电和机械的智能化控制和演出环境。

（三）网络、动漫领域的文化科技创新

当前我国在网络、动漫领域的文化科技创新主要体现在文化数字化技术和文化创意产业。文化数字化技术是正在逐渐形成和完善中的新知识集成和研究领域，涉及计算机图形学、图像处理和虚拟现实的学科应用，以及数字化建模、虚拟修复、数字化辅助管理、数字展示等关键技术。文化创意产业以创新为驱动力，产业主要涉及游戏、动漫、传媒、环境艺术和视觉意识等方面。

二 我国文化科技创新存在的问题

新时代我国文化科技创新实践已经取得了阶段性进展，但也面临着诸多难题，诸如品牌和原创意识的缺失；文化科技创新经费投入不足、融资渠道不畅；科技成果质量和水平有待提高；文化科技创新发展不平衡，传统文化资源转化率低；高新技术领域受制于发达国家；文化产业聚集区建设有待加强等。

（一）文化产业中缺乏原创意识和品牌意识

衡量一个国家和地区文化科技发展水平的高低，归根到底要看拥有多少自主研发的核心技术，而目前中国高新技术产业存在普遍的原创、品牌意识缺失的现象，一些核心技术仍受限和依赖于国外，高技术含量、高附加值的产品主要靠进口。这不仅制约着高新技术行业的发展，而且关系到文化产业的发展，甚至涉及国家层面的安全问题。

在全球化和互联网浪潮的推动下，我国电子信息产业经历了"黄金十年"的快速发展期。2019 年 1—12 月，我国规模以上电子信息制造业实现营业收入11.4万亿元,同比增长4.5%;软件和信息技术服务企业实现软件业务收入7.2万亿元,同比增长15.4%;全行业收入规模合计18.6万亿元,同比增长8.8%,我国已然成为电子信息产业大国。但相较于美国、日本、韩国,我国电子信息产业却集中于全球价值链低端环节。出于品牌、原创意识不足等缘由,我国高新技术的发展受国外技术制约,致使我国企业收益率偏低,呈现出"大而不强"的特点[①]。以与文化产业技术创新关系密切的笔记本电脑为例,其核心部件集成电路芯片80%依赖进口,以iPad为例,集成电路占到整机成本的50%。同时,国产电脑在操作系统方面也难以掌握主动权,如此前的微软Vista系统为例,OEM(原始设备制造商)厂商预装的许可费为每台300—400元人民币。

(二)文化科技创新经费投入不足、融资渠道不畅

在政府投入方面,我国在过去较长一段时间里一直存在对科技创新投入不足的情况。从1999年以后,我国R&D占GDP的比例才开始稳步提高;到2018年,全国共投入研究与试验发展(R&D)经费19677.9亿元,比上年增加2071.8亿元,增长11.8%;研究与试验发展(R&D)经费投入强度(与国内生产总值之比)为2.19%,比上年提高0.04个百分点。按研究与试验发展(R&D)人员全时工作量计算的人均经费为44.9万元,比上年增加1.3万元[②]。此外,我国R&D经费支出仍存在结构不合理、基础研究投入偏低的问题,自2012年"国家文化科技创新工程"启动以来,文化科技创新经费投入过低的现状才有所缓解。为促进文化产业发展,增大扶持力度,陆续推出了《文化部"十三五"时期文化科技创新规划》出台、文化智库体系建设工程、设立文化智库企业联系点和文化智库项目、成立"全国省级艺术研究院(所)联盟"等政策。

(三)科技成果质量和水平有待提高

高校是我国文化科技创新的重要承担者,也是我国创新体系必不可

[①] 胡绪华、徐骏杰:《不同生命周期阶段我国电子信息产业区域技术创新网络演化比较分析》,《科技进步与对策》2017年第34(22)期。

[②] 国家统计局:《2018年我国R&D经费投入总量为19677.9亿元,同比增长11.8%》,新浪财经,2019年8月30日。

缺的一环。但是，我国对高校科研经费的投入对比其他发达国家仍显不足，甚至与国家对政府研究机构的投入相比也无明显优势，现阶段高校在文化科技创新领域中的主力军地位尚未形成。

科技创新对经济发展具有推动作用，而随着产学研程度的提高，科研技术人才的比重也需相应提升。我国对科研人员的扶持力度在逐年提高，从事科研工作的人数也在不断增加，但相比日、韩、美、英等国家在科技创新领域的扶持力度，还存在不小的距离。2016年我国每百万人中从事科研工作的仅有1205.7人，低于世界平均水平1473.2人，而最高的丹麦达到7514.7人，韩国和日本也分别达到7153.4人和7113.2人。

我国为推动大中院校的发展，20世纪90年代开始，提出了211、985工程计划，极大程度促进了我国科技创新的进步，并奠定了坚实的基础。2017年，我国又推出了"双一流"建设战略，目的是打造我国世界一流大学和一流学科，提升中国高等教育综合实力和国际竞争力。随着高校建设步伐的推进，产学研的结合的重要性也日益凸显，这就要求中小型企业发挥其技术转移作用，促进高校的科研成果与企业的结合。同时，要求对文化产业结构进行新的战略部署，将文化产品融入至产品的制造生产、市场开发和研发等板块，提高市场竞争力①。

(四) 文化科技创新发展支柱性产业不足和发展不平衡

在我国政府的引导和扶持下，文化科技创新已取得了较大进展，相关产业也形成一定规模，但现阶段我国的文化产业仍然存在支柱性产业不足和发展不平衡等方面的问题。

在支柱性产业方面（环保型、市场需求大、就业量大、关联度强的产业），还未达到国家制定的"占GDP百分之五"的指标要求，我国只有东部地区的北京、广东和上海，中部地区的湖南和西部地区的云南，在文化产业领域才形成了该省市的经济支柱产业的规模。在地区上，文

---

① 侯善文：《我国文化产业发展的科技需求与对策》，博士学位论文，渤海大学，2013年。

化科技创新存在发展不平衡现象。政府在制定各地区的文化产业发展规划时，是以当地的经济发展情况为主要参考因素。而我国存在的经济发展不平衡的问题，造成了国内文化科技创新发展的不平衡现状。在整体视角下看全国范围内的文化产业，发现在我国东、中、西部的文化产业发展存在不平衡问题，东部地区的文化产业发展处于领先地位，中部地区次之，西部地区最慢。各个地区文化产业的发展模式也存在显著的差异性[1]，因为东部地区经济水平较高、文化消费活跃等缘故，对产品创意的需求量较大，创意产业的发展成为该地区文化产业的战略性规划，中西部地区则是趋向发展独特的地域性文化产业和完善文化服务体系。

(五) 传统文化资源转化率低

我国是历史悠久的文化大国，文化底蕴浓厚，传统文化资源丰富。在历史沉淀中，流传了众多的实体形态的物质文化遗产、精神形态的思想瑰宝和非物质文化遗产。开发、继承和发展传统文化资源，是我国文化产业实现繁荣发展的重要前提。

但长期以来，我国丰富的传统文化资源得不到深层次的开发，利用效率低下，资源优势难以转化为产业优势和竞争优势。一方面，实体性文化遭到人为严重破坏，以传统古典文化为代表的非实体性文化出现断层；另一方面，在传统文化资源的具体开发利用上，存在着认识浅薄以致闲置浪费、粗放经营以致难成品牌、零散分割以致势单力薄、盲目照搬以致低效重复等共性问题，导致传统文化资源的合理文化内核被置换或误用，优秀古典文化被功利化和商业外衣所包裹，优秀文化资源难以实现与市场和资本的合理有效对接等问题。

(六) 在高新技术领域受制于发达国家

在很多高科技含量的文化产业领域，我国并没有自己的核心技术和知识产权。虽然国家统计局的数据显示，我国的文化创新产业的增加值表现出连续增长的态势，2018 年文化产业增加值达到 38737 亿人民币，相比于 2014 年，增加值提升了 10.3 倍。文化产业对经济增长的贡献率

---

[1] 梁君、陈显军：《我国区域间文化产业发展差异研究》，《经济纵横》2012 年第 4 期。

也持续提高,由2004—2012年的3.9%上升至2012—2018年的5.5%[①]。但是就国际形势来看,我国仍然缺乏国际竞争力,并且文化产业成为国民经济的支柱之路仍较漫长。

国内文化科技领域的核心技术和高端系统装备国产化不足、进口依赖度高,多数是对国外技术的贴牌加工,这必然造成文化产品的制作成本昂贵、文化服务效率低下和企业收益率低的情况,限制了我国文化产业的核心竞争力。为此,应当顺应高新科技发展的趋势,强化原创意识和品牌意识,通过自主研发掌握核心关键技术,运用高科技手段去改造与提升传统文化科技创新产业,促进我国高新文化产业的建设,实现跨越式发展[②]。

(七) 文化产业聚集区建设有待加强

当前文化产业发展的一个重要特征和趋势是园区化。数据显示,按文化创意产业园区性质划分,我国文化创意产业园目前以混合型为主,2018年占比64.8%,数量达到1684个;其次是产业型,占比为21.4%。文化产业园建设存在地域差异性,多数产业园位于东部地区,尤其是经济发达的中心城市,经济较落后的中西部地区文化产业园建设相对滞后。同时,各地文化产业园的投资规模也存在差异,大的可高达几十亿,小的甚至只有百万级别。

我国文化产业园发展势头虽猛,但发展时间短,对文化产业园发展的规律性认识还不足,分析总结各地暴露的问题,存在以下不足:一是园区重复建设严重。例如在上海的每个区都能看到动漫基地,甚至一个区还存在两三个重复性建设,易引发行业恶意竞争,无法创造良好的经济效益,还造成了大量资源浪费;二是地方政府干涉过度,文化事业成为房地产商的利用手段。经过艺术家改造过的地域具备了一定的文化价值,政府对其进行过度管理和干预,开发商则会察觉到该地域的商业价值,导致地价飙升,致使艺术家离去。三是园区规划眼光不长远,定位

---

① 《2018年我国文化产业增加值占GDP比重升至4.3%》,《中国商报》2019年7月25日。

② 顾江、郭新茹:《科技创新背景下我国文化产业升级路径选择》,《东岳论丛》2010年第70期。

不准确。一些文化产业园的选址仅仅考虑市场，缺少对周边环境的细致考察，忽略了园区对周边的不利影响；或者未深入考量园区内布局的发展趋势，对文化产业园立意的定位较为模糊。

三 我国文化科技创新问题的原因分析

通过对文化产业的科技创新现状及其中所存在的问题进行深刻反思和原因剖析，发现集中体现在文化科技的核心关键技术自主研发能力不强、管理文化创新的体制不够完善、平台建设的短缺、人才储备不足、文化企业对于文化创新的力度投入不足、成果转化率低等方面。

（一）文化科技的核心关键技术自主研发能力不强

文化产业中缺乏原创意识和品牌意识，我国大部分文化企业从事的是"中国制造"而不是"中国创造"，导致文化产业的产品附加值低。本质上是因为企业缺少核心的自主研发能力，这也是促进文化产业发展与增强核心竞争力的最大阻碍。

文化产业是高新技术与经济、文化相互作用的产物，具有知识密集性、高度智能性、综合系统性的特征，而我国当前在原创能力与合作能力两个方面尚有欠缺。原创能力的缺乏严重影响我国文化产业的持续性发展。资源整合能力的不足，在一定程度上削弱了我国文化产品的科技竞争力。文化产品的附加值所增加的商业利润，成为商家重点关注和追求的目标。但不仅涉及商业价值，作为一种国际通行的模式，附加值更能在推动产业融合、促进传统产业升级等方面带来积极的作用。我国目前因缺乏有影响力的原创自主品牌，只有顺应高新科技发展的趋势，强化原创意识和品牌意识，通过自主研发掌握核心关键技术，利用科技所带来的便捷性与新手段去改造传统模式，完成文化产业转型，才能推进文化创新产业的发展[①]。

（二）文化科技创新投入体制不完善

在科技所带来的国际竞争影响力与社会发展贡献率的对比中，可以

---

① 顾江、郭新茹：《科技创新背景下我国文化产业升级路径选择》，《东岳论丛》2010年第7期。

看出我国与发达国家仍存在一定差距。主要原因在于我国政府对文化科技创新投入力度和投资结构的不足，科技创新的风险投资机制不够成熟。

文化产业的长远发展单纯依赖政府财政投入是远远不够的。总体上看，中国文化产业发展尚处于政策哺育期和成长发展的初级阶段，国内文化企业总体规模偏小，无论对当地市场还是国际市场均未形成一定的影响力。文化产业是资金密集型产业，由于文化科技创新型企业无形资产偏多，固定资产偏少等内在因素，加之发展基金筹措渠道与融资体制不完善等外部因素，融资难题已成为文化产业可持续发展的重要阻碍因素。尽管首个国家级文化产业投资基金"中国文化产业投资基金"已于2011年7月成立，但目前国内仍未建立一个适合文化创新及产业发展的资本大环境，文化产业的创新型项目存在的投融资平台问题也未能得到解决，如何构建一个适合文化企业创新发展的融资渠道依然是产业发展进程中亟待破解的难题。

(三) 文化科技创新成果转化率偏低

我国文化科技创新成果转化率偏低，而究其根源是我国的文化创新中的科技成果转化渠道受阻、转换模式不佳所造成的。一方面，科技成果转化的渠道不够畅通。技术成果转化渠道是用来将科技成果从提供方传输到使用方的路径和方式，它的组成架构主要包括以下几个要素：科技成果的信息提交公布平台、推动成果传输的动力承载、转换资金、关于科技成果转化具有促进作用的相关地方性法规政策建设。然而，当前我国科技成果信息的公布平台并不健全，相关动力承载实体功能并不健全，转化资金有限，相关政策法规不完善，最终导致文化科技创新成果转化渠道不畅，效率低下。

另一方面，科技成果转化模式不够科学合理。转化模式通常分为自主转化型、技术市场交易型及政府部门组织推广型、联合转化型，是一种运用于科技成果转化渠道中的具体实施方式。在转化渠道固定之后，转化模式则成为影响科技成果是否转化成功的关键要素。如果没有选择合理的转化模式，则会导致渠道与模式之间发生冲突，使得生产要素难以实现优化配置，从而对科技成果的转化率造成影响，阻碍成果的转化和发展。

（四）文化科技创新平台建设的缺失

为推进我国文化科技创新的发展，当务之急是加速建设科技创新平台，实现文化平台的数字化和信息化。这就要求充分发挥企业在文化科技创新中的主体地位，在文化企业内建立起科技创新平台。

国内一直没有明确科技创新主体的归属问题，因此造成了现阶段的尴尬局面，科技研发部门只负责研究，企业只落实研究成果的生产过程，而科技的社会推广由政府把控。这一创新流程的分工所存在的弊端和矛盾，是抑制我国科技创新进步的重要因素，而企业内部科研部门的建设迫在眉睫。国外已有经验表明，科技创新平台的建设离开了企业生产实践，创新单纯倚靠研究部门或行政调节是很难实现的。那么就需要对创新要素进行整合，融入至企业内部，实现企业在科技研究开发、创新活动和成果转化的主体地位。可通过对企业的研究开发机构提供政策扶持、资金投入和鼓励合作机制等方面的帮助，完善创新型企业的评定标准和评定体系，推动企业中的科技创新平台的构建。探索战略性地先建立和扶持一批文化科技创新的重点企业，再逐渐形成全国范围内企业的文化科技创新氛围[①]。

（五）文化科技创新的产学研创新联盟较少

我国的产学研体制机制尚未完善，使得文化科技产品的设计、制作和推广的主体之间不能进行高效合作，导致部分文化科技创新资源的浪费，对文化科技创新产业的发展有一定的抑制作用。[②] 现阶段，高校、科研机构、企业和政府担任着文化科技产品"从创意到社会推广"不同环节的分工角色，各部门之间在资金、人才和设备等资源方面相对独立，互动、互补性不强，不仅致使社会资源产生不必要的损耗，也可能出现各部门之间技术需求的不对等现象。况且我国新型科研产品的社会推广大部分不是以供需关系为主要依据的，而是取决于政府部门的决策，不

[①] 王志刚：《推进文化科技创新 加强文化与科技融合》，《求是》2012年第2期。
[②] 王志刚：《推进文化科技创新 加强文化与科技融合》，《求是》2012年第2期。

能充分发挥市场在资源配置中的决定性作用。

因此，需建立企业、科技机构和政府之间的产学研创新联盟，促进我国文化科技创新领域形成系统的战略性发展机制。产学研联盟的高频互动结构，有利于文化科技创新产业的发展，也是建构社会成熟文化消费形态的必然选择。我国文化消费的需求量虽然庞大，但文化消费的市场和环境还不够成熟，尚需一个理性的探索和培育阶段[①]。

（六）文化科技创新人才支撑不足

人才培养是科技创新发展的关键要素，我国文化产业所面临的科技创新问题主要源于我国创新型人才方面的支撑不足。

传统文化产业提升是一项系统工程。虽然中国坐拥庞大的文化资源和人口资源，但传统文化资源转化率低下，究其根源是专业性高素质人才的缺乏和文化人才科技创新能力的缺乏。应试化教育体制是我国创新型人才和相关工作人员缺失的主要原因，在一定程度上抑制了文化创新的发展，不利于创新能力的培养，从而也导致创新技术的缺乏，使得文化创新产品在设计、制作和生产阶段无法成功表达。

人才培养问题是解决我国文化产业困境的关键点。国内高校的毕业生数量逐年上升，2020年毕业生更是达到史无前例的874万，但文化产业相关专业"招生热，就业冷"矛盾突出。长期以来，国内文化相关专业院校原有基础薄弱、人才培养模式不成熟；专业化的人力资源丰富，管理类人员缺乏；技术、创新和复合型人才短缺等问题仍然存在。文化产业人才培养体制的不科学和文化人才结构的不合理，导致传统文化产业的现代化转化艰难，民族文化与高科技手段相融合的新兴文化更是稀缺。政府需要部署创新人才培养计划，整合资源定向发展，解决创新人力的短板问题。

（七）文化产业制度创新需要加强

技术创新是文化产业发展的关键驱动力，而随着科技的不断进步，也会衍生出诸多社会问题。陈旧制度已无法适应和满足高新科技变革

[①] 杨凤、陈思：《论文化科技创新》，《东北大学学报》（社会科学版）2013年第6期。

后的文化产业，容易产生脱节现象，甚至会反向制约技术的扩散和发展。因此，随着科技发展的进程，文化产业制度重新构建的呼声日益紧迫。

目前，我国文化产业创新领域的制度还不够成熟，政府在文化产业发展中的导向、引领作用还不够显著，主要集中在以下问题：首先，未建立完善的管理机制。存在政府与其他社会机构的职能混淆、政府垄断与利益链关联和法律法规不健全等方面的问题。其次，未形成良性的市场化运营体系。市场配置资源还需进一步推进、市场主体未发挥自身作用、文化产业人才的合理流动较为困难及鼓励机制缺乏、投资和融资渠道单一、外资引入力度小等问题。最后，知识产权意识缺失。我国关于知识产权的保护机制还不完善，意识淡薄，文化产品的盗版现象较为普遍[①]。因此，我国不仅需要不断推进文化产业制度创新，强化政府部门在政策引导和经济调控方面的管理职能，还要加强制度建设，标准化和规范化文化创新技术。健全文化产业的评价机制，实现对文化产业的科学规约作用，为文化产业的发展给予制度层面的支撑和保障。

第三节 文化科技创新的内在机理

一 文化需求、文化创意引导科技创新的机理

（一）文化需求引导科技知识创新的机理

人类的发展、社会的变迁造就了当前已有的文化，同时也孕育着新的文化需求。

首先，多元化的文化需求为文化科技研发提供了新的方向和动力。不同的个体或群体对文化存在着差异性的需求，这种差异性来自不同个体的文化立场。因此，文化需求的差异性能够丰富文化科技研发的视角，

---

① 李丽：《我国公众知识产权意识培育与提升的路径探析》，《新闻研究导刊》2020年第11期。

从多角度为文化科技研发提供了解读和剖析，同时又因为多元文化需求的市场刺激，激发科研人员朝着满足市场需求的方向不断创新。

其次，文化需求的多样性拓宽了文化科技研发的领域。随着社会不断发展和人们生活水平的日益提高，人们对文化需求的内容也显得越来越丰富多彩，过去的文化产品已经无法完全满足人们的文化需求，为了满足人们文化需求的多样性就要求文化产业不断探索新兴领域，不断开发新兴文化产品。

再次，文化需求的层次性深化了文化科技研发的程度。人们对于文化有着不同层次的需求，层次之间存在着由低到高的递进关系，文化需求层次的增高意味着对文化理解深度的增加，只有加深研究才能满足高一层次的文化需求。

最后，文化需求的复杂性细化了文化科技研发的方向。文化需求具有个性化特征，也有群体性差异，这种差别要求文化供给更具针对性。针对不同的个体和群体，打造大众化和小众化的各类个性化文化产品、提供定制化的文化服务能够起到用户分流的效果，而这种行针对性研究也是文化科技知识研究方向细化的重要原因。

（二）文化创意引导文化科技手段创新的机理

文化创意是指人类突破原有或传统的行为模式，以全新的姿态所展现出的新文化形态、创作现象或劳动过程。文化创意的实现离不开文化科技手段和工具的革新，同时文化创意也为文化产品和服务创新、文化工具和科技的变革提供思路和行动指南。

首先，文化创意创生了新的科技手段和工具。科技手段和工具的创新需要对人类社会的生存和生活的方式有前瞻性的思考，而这种前瞻性思考的结果对未来的发展具有一定的指向性。文化创意是实现科技手段和工具创新的前提，能够整合现有的技术手段和工具，形成新的科技形式[1]。有些技术原本被应用在不同的领域，通过文化创意将这些技术手

---

[1] 中国文化报：《推动文化与科技深度融合　促进事业和产业快速发展》，http://expo2010.ifeng.com/dongtai/detail_2010_10/20/2841238_0.shtml，2010-10-20，2012-2-13.

段联合运用，产生了综合效用。

其次，文化创意创新了科技手段和工具的使用范围和方式。科技手段和工具的创新不仅体现在手段和工具本身的更新换代，还体现在使用领域的拓展，文化创意为科技手段和工具提供了更广阔的使用空间。文化创意不但能够扩展科技的使用广度，同时也能挖掘科技手段的使用潜力，还能带来技术的局部革新。

最后，文化创意整合了科学和技术，形成了新的文化科技工具。总之，文化科技创新不仅包括文化科技在研发设计层面的创新，也包括生产应用方面的创新，这两者相辅相成、缺一不可。文化需求和文化创意在生产、销售到消费各个环节都影响着文化产业的创新。

（三）文化创意聚集复合型人才的机理

文化创意处于文化产业价值链高端，是最有价值的知识。揭示文化创意聚集复合型人才的机理对于技术创新理论、区域创新理论和国家创新理论都有重要意义。遵循相应的发展条件和生态差异，制定相应的人才政策，提供适宜的发展生态和环境，文化创意产业才会健康地发展。

首先，文化产业的创意分工聚集文化科技创新人才。按照文化创意的创意分工不同，大致可以分为文化创意生产者、策划者和成果经营者：文化创意生产者是创意内容的提供者和创意产品的完成者；文化创意策划者不仅要对文化创意进行把关和总体设计，还要对文化创意产品的市场有敏锐的观察判断能力；文化创意成果的经营者是指通过创意产品经营实现文化创意产品价值的人才。

其次，文化创意的良好氛围吸引文化科技创新人才。文化科技创新人才的创意能力的培养和发展需要合适的语境和氛围，文化产业从业者拥有更高的创作自由度和工作个性化，因此，城市宽容度成为文化科技人才选择城市开展文化创意活动的重要依据。尤其是对于国际性的高端文化创新科技人才的招揽，更要塑造更加国际化的城市形象，形成更具人文气息的城市风格。

最后，文化创意产业对知识的保护聚集文化科技创新人才。引进一批高层次的文化科技创新专门人才，加强高级人才的引进。实现文化的产业化，实现文化创意，要准确把握未来文化科技的发展趋势。

(四) 文化需求引导文化产业科技创新的机理

文化需要对于引导文化产业科技创新的实现机理包括以下几个方面的基本内涵：满足文化的需求是文化产业产生的原初动力和持续发展的保证；文化需求的独特性决定了文化产业创新的特殊性；不断发展的文化需求是文化产业创新战略制定的重要依据；文化的精神需求让文化产业摆脱市场逐利因素等。

首先，满足文化的需求是文化产业产生的原初动力和持续发展的保证。人们对文化需求的量化体现在文化的传播、孵化、使用、复制、集成的数量上，重复次数越多意味着文化需求越大。只有人们对某种文化的需求达到一定的数量，文化产业化才有必要，因此文化需求是文化产业化的原初动力。

其次，文化需求的独特性决定了文化产业创新的特殊性。文化一般包括器物文化、制度文化和精神文化，其中包括"有形的"物和"无形的"精神。文化产品不仅具有实用价值，重要的是具有文化价值。而文化价值则主要是注重通过体验和感受而获得心理的安慰、精神的愉悦或者境界的提升。因此，为满足人民大众的文化需求，增强文化产品和产业的特殊性尤为必要。

再次，不断发展的文化需求是文化产业创新战略制定的重要依据。文化（产品）产业与其他（产品）产业的一个很大的区别就在于文化产业是一种以文化体验、感受为主的产业。因此，公众对文化内容的需求是文化产业创新的风向标，是国家制定文化产业创新战略的重要依据。

最后，文化的精神需求让文化产业摆脱市场逐利因素，提高文化产业层次。由于文化不仅仅是一种商品，更重要的是要承载着教化的社会功能，国家和社会有义务有责任普及先进文化和优秀文化，而正是这种有意识的文化引介能够使文化产业部分地摆脱市场逐利因素。

(五) 文化创意引导文化产业科技创新的机理

文化创意具有极强的渗透力，既可以与新的产业、新的科技结合形成新的产业部门，又可以与传统产业、传统产品互相融合。由此可见，文化创意是催生新型文化业态的重要动力。

新兴文化业态是文化产业与科技结合的结果,而文化创意是二者得以结合的重要桥梁。网络数字化文化产业在技术手段、生产环节、消费领域等方面具有较多的差异性并最终形成了不同的产业群,大体可以分为两个部分:新媒体文化产业和多媒体数字文化产业,前者的范围主要包括互联网、移动互联网和户外数字媒体等,后者则以数字为核心包括数字教育、数字娱乐、数字艺术、数字体育等[①]。科技在文化产业中的运用并非仅仅是指将固定的科技形式运用于不同的文化内容,更重要的是科技形式与文化内容相匹配,能够最好地创造、展现或保存文化内容、发挥文化创意。

文化创意打破了产业领域的界限从而催生新的文化产业。文化创意不仅能够使文化产业与新兴技术有效结合,同时也能打破文化产业领域与其他产业领域的界限,能以多种形式与不同的产业相融合,形成以文化创意为核心的产业系统,从而带来新的文化业态。文化创意发扬传统文化形成具有文化特色的创意城市。传统文化及其遗存与现代生活方式的对接,是每一个历史悠久的城市都需费心思量的问题。创意作为文化资源的显现手段,不仅仅是让城市显得更舒适和美观,更是一种确保公民在正常的享有现代化生活方式的同时保有对传统文化的感受和体验,文化创意造就了创意城市。

二 科技创新支撑文化产业创新的机理

(一)应用基础研究预见文化产业新业态的机理

纵观文化产业发展的历史,应用基础研究对文化产业的发展起到了持续性的推动作用,尽管这种作用并没有得到充分的认识,但毋庸置疑的是应用基础研究领域的实质性进展必将引起文化产业的技术创新。

应用基础研究往往带来跨学科的应用研究成果,它对文化产业新业态的机理具有明显的预见作用。例如,医学是一门应用基础研究学科,

---

① 杜丽芬:《新兴文化业态——核心概念及其初步分类》,《商场现代化》2010年第6期。

医学领域的脑电图（EEG）技术研究直接推动了脑机接口（BCI）技术的进步，而后者又能够有力地促进文化产业新业态的形成与发展。某些高科技公司已经率先将BCI技术与文化产业进行了结合并设计出基于脑电波控制的媒体播放器，这项技术很快就会投入主流的文化产业。

开展超前研究以占领产业发展的技术制高点。随着文化产业的发展，应用基础研究所取得的科技成果被不断产业化，其产业化的效率日益提高。然而，当代科技发展水平日新月异，由于文化产业部门对科技前沿状况的认识局限，转化科技成果为文化产业服务的工作终究面临相当大的困难。为争取促成基础研究与文化产业应用的同步化趋势，有必要对应用基础研究的前景进行展望。电子产品构成了新兴文化产业的主要技术载体，它们已日益成为促进文化产业发展的技术"硬件"；电子产品中所蕴含的各类前沿技术也就构成了促进文化产业发展的"软件"。应用基础研究成果的产业化过程，同时也是技术"硬件"与"软件"的结合过程。

（二）新的技术发明支撑文化新产业形成的机理

当代文化产业变化的重要驱动力在于信息革命所产生的新业态。新技术为文化产业提供新契机，抓住这种发展契机主要反映出两种机制：一是通过综合各种新技术形成新的文化产业技术，发展出新业态；另一种机制是通过强化新技术在不同领域的应用，而发展出新的文化产业。

新技术发明可以综合成新的文化产业技术。超前基础科学研究、应用技术的发展与应用改变了传统的文化产业，传统文化产品与新科技结合形成了全新的现代文化产业，可以说现代文化产业技术已经成为促进文化产业发展的关键因素，如电子游戏技术就是在数字化虚拟技术与多媒体技术的综合创新后形成的新产业技术。

通过强化新技术的应用范围拓展新业态。在文化产业中，一些新技术的出现，会逐渐显示其发展潜力，随着应用范围的扩展，拓展出新的业态。最具代表性的例子就是3D技术的强化，被迅速地应用于电影、电视和网络游戏中，使这三个产业都焕发出新的生机，逐渐形成新的业态——以3D引擎技术为核心的3D产业，包括3D电影、3D电视、3D

游戏、3D 手机等等。

总之，新兴市场的消费者行为转变正经历着前所未有的快节奏，如果无法迅速抓住新兴技术发展带来的时代机遇，那就只能被产业所抛弃。在未来，一个优秀的战略家不仅要能洞察市场对产品的需求，还要能够从新兴技术甚至超前基础科学研究中发现文化产业的发展走向。

（三）成熟技术手段引入传统文化产业的后发效应机理

成熟技术手段引入传统文化产业具有重要的现实意义，它既能带动产业整体创新，加速转化现实生产力，同时又能拓展产品内容创新，加深产品的深度开发，从而扩大传统文化产业的整体商机。

首先，鼓励创意服务文化产业、生产企业自主创新，从而带动创业产业、服务生产制造企业的整体自主创新，最终推动文化创意产业整体创新。将文化产业创新的重点放在产业链的前端，创造较为宽松的环境，推动各类创意产业发展平台产业创新能力、孵化能力以及产业集群聚合能力的提升，并形成政府、综合机构、行业协会、涉及企业的金字塔形网络化的整体创意产业发展创新体系。

其次，通过技术使文化具体化、商品化，注重生产环节的反复试验，生产前期的预生产阶段，实现科技成果转化为现实生产力。努力探索多样产品开发模式，注重建立与完善保障机制，是增强产业科技成果的竞争能力、实现转化为现实生产力、产品扩张产业升级的转变关键。

再次，拓展有形或无形，集实用、审美、多功能一体的产品及内容的创新。通过科学技术的整合，通过结合市场及产业发展的调研，鼓励专业研究院所扩展创意产品设计能力，进行准确的设计定位与产品创新，对促进文化或技术成果转化为商品，提高产品附加值增加企业经济效益方面起到了关键的作用。

又次，传统的文化产业创新更偏向产品功能创新，而如今的产品创新则要在此基础上更加注重用户的需求和情感，也就是用户体验创新。

最后，移动社交平台开创了新的沟通方式，数据掌握与移动沟通方式对未来品牌商业价值很大。现行互联网销售转入收集精准数据跟消费群体进行适当的互动沟通与分享，同时更容易发展目标用户。社交化的电商平台所营造的沟通方式的创新是多元和互动的,颠覆了传统移动互联网营销模式,未来将会产生强大的社交功能的沟通创新。

三 设计促进科技创新与文化创意整合与提升的机理

(一)通过设计充分利用科技手段构思和表达创意

文化创意的产生如果不经过专业的设计过程加工,无法达到较高的水平,特别是设计构思和表达手段的技术创新会使文化创意得到充分的展开,调动设计者的潜在认知能力,技术手段的创新不仅推进了设计者的构思速度,也使创意得到完美表达。

从表达内容上看,在设计中要利用科技手段构思创意。在构思初期主要注意的是方案的整体把握;在构思深化阶段,注重于依次解决局部问题,这时对主要问题进行分析、解决与表达,而对其他次要问题可暂时忽略。利用高科技手段,设计者能够快速、准确和高效地进行创意表达,多种设计软件之间交叉配合,既能最大限度将创意展现在观众面前增强创意的表现力,又能实现跨越时空的传输,极大地方便了设计者和用户之间的交流与修改。从表现形式上看,在设计中要利用科技手段表达创意。设想构绘不仅是指工程师和建筑师绘制的机械图或施工图,更是创意的延伸;是运用视觉符号来捕捉和记录设想,并促使设想发展的手段。利用高科技手段,设计者能够快速、准确和高效地进行创意表达,多种设计软件之间交叉配合,极大地增强创意的表现力。通过利用科技手段构思与表达设计创意,使得设计通过认知思维加工手段的技术创新得到了丰富;调动了设计者的潜在认知能力,促进文化科技创新;技术手段的创新,极大地推进了设计者的构思速度,使创意产生通过设计者意向表现的高科技手段得到完美表达。

(二)通过设计完善文化产品技术功能

技术与艺术同属于创造性工作,具有极强的相似性,但也存在一些差异。偏向理性的技术旨趣在于改造人类的物质世界,偏向感性的艺术则深刻影响改变了人类的情感世界,只有通过"设计"促进二者充分融合才能达到理想的效果,一旦分离就会导致技术的冷漠化过重或艺术的情感化过重。

通过设计完善文化产品技术功能的实施路径可以通过案例分析来呈现，上海世博会英国馆设计是由英国设计师托马斯·希斯维克设计的"创意之馆"体现了设计可以提升文化产品的技术功能。首先，通过设计可以确定文化产品所承载的核心理念。种子作为植物的起源和大自然的本质，是环境保护这一核心理念最好的彰显，于是设计师希斯维克联想到了世界上最大的种子银行——英国基尤千年种子银行，这座种子银行储存了世界上有史以来近十分之一的植物种子，这就解决了种子来源的问题。其次，通过设计可以甄选出最适合的技术材料，展现文化产品的技术水平。设计师团队在解决了种子来源问题之后，又陷入了选择什么材料包裹种子的难题，此时，《侏罗纪公园》中琥珀的造型激发了设计师的灵感，最终在尝试了多种透明材料之后，设计师团队发现亚克力杆最适合本次创意设计的要求。最后，通过设计能够确定最佳的结构形态，形成了文化产品的新功能。包裹着种子的亚克力杆从建筑外墙向外伸展，在风中微微颤抖，一方面充分展现了设计的艺术性，种子仿佛有了生命与环境融为一体；另一方面也完美地达到节能的目的，白天亚克力杆可以将自然光引入"创意之馆"内部，晚上又能将馆内的光线反射到建筑外墙。

（三）通过设计实现科技创新与文化创意融合的商品价值

设计是把一种计划、规划、设想通过视觉的形式传达出来的活动过程。随着时代的进步发展，产品的功能属性除非跨越式的革命，一般都已经通过科学技术达到近乎完美的满足，但是真正决定产品商业化是否成功，取决于隐藏在产品生产过程中的设计活动中，而设计活动为产品所带来的文化意识则是成功的关键。

文化的体现不是简单地将文化图腾和符号与设计外观相结合，更重要的是将文化意识蕴含在产品本身的属性中，一件产品的经济价值高低往往由产品中精神性的观念价值所决定，而精神层面的观念价值则由设计创造。为此，设计通过科学、合理的技术整合，创造产品的新体验增加其市场附加值。现代工业设计技术，使新知识、新技术和新工艺同产品功能创新、形式创新以及使用创新快速融合，通过开发新产品，提高产品质量，提供全新服务，从而实现科技创新与文化创意的新融合。人们在面对产品使用价值极大满足的时候，新的体验成为每一个产品走向市场面临的重要挑战，设计在实现科技创新与产品融合上起到了至关重要的作用。

在信息社会中，设计本身就是生产力，其创造的社会价值、经济价值都隐含于产品中。设计运用现代技术手段创造产品的新体验，利用文化与技术整合创造新观念，将为设计产品提供更大的市场价值。设计通过创意与文化产品的结合，创造产品的新观念提高其市场附加值。因为信息时代的技术壁垒形同虚设，仅仅通过现代工业发展所带来的新知识、新技术和新工艺推动产品的新功能来实现产品的市场附加值是不够的。通过设计手段将文化、创意植入产品的功能链使新技术的应用更简便快捷、更具文化活力，让产品促生新观念进而推动产品的市场附加值。

（四）通过设计增加文化产品市场附加价值

商品价值由使用价值和观念价值两部分组成。使用价值是在商品制造过程中由科学技术赋予的，这是商品的物质基础；而商品的观念价值来源于创意设计，这是商品的附加文化价值。最初消费者只追求商品的使用价值，但随着经济水平和生活水平的提高，消费者越来越关注商品的观念价值。从生产者角度而言，创意设计已经代替了传统的技术手段、人力资源等物质资本成为提高生产效率、增加商品附加价值的主要方式。从消费者角度而言，创意设计带来的精神体验满足了传统物质生产无法满足的精神需求，也就是马斯洛所说的更高层次的需求，这也完美切合了当今社会的消费结构。

通过创意设计增加商品的市场附加价值往往采取以下的几种方式：创造新观念、提高产品感染力、提高产品传播力。例如通过运用工业设计，促使新知识、新技术和新工艺同产品功能创新、形式创新以及使用创新快速融合，提高产品质量，提供全新服务体验，从而实现科技创新与文化创意的新融合。

物质产品的消费属于直接使用型消费，当消费者使用完之后产品的价值就会大打折扣甚至完全消失，而文化产品则不一样，人们欣赏文化产品非但不会消耗其文化价值反而会不断丰富其文化价值。以酒鬼酒包装陶瓶为例,酒鬼酒采取了中国传统的包装方式,既含有民族文化底蕴又包含创作者的灵感与才气,再加上其地处湘西也完美地契合了酒鬼酒的品牌气质。所以,经过设计的经典的文化产品,最终能够穿越时间的限制,得到后人的继承和发扬,真正有价值的文化产品在任何时候都不会完全过时。

第四节　增强文化科技自主创新能力建设

一　文化科技的自主创新能力

(一) 提高文化科技的原始创新能力

原始创新即是从无到有的实质性创新。提高文化科技的原始创新能力是从源头上进行创新,促使其产生基础理论等研究的重大突破,甚至带来新的文化科技发展方向。对文化科技的原始性创新应当表现为通过文化科技创新使新兴优质的文化作品及其生产工具不断涌现[1]。例如,从传媒产业来看,文化科技原始创新能力主要体现在使得电视、手机、互联网等能够呈现优质文化的数字化产品不断丰富和升级,且同样的文化创新作品可以在不同的媒介上传播应用。单独从手机出版技术来看,从手机搜索引擎、手机二维条码、手机内容出版到5G时代,即是文化科技的原始创新能力在手机这一终端阅读设备技术上不断研发的体现。

当前,文化科技原始创新能力表现为能够呈现优质文化的数字化原理和规律,不断被探索和突破,文化创新规律和在媒介传播规律不断被发现,网络、动漫等的关键技术和基础技术的开发,三维动漫技术的研发及其外延领域的开拓等。从创新成果上看,文化科技的原始创新带来了重大科学发现、原理性技术的发明等实质成果,特别是在文化科技基础研究和高技术研究领域取得独有的发现或发明。因此,文化科技原始创新一般发生在科技创新领域,表现为重大文化科技问题的攻关。

---

[1] 曾广波:《论技术创新的社会影响》,《湖南大学学报》(社会科学版) 2010 年第 7 期。

多措并举，促进基础研究转化为原始创新能力。政府不仅要重视基础研究，而且重视基础研究成果向应用转化。可以通过国家立法推动大学、科研院所的科研成果转化。通过政府出台相关科技政策，用于支持基础研究及基础研究成果向应用转化，以及通过设立基础研究成果转化专项资金、共享国家开放实验室的资源等①。

（二）重视文化科技的集成创新能力

文化产业的发展态势自进入 21 世纪以来发生了深刻的转变。文化与科技之间的资源和创新要素的集成，是增加现代文化产业及文化企业市场竞争力的有效途径。文化科技集成创新能力是指利用文化和科技层面的不同创新主体下的各个创新要素进行有效聚合、优化、集成，创造出更多先进的文化传播技术和传播载体。文化科技集成创新能力实质是对文化科技领域的核心技术、关键技术、共性技术进行工程攻关能力，是现阶段解决文化产业发展的相关技术瓶颈问题的重要手段。如集成创新下的数字技术催生的 CD、MD、MP3、MP4、MP5 及数字录音机等的出现，为大众提供了新型娱乐载体。移动多媒体技术、手机网络服务技术等前瞻性传媒技术推动唱片业及音像业全面步入数字化时代。

文化科技的集成创新，还能够实现文化与科技的优势互补、技术互补以及知识互补，加速文化与科技聚合创新下的规模效应获得及新型文化价值的产生。文化产业中的许多技术对产业发展具有决定性和革命性意义②。需要进一步深化文化与科技的融合，加强文化科技的集成创新能力。目前，文化科技的集成创新应该重点体现在增强数字技术和数字内容方面的集成创新能力。如网络、动漫等的关键技术和基础技术的开发，三维动漫技术的研发及其外延领域的开拓。

（三）强化文化科技引进吸收再创新能力

文化科技引进吸收再创新能力是指以提升文化产品属性和文化制成品大众化价值为理念，从国内外积极引进文化科技创新成果，通过施加

---

① 吕薇：《多措并举 促进基础研究转化为原始创新能力》，《科技中国》2018 年第 2 期。
② 秦鹏飞、申光龙、胡望斌、王星星：《知识吸收与集成能力双重调节下知识搜索对创新能力的影响效应研究》，《管理学报》2019 年第 16（02）期。

规模性、营利性、结构性、转化性等手段，使文化科技得以迅速有效的创新，推动文化科技创新的重点领域得以产业化。在文化科技的发展方面，我国在相关领域起步时间较晚，文化产品的传播仍需借助于国际传媒。因此，提高文化科技引进吸收再创新能力尤其重要。文化科技引进吸收再创新具有低风险、高效率的特点，成为目前国家与企业迅速提升文化科技创新实力的重要手段。

目前，国外发达国家以绝对优势垄断着文化产业所需要的相关技术原理。音响技术、摄影技术、3D制作技术以及互联网技术等前沿文化生产力的落后严重制约了文化产品的创作力、表现力、传播力和影响力。积极对文化产业的基本技术原理研究，对国外先进技术及其生产原理的引进，将引进技术应用于生产，制造出新的先进文化产品和文化生产设备，是提升文化科技引进消化吸收再创新能力的基本内在要求。

文化科技的引进消化吸收再创新要求我国文化创新企业，应该积极引入以提升文化产品属性和文化制成品大众化价值为理念的文化科技创新思想，以新的创新思想引领文化科技创新，不失时机地锻造新的文化产业价值理念，进而从理念上、技术上实现文化科技的再次创新。基于此，我们要调整传统文化产业结构以降低相关成本；积极研究与学习发达创新国家的创新建设体系以提升创新能力；加强政府科技创新政策支持以保障研发创新与产业的有序发展；推进产学研合作以加强相关创新生产主体联系与交流[1]。

二 增强文化科技自主创新能力的对策

（一）提升我国文化科技体系的研究能力

为切实提升我国文化科技体系的研究能力，应从解决基础研究重大课题和学科前沿问题、解决关系全局和发展战略的关键技术（或共性技术）、解决文化科技产业重大理论问题和现实问题、解决重大文化科技工

---

[1] 王莉静、王庆玲：《高技术产业技术引进消化吸收再创新分阶段投入与产出关系研究——基于分行业数据的实证研究》，《中国软科学》2019年第1期。

程项目的技术难题等四个维度进行突破。

首先，解决基础研究重大课题和学科前沿问题。基础研究重大课题和学科前沿问题一直都是科研创新工作的重点，包括基础型创新和拓展型创新。例如，中国传统绘画有别于西方绘画，除其艺术表现方式的巨大不同之外，还体现在绘画材料和技术的不同。国家文化科技提升计划中的"中国传统绘画材料关键技术研究与应用"内在要求的基础研究重大课题和学科前沿问题等内容，对于繁荣发展中国绘画艺术至关重要。

其次，攻克关系全局和发展战略的关键技术研究体系，解决文化科技产业重大理论问题和现实问题。文化产业的发展中也有一些关系全局和发展战略的关键技术和共性技术，攻克了这些技术的研究体系，产业的技术水平将会得到极大提升。通过文化科技提升计划中的"分布式异构文化资源智能定位与收割平台研究"，使文化产业缺乏系统性的整体布局和专业性的分类标准问题得到有效解决。把各类文化资源进行数字化的编码与标识，使每一类文化资源能一一对应，防止同一资源由于不同分类标准造成重复现象的发生。

最后，解决重大文化科技工程项目的技术难题。对于重大文化科技工程项目的技术难题的解决，《文化部"十三五"时期文化改革发展规划》指出要深入实施科技带动战略，加强文化科技原始创新、集成创新和引进吸收再创新，着力增强自主创新能力，有效提升文化领域技术装备水平[①]。这就要求不仅要重视基础研究，而且重视基础研究成果向应用转化。深化文化与科技的融合、加强政府科技创新政策支持，才是解决重大文化科技工程项目技术难题的有效途径。

(二) 加强核心技术、关键技术、共性技术攻关

在对文化科技领域研究过程中，找到其核心、关键和共性的技术并进行集中攻关的方式具有事半功倍的效果。核心技术、关键技术、共性技术工程攻关是当前集成创新的重点领域。为此，应当在文化科技创新

---

① 文化部：《"十三五"时期文化发展改革规划》，中华人民共和国文化部网站，2017年2月28日。

的重点行业和关键领域，遴选一批全局性、战略性重大科技课题进行攻关，主要集中在新闻出版发行服务、广播电视电影服务工程、文化艺术服务工程等领域相关技术的攻关。

关于新闻出版发行服务相关技术攻关，应以攻关编辑技术为中心，同时以印刷、复印、临摹、拓印、录音、录像、翻拍等方式，将经过编辑的作品制作或转化成出版物的行为的复制技术进行整合，和以通过出售、出租、馈赠等各种方式向受众提供出版物的发行技术进行总结整理，最终形成一套新闻出版发行服务的创新系统。关于广播电视电影服务相关技术攻关，当前需要对广播电视系统节目制作与输出技术进行工程攻关，同时对发送与传输部分进行整合，使节目信号进行一定的技术处理后，能够有效地经过某种传输方式传送到接收端。还需要加强数字影院建设工程攻关，同时进行数字电影设备统一技术标准和不同的系统之间兼容的整合。

关于文化艺术服务相关技术攻关，又可细分为图书馆技术工程攻关、博物馆文物多维展示系统工程攻关、数字美术馆公共服务平台工程攻关、基于动漫技术的互动娱乐体验系统工程攻关等重点领域的内容。关于文化信息传播相关技术攻关，既要把握机遇加快数字出版技术工程攻关、多语言基础资源库研制和共享工程攻关，同时又要兼顾保障体系，对网络文化安全监管系统工程攻关。关于文化创意与设计服务相关技术攻关，主要包括开发知识链路管理工程攻关和加强面向技术创新的资源共享服务平台攻关这两个重要方面。关于文化专用设备的生产相关技术攻关，既要提升网络信息技术的高度覆盖，又要加强创意产业共性技术开发与应用，还要进行数字化展览展示技术开发与应用，开发增强现实系统开发平台。

（三）加速文化科技创新成果转化和应用

为使文化产业得以较快发展，提高文化相关产业的创新活力，需要对文化科技产业中的重点行业进行加速文化科技成果产业化，主要包括文化创意和设计服务、文化艺术服务、文化信息传输服务、文化产品生产的辅助生产、文化专用设备的生产等。

新闻出版发行服务的科技创新成果的转化是要面向新兴科技的发展方向，使新兴科技与其高度融合。由此，既要运用大数据、人工智能等新兴技术改造传统新闻出版业，又要催化新兴文化业态创生。关于广播电视电影科技成果产业化，要使其科技成果满足文化产业转化性的需要，解决目的性与转化性的矛盾，为此，要加强广播电视电影科技领域产业化技术的研究，强化文化产业人才培养。关于文化艺术服务成果产业化，要通过延伸产业链、提高文化产品的品质和政府购买来增强营利性，并且充分挖掘民营资本投资潜力，鼓励多种资本投资演艺产业。关于文化信息传播产业化，要通过发展数字化新兴业态，提高数字版权集约水平，推动传统媒体和新兴媒体融合施加结构性。关于文化创意与设计服务产业化，首先要建设文化地域载体、文化企业载体以及扩大文化产品出口来扩大规模性，其次要重视知识产权的保护，提升设计服务市场赢利的稳定性。对于文化休闲科技成果产业化，可以聚焦在文化旅游、休闲农业和体育产业等重点行业，不断提升旅游发展文化内涵，深入挖掘特色农业发展潜力，创新理念以拓展体育产业发展空间。关于工艺美术品产业化，要通过文化企业载体扩大规模性形成工业美术品产业集群，同时通过扩大文化产品出口打造中华民族优秀的文化品牌，占据国际市场。

（四）以科技创新促进文化产业发展

在世界范围内，因不同国家的背景与需求不同，"文化产业"的概念及其具体称谓也不尽相同。联合国教科文组织对文化产业给出的界定是：按照工业标准，生产、再生产、储存以及分配文化产品和服务的一系列活动[1]。在文化与科技相互融合的重点领域诸如新闻出版发行服务、广播电视电影服务、文化艺术服务等进行科技创新的模式选择，促进相关文化产业发展。

新闻出版发行服务的科技成果产业化，就是要运用现代信息技术等最新科技成果改造传统的新闻出版发行服务，是传统的新闻出版发行服务数字化、网络化与智能化。使其能够强化与规范新兴网络新闻出版文

---

[1] 马国柱：《关于文化产业发展路径的思考》，《中国出版》2012年第19期。

化业态，这些都需要通过共建实体模式对文化产业创新施加结构性。在广播电视电影科技领域产业化方面，要加强相关科技的研发与应用力度，需要一体化型联盟构建。在文化艺术服务业，科技成果产业化的主要方向是使科技成果适应文化产业营利性的要求。在文化信息传播领域，科技成果产业化的主要方向是使科技成果适应文化产业结构调整的要求，需要通过共建实体模式对文化信息传播产业施加结构性。文化创意与设计服务业科技成果产业化需要构建技术转让型联盟。此外，要使科技成果适应文化产业营利性的要求，还可以通过共建实体模式对文化休闲产业创新施加结构性，其表现在：通过扩大文化产业的生产规模来共建文化产业实体，使其具有从最初的设计理念到落地生产再到物流资金的匹配等一整套文化产业流程，最终实现整个产业的集成创新。

（五）提高各文化领域的技术装备水平

2019 年 8 月，科技部等六部门印发的《关于促进文化和科技深度融合的指导意见》中指出，文化领域要与科技领域深度融合，要在文化领域中提高科技水平的运用，建设与打造拥有较强文化科技实力的企业，到 2025 年基本形成覆盖重点领域和关键环节的科技融合创新体系[①]。

按照《关于促进文化和科技深度融合的指导意见》相关精神，为了提高各文化领域的技术装备水平，需要构建文化科技的基础技术体系，以共性技术为基础，增强文化科技的自主创新能力，促进科技对文化市场管理的支撑作用，瞄准重点领域和关键技术，促进文化与科技的融合。当前，广播电视电影服务工程攻关、文化信息传输服务工程攻关、文化创意和设计服务工程攻关、文化专用设备的生产工程攻关等能够解决集成创新中技术集成矛盾。其原因是：在这些领域进行文化集成创新能够利用高科技手段，使创新者快速、准确和高效地进行创意表达，多种创新技术之间交叉配合，极大地增强创意的表现力，通过互联网、信息技术的支持，能够实现远距离传递，更加方便文化工程创新者之间或客户

---

① 祁培育：《科技部等六部门印发〈关于促进文化和科技深度融合的指导意见〉的通知》，http：//www.gov.cn/xinwen/2019-08/27/content_5424912.htm，2019-08-27。

之间的交流与修改，解决了文化人工物与文化工程物的集成性矛盾。

（六）重视中国传统文化科技的特色和发扬

中国优秀传统文化凝聚着中华民族自强不息的精神追求和历久弥新的精神财富，应该保护并挖掘中国优秀传统文化中的重要精神价值，使这些精神瑰宝得以留存并成为中华民族实现民族伟大复兴梦的精神支柱。

为此，首先，应当加强现代信息技术在中华优秀传统文化保护和传承中的应用。加强史书古籍及经典著作的考证、整理、翻译与出版，并在此基础上使其数字化进行资源的高效储存与保护。既要重视物质文化遗产的保护又要重视非物质文化遗产的保护，尤其对具有鲜明民族特色的习俗、节日等特色文化、濒危文化进行保护记录与寻找挖掘。加强中国传统文化的普及教育及对中国传统文化的普及教育研究。还要提高网络学习平台的资源共享程度，提升网络学习平台的利用效率。将中国传统文化与当今社会主义新时代的文化进行有机结合，在保留中国传统文化特色的同时推陈出新，并进行高质量的文化普及。

其次，要出台相关政策以支持具有中国传统文化特色的国有企业走进国际市场。既能加强中国传统文化在国际的影响力，还能促进中国传统文化产业发展，打造一批具有一定科技实力的中国传统文化特色企业。此外，还要修订完善《文化产品和服务出口指导目录》，使对外文化贸易产业规范化、系统化与专业化。简政放权，简化文化产品国际贸易的手续办理流程，为具有中国传统文化特色的国有企业"亮绿灯"。在重要通商口岸及标志性核心城市设立中国传统文化产品贸易基地，推进中国传统文化产业发展。

最后，为了解决文化生产物的标准性与保持民族传统文化矛盾，要制定出合理的文化科技产业分类标准，分门别类地进行挖掘创新与产业化发展。还要开展有人文科学与社会科学融合的文化产业基础研究，形成中国文化资源动员与文化创新持续发展的科学基础与创新基础。

第五节　加快文化科技创新体系建构

党的十八大以来，习近平总书记结合国情实际，顺应时代要求，提

第六章　文化与科技融合视域下我国文化科技创新战略对策

出了"五大发展理念",其中"创新"发展理念注重解决发展动力的问题,而要想贯彻"创新"发展理念来提升文化科技领域的自主创新能力,就需建构一个合理有效的文化科技创新体系。在对文化科技创新与文化科技创新体系建设关系的认识基础上,重点研究加快文化科技创新体系构成要素、建设应遵循的基本原则和建设路径。

一　文化科技创新体系的构成要素

文化科技创新体系是以文化科技创新为前提,以文化科技成果的推广为纽带,在文化领域实现产业化为特征的系统工程。它主要由创新主体、创新客体和创新环境诸要素之间互动作用形成,以政府为主导、企业为主体、充分发挥市场配置资源的基础性作用、各类科技创新主体紧密联系和有效互动的社会系统。

(一) 创新主体要素

文化科技创新体系的主体要素是指在文化科技创新活动中具有创新能力并实际从事创新活动的人或社会组织,是科学技术知识的生产者、使用者、扩散者。

文化科技的知识创新主体是文化科技知识创新系统的承担者,是由于文化科技知识的生产、扩散和转移相关的机构和组织构成的网络系统。这其中就包括了高等院校、国家重点实验室等创新主体。它们主要从事文化科技的基础科学研究,提供属于"公共产品"的科学知识,承担文化科技的知识创新任务,为文化科技的基础技术研究和专业技术研究的创新提供理论基础,为文化产业相关的新技术、新发明开拓思路[1]。

(二) 创新基础设施要素

文化科技创新的基础设施是指为文化科技创新活动提供基本的物质条件支持的公共设施。它是文化科技创新活动生存发展的一般物质条件。

---

[1] 龙跃:《基于刺激—反应模型的产业技术创新联盟知识创新研究》,《当代经济管理》2018年第40(03)期。

通过对"基础设施"的管理体系、平台组成方式与模块、共享模式、服务方式等进行研究，加强基础条件投资对于提高科研机构的产出能力具有重要作用[①]。科研基础条件包括土地厂房等、生产设备、研发仪器、交通道路、图书资料和现代的网络信息平台等基础设施等。"基础设施"还包括社会供给的、旨在满足多个文化科技企业应用的、与产业相关的能力集合，强调政府应通过制度创新来促使文化科技企业获取技术能力。如设立文化科技创新基金会、出台相关奖励制度、建立专项重点实验室，搭建产学研平台以及加强对文化科技企业的孵化，培育文化产业集群。

（三）创新资源要素

创新资源指的是进行创新活动同时所需要的资源。而文化科技创新资源则是文化与科技相互融合进行创新所需要的资源总和。对于文化科技的创新资源要素的把握，有助于优化文化产业部门间的资源配置，进而促进文化产业结构升级[②]，而从资源本身的特点出发，可以将文化科技创新的资源分为有形资源和无形资源。

其中，文化科技创新的有形资源要素包括人力资源（企业家、生产工人、管理人员、研发人员）、财力资源（风险资本、研发资金、银行贷款、其他融资）、信息资源（一切文件、资料、图表和数据）和物质资源（土地厂房等、生产设备、研发仪器、交通道路等）。而文化科技创新的无形资源要素包括政府推行的科技制度、创新环境、社会经济状况、人文环境等。这里文化科技创新的创新环境所强调的是，文化科技企业、科研机构、高等院校、政府等之间与文化科技企业间为促进文化科技创新而形成的复杂的网络关系，是重要的无形资源要素。

（四）创新环境要素

广义的文化科技创新的创新环境是指在创新过程中，影响文化科技创新主体进行创新的各种外部因素的总和，是一种共生体与共生环境之

---

① 王晋、杨景涛、刘瑞、井巍巍：《欧美等发达国家科研基础设施与大型仪器平台的建设与启示》，《中国科技资源导刊》2019年第51（01）期。

② 孙国锋、唐丹丹：《文化科技融合、空间关联与文化产业结构升级》，《南京审计大学学报》2019年第16（05）期。

间能够开展物质交换、能量运动和信息流动等活动的共生环境[①]。主要包括国家对文化科技创新的发展战略与规划，国家对文化科技创新行为的经费投入力度以及社会对文化科技创新行为的态度，等等。

狭义的创新环境是指文化科技企业外部的技术发展状况、人才状况、经济状况、人文环境等的创新相关因素。或者还可以理解为，创新环境就是这一区域内各个创新主体所需的创新条件与创新氛围是否良好。

根据环境的基本属性，可以按照是否具有实体、是否为人文环境的原则来划分，将环境划分为硬环境和软环境。硬环境为具有实体的非人文环境，主要包括研究基本方向、科研人员构成、研究设施和经费管理等要素。软环境则指的是不具有客观实体的人文环境，主要由科学与人文精神、学风研风、学术道德、学术交流和科研评价体系等构成。硬环境和软环境是对立统一，相辅相成，缺一不可的。在当今的科学研究活动中，当硬环境基本完善时，软环境就显得尤为重要。良好的科研环境既需要保证学术研究基础扎实，辐射范围广泛，涵盖内容丰富，又需要保证科研工作者学术思考的自由性和交互性，组织学术交流活动，营造良好的科研氛围，激发科研工作者们的创作激情。因此，文化科技创新的创新环境所强调的是文化科技企业、科研机构、高等院校、政府等之间与文化科技企业间为促进文化科技创新而形成的复杂的网络关系。

二 文化科技创新体系建设的方针

文化科技创新体系是文化与科技相互交融、共促创新所必需的重要载体。这一体系的本质是人文文化与科技文化的融合，既体现了文化科技的创新属性，又体现了文化科技的社会属性。文化科技创新体系建设要以政府为主导、企业为主体、以公益性文化需求和市场为导向、政产学研用相结合的基本方针。

（一）以政府为主导

文化科技创新体系必须发挥政府的主导作用，加强组织和管理，体

[①] 曾建丽、刘兵、梁林：《科技人才集聚与区域创新环境共生演化及仿真研究》，《软科学》2020年第21（07）期。

现国家意志，才能聚集各创新主体的优势，保持正确的发展方向，政府主要通过制度创新建立导向明确、正向激励的科技管理体制和政策体系，从而促进文化科技创新[1]。文化科技创新中政府为主导体现在如下方面：

首先，制定有利于文化科技创新的政策法规。政府在自己的职责范围内对资源进行整合，以促进组织或机构的良性运行和健康发展。

其次，建设和营造良好的法制环境。建立和健全市场经济法律秩序，规定相应的竞争规则，创造竞争的环境和机会，促进和保障平等公平的竞争，制裁不正当竞争，建立和培育统一的国内市场体系[2]。

再次，建立科学、公正、高效的文化科技管理体制和机制。需要推进文化科技管理体制改革，通过产学研协同创新、金融税收制度创新、建立有助于各类人才特别是青年人才脱颖而出的人才成长环境和人才奖励制度，鼓励更多的科技人才进入企业，鼓励企业增加技术研发经费。

又次，政府发挥在创新基础设施建设中的作用。加强文化公共基础设施建设，营造良好的文化科技创新环境。国家还要加大对文化科技相关企业和研究的资金政策支持，合理调整资金分配结构，积极鼓励支持对关键技术、基础技术等的研究[3]。

最后，发挥政府的政治优势，从政策角度对文化科技这一领域给予支持。文化科技产业无论是自发形成的还是由政府规划，其演替过程都离不开政府的支持[4]。保障文化科技事业和文化事业的高增长、高质量的发展是实现文化强国战略的重要基础。

（二）以企业为主体

企业是当代各项科教文化体制创新建设的主体，是科技创新发展的最终实现者。科教企业和文化企业直面大众市场，可以直接将科教文化

---

[1] 白春礼：《加快完善科技创新体制机制　为建设创新型国家提供制度保障》，《学习时报》2020年1月6日。

[2] 龙莉、蔡尚伟：《科技政策创新助推文化产业发展——我国文化科技政策的问题与对策研究》，《西南民族大学学报》（人文社会科学版）2013年第6期。

[3] 陈楚：《基于价值链理论的创新产业赢利模式探析》，《科技进步与对策》2007年第3期。

[4] 张明：《产学研战略联盟发展现状与对策研究》，《科技管理研究》2010年第16期。

的知识创新成果转化为创新产品,满足新时代人民群众对于新时代文化和文化创新、科技创新的需求。通过引导科教文化企业,转变科教文化企业的创新方向与发展目标,可以以最简单高效的方法,变科技创新为经济效益,以经济效益增长促进科技文化创新①。

改变人类生活的重大技术发明绝大多数由企业完成。企业的成长和发展造就了强大的技术开发能力。根据当前国家形势和技术创新主流发展趋势,现阶段技术创新的主体是企业,科技文化创新活动的主体也应该是科技文化企业。不但科技研发中心应当建在企业,科研队伍也应当集中于企业,原因包括四个方面。首先,企业经营的根本目的是获取经济效益,科研创新成果往往具有经济价值和社会价值,并可以通过生产和市场转换为经济效益。其次,在市场经济条件下,企业始终面临着同行竞争的压力,尤其在改革开放新时期,我国企业面临更猛烈的国际竞争和国际思潮影响。故步自封,走原来的老路,企业就无法生存和发展,必须进行自我革新和科技创新。再次,企业站在文化科技产品市场的第一线,近距离感受和接受市场需求,并快速反映到产品研发部门进行修改和创新,能够使科研创新成果更贴合市场需求。最后,企业最有能力实现文化科技创新成果变现。企业拥有相关产业的生产设备、有经验的工程技术人员以及快速市场化的配套能力,能够把文化科技创新成果变现所涉及的多要素直接整合起来。

(三) 以市场和公益性文化需求为导向

文化科技创新的重要动力来源是经济效益,而经济效益的提高又必须以市场为导向。因此,面向市场、以市场为导向成为文化科技创新体系建设的重要方针。以市场为导向,有利于文化科技创新体系的整体目标一致性,有利于系统的优化,更能激发创新体系的活力。此外,只以市场为导向是不够的,这样会导致文化的功利化、低俗化等问题。同时,还应以公益性质的文化需求为导向,使文化真正地服务于大众,打造国家文化科技领域的公共服务体系。

---

① 欧阳坚:《培育骨干文化企业 提升文化产业素质》,《学术探索》2011年第3期。

市场需求决定着文化科技创新活动的方向和目标选择。不断变化的市场需求引导科技创新的方向和目标选择，市场对文化科技创新活动发挥着强大的推动作用。文化科技创新体系建设具有双重任务，既要满足经营性文化产业的需要，也要满足公益性文化事业的需要。因此，以市场作为导向，为文化科技创新提供强大的原动力；以公益性文化需求为导向，更能完善国家文化科技领域的公共服务体系，最终实现文化科技创新的体系建设。

（四）政、产、学、研、用相结合

每一个创新主体都有其独有的创新资源：政府能有效弥补在技术创新方面市场失灵的部分，文化科技企业拥有设备和技术优势、高等教育拥有人才和科学知识这两种最具价值资源，社会能提供文化和制度创新氛围和土壤，政府、农业院校、社会都能成为创新的重要推动者。在资源互补前提下，政府、企业、高校、社会多元联合互动的文化科技创新体系最终形成[①]。

政府通过对科技发展作出中长期安排、通过推动实施重大专项、通过大力推进科技体制改革、通过营造有利于科技创新和人才成长的政策环境等途径和举措，来实现主导文化科技创新发展方向的目的。文化科技相关企业是文化科技创新的主要实体，它具有技术优势和设施设备的优势，能有效凝聚力量，尽快将创造出的科技成果转化为产业优势并投入市场。现代大学承担教学、科研、人才培养、社会服务和文化传承功能。科研机构是指有明确的研究方向和任务，是文化科技创新的前沿阵地。文化企业是政产学研用结合中的目标用户。科研机构要以研究成果向实用技术转化为导向，彼此形成政产学研用结合的关系纽带。任何一项文化科技创新只有通过应用才能转化为现实生产力，为人类社会带来福祉。力争取得整体大于局部总和的系统整体效果，逐渐建立起以政府为主导、企业为主体、市场为导向、学研相结合的合作创新体系。

[①] 李莹辉、满强、王虎等：《创新环境在国家重点实验室建设中的作用与思考》，《实验室研究与探索》2012 年第 31（6）期。

三 推进文化科技创新体系建设的路径

《国家文化科技创新工程纲要》阐明要"培育以企业技术创新中心、技术创新战略联盟、专业孵化器、大学科技园、工程（技术）研究中心为核心，以科研院所和高校为重要支撑的文化科技创新体系"。由此可以得到推进文化科技创新体系建设路径的相关启示。

（一）培育一批特色鲜明、创新能力强的创新型文化科技企业

关于培育创新型骨干型文化科技企业的对策措施，要着眼于企业和政府双重主体。从企业自身建设，首先要对企业的发展方向进行有效把握，要面向大众需求、面向国家需要来进行创新。积极制订发展规划，稳扎稳打追求品质。其次要对一些有前景、有鲜明特色的企业进行扶持，给予资金、技术和人才等方面的支持。最后，搭建企业与企业、企业与政府、企业与高校等交流平台，促进信息的高效流通与资源的高效利用。

从政府层面，鼓励文化企业加大自主创新投入，增强自主创新能力。文化企业要提升自主创新能力，增强国际竞争力，需要从文化与科技两方面着手。传统的文化产业模式，单纯以文化资源为主，依赖"内容为王"的发展模式，在当代条件下不能成为文化产业的主导模式。文化企业需要科技引领，开发新技术、新产品、新工艺，以新科技为载体提升文化的表现力、传播力和感染力。同时，应该鼓励兴办高新技术文化企业，鼓励高科技企业转向文化创意产业。此外，政府应该加强对文化类高技术企业认定，并加以扶持。政府要制定评价标准，及时评价文化类高科技企业，符合标准的积极加以扶持，在金融、税收等相关政策上给予大力扶持。

（二）支持有关产学研战略联盟和公共服务平台建设

产学研战略联盟的目标是建设一个解决行业共性、关键性技术，促进产业升级，实现联盟良性发展的共同体。通过产学研联盟，取长补短，相互促进，促进科技成果产业化，促进信息的高效流通与资源的高效利用[1]。

---

[1] 孔航：《企业文化与企业核心竞争力关系研究——以金融机构为例》，《人民论坛·学术前沿》2017年第16期。

明确产学研联盟单位的责、权、利，使产学研联盟的所有成员既是利益的受益者，也是失败的共同承担者，建立利益共享与风险共担机制，完善组建联盟的动力机制。拓展产学研战略联盟的多元化融资渠道。此外，还要有效制定产学研联盟的资金使用与保障制度。

我国文化产业发展要形成产业核心竞争力，需要不断创新发展思路，形成和创造多种模式的产学研联盟，文化科技企业、高校和研究院所都应该为此积极努力，政府应该创造良好条件支持不同类型的文化产业的产学研战略联盟。要依据行业特点、地区特点和文化科技企业本身以及企业外在环境中的科技资源状况探讨不同的产学研战略联盟模式。不同类型的产学研联盟具有不同的运行机制，需要探索不同的发展策略。

（三）打造专业化研发机构和文化科技创新工程中心

专业化研发机构是保障文化科技创新相关企业具有核心竞争力的关键。专业化研发机构开展新发明、新产品、新工艺和新服务的研发和应用，为文化科技企业参与市场竞争提供关键的技术支撑。现在文化产业是依托高科技的新产业，不论对传统文化产业的内容与形式的变革，还是运用新兴科技手段创造新的文化业态，都需要新的技术支持。而云计算技术则为数字图书馆建设和发展提供了新的技术支持[①]。科研装备与经费是实施技术创新的条件。为了使技术中心有效运作，文化科技公司应加大科研投入，应多方面筹集资金。此外，还要制定相关科研装备与经费使用制度，来保障专业化研发机构和文化科技创新工程中心的持续平稳运行。制定分类、分层次的专业化创新，针对每一类型的不同特点进行定制创新，打造一个专业、有序、高效的专业化研发机构和文化科技创新工程中心。

（四）建设文化科技创新的国家级基地

文化科技创新的国家级基地是重大文化科技创新活动的组织形式，

---

① RUSTAM LALKAKA, Jack Bishop, *Business Industrial in Economic Development*: *An Initial Assessment in Industrializing Countries*, New York. UNDP, 1996.

第六章　文化与科技融合视域下我国文化科技创新战略对策

是进行系统集成创新的重要平台,是具有最强综合实力和最具科技辐射力与带动力的空间地域综合体①。国家级文化科技创新基地是针对文化科技创新问题展开研究的开放性、综合性和创新性国家级平台。国家级基地由政府主导,能将文化科技层面的不同创新主体所涉及的各个创新要素进行有效聚合、优化、集成,是现阶段通过宏观调控的方式,解决文化科技创新的相关技术瓶颈问题的重要手段。国家级平台还能够实现文化与科技的优势互补、技术互补以及知识互补,加速文化与科技聚合创新下的规模效应,获得新型文化价值。文化产业中的许多技术对产业发展具有决定性和革命性意义,需要进一步深化文化与科技的融合,加强文化科技的集成创新能力。国家级文化科技创新基地为切实提升我国文化科技体系的研究能力,解决基础研究重大课题和学科前沿问题、解决关系全局和发展战略的关键技术或共性技术、解决文化科技产业重大理论问题和现实问题、解决重大文化科技工程项目的技术难题提供了良好的创新平台。

(五) 加强对文化科技企业的孵化,培育文化产业集群

文化科技企业是文化产业发展的主体,其不仅需要培育一批特色鲜明、创新能力强的创新型文化科技企业,也需要培育更多的中小型文化科技企业。目前,我国中小型文化科技企业发展较慢,还不能满足蓬勃发展的文化事业和文化产业的需要,因此,加强对文化科技企业的孵化,培育文化产业集群对于文化科技创新体系建设是极为重要的②。

为加强对文化科技企业的孵化,首先可以对传统的文化科技企业进行改造。调整传统企业的运行结构,引进新兴科技,使传统企业得以转型升级。其次,还可以直接建立新的企业孵化器,直接将新兴科技与文化产业相结合。建立新的企业孵化器需要深入分析满足新兴文化科技企业孵化需要的新的专业孵化器,超越传统孵化器的观念、体制、制度和

---

① 王黎明、鲁守博、李文文:《中美企业孵化器的发展与演变比较研究》,《管理研究》2013年第4期。
② 王黎明、鲁守博、李文文:《中美企业孵化器的发展与演变比较研究》,《管理研究》2013年第4期。

管理方式，不断创新孵化器的观念、体制、制度和管理模式和运行方式，实现孵化器的创新和升级。最后，创新文化科技企业孵化器自身运作方式，提高自身运营能力。文化科技企业孵化器本身也是一个新型的社会经济组织，要使之有效发挥孵化文化科技企业的功能，其自身也有一个创新文化科技企业孵化器自身运作方式，提高自身运营能力的问题。

培育文化产业集群，关键是大量成熟的、良好分工合作的文化科技企业，从而有利于形成产业链的良好衔接[①]。例如，日本是世界上最大的动漫制作和输出国，全球播放的动漫作品中六成以上出自日本。广义的动漫产业已经占日本 GDP 的 10 多个百分点，超过了汽车工业，成为日本第二大支柱产业。其中，产业链衔接良好，形成了效益递进的良性循环模式。因此，加强对文化科技企业的孵化，培育文化产业集群就成了推进文化科技创新体系建设的良好路径。

第六节　文化科技创新的社会支撑平台

文化科技创新是以科技创新为引擎，以文化需求为动力，实现科技与文化的深度的融合，形成新型的具有当代科技特点的文化产业与文化事业，文化科技创新是实现文化大发展，实现中国文化强国梦想的重要途径。尽管目前文化科技创新的效果已经十分明显，但制度、人才、观念、政府支持等软硬社会支撑条件依然制约着文化科技创新的发展。因此，消瓶颈、促发展是未来文化科技创新的首要任务，构建适应其发展的社会支撑体系是提升文化科技创新能力的关键。

一　文化科技创新社会支撑平台的构成

（一）文化科技创新社会支撑结构

文化科技创新社会支撑的主要功能是提供实体性物质要素（建筑、

[①] 李开元：《面向产业集群的公共服务平台体系建设》，《湖州师范学院学报》2011 年第 10 期。

园区、实验室、仪器、设备、资金、人力),构建非实体性制度要素(政策、体制、法律、法规),建设非实体性的人文要素(人文学科、传统文化、社会价值观、创新文化环境、创新基础环境、创新主体人文素养等)为文化科技创新活动提供服务、协调、沟通、保障的各种社会条件[①]。

文化科技创新社会支撑的实体性物质要素主要包括,在整个文化科技创新过程中起支撑作用的人力、资金和园区、设备等物质性因素。社会对文化科技创新的支撑作用首先体现在为其提供丰富的满足需要的创新型人力资源,而后体现在社会对文化科技的资金支撑,一方面体现在投入文化科技创新领域的资金总量与增量情况,另一方面体现在社会投资渠道是否畅通。此外,文化基础设施是社会对文化科技产业的直接支撑,图书馆、博物馆是文化传承的重要载体,电信网、广播电视网、计算机互联网是实现文化与科技融合的基础,文化科技创新园区是加速文化与科技融合的物理空间。文化科技创新社会支撑的非实体性要素包括制度要素和人文支撑要素,其中制度要素主要是指对文化科技创新起激励与保护作用的政策、法律、法规以及保证它们有效运行的各种机制。文化科技的非实体性人文支撑要素主要指支撑文化科技发展的人文学科、传统文化、社会价值观以及整个社会的人文素质[②]。

(二) 多层次的文化科技创新公共服务平台

根据文化产业发展的历史规律和现实需求,开展多层次的文化科技创新公共服务平台建设,能促进文化和科技的相融合,诸如科技公共、人力资源、科技创业投融资、知识产权、信息交流等服务平台等。公共服务平台建设力度的增强,旨在向中小文化企业提供各类专业性公共技术服务平台建设从而达到促进文化产业的发展。

---

① 李盛楠、范德成:《中国高技术产业技术创新效率影响因素研究———一个理论框架》,《科技进步与对策》2020 年第 37 (07) 期。

② 甘旭峰、一诺:《日本文化产业发展经验对我国文化产业振兴规划实施的启示》,《当代财经》2010 年第 6 期。

为构建多层次文化科技创新公共服务平台，应加强相应专业性公共服务平台建设。这对于促进创意产业健康发展、形成创意产业的顶级群落发展起着关键作用。加强面向产业集群公共服务平台体系建设。但是无论平台采取哪种建设模式，它的宗旨和出发点都是不变的，即整合社会资源，支持企业创新发展。通过将各种相似或者相关联的企业予以集中在各种类型的园区，形成了具有相同需求的产业集群。将中小型企业集中在产业集群，能够便于政府对中小型企业进行帮扶、对区域针对性的经济发展。政府部门作为外部环境构建者通过构建面向产业集群的公共服务平台，实现规模化的公共服务供给。

二 构建多种形式并存的文化科技创新融投资体系

（一）加强文化科技创新的 R&D 投入与产出

企业作为文化科技创新的主体，其文化科技创新水平的提高离不开研发（R&D）资金的投入。科技创新活动具有创新投入周期长、风险大等典型外部性特点，企业独资运营具有较大压力。政府作为宏观调控的主体，可以通过财政补贴、政府采购和政策性银行建设等方式引导社会资金投入文化科技创新领域，将提升企业的积极性、主动性，并减轻企业资金困境。

政府采购既是一种政府消费行为，从鼓励企业发展的角度，同时也是一种财政补贴行为。在政府采购中，应当针对文化科技型企业的创新产品，采取各项支持措施，鼓励企业提升创新能力。政府可以对企业文化科技领域的自主创新产品和服务给予优先采购政策。根据国民经济与社会发展的需要，制定《采购文化科技企业自主创新产品和服务目录》，并实行动态管理。凡使用财政性资金进行政府采购的，应优先采购文化科技企业自主创新目录内的产品和服务。政府有关部门督促采购人自觉采购上述创新产品，并且年度采购计划制订、年度部门预算、财政部门审批、采购价格议定等各环节予以支持，优先安排审批采购文化科技自主创新产品和服务的预算。

建立支持企业文化科技创新的政策性银行，对不同发展时期的企业提供针对性的帮扶模式。政策性银行在企业创业期介入，主要为处于孵化、成长时期的创新型企业提供直接的资金支持。对于形成创业初期的企业，政策性银行的介入将带来短期流动资金贷款，并对企业贷款提供政策性信用担保，帮助企业进行生产和研究开发新型项目。对于已度过创业期和成长期的企业，企业生产和经营都趋于成熟，拥有一定的市场并已经储备充足的现金流，拥有较好的银行授信并具有较好的贷款和融资条件，此时政策性银行转变为信息咨询等非融资服务。

（二）促进文化科技创新的文化产业基金

促进文化科技创新的文化产业基金分为财政投入和企业自筹，相对于企业自筹，财政投入针对性较强，作用目标明确，较能体现政府支持企业某种行为的意图，对促进企业文化科技创新能力的提升具有重要作用。

随着经济的发展及国家对促进文化科技产业发展的力度不断增加，作为文化贸易重要产业之一的文化科技产业，其融资的重要手段和组织方式是文化产业基金。中国的文化投资基金还处于"摸着石头过河"的探索阶段，应该借鉴西方经验、立足中国立场，在设立模式、基金规模、投资范围方面慎重做好市场选择，助推文化产业的繁荣发展。引导企业做好文化科技创新，地方政府应当设立文化科技创新的专项配套基金，用于与国家科技部科技型企业技术创新基金和省科技专项经费配套。专项配套基金可以采取贷款贴息和无偿资助等方式，为获得国家创新基金和省科技专项支持的项目提供资金配套，资金配比按照所获得的前期专项支持的项目级别采取1∶1或2∶1匹配。企业申请文化科技创新匹配资金贴息或资助通过公开方式进行，可由地方政府科技、文化主管部门组成项目评审委员会，对申报项目进行评审。评审通过的，由科技、文化主管部门与企业签订国家创新基金、省科技专项配套项目合同，并实施项目的监督管理和验收，由地方财政主管部门负责项目资金使用的管理和监督。在此基础上，地方政府应逐步拓展基金规模、保持增长幅度、加大支持力度，保障政府各项专项基金真正能够发挥对企业文化科技创新的激励、扶持和导向作用。

(三) 促进文化科技创新的风险投资

为促进文化科技创新的风险投资，需要完善支持企业文化科技创新的信用担保政策，鼓励投融资机构为文化科技型企业提供融资服务，并积极鼓励文化科技创新型企业上市融资。

在缺乏健全、成熟的风险投资机制的情况下，创新型企业融资难对于企业发展问题严峻。发达国家在社会生产实践中发现，信用担保是解决瓶颈问题的有效方式，而执行信用担保政策，需要持续、稳定的财政资金投入。一方面可在财政预算管理中安排该项资金栏目，同时对财政资金支持的方向进行相应的调整，逐步减少财政资金作为企业信用担保机构资本金的扶持模式。

在加大企业文化科技创新的财政支持力度的同时，应当大力引导社会资金，尤其是由投融资机构为文化科技型企业提供融资服务。为了鼓励投融资机构为文化科技型企业提供融资服务，要充分发挥文化科技开发风险基金的引导作用。政府应当设立文化科技投融资风险补偿专项资金，用于创业资助、创业投资、风险补偿、鼓励金融机构扩大科技贷款、资助企业境内外上市等。文化科技开发风险基金对地方设立的创业投资机构可参股投资；对境内外投资机构的创业投资项目可按其实际投资额跟进一定比例的配套股权投资。风险补偿专项资金对使用国家政策性贷款、商业贷款的文化科技项目可给予贷款贴息支持，鼓励银行对文化科技型企业给予利率及贷款额度优惠。拓宽创业投资退出渠道，依托技术产权交易中心等机构建立非上市科技公司股权托管中心，为文化科技型企业开展产权交易、企业权益融资、企业股份制改造以及为创业投资进入或退出资本市场提供交易和服务平台。

三 形成适应发展要求的文化科技创新人才培养体系

为加快文化科技创新人才培养，须健全覆盖基础教育、高等教育、职业教育、继续教育等不同层次的全方位、全过程人才培养系统，从而满足市场和产业的需求。充分发挥高等院校、文化企业、科研院所、行业协会和培训机构的积极性，积极开展各种层次的社会职业培训，加快培养基础知识扎实、业务能力过硬、经营管理有方又具有人文情怀的交叉型复合型高端人才。

(一) 营造文化科技创新人才的培养环境

人才培养既要依靠外部环境也有人才的内在因素，内在因素来自人才本身遗传因素和个人努力程度，外部环境主要包括人才成长过程中诸如政治环境、区域经济环境（区域经济发展水平、科技水平、教育水平）、工作环境、政府的科技投入和政策扶持以及机遇。

按照蘑菇理论，创造一个环境，有了一定的空气、水分、湿度，蘑菇会自己长起来，不要想选蘑菇，而是创造这样一个生态环境，蘑菇就能长得很好。政府的作用就是要营造创新环境，在政治上维持国家的安定团结，创造开展文化科技创新活动和人才成长发展的基本物质条件，完善区域创新氛围和创新文化，营造生长"蘑菇"的环境，即营造有利于人才脱颖而出的人力生态环境。政府要加强区域经济建设，既要出台政策和投入资金来培育文化科技创新人才，也要构建开展文化科技活动的环境条件。一些发达国家之所以能吸引、凝聚大批的创新人才，就是有强大的物质基础作保证的，人才的创业和创新活动又带动了本地区的科研能力，促进了本地区的经济发展，从而形成区域经济的良性循环态势。

随着我国经济文化产业的发展，"人才"要素的极端重要性日益凸显，而精英人才缺乏、产业结构失调、高端人才流失等人才现状也令人担忧。为此，要秉持"人力资源是第一资源、人力资本是第一资本"的管理理念，按照人才资源整体性定位，去开发和建设文化产业人才资源。只有将人才培养上升到国家意志，通过政策机制加以引导，通过多重举措保障人才成长环境，形成主体地位明显、良性竞争氛围浓厚的创新环境，才能够逐步实现人才的国际化、多元化和高知化，激发文化科技创新从业人员的创新意识，创造出更具价值的文化科技产品和服务。

(二) 基础教育中提高青少年的创新素质

青少年作为未来人才的潜力军，是推进文化产业创新发展的后备力量。而创新思维的养成是一个渐进过程，具有鲜明的连续性和阶段性特征。许多国家文化科技创新的快速发展都得益于对青少年养成教育的重视。关于青少年创新素质的培育，中国应当借鉴海外发达地区及新型的教育培养理念，制订具有中国特色、符合中国青少年实际情况的教育计划，在大中小学"创新教育""科学普及教育"等各个学段中注重阶段的衔接、内容的递进、课程的设置、师资的融通等，提供制度保障推进青少年的创新教育。

我国在青少年中大力开展素质教育也取得阶段性成效，部分地区和省份的先进经验和特色做法也值得宣传和推广。例如，东部沿海发达地区建立了青少年素质教育基地、素质教育实验学校，开展素质教育课程教学，以学生日常生活密切联系的科学技术内容为载体，通过相关课程的学习，形成学生对科学技术的兴趣和学习自主性，具有正确的科学观、技术观和较强的创新意识，从而提高中小学生科学技术素养，促进学生全面而富有个性的发展。又如辽宁省沈阳市沈河区素质教育培训学校，为全区中小学开设了如下一些课程："辽宁自然与地理""辽宁海洋资源""辽宁历史与人物""辽宁工业与经济""辽宁老工业基地常识""民族常识""辽宁民族""中华民族大家庭""人口与环境教育""国际理解教育""科技教育""法制教育"等20多门课程，全面提高本城区中小学生基本素质。

（三）高等教育中的交叉学科发展促进创新人才成长

从2017年教育部积极推进的"新工科"建设计划，到2020年关于落实"新工科"而提出的未来技术学院建设战略，都体现了党和国家对于高等教育发展建设的战略眼光，而其中交叉学科发展是创新人才培养的新的增长点。《文化部"十三五"时期文化产业发展规划》中所提到的为满足文化产业发展重大需求所着力关注的科技领域，诸如数字、互联网、移动互联网、新材料、人工智能、虚拟现实、增强现实等，都与高等教育"新工科"建设的关键领域高度契合。

高等教育在发展国民经济支柱产业中的重要功能是提供人才支持，提升企业的文化科技自主创新能力和技术研发水平。而文化科技产业所需要的人才类型，是集科技与文化融合创新能力为一体的复合型交叉型人才。因此，在培养文化科技创新人才方面，首先，应一定程度淡化学科界限，消除不必要的创新壁垒，促进学科交融（人文、管理、经济与理工科的交叉）发展，提供多元的研究方法和视角；其次，应大力开展文化产业的专业硕士和文化创新工程博士等研究生教育，坚持文化科技创新的实践导向，为集中解决文化科技创新、文化产业管理及其相关技术和组织实施等现实需要，在文理交叉学科的教学设计下，为培养文化科技创新的高层次专业型人才、塑造领军人物创造条件。最后，按照"大科学"理念打造高等教育学科群，通过在学校学科布局上的顶层设计，优化学科结构，促进学科交叉发展。会聚多学科专业人才，集中解决重大攻关问题、突破原始创新瓶颈，探索建立新的学科增长点，促进创新人才成长。

四 文化科技创新的制度支撑体系

文化科技创新的实质是实现科技要素与文化要素的新组合，这种新组合除了需要有丰富的科技创新成果与文化资源，还需要将科技成果与文化要素连接起来的制度创新，通过对文化科技创新的产业政策、税收优惠政策和知识产权保护等制度进行优化升级，从而建立起一整套满足其发展需要的制度体系。

（一）文化科技创新的产业政策

在文化科技创新领域，不仅要关注客体性产业政策的制定与实施，还要关注主体性产业政策的制定与实施，更为重要的是客体性产业政策和主体性产业政策要构成一个高效运作的产业政策系统，才会通过产业政策的支持尽快扭转我国文化科技发展相对滞后的现实状况。构建知识产权保护政策、市场监管政策和倡导行业自律的政策，保证相关产业政策的衔接、协调与系统化。通过反思总结现有产业政策的缺陷和不足，将"科技价值二重性理论"引入新一轮产业政策制定中来，以"正向引导，负向规制"为原则，一方面，在财政、税收、金融等产业行业政策当中涉及保护节能减排、创新驱动发展等理念，引导和鼓励企业开展资源节约型、环境友好型文化科技创新成果研发和相关项目申报；另一方面，主动寻求国家和国际合作交流，通过立法规制等措施，肃清文化科技的创新环境。

(二) 文化科技创新的税收优惠政策

根据文化科技发展规律和文化产业软环境需求，科学合理地设计税收优惠政策，有利于提高文化科技创新体系的系统性和协调性。国家行政部门、立法部门应联合加强统筹，对现存于文化科技创新领域中的某些单个零散的行业规定、税收优惠政策等进行归纳汇总，分别从法律法规制定和行政条例出台等方面进行新一轮的改革和完善。

首先，直接税收优惠政策和间接税收优惠政策的适用。关于税收减免和低税率等优惠政策，积极采用更加适用的税基式优惠手段的运用，以促进文化科技创新活动的开展。对文化科技创新产业链的税收优惠进行明确的规定。

其次，完善文化科技创新活动中对创新型人力资源的税收激励机制。在企业所得税方面，可允许文化科技创新企业职工培训费用按实际发生额在税前扣除，对于企业直接用于教育科研事业发展的公益性捐助或用于高校设立科技创新人才奖学金的费用，允许在税前全额扣除。

最后，出台鼓励中小型文化科技创新企业发展的税收优惠政策。

(三) 文化科技创新的知识产权保护

知识产权保护制度是产业持续创新的基本保障，完善的知识产权保护制度能为文化科技创新产业的孕育和发展营造的良好创新环境和营商环境。为此，可以从立法保护和执法保护两个环节开展知识产权保护的制度支撑体系构建。首先，要建立健全知识产权的执法协作机制。其次，建立健全知识产权联动保护机制。再次，要完善知识产权的公共信息服务平台。最后，培养知识产权的复合型人才。

五 文化科技创新的人文环境支撑体系

(一) 文化科技创新的人文环境构成

人文环境是人们在劳动生活中对实践的沉淀，是精神文明的提炼和

第六章　文化与科技融合视域下我国文化科技创新战略对策

雕琢，人文环境的产生应当满足人们在实践过程中对美好生活的需求，完善人文环境同样等同于完善满足人们对自我价值的实现的价值观体系、观念意识、舆论导向和行为准则。人文环境区别于形而下的器物而言，它以人为核心，由行为准则、价值观念、学术传统、科学与人文精神等观念上层建筑构成[①]，具有以下几个特性。

潜在性：同网络、设备、园区等物质性支撑要素不同，以行为准则、价值观念、意识形态、价值体系等方式存在的人文因素都是潜在的，它们广泛地存在于整个实践活动的全过程，是引导人们实践行为的无形之手，这些因素通过影响人们的意识形态调整人们的价值观念，对实践行为做出判断并进行推动和鼓舞，并激发更大的创造力。

稳定性：人文环境的确立便于引导实践行为，并保持较长时间的持续和稳定，对企业自主创新的各项活动具有指导、制约和巩固维系作用，一定程度上也会阻碍企业的自主创新。

目标导向性：人文环境的优异之处在于构建团队全体成员的共同价值观念和目标追求，在实现集体价值的同时实现个人价值，提倡合作、共赢、包容、开放的团队协作精神，具有强有力的核心竞争力。

包容性：人文环境倡导了勇于探索的探索精神、不怕失败的斗争精神、不言放弃的坚韧精神、敢于攀登的求索精神。创新的本质是勇于向一切新旧事物发起疑问并寻求挑战，文化环境的包容性体现在包容实践者的极具个性化的创新品格。

情境性：社会的人文环境是在历史中形成的，其核心内容是民族文化传统与民族精神气质，社会的人文环境具有情境性，具有本土化的特点，所谓的圈子文化就是说人文环境是依据一定的情境而存在的。

（二）改善中国文化科技创新人文环境的对策

人文环境欠佳是当前社会文化创新的首要问题，亟待通过建设与之相适应的社会价值观、构建与文化科技创新相适应的创新文化、通

---

① 乔夏阳、徐奇：《社会价值观变迁背景下科技创新的人文环境建设》，《太原理工大学学报》（社会科学版）2017 年第 35（01）期。

过舆论与宣传营造良好的人文氛围等手段,来改善中国文化科技创新的人文环境[①]。

首先,要构建与文化科技创新相适应的社会价值观,主要包括提倡民主精神,建立公平原则和加强责任意识。加强宣传民主精神、加强民主建设是提升文化科技创新人文支撑的重要方面。建立公平原则,创造公平的竞争环境,才更能对研究人员起到激励和鼓舞作用。

其次,要扬弃传统文化,构建与文化科技创新相适应的创新文化。发扬传统文化中强调整体利益和对社会、民族和国家的强烈责任感,引导文化科技创新人员为社会公众利益而努力,树立在实现社会价值中实现个人价值的观念;发扬中国传统文化中仁爱万物、可持续发展、求真严谨、勇于创新等思想,形成实事求是、勇于创新的科研态度。

最后,要通过舆论与宣传营造良好的人文氛围。利用新媒体手段弘扬自由、开放、冒险、宽容、批判的创新精神,完善文化创新科技评价体系,激发主体创新思维能力,营造良好的社会创新环境、引导并激发实践者的创新意愿。同时大力推行诚信建设,加强并完善自身的诚信建设和信用制度;充分发挥法律的强制作用,将德治与法治相结合,依法处理失信行为人;运用互联网征信技术,绑定个人诚信信息,预防失信行为。

第七节 新时代我国文化科技创新的战略选择

当今,中国进入新时代,文化产业也正在向新时代迈进。文化产业的发展已经成为衡量国家或地区综合竞争力的重要标志,而"创新"是文化产业应对社会转型的阵痛和科技革命挑战的基本动力。因此,通过研究国家文化发展战略,制定我国文化科技创新的战略对策,同时以东北老工业基地的改革创新作为实践探索,不断增强文化科技创新能力,推动国家经济发展、构筑国际竞争力。

---

① 罗国杰:《罗国杰文集》(上卷),河北大学出版社2000年版,第113页。

第六章　文化与科技融合视域下我国文化科技创新战略对策

一　文化科技创新与国家文化发展战略

纵观国内外文化产业发展业态，各国政府无不因为借助现代科技的飞跃式发展及对文化产业的扶持促进了文化科技创新，从而对经济社会的发展产生了更直接、更快速、更迅猛的推动力，这种推动力的效果比历史上任何时期都要明显，对一个国家文化发展战略能够产生巨大的影响。

（一）全球化视域中的中国文化科技创新战略

所谓文化科技创新战略是指对文化科技创新发展的目标、途径和实施方式进行整体性的谋划。中国文化科技创新战略就是在当前我国社会文化背景和文化科技发展现状的基础上，针对我国文化科技创新发展的具体国情实际提出的对总体目标、基本原则和实施方式的整体规划。我国文化科技创新战略中实现发展目标的主要途径有：加强文化领域共性技术、核心技术、关键技术的研究；促进传统文化产业的优化和升级；推动新兴文化产业的培育和发展；提升文化事业服务能力；加强文化科技创新发展环境建设。此外，为了保障实施，需要完善相关帮扶政策、健全投融资体系、建立协调工作机制、营造文化氛围和人才培养环境等手段。如我国近几年相继出台的、包含促进文化产业发展政策的文件有：《关于深化文化体制改革，推动社会主义文化大发展大繁荣若干重大问题的决定》《国家"十三五"时期文化改革发展规划纲要》《国家文化科技创新工程纲要》《国家创新驱动发展战略纲要》等，这些文件共同体现了我国实施文化科技创新战略的决心。中国文化科技创新战略的制定与实施是为了适应全球化的发展。随着对文化产业重视程度的加强，各国逐渐意识到在综合国力竞争日趋激烈的背景下，只有提高文化科技创新能力才能在国际社会抢占文化产业发展的制高点[1]。尤其是当代新兴国家，面对现代化、全球化、生存和发展的挑战，必须加强文化科技创新

---

[1] 张蛰远：《文化全球化视阈下中国文化软实力的困境及对策》，《大连干部学刊》2012年第3期。

能力，大力发展文化产业，将文化产业发展作为国民经济支柱性产业。必须正确认识和对待文化科技创新，通过中国文化科技创新战略的制定与实施，推进文化科技创新发展，促进我国文化产业崛起，实现我国向文化强国转变的战略目标[①]。

(二) 文化科技创新与建构社会主义和谐社会战略

在文化科技日新月异的21世纪，对于文化科技创新与建构社会和谐社会战略的关系如何做到正确把握，是我国进一步发展的一个重大现实问题，也是贯穿于中国特色社会主义事业全过程的长期历史任务。推进科技创新战略是面对新时代机遇与挑战的积极响应，是贯彻落实"五位一体"的具体实践，是夯实实现美丽"中国梦"的基础[②]。一方面，要做到加快文化科学技术创新步伐，实现增强我国文化产业核心竞争力的目标；另一方面，绝不能忽视社会主义和谐社会的建设。

文化科技创新与建构社会主义和谐社会是一种相互依存、相互渗透、相互促进的辩证统一关系。文化科技创新与社会主义和谐社会之间的互动关系主要体现为它是现代经济全球化、一体化、知识化与科技智能化、产业化的高度统一，它的本质是文化、科技、经济、社会的一体化，并在此基础上扩展延伸为文化、科技、社会和自然界的高度协调、统一[③]。必须把握两者之间的关系，做到在加快文化科技创新的步伐、实现增强我国文化产业核心竞争力的基础上，为建构社会主义和谐社会提供强大的科技支持和精神支撑；同时，建构社会主义和谐社会是发展文化科技创新的有力保障，可以为文化科技创新提供和谐稳定的科研环境，可以为文化科技从事人员提供工作和生活保障，可以为文化科技创新提供稳定的政策保障。只有在和谐社会的基础上，文化科技创新才能取得长足发展。文化科技创新与建构社会主义和谐社会，二者是相辅相成不可偏废的。

[①] 杨凤、陈思：《论文化科技创新》，《东北大学学报》（社会科学版）2013年第6期。
[②] 曹东波：《辽宁省科技创新软环境建设的对策研究——基于生态文明建设的视角》，《中国管理信息化》2015年第18（07）期。
[③] 徐建：《构建社会主义和谐社会的文化生态支撑》，《山东省青年管理干部学院》2010年第11期。

(三) 文化科技创新与中华文化"走出去"战略

传承五千年的中华文化,"和谐""仁爱""自然"等核心价值观,作为中华文化薪火相传的核心内涵,它们既是构建社会主义核心价值体系的重要内容,也是推进中华文化不断发展的基本动力。随着全球经济的发展,各国政府对文化产业发展的重视程度逐渐加强,持续升温的"中国热""中华文化风",以及逐渐开放自由的全球经济环境,对于我国文化"走出去"战略的实施是一个良好的机遇。面对如此良机,我国要通过推进文化科技创新,以继承、构建、传播、弘扬中华传统文化的核心价值观与文化精神,不断提高全民族的创造能力,增强国家软实力,实现中华文化"走出去"的战略。

为有效实施中华文化"走出去"战略,首先,以文化科技创新提升我国文化产品品质。我国要将文化科技创新成果应用于文化产品制作过程之中,借助文化科技创新的发展,掌握文化发展与传播的主动权,推进文化内容、传播手段、体制机制的创新,增加文化产品的附加值,做好跨文化交流,以国际化形式包装文化产品,增强我国文化产品国际吸引力。其次,以文化科技创新集聚国际品牌优势。培育一批具有国际影响力的文化企业,通过文化内容创新、文化传播载体创新、文化表现形式创新增强中华文化的世界吸引力,借助经济领域的带动效应,以商品出口塑造国际文化品牌,再以文化带动商品的国际销售[1]。最后,以文化科技创新打造我国文化产业。加快我国文化产业发展的步伐,推进传统文化企业转制步伐,培育外向型文化企业,增强本国文化产业的核心竞争力。文化产业的强盛,是文化产品走出国门,走向世界的根本[2]。

(四) 文化科技创新与构建公共文化服务体系战略

所谓公共文化服务体系,就是面向大众提供的公益性的文化服务体系。构建公共文化服务体系是为了搭建一个坚实有效的服务平台,以实

---

[1] 王雅坤、耿兆辉:《中国文化走出去的影响因素及路径选择》,《河北学刊》2013年第5期。

[2] 曲慧敏:《以文化产业化模式推动中华文化走出去的思考》,《山东师范大学学报》(人文社会科学)2012年第11期。

现促进公民的全面发展、提高民族素质、建设富强民主文明和谐的现代化国家的目标，文化科技的进步在构建公共文化服务体系战略中发挥了巨大的促进作用。第一，文化科技的进步为构建公共文化服务体系提供了技术支持。文化科技的进步不但将原有的公共文化服务设施进行优化升级，还建立了流动设施、数字阵地、网络平台等大大丰富了公共文化服务体系的组成部分。公共文化服务体系的建设在文化科技进步的推动下，形成了覆盖城乡、惠及全民，具有公益性、便利性、科技含量高的服务体系，并以各种渠道、各种形式满足人民群众对文化的需求[①]。第二，文化科技的进步为构建公共文化服务体系提供了产品支持。文化科技的进步加快了公共文化产品的生产效率，提高了公共文化产品的传播速度与传播范围，降低部分公共文化产品的流通成本，拓宽文化产品的供给渠道，直接或间接地增加了公共文化产品供给量，为文化产品的表现形式赋予了多样化，可以满足不同群体的消费需求。第三，文化科技的进步有利于解决公共文化服务产品分配不均的问题。公共文化服务具有公益性、便利性、均衡性和基本性，是传播先进文化和保障大众基本文化需求的手段。完成公共文化服务的均等化目标，既是构建公共文化服务体系的基本目的，也是科学发展观的内在要求[②]。文化科技的进步有助于普及高科技的实用的公共文化服务设施，公共文化信息系统的搭建，并以此为广大人民群众提供优质的文化内容服务。

（五）文化科技创新与文化创新战略

文化科技创新在集聚文化发展内生动力的过程中显示了其主动性、能动性、导向性和可持续性，在促进传统文化历史延续、催生我国文化产业复合型人才的同时，改变了我国传统文化生存方式，在我国文化建设的各个领域发挥其持续不断的牵引作用。

我国应从以下几个方面通过文化科技创新能力提升对文化创新的驱

---

① 张都爱：《构建公共文化服务体系 促进公共文化服务均等化》，《保定学院院报》2012年第5期。
② 陈红艳：《公共文化服务体系建设中存在的问题及其对策》，《大众文艺》2013年第4期。

动力。第一，加强文化科技创新知识普及力度，通过文化科技创新知识的普及，形成良好的文化创新氛围①。第二，强化顶层制度设计、完善创新体制，在国家文化发展战略层面实现文化科技创新对文化创新的有效驱动。统筹相关职能部门、在国家预算方案中添列文化科技创新科目，以达到在政府行政平台形成文化科技发展合力的目标，充分发挥政府对文化科技创新的扶持作用，推进文化创新。第三，以文化科技创新人才，带动文化创新。文化科技创新导向政策不但要涉及资质审定、投资准入、融资渠道、税收优惠等方面，在人才培养、引进方面，尤其是对文化科技复合型人才的培养、引进给予充分保障。将文化科技创新运用在高等教育中，培育一批具有文化创新意识的复合型、创新型人才，为文化创新提供人力支持。第四，积极打造文化科技创新发展平台，彰显文化创新本质要求。在各地域布局建设文化科技创新研发机构，并鼓励各高校科技力量参与文化科技创新项目，从基础提高文化科技企业原始创新能力与成果转化能力。要发挥文化科技创新发展平台的文化科技中介服务作用，促进文化科技成果转化、增强创新服务，使其具有创新、聚集、引导、辐射、带动等支撑与推动作用。

二 我国文化科技创新的战略对策

（一）加强政府对于文化科技发展的支持与引导

为了有效发挥科技对加速文化产业发展、提高公共文化服务能力的支撑引领作用，实现现阶段推进文化科技创新，需进一步加强政府对文化科技发展的支持与引导。首先，政府要推动新兴文化科技产业的培育和发展。新兴的文化科技产业是数字传媒技术与文化产业融合、信息服务业和文化产业交叉催生的产物。为增强国家文化软实力，需通过高新技术的创新发展、培育新的文化科技业态，为文化科技创新的进步注入新的活力。创新文化科技产品的创作、生产和传播方式，利用先进的技术手段进行科学普

---

① 中华人民共和国文化部调研组：《"文化科技对文化创新驱动力"调研报告》，《艺术百家》2013年第5期。

及，以此来提升全社会的文化科技素质。其次，政府要引领文化科技创新行业标准规范的制定。在文化科技发展及公民文化科技权益保障过程中，要充分发挥标准化的规范和导向作用。通过在文化科技服务领域、消费者权益保护、环保工艺等领域，充分发挥企业在技术标准制定中的作用，加强技术标准和基础标准的研究和制定，切实提高文化科技领域各标准化专业技术委员会的组织功能。促进文化科技资源的共享和整合，加快文化科技资源尤其是文化科技信息资源的标准化研发过程。最后，政府要加强文化科技创新的环境建设。优化文化科技创新的经济环境，保证对文化科技创新的投资，在社会各阶层为文化科技创新项目的发展拓展有效的融资渠道，积极协调各地财政部门，不断增加对文化科技的资金投入，优化文化科技创新的技术和人才环境。

（二）重视文化科技发展的战略研究与顶层设计

"文化科技发展的战略研究与顶层设计"就是从国家层面上就文化科技创新能力更深层次的发展进行全方位、深层次和战略性设计，从国家层面上就一定地区范围的文化科技创新能力的开发和建设目标而进行的总体部署，指导各区域按照自身发展水平、类型、结构和特性开展相应的文化科技创新[①]。

首先，文化科技创新要依据区域内的资源开发自己的特色。国家整体层面发展提升是由各区域经济发展共同贡献的，而区域经济中特色产业的发展是增强和提升区域产业竞争力的重要因素，而文化科技产业是区域中特色产业的重要组成部分。

其次，各区域文化科技创新能力的全面提高。文化科技产业的发展是个庞大的系统，这个系统涉及投融资、文化科技中介、文化科技市场等方方面面，要依据各地域自身的基本情况制定相应的政策，为促进区域文化科技创新的发展构建科学合理的保障机制。

再次，各区域文化科技创新的国际贡献率要有所提高。关键在于对

---

① 王一木：《中国文化顶层设计的基本内涵和路径选择》，《江西社会科学》2012年第2期。

第六章　文化与科技融合视域下我国文化科技创新战略对策

各区域的文化科技创意元素进行深层次开发，要通过国家扶持和产业自主努力相结合的方式，促进传统文化企业完成转制改革，培育一批在国际市场上有影响力的大型文化科技企业或文化科技集团，通过文化科技创新的发展塑造具有区域特色的文化科技品牌，为建设中国特色社会主义文化作出更大的贡献。

最后，壮大各区域的人才队伍，培育高素质复合型人才。通过在社会范围内形成尊重知识、尊重人才的风气，要树立文化科技人才是第一文化科技资源的理念，建立文化科技人才培养体系，重视人才的培养、选拔和使用，才能为文化科技创新能力提供智力支持。

（三）加强对文化产业发展重大科技项目的攻关

为进一步加大文化领域供给侧结构性改革力度，推动文化产业转型升级，加强对文化产业发展重大政策、科技项目的攻关，通过实施文化金融扶持计划、特色文化产业发展、文化创意和设计服务与相关产业融合发展等举措，促进文化与科技融合发展[①]。为促进高新技术在文化领域的转化应用，不断提升我国出版、印刷、传媒、影视、演艺、网络、动漫等领域的技术装备水平，中宣部、国家文化部、财政部、商务部等多部委设置文化产业专项发展资金和重大攻关项目，围绕相关文化产业发展和对外文化贸易发展实施了一系列举措。

首先，实施文化金融扶持计划。主要采取贴息、风险补偿补助等方式，重点支持符合国家政策方向的文化产业项目，通过多种方式融资发展，以及相关机构在文化与金融领域合作，为文化产业营造良好融资环境，缓解文化企业融资难、融资贵、融资慢等问题。

其次，助推特色文化产业发展。主要采取项目补助的方式，重点支持各地依托独特的文化资源，提供具有鲜明区域特点和民族特色的文化产品和服务的特色文化产业项目。

最后，促进文化创意和设计服务与相关产业融合发展。

---

① 文化部：《2017文化产业发展专项资金支持三个重大项目》，中国经济网，2017—04—29（01）。

（四）重视对文化产品的科学评价与知识产权保护

文化创意的不断产生必须得益于知识产权保护。针对阻碍或者不适应文化科技产业发展要求的知识产权保护前沿问题，从国家层面积极探索完善对策，使知识产权保护对文化科技产业的发展由阻碍或者不适应的情况转化为促进或者适应的情况。

首先，引导文化科技企业大力实施企业知识产权管理和保护战略。文化科技企业要根据企业实力适时设立企业知识产权管理机构。制定企业知识产权管理方面的一系列规章制度，保证企业知识产权管理能够有章可循；同时，加强企业管理者和员工的知识产权培训，营造有利于企业知识产权管理和保护的企业知识产权文化氛围；通过聘用复合型的知识产权管理人才，使企业的知识产权管理和保护工作得到有效落实。

其次，建立我国著作权刑法保护的保障制度。为了提高著作权刑法保护水平，为文化科技产业发展提供良好的法律保障，建议在我国著作权法中设专章，规定"著作权保障制度"，即对著作权的使用、保护与管理起保障作用的各种制度的总和[1]。

再次，提高知识产权案件的司法审判水平。培养具有理工专业背景的法学本科生和法律硕士，随着理工专业背景法律人才在知识产权审判队伍中比例的提升，知识产权审判人员缺乏理工科专业知识的问题会逐步得到解决。

最后，完善不同过错知识产权侵权的损害赔偿责任制度。更好地实现知识产权制度的正义价值和创新价值，对文化科技创新活动将会起到促进的作用，能有效遏制重过错侵权，对权利人的创新积极性和创新能力也会起到促进作用。

三 案例：东北老工业基地的文化科技创新战略

东北老工业基地实施文化科技创新战略，应坚持自主创新，走文化

---

[1] Maxon Premix Burner Co. V. Mid-Continenal Metal Prod. Co., 279 F. Supp. 164 (N. D. Ill. 1967). The Dow Chem. Co. V. Chem. Cleaning, Inc., 434 F. 2d 1212 (5th Cir. 1970).

与科技融合的新型可持续发展之路，加快制定和建立"产学研"发展的支撑政策和法律制度，实施科技创新战略，着力提高企业自主创新能力，制定东北工业和历史文化遗产保护与创新的发展战略，结合国家重大文化项目契机，推动东北新兴文化产业发展。

（一）东北工业、历史文化遗产的文化科技创新战略

历史文化遗产是人民群众在生产生活实践过程中，通过劳动创造出来的具有历史意义的价值实存，而工业遗产既是历史文化遗产中的一种，又具有其特殊性，它记录着工业活动的历史信息（技术、文化、组织、建筑、工具等），彰显着工业文明价值，是工业文明的见证。对于东北地区的历史文化遗产保护和创新而言，重点和亮点是东北的工业遗产。发轫于清朝晚期的东北工业文明，在新中国成立初期发展到了高峰，也因此奠定了东北地区重化工业基地基础，形成了许多传承至今的工业遗产。

东北历史文化遗产、工业遗产在经济、政治、社会、文化等各方面各领域都具有重要价值，对其的保护、传承和文化科技创新具有重要意义。

为此，首先，在城乡规划和发展建设中要保护工业遗址，不能轻易拆除改造工业遗址；有条件的可以改造为创意产业园区开展商业、艺术或文创活动。

其次，对于企业产业升级和改造扩容后准备淘汰的工业机器设备和传统工业产品，不能随意丢弃或报废，可以通过捐赠给博物馆或者建造专题博物馆的形式进行陈列展览和重点保护。

再次，对于工业遗产中非物质形态的传统工艺要加强保护，通过现代科技技术将传统工艺流程全过程以数字形式（视频、音频、动漫等）进行保存、传承和传播。特别珍贵的工艺遗产，还可以以政府奖励扶持的形式吸引和鼓励当代年轻人进行学习和传承。

最后，挖掘工业文明中蕴含的人文价值，将东北地区在工业时代形成的以"劳模精神"为代表的精神财富固化下来，以现代科技文化技术进行传承和发扬，以"古为今用"的方式推动东北文化和科技融合发展。保护工业遗产就是在保护城市的记忆，发掘其文化价值并加以充分

利用，就能创造出丰富的经济价值①。

(二) 文化科技创新促进传统产业升级战略

通过文化科技创新对东北传统产业进行创造性转化和创新性发展，内在地包含了对东北传统文化产业的科技转型升级和对东北传统产业的文化创新改造等两大基本内涵。而文化科技创新促进传统产业升级战略的基本思路是让东北地区区域文化的丰富内涵与时代精神结合、与现代科技结合展现出多元表现形式，同时探索在传统产业中嵌入优秀传统文化因素的方法路径。

东北地区是我国近代以来重工业起步较早的地区，具有机械、能源、化工、装备制造等重工业基础，在传统产业基础上具有自身特色的工业文明和技术优势。必须要充分发挥传统产业的作用，改革传统产业，令其创造更多的产值。基于当前的文化产业链进行延伸，以当前前沿技术、终端消费等为主要发展方向。

首先，深入挖掘东北传统文化当中的核心价值内涵和非物质形态的文化资源。将东北地区在工业文明时期孕育和传承下来的诸如"劳模精神"等优秀传统文化与新时代所呼吁和号召的"工匠精神"相契合。

其次，通过现代文化科技创新的技术手段开发和整合文化资源。借助移动互联网、人工智能等现代信息技术，将东北传统文化资源进行数字化生产和传播，促进传统文化产业的转型升级②。此外，拓展相关文化产业的服务渠道培育新兴文化产业形态和模式。在掌握传统文化资源和运用新兴技术的基础之上，通过对产业结构的调整优化和筛选重组，打造全新的文化商业模式。

最后，把握文化服务发展趋势培育和打造优质的平台型文化企业。瞄准现代信息技术和"新文创"模式等带来的科技红利和流量红利，为传统文化资源的挖掘、改造、利用、传播、服务等打造一个突破时空限制的广阔平台，通过门户网站、数字视频、多媒体虚拟等技术手段创新

---

① 吕正春：《工业遗产价值生成及保护探究》，博士学位论文，东北大学，2015年。
② 吉国秀：《以创新性发展传统文化激发东北振兴新精神》，《中国经济时报》2017年5月16日。

平台服务，激发传统文化产业活力①。

（三）文化科技创新推动东北新兴文化产业发展战略

以文化科技创新推动东北新兴文化产业发展战略须进一步执行文化发展改革的具体战略，对东北老工业基地进行重点改造，建立更加有效的区域协调发展新机制。确立东北各省市彼此互通的等级结构体系，逐步建设创新极，培育和塑造完善的文化科技创新产业集群。

一方面要加强产学研用合力作用下的新兴文化产业协调。加强科研机构、高校、金融机构等与企业的协同发展，以不同企业的实际发展需求为基础，实现多方发展，构建多方利益共同发展体，形成完善的文化科技创新产业链。企业还可以尝试与高等院校、科研院等相结合，借助于多方优势构筑产学研创新基地；在重要领域获取重要的发展，获取技术优势，形成自主知识产权，形成完善的技术创新机制，构建整个产业的核心发展竞争力，完善新兴文化产业的风险投资机制。另一方面要厚植创新发展的文化土壤。在整体层面，坚持以新时代中国特色社会主义文化为指导，加强科技创新与文化创新融合的创新文化。加强智慧经济的发展，推动创新基因植入东北区域文化，从而助推战略性新兴产业的全面融合。在个体层面，全面提升职前、职中和职后人群以能力为导向的科学素质，注重发挥科研技术人员的创新积极性，培养企业家的创新精神，打破传统的封闭式观念，令其敢于开拓创新、重长远利益，培养开放式价值观念。实施企业职工创新技能提升计划，引导员工在日常工作中充分发挥其创新作用，既要培养员工的个人日常工作能力，同时还要培养员工的自主学习能力；鼓励不同部门员工之间的交流与合作，确保以市场为导向，营造积极创新的企业工作氛围，从而为企业创造最大的利益和价值。

（四）国家重大文化项目与东北文化科技创新战略

国家重大文化项目是引领文化科技创新的关键举措，也是振兴东北

---

① 姜晓秋：《加快东北振兴视域下辽宁文化产业的创新发展》，《中国社会科学报》2014年12月15日。

老工业基地在文化科技领域的重要契机,东北地区在发展文化科技创新时,要分别从国家重大文化科技项目的攻关和促进国家重大文化项目与东北地区文化科技创新有机结合等两个主要方面进行探索。

一方面,要加强文化产业发展重大文化科技项目的攻关。关于重大文化科技项目的攻关,既包括东北地区主动对接和承担国家乃至国家重大文化科技项目的攻关,抢占文化科技创新的新一轮发展机遇,借势盘活东北经济;同时也包括针对东北地区文化产业相对落后、高新技术应用不充分、生产效率和质量相对低下的发展现状,对文化科技创新的重点行业和关键领域遴选一批全局性、战略性重大科技课题进行攻关。另一方面,促进中国文化科技交流活动与东北地区文化科技创新相结合。既要把握国际性、全国性或者区域性的重大文化科技活动、赛事、展览等的良好机遇,运用文化科技创新手段,在相关活动的开、闭幕式中进行文化科技创新的尝试,将文化与科技创新有机地结合起来,设计了网络云展览等新型文化科技产品。例如,承办国际文化产业博览交易会、中国东北文化产业博览会等活动。又要立足于东北地区在东北亚国际经济文化圈的特殊区位优势,加强与俄罗斯、日本、韩国、朝鲜等邻国的文化科技交流、吸收借鉴发展经验,同时积极举办东北亚文化科技交流活动,通过会展、竞赛等形式培育文化品牌,以市场整合文化资源,以交易创造文化价值,以论坛汇集文化信息,以活动丰富文化生活,以科技推动文化创新。立足东北,面向全国,辐射东北亚,构建内容丰富、功能完善、形式新颖、特色鲜明的文化交流展示和贸易合作平台[①]。

---

① 潘澍:《辽宁文化科技创新的战略路径选择》,《辽宁日报》2015年4月2日。

参考文献

一 经典著作文献

马克思、恩格斯:《马克思恩格斯文集》(第1—10卷),人民出版社 2009 年版。

马克思、恩格斯:《马克思恩格斯全集》,人民出版社 2016 年第 2 版。

《毛泽东选集》,人民出版社 1991 年版。

《邓小平文集》,人民出版社 1993 年版。

《江泽民文选》,人民出版社 2006 年版。

《胡锦涛文选》,人民出版社 2016 年版。

习近平:《习近平谈治国理政》第 1 卷,外文出版社 2014 年版。

习近平:《习近平谈治国理政》第 2 卷,外文出版社 2017 年版。

习近平:《习近平谈治国理政》第 3 卷,外文出版社 2020 年版。

习近平:《决胜全面建成小康社会夺取新时代中国特色社会主义伟大胜利》,人民出版社 2017 年版。

习近平:《习近平总书记系列重要讲话读本》,人民出版社 2014 年版。

习近平:《习近平总书记在文艺工作座谈会上的重要讲话学习读本》,学习出版社 2015 年版。

中共中央文献研究室编:《习近平关于社会主义文化建设论述摘编》,中央文献出版社 2017 年版。

人民日报评论部:《习近平用典》人民日报社 2015 年版。

习近平:《坚定文化自信,建设社会主义文化强国》,《实践(思想理论版)》2019 年第 7 期。

二 学术专著与学术论文

（一）学术专著

曹东溟：《技术创新契合论》，东北大学出版社2005年版。

曹鹏：《技术创新的历史阶段性研究》，东北大学出版社2002年版。

陈凡：《文化与创新》，东北大学出版社2007年版。

陈凡、张明国：《解析技术："技术—社会—文化"的互动》，福建人民出版社2002年版。

陈瑛：《中国传统伦理与社会主义先进文化》，中国社会科学出版社2012年版。

冯友兰：《中国哲学史新编》第1—6册，人民出版社2001年版。

何萍：《马克思主义哲学与文化哲学》，武汉大学出版社2002年版。

黄昌勇、李力、王学勇：《文化科技导论》，上海人民出版社2017年版。

蓝爱国、马薇薇：《文化传承与文化消费——电影产业的文化道路》，北京大学出版社2009年版。

老子：《道德经》，中华书局2021年版。

李申申、陈洪澜、李荷蓉、王文礼：《传承的使命：中华优秀文化传统教育问题研究》，人民出版社2011年版。

刘世锦：《中国文化遗产事业发展报告（2008）》，社会科学文献出版社2008年版。

刘世锦：《中国文化遗产事业发展报告（2009）》，社会科学文献出版社2009年版。

刘世锦：《中国文化遗产事业发展报告（2010）》，社会科学文献出版社2010年版。

卢德生：《民族文化传承中的社会教育运行机制研究》，中国社会科学出版社2009年版。

罗志田：《近代中国史学十论》，复旦大学出版社2003年版。

牟宗三：《中国哲学十九讲》，吉林出版集团有限责任公司2010年版。

南怀瑾：《历史的经验》，复旦大学出版社2011年第3版。

南怀瑾：《中国道教发展史略》，复旦大学出版社 2016 年版。

南怀瑾：《中国佛教发展史略》，复旦大学出版社 2016 年版。

南怀瑾：《中国文化泛言》，复旦大学出版社 2016 年版。

乔瑞金：《马克思技术哲学纲要》，人民出版社 2002 年版。

任仲文：《文化自信十八讲：传承·开放·超越》，人民日报出版社 2011 年版。

容中逵：《传统文化传承论：全球化时代中国教育的文化责任》，广西师范大学出版社 2011 年版。

唐光斌：《传统与现代的抉择：科学发展观对中国传统文化的继承与创新研究》，湖南人民出版社 2009 年版。

王洪军：《中古时期儒释道整合研究》，天津人民出版社 2009 年版。

乌丙安：《非物质文化遗产保护理论与方法》，文化艺术出版社 2010 年版。

夏保华：《技术创新哲学研究》，中国社会科学出版社 2004 年版。

徐根初：《中华战略文化的传承与发展——首届中华战略文化论坛文集》，时事出版社 2008 年版。

杨伯峻：《论语译注》，中华书局 2009 年版。

杨庆中：《周易经传研究》，商务印书馆 2005 年版。

易显飞：《技术创新价值取向的历史演变研究》，东北大学出版社 2009 年版。

张岱年：《中国哲学大纲》，商务印书馆 2015 年版。

张荣臣：《社会主义先进文化学习读本》，中国方正出版社 2011 年版。

中央宣传部、中央文献研究室编著：《论文化建设——重要论述摘编》，学习出版社 2012 年版。

邹广文：《当代文化哲学》，人民出版社 2007 年版。

［德］柏林科学技术研究院：《文化 vs 技术创新》，吴金希等译，知识产权出版社 2006 年版。

［英］约翰·齐曼：《技术创新进化论》，孙喜珍等译，上海科技教育出版社 2002 年版。

(二) 期刊论文

陈雄:《党的十九大报告的理论贡献》,《中共福建省委党校学报》2017年第11期。

程亮明:《中国近现代革命文化基本问题研究》,《商》2016年第15期。

程强、顾新、周全:《国外文化科技创新研究评述与展望》,《国外社会科学》2003年第3期。

程强、顾新、周全:《国外文化科技创新研究评述与展望》,《国外社会科学》2013年第3期。

代贤萍:《论创新文化对创新驱动发展的作用》,《辽宁广播电视大学学报》2016年第1期。

杜跃平、王开盛:《创新文化与技术创新》,《中国软科学》2007年第2期。

段朝晖:《试论中国革命型传统政治文化的转型与创新》,《陕西行政学院学报》2015年第29卷。

古荒:《从精英走向大众:创新文化的内涵演化及其当代意义》,《晋阳学刊》2016年第5期。

关锋:《"新时代中国特色社会主义思想"的多维解读》,《华南师范大学学报》(社会科学版) 2017年第6期。

韩震:《建设中国特色社会主义先进文化》,《中国特色社会主义研究》2003年第4期。

韩中谊:《习近平传统文化创新发展思想解读》,《传承》2017年第1期。

贺善侃:《文化·创新文化·自主创新》,《中共浙江省委党校学报》2009年第1期。

金吾伦:《创新文化:意义与中国特色》,《学术研究》2006年第6期。

金吾伦:《创新文化的内涵及其作用》,《现代企业教育》2005年第2期。

雷舜东、熊源、袁神:《文化与科技创新融合机制研究》,《科学管理研究》2012年第4期。

李欢、周建超:《论习近平的文化建设思想——基于马克思社会有机体理论的视阈》,《广西社会科学》2015年第7期。

李建国：《用社会主义先进文化引领当代中国大众文化》，《南京政治学院学报》2013年第1期。

李俊兰：《论发展创新文化对建设创新型国家的重要意义》，《前沿》2010年第10期。

李康平：《中国革命文化基本理论问题研究》，《马克思主义研究》2015年第7期。

李康平：《中国革命文化基本理论问题研究》，《马克思主义研究》2015年第7期。

李维武：《中国文化的古今变化及其联系——关于中华优秀传统文化、革命文化、社会主义先进文化关系的思考》，《中南民族大学学报（人文社会科学版）》2017第5期。

李燕、张秦：《试析革命文化与社会主义先进文化之关系》，《学校党建与思想教育》2017年第22期。

梁化奎：《概念的张力和边界——"革命文化""红色文化""党史文化"辨析》，《前沿》2016年第11期。

辽宁省人民政府发展研究中心课题组：《营造创新文化 以全面创新促进新一轮振兴》，《辽宁经济》2015年第12期。

刘谷东：《中国革命文化运动的先驱——周扬》，《湖南文史》2002年第3期。

刘红：《习近平文化思想对马克思主义中国化的新发展》，《理论与改革》2016年第06期。

刘同舫：《新时代社会主要矛盾背后的必然逻辑》，《华南师范大学学报》（社会科学版）2017年第6期。

宁立功、徐利兰：《试论中国革命文化的当代意义》，《陕西社会主义学院学报》2006年第4期。

宋婉琴：《试论发展中国特色社会主义先进文化的三大资源》，《陕西教育学院学报》2003年第2期。

汤哲远：《关于社会主义先进文化的若干思考》，《中国青年政治学院学报》2007年第5期。

唐皇凤：《社会主要矛盾转化与新时代我国国家治理现代化的战略选择》，《新疆师范大学学报》（哲学社会科学版）2018 年第 39 卷第4 期。

王平聚、曾国屏：《创新文化系统分析的一个理论框架》，《自然辩证法研究》2015 年第 1 期。

王曜宇：《当代中国的先进文化就是有中国特色的社会主义文化》，《云南社会主义学院学报》2000 年第 4 期。

王迎春、史春辉：《创新文化指标体系的构建》，《河北联合大学学报（社会科学版）》2015 年第 2 期。

王玉芹、张德：《创新型文化与企业绩效关系的实证研究》，《科学学研究》2007 年 S2 期。

王宗峰：《修复集体记忆——对近年来革命文化再度勃兴的思考》，《河南大学学报（社会科学版）》2013 年第 1 期。

文兵：《中国革命的文化意义》，《毛泽东研究》2011 年第 00 期。

吴恒亮：《科学精神——创新文化的核心要素》，《科技管理研究》2008年第 8 期。

吴金希：《创新文化：国际比较与启示意义》，《清华大学学报（哲学社会科学版）》2012 年第 27 卷第 5 期。

吴金希：《理解创新文化的一个综合性框架及其政策涵义》，《中国软科学》2011 年第 5 期。

解学芳：《基于科技创新的文化产业发展脉络研究》，《科技进步与对策》2008 年第 11 期。

徐利兰：《论中国"革命文化"的内容和特点》，《广东省社会主义学院学报》2003 年第 3 期。

徐利兰：《中国"革命文化"是中国文化一笔宝贵财富》，《理论导刊》2003 年第 9 期。

徐利兰：《中国"革命文化"是中国文化一笔宝贵财富》，《理论导刊》2003 年第 9 期。

徐小佶：《全面深刻认识把握新时代的新矛盾》，《中共福建省委党校学报》2017 年第 11 期。

杨凤、陈思：《论文化科技创新》，《东北大学学报》（社会科学版）2013 年第 15 卷。

杨学政：《大力弘扬社会主义先进文化》，《云南社会科学》2003 年第 1 期。

叶英：《构建中国特色社会主义先进政治文化的对策思考》，《中共杭州市委党校学报》2003 年第 5 期。

叶育登、方立明、奚从清：《试论创新文化及其主导范式》，《浙江大学学报（人文社科版）》2009 年第 39 卷。

袁江洋、董亚峥、高洁：《让创新成为我们的文化传统——创新文化建设问题研究》，《中国软科学》2008 年第 8 期。

詹培民：《论中国特色社会主义先进文化的构建》，《西南民族大学学报（人文社科版）》2005 年第 1 期。

张超中、武夷山：《创新文化与中国文化创新》，《中国软科学》2010 年第 10 期。

张淇：《构建中国特色社会主义先进文化的战略选择》，《改革与开放》2009 年第 6 期。

郑士鹏、陈树文：《论社会主义先进文化建设的动力机制》，《中国特色社会主义研究》2013 年第 1 期。

周城雄：《推动科技创新与文化产业融合发展的思考》，《中国科学院院刊》2014 年第 4 期。

朱兰芝、孙占元：《立足社会现实批判地继承中国传统文化——我国当前社会主义先进文化建设中的一个关键问题》，《山东师范大学学报》（人文社会科学版）2006 年第 6 期。

中共中国科学院党组：《关于全面推进创新文化建设的若干意见（2001 年）》，研究报告，北京市政府，2001 年。

（三）学位论文

雷家军：《中国近现代革命文化基本问题研究》，博士论文，东北师范大学，2009 年。

袁莉莉：《1949—1978 年中国革命型政治文化研究》，博士论文，复旦大学，2006 年。

曾喜云：《红色文化资源开发利用中存在的问题、原因及对策》，硕士论文，华中师范大学，2008 年。

（四）会议报纸

范玉刚：《更好构筑中国精神中国价值中国力量》，《文汇报》2017 年 11 月 16 日第 5 版。

高长武：《我们要建设什么样的文化》，《中国文化报》2017 年 11 月 8 日第 3 版。

龚书铎：《中国革命和文化》，社会变革比较研究——近代中国社会变革国际学术讨论会论文集，杭州，1987 年 11 月。

胡霁荣：《坚定文化自信，建设社会主义文化强国》，《文汇报》2017 年 11 月 17 日第 5 版。

季为民：《中国特色社会主义文化的时代担当》，《光明日报》2017 年 12 月 11 日第 13 版。

张伯江：《文化自信的发展观》，《中国文化报》2017 年 11 月 29 日第 3 版。

郑清坡：《社会主义先进文化让我们自信》，《人民日报海外版》2016 年 9 月 1 日第 3 版。

三　外文文献

Annalee Saxenian, *Regional Advantage: Culture and Competition in Silicon Valley and Route* 128, Boston: Harvard University Press, 1990.

David Bell, *Science. Technology and culture*, Maidenhead: Open University Press, 2006.

Lysanne Beekhof and Mark van Vuuren, *Recognising Opportunities: A Case Study on Fostering a Culture of Innovation Through Individual and Collective Ownership*, C. Olckers, L. van Zyl & L. van der Vaart (eds.), Theoretical Orientations and Practical Applications of Psychological

Ownership, Springer, 2017.

L. Tsao, P. Alexander, Behr-Heyder , L. Ma, *Preliminary Study: Influence of Cultural Differences on the Innovation Process Between Chinese and Germans*, P. Rau (eds), Cross-Cultural Design Methods, Practice and Impact, CCD 2015, Springer, 2015.

Michael J. O'Brien, *Cultural Innovation from an Americanist Perspective*, B. Roberts & M. V. Linden (eds), Investigating Archaeological Cultures, Springer, 2011.

M. Muzamil Naqshbandi, Sharan Kaur and Pin Ma, "What Organizational Culture Types Enable and Retard Open Innovation?", *Quality & Quantity*, September 2014, Vol. 49 (5).

Richard H. Day, "The Technology Evolving Culture: Character and Consequence", *Journal of Evolutionary Economics*, Vol. 18 (3), May 2009.

Roseanna Bourke and Alyson McGee, "The Challenge of Change: Using Activity Theory to Understand a Cultural Innovation", *Journal of Educational Change*, January 2012, Vol. 13 (2).

Shiro Horiuchi and Sachiko Kubota, *The Effects of Cross-Boundary Rituals on Cultural Innovation*, T. Akazawa, Y. Nishiaki & K. Aoki (eds.), Dynamics of Learning in Neanderthals and Modern Humans Volume 1: Replacement of Neanderthals by Modern Humans Series, Springer, 2013.

S. Brand, "The Media Lab: Inventing the Future at M. I. T", *Computers in Physics*, Vol. 2 (1), 1988.

后　　记

本书是在首席专家陈凡教授统领下，基于"研究阐释党的十九大精神国家社会科学基金重大课题"的研究完成，主编为东北大学的陈凡教授和文成伟教授。副主编有东北大学的罗玲玲教授、王健教授、陈红兵教授、程海东副教授、陈佳副教授和马会端副教授、沈阳理工大学的崔雪松教授。他们长期从事科技创新文化、科技创新方法论、科技与社会、技术哲学和产业经济学研究，并取得了一系列重要的成果。全书共为六章，其中绪言和第一章由文成伟、陈凡、马会端主持执笔完成，第二章由程海东、陈凡主持执笔完成，第三章由陈佳、陈凡主持执笔完成，第四章由王健主持执笔完成，第五章由陈红兵主持执笔完成，第六章由罗玲玲、陈凡、崔雪松主持执笔完成。全书由文成伟、陈凡统稿。另外，还有部分老师王光耀、吴俊杰、杨山木、邬桑、潘澍、陈思、孙程程等参加此书稿的撰写工作。

在本书撰写过程中，东北大学科技哲学研究中心的部分学生参加了本书的编写和编辑工作，他们是蔡振东、阚予心、李硕、张晨虹、马德航、汪姿君、崔容绮（第一章）；胡孝聪（第二章）；郝佳奇、龚熙涵（第三章）；孙一婷、李浩煜、吕阳、成尧（第四章）；薛孚、高华、李冬梅、李良敏、侯天舒、孙璐、单煜夏、贺思、唐子晴、李媚（第五章）；胡景谱、徐昕、李嘉伟、李宣廷、付尧、彭康宁、刘影、孔璐、吴怡（第六章），米杨对参考文献进行了核对与修正，等等。

本书的出版，得到了全国哲学社会科学工作办公室的大力支持和协助，还得到了中国社会科学出版社的大力支持，出版社的冯春凤老师为本书的付梓做出了大量的工作，在此表示感谢；本研究中借鉴了学界前

后　记

辈和同仁的已有研究成果，在此一并感谢，感谢本研究中所出现的相关文献作者，感谢学界同仁的辛勤劳动。

本书对"文化科技哲学：文化与科技融合的创新文化研究"的探讨，难免存在某些不尽如人意之处，恳请学界同仁不吝赐教，批评指正。